Klaus Kilberth

Einführung in die
Methode des
Jackson Structured Programming
(JSP)

Klaus Kilberth

Einführung in die Methode des Jackson Structured Programming (JSP)

Mit einem Geleitwort von Michael Jackson

Friedr. Vieweg & Sohn   Braunschweig / Wiesbaden

CIP-Titelaufnahme der Deutschen Bibliothek

Kilberth, Klaus:
Einführung in die Methode des Jackson structured
programming (JSP) / Klaus Kilberth. Mit e. Geleitw.
von Michael Jackson. – Braunschweig; Wiesbaden:
Vieweg, 1988
    ISBN-13: 978-3-528-04576-0   e-ISBN-13: 978-3-322-83795-0
    DOI: 10.1007/978-3-322-83795-0

Das in diesem Buch enthaltene Programm-Material ist mit keiner Verpflichtung oder Garantie irgend-
einer Art verbunden. Der Autor und der Verlag übernehmen infolgedessen keine Verantwortung und
werden keine daraus folgende oder sonstige Haftung übernehmen, die auf irgendeine Art aus der
Benutzung dieses Programm-Materials oder Teilen davon entsteht.

Der Verlag Vieweg ist ein Unternehmen der Verlagsgruppe Bertelsmann.

ISBN-13: 978-3-528-04576-0

für Lisa

Preface

It is a great pleasure to me to have the opportunity of writing a preface to Klaus Kilberth's book on JSP. He has been an enthusiastic and expert practitioner of JSP for several years, and he is also an experienced teacher of the method. So I was expecting his book to contain a careful exposition of JSP, including some of its newer aspects, and that expectation has been amply fulfilled.

It is also good to see that he has included many exercises, along with their solutions, and that he has maintained the excellent JSP tradition of explanation by story-telling: in future I shall drink my German wine with increased pleasure, thinking of the admirable career of Gustav and how useful his instinctive understanding of process communication proved to be in the wine trade.

I hope that you, the reader, will enjoy this book, and that you will benefit from its insights into the task of composing correct programs.

Michael Jackson

Vorwort

Was kann einen dazu bewegen, heute, wo alles von Sprachen der vierten oder sogar n-ten Generation, von logischer Datenmodellierung, von nicht-prozeduraler Programmierung, von Künstlicher Intelligenz und vielen anderen zukunftsträchtigen Ansätzen spricht, weit mehr als ein Jahrzehnt nach dem Erscheinen von Michael A. Jacksons Monographie "Principles of Programm Design" (vgl. [10]) ein Buch über JSP zu schreiben? Die Gründe dafür sind vielfältig. Zunächst sind da einige Äußerlichkeiten. Die Methode JSP hat sich im Laufe der Jahre zwar nicht in ihren Grundsätzen, aber doch in ihrer Darstellung gewandelt. Besonders die Verfügbarkeit von leistungsfähigen Werkzeugen für JSP hat einen gewissen Einfluß auf die Notation. Vieles ist präziser geworden, neue Anwendungsbereiche, z.B. Datenbanken und Dialogprogrammierung traten mehr in den Vordergrund. Viele mit JSP erfolgreich abgeschlossene Projekte erbrachten eine Fülle von Erfahrungen und Erkenntnissen. Das allgemeine Methodenbewußtsein hat erfreulich zugenommen und damit auch die Bereitschaft, sich mit diesen Dingen überhaupt auseinanderzusetzen.

Aus eigener praktischer Erfahrung ist die Überzeugung gewachsen, daß JSP als Entwurfsmethode einen konkreten, nachweisbaren (im allg. aber nur schwer meßbaren) Nutzen bewirkt. Ein weiterer Grund ist der offenkundige Bedarf, der in immer wieder gestellten Fragen von Studenten, Seminarteilnehmern oder Mitarbeitern von Projekten nach einer verständlichen und ausführlichen Beschreibung von JSP zum Ausdruck kam. Neben Gründen gibt es auch Anlässe. Hier war der Anlaß, daß wir im Rahmen eines Projektes die Unterlagen für die JSP-Seminare des mbp von Grund auf neu entwickelt haben. Diese Unterlagen bilden die Basis für den Inhalt des vorliegenden Buches. Und der mbp Software & Systems GmbH sei herzlich gedankt, daß die Verwendung der Unterlagen großzügig genehmigt wurde.

Das Buch ist nicht als theoretische Abhandlung über Software-Engineering konzipiert, sondern es soll als Leitfaden und Handbuch zum Gebrauch von JSP bei praktischen Anwendungen dienen. Es wird bewußt darauf verzichtet, die Methode JSP mit anderen Ansätzen eingehend zu vergleichen. Erstens würde ein ernsthafter Vergleich den Rahmen dieses Buches bei weitem übersteigen, außerdem müßten dafür auch vergleichbare eigene Erfahrungen mit diesen Methoden vorliegen.

Das Buch ist gedacht für alle, die die Methode JSP lernen und anwenden wollen, also Studierende mit DV-Interesse, Auszubildende im Bereich Informations-Technologie, alte Hasen mit dem Wunsch, etwas Neues kennenzulernen, aber auch für diejenigen, die sich nur einen Eindruck von Strukturierter Programmierung nach Jackson verschaffen wollen. Spezielle Vorkenntnisse, abgesehen von etwas Grundwissen in Datenverarbeitung, werden nicht erwartet. DV-Einsteiger wären eigentlich die idealen Leser, da diese im allg. noch keine "Ablaufbrille" tragen, die man den anderen erst mühsam abnehmen muß.

Es liegt im Wesen der Methode JSP, daß sie überwiegend in einem kommerziellen Umfeld eingesetzt wird. Entsprechend sind auch die Fallstudien und Beispiele gewählt. Wenn Bezüge auf eine konkrete Programmiersprache nötig sind, wird das stets COBOL sein. Es gibt aber auch eine Reihe erfolgreicher Einsätze in der Prozeßdatenverarbeitung in Verbindung mit der Sprache C. "Algorithmiker" werden kaum eine ihrer vertrauten Anwendungen finden, aber vielleicht eine Menge von Ideen und Anregungen zum Strukturieren und Aufbereiten ihrer Probleme.

Das Buch besteht aus drei Teilen: dem Textteil, der Lösung der Übungen und Fallstudien sowie einem Anhang. Der Textteil umfaßt im wesentlichen zwei Bereiche. Zunächst werden das Umfeld und die Grundlagen von JSP erläutert. Das geschieht in den ersten beiden Kapiteln. Der zweite Bereich, von Kapitel 3 bis Kapitel 8, enthält die Anwendung von JSP auf Standard-Probleme und beschreibt, wie diese mit den Mitteln von JSP formalisiert und systematisch gelöst werden können. Im Kapitel 9 werden Werkzeuge für JSP kurz vorgestellt. Alle wichtigen Begriffe und Notationen sind im Anhang noch einmal zusammengefaßt. Die Methode wird im Textteil des Buches ausführlich besprochen und anhand von vielen Fallbeispielen veranschaulicht. Für ein tieferes Verständnis ist das Lösen der Übungen und Fallstudien dringend zu empfehlen. Die Lösungen finden Sie geschlossen hinter dem Textteil.

Bei den Fallstudien werden drei Bereiche behandelt: klassische Batchverarbeitung, Dialoganwendung und Textverarbeitung. Es gibt für jedes der drei Gebiete eine Aufgabenstellung, die nach und nach erweitert wird, um den jeweils behandelten Stoff zu vertiefen und typische Problemstellungen aus diesen Bereichen exemplarisch zu lösen. Durch die Beschränkung auf diese drei Aufgaben ist der Leser nicht bei jeder Fallstudie gezwungen, sich auf immer wieder neue Anwendungssituationen einzustellen. Außerdem wird dadurch das für die Praxis wichtige Ändern und Erweitern bestehender Entwürfe um zusätzliche Anforderungen geübt. Daß das vielleicht auch mal etwas eintönig wirkt, wird zugunsten der besagten Vorteile in Kauf genommen. Datenbank-Anwendungen werden nicht getrennt betrachtet, sondern in Verbindung mit den drei Bereichen behandelt.

An diesem Buch haben viele, mehr oder weniger direkt, mitgewirkt. Die Teilnehmer der JSP-Seminare und die Hörer meiner Vorlesungen haben durch viele Fragen und Anregungen einen wichtigen Beitrag zu Inhalt und Darstellung dieses Buches geleistet. Meine Kolleginnen und Kollegen beim mbp haben teils durch konkrete Mitarbeit an den Seminarunterlagen, teils mit Kritik, Ideen und Bemerkungen geholfen, den Stoff des Buches entsprechend aufzubereiten. Besonders intensiv haben sich Erwin Bude, Klaus Hasbron-Blume und Karl-Heinz Sylla mit der Rohfassung des Textes auseinandergesetzt und eine Reihe von Verbesserungen vorgeschlagen. Das mühsame Korrekturlesen hat Lisa Contzen auf sich genommen. Sieglinde Wachs und Karlheinz Sosenheimer von der Deutschen Lufthansa AG in Frankfurt haben mir Unterlagen zur Implementierung bei Stücklisten zur Verfügung gestellt. Corinna und Hugo Ullrich haben die kniffelige Ansteuerung des Laserdruckers vorbereitet.

Ihnen allen gilt mein ganz besonderer Dank. Allein hätte ich es wohl kaum geschafft.

Köln, März 1988   Klaus Kilberth

Inhaltsverzeichnis

Verzeichnis der Abkürzungen

DSD	Daten-Struktur-Diagramm
EGW	Erweitertes Gruppier-Wort
EOF	End of File
GW	Gruppier-Wort
JSD	Jackson-System-Development
JSP	Jackson-Strukturierte-Programmierung
PSD	Programm-Struktur-Diagramm
SID	System-Implementierungs-Diagramm
SND	System-Netzwerk-Diagramm

1 Einführung

1.1 JSP, was es leistet und was nicht

JSP steht als Abkürzung für "Jackson-Structured-Programming", aber es paßt auch die entsprechende deutsche Bezeichnung "Jackson-Strukturierte-Programmierung". Man findet auch andere Namen z.B. die "Jackson-Methode" oder einfach nur "Entwurf nach Jackson". Die beiden letzten Begriffe sind nicht eindeutig, da es von Michael A. Jackson auch noch die Methode JSD gibt, mit der ganze Systeme entworfen werden.

Zum Thema JSP gibt es eine Fülle von Publikationen und Meinungen, Weisheiten und Halbweisheiten, Überzeugungen und Vorurteile, kurz das übliche Spektrum von mehr oder weniger fundierten Positionen, die man bei der Konfrontation mit neuen oder zumindest ungewohnten Ideen antrifft. Um Mißverständnisse vorab auszuräumen, wollen wir zunächst einmal klären, was JSP ist und was nicht.

JSP ist   keine *System*-Entwurfs-Methode;
      - keine Implementierungs-Technik;
      - keine Beschreibung von Programm-Abläufen;
      - keine Programm-Entwurfsmethode, die auf der *physischen* Gestalt von *Dateien* basiert;
      - kein Ersatz für eigene Ideen;
      - keine universelle Entwurfsmethode;
      - kein Programm-Generator.

JSP ist   eine Methode
      - für den *daten*-orientierten Programm-Entwurf;
      - für den Entwurf von Problemen mit einer *logischen* Struktur der Ein-/Ausgabe-Datenströme;
      - mit verständlicher Notation und ausführlicher Dokumentation der Entwurfsergebnisse.

JSP ist   eine Methode,
      - die den Programmentwurf in klar definierte Schritte zerlegt;
      - die die Kreativität der Entwerfer nicht ersetzt, sondern in geordnete Bahnen lenkt;
      - die durch effiziente Software-Werkzeuge unterstützt wird.

Beim Entwurf nach JSP wird aus der logischen Struktur der Ein-/Ausgabe-Daten die Verarbeitung, also der zugrundeliegende Algorithmus, abgeleitet. Es ist daher sinnlos, JSP einzusetzen, wenn der Algorithmus bereits vorgegeben ist, z.B. bei der Lösung eines Systems von Differentialgleichungen oder der Implementierung von komplizierten Sortierverfahren. Hier könnte allenfalls die Notation von JSP zur Beschreibung der Abläufe verwendet werden. Auch Versuche, aus einem gegebenen Algorithmus solange geeignete Ein-/Ausgabe-Datenstrukturen herzuleiten, bis man den bereits bekannten Algorithmus mit JSP wieder neu "erfinden" kann, zeugen eher von einem gewissen Mißverständnis bei der Anwendung der Methode.

JSP leistet keine Hilfe bei sog. "algorithmischen" Problemen, z.B. beim Entwurf von Schachprogrammen. Hier läßt sich die Verarbeitung nicht aus der Struktur der Ein-/Ausgabe-Daten ableiten, da man die Ausgabe nicht näher beschreiben kann. Probleme mit Nebenläufigkeiten, wie etwa bei Echtzeitanwendungen, lassen sich im allg. nicht mit JSP lösen, da JSP nicht über Beschreibungsmittel für nicht-serielle Prozesse verfügt.

Auch unstrukturierte Probleme wie etwa ein Dialog, bei dem der Benutzer von jeder Maske in eine beliebige andere Maske verzweigen kann, lassen sich nur schwer mit JSP entwerfen. Man kann nicht erwarten, daß man mit JSP eine strukturierte Lösung bei unstrukturierten Problemen erhält. Vielfach hilft aber JSP in derartigen Situationen, innere Strukturen des Problems zu erkennen und zu einer besseren Strukturierung der Aufgabe zu gelangen.

JSP unterscheidet sich insbesondere von allen ablauf- und funktions-orientierten Ansätzen und erfordert - gerade bei versierten Programmierern - ein gewisses Umdenken. Deshalb ist in der Anfangsphase eine intensive Schulung verbunden mit der Anleitung bei der Lösung konkreter Probleme unerläßlich.

Der Entwurf nach JSP hat viele positive Merkmale:

- der Entwurf erfolgt in definierten Schritten;
- der Entwurf beginnt mit einer statischen Beschreibung dessen, was ist, in Form von "Datenstrukturen";
- Verfeinerungen werden nicht willkürlich vorgenommen, sondern durch die einzelnen Methodenschritte organisch herbeigeführt;
- Sackgassen und Fehlansätze werden frühzeitig erkannt, unnötiger Aufwand in fehlerhaften Folgeschritten wird vermieden;
- die Entwurfsergebnisse sind leicht verständlich und anhand von Beispielen zu überprüfen;
- die Verarbeitung (die "Programmstruktur") wird systematisch aus den Ein-/Ausgabe-"Datenstrukturen" abgeleitet;
- JSP-Programme sind leicht zu warten und zu ändern;
- es liegt stets eine aktuelle und klare Dokumentation auf mehreren Ebenen vor;
- die Methode wird durch leistungsfähige Werkzeuge unterstützt.

1.2 JSP-Programme verarbeiten Datenströme

Unter einem *Programm* wollen wir einen seriellen Prozeß verstehen, der als selbständige Einheit entworfen und implementiert wird. Als gleichwertige Begriffe verwenden wir "Programm-Komponente", "Routine", "Modul" "Prozedur" oder auch "Prozeß".

Ein wesentliches Ziel der *Daten*-Verarbeitung ist die Verarbeitung von "Dateien". Für das Folgende wollen wir vereinbaren:

Eine *Datei* ist eine Menge logisch zusammenhängender Daten.

Eine Datei wird *physisch* eingeteilt in

Blöcke
Sätze
Felder oder Elemente
Zeichen

Wir unterscheiden "sequentielle" und "direkt-adressierbare" (oder "direkt-zugreifbare") Dateien.

Bei einer *sequentiellen* Datei sind die Datensätze physisch hintereinander angeordnet. Auf einen bestimmten Satz kann nur zugegriffen werden, wenn alle vorausgegangenen Sätze vorher gelesen wurden, z.B. bei einer Datei auf einem Magnetband. Die Zugriffsmöglichkeiten können durch eine Indizierung und nicht notwendig sequentielle Speicherung verbessert werden, dies ergibt eine *index-sequentielle* Datei.

Auf Sätze einer *direkt-adressierbaren* Datei kann mit Hilfe eines "Schlüssels" direkt zugegriffen werden, d.h. ohne einen physischen Vorgänger vorher lesen zu müssen, z.B. Tabellen, Datenbanken. Die Organisation einer Datenbank kann auch gemischt erfolgen, d.h. gewisse Zugriffe können direkt, andere nur sequentiell durchgeführt werden.

Ein *Schlüssel* ist ein Merkmal oder eine Kombination von Merkmalen eines Datensatzes, der diesen Datensatz eindeutig von den anderen Datensätzen unterscheidet, z.B. für Zugriff, Gruppierung, Sortierung usw.

Entgegen weitverbreiteter Meinungen ist JSP nicht nur für klassische Batchanwendungen brauchbar, sondern gerade beim Entwurf von Dialog-(oder Online-) Anwendungen wird JSP mit großem Erfolg eingesetzt (vgl. [13]). Den Zugang dazu liefert der Begriff des "seriellen Datenstroms".

> Ein *(serieller) Datenstrom* ist eine Datenmenge mit eindeutiger logischer (zeitlicher) Reihenfolge der Datenelemente.

Serielle Datenströme sind zum Beispiel:

- Lochkartendatei	- Dialogeingabe
- Druckdatei	- Dialogausgabe
- Banddatei	- Parameter, die zwischen
- Plattendatei	Programmen übergeben werden
- Zeichenkette	- Datenelemente, die auf dem
- Tabelle mit seriell	Zugriffspfad eines DBS liegen
angeordneten Elementen	- Betriebssystem-Interrupts
- Warteschlangen	- Interrupts in Realzeitsystemen
- Meßwerte	.
- Steuerimpulse	.
- Signale	.

Die Begriffe "seriell" und "sequentiell" werden in der DV-Literatur nicht einheitlich verwendet. Wir wollen unter "seriell" das logische, insbesondere das zeitliche Nacheinander der zu verarbeitenden Informationen verstehen. Das Gegenteil ist "nicht-seriell" oder besser "parallel". Mit "sequentiell" wollen wir das physische Nacheinander von Daten beschreiben, d.h. die Form, wie auf diese Daten zugegriffen werden kann. Das Gegenteil ist "direkt-adressierbar".

Natürlich ist eine sequentielle Datei ein serieller Datenstrom, da der sequentielle Zugriff eine eindeutige logische Reihenfolge der Datensätze definiert. Bei Direktzugriffs-Speichern (z.B. eine Datenbank) wird ein serieller Datenstrom durch die jeweiligen Zugriffspfade, d.h. durch die Folge der Zugriffsschlüssel, definiert. Eine Datenbank kann man aber, ihrer physischen Speicherung folgend, auch sequentiell lesen. Betrachtet man bei Online-Anwendungen die Folge der Ein-/ Ausgabe-Bildschirme, so definiert dies jeweils einen Eingabe- bzw. Ausgabe-Datenstrom. Der Begriff "Datei" wäre hier nicht angebracht. Ein grundlegender Unterschied zwischen "normalen" Dateien und (seriellen) Datenströmen besteht auch darin, daß Eingabe-Dateien bei Bearbeitungsbeginn vollständig vorliegen, wogegen bei Eingabe-Datenströmen zugelassen ist, daß die einzelnen Eingabesätze erst während der Verarbeitung erzeugt werden. Diese Verallgemeinerung erweitert den Anwendungsbereich von JSP beträchtlich.

Ein *logischer Satz* im Sinne von JSP ist die Datenmenge, die bei einer Eingabe-/Ausgabe-Operation verfügbar wird. Die logische Ein-/Ausgabe-Sicht ist nicht notwendig an einen physischen Satzbegriff gebunden. Je nach Anwendung kann ein logischer Satz aus nur einem einzigen Zeichen bestehen, z.B. bei Problemen aus der Textverarbeitung. Die physische Realisierung eines Ein-/ Ausgabe-Zugriffs bleibt beim Entwurf (weitgehend) unberücksichtigt. Es muß natürlich sichergestellt sein, daß die logische Ein-/Ausgabe-Sicht auch physisch realisierbar ist, gegebenenfalls muß bei der Implementierung eine geeignete physische Zugriffsroutine benutzt bzw. erstellt werden.

Für einen logischen Ein-/Ausgabe-Zugriff gibt es unterschiedliche physische Implementierungen:

- READ/WRITE einer sequentiellen Datei;
- READ/WRITE einer Direktzugriffs-Datei;
- MOVE eines Tabellen-Elements;
- Zugriff auf ein Segment oder ein Element einer Datenbank;
- READ/WRITE eines Bildschirms (fullscreen oder zeilenweise);
- MOVE nächstes Zeichen bei Zeichenketten, usw.

Für das Weitere wollen wir bei der Behandlung von Datenströmen, insbesondere für sequentielle Dateien, einige "Spielregeln" vereinbaren. Wenn wir von "Datenströmen" sprechen, meinen wir immer serielle Datenströme, unter "Dateien" sollen stets sequentielle Dateien verstanden werden, wenn nichts Anderes angegeben wird.

"Spielregeln" für die Behandlung von Datenströmen

- allgemein für Ein-/Ausgabe-Datenströme:

   . öffnen vor dem ersten Zugriff;
   . schließen nach dem letzten Zugriff;
   . auf eine Datei wird nur in einer Richtung zugegriffen (im allg. von vorne);
   . eine Datei kann jeweils von nur einem Programm geschrieben oder gelesen werden;
   . wird auf eine Datei sowohl geschrieben als auch von dieser Datei gelesen, so werden logisch
     zwei verschiedene Datenströme modelliert.

- bei einem Eingabe-Datenstrom:

   . eine leere Datei ist stets eine zulässige Eingabe;
   . ein bestimmter Satz kann nur dann gelesen werden, wenn alle vorausgehenden Sätze gelesen
     wurden;
   . das Dateiende wird durch EOF (*end of file*) gekennzeichnet;
   . der Zugriff ist in der Lage, den EOF-Satz von allen anderen Sätzen zu unterscheiden;
   . logisch wird bis EOF gelesen, auch wenn die Verarbeitung vorher beendet ist;
   . EOF wird nicht als logischer Satz dargestellt.

- bei einem Ausgabe-Datenstrom:

   . der EOF-Satz wird durch die Schließe-Anweisung erzeugt.

1.3 Die Verknüpfung von Datenströmen und Programmen

Die Verknüpfung zwischen seriellen Datenströmen und Programmen wird im *System-Netzwerk-Diagramm* (SND) dargestellt. Für die Darstellung im SND benötigen wir drei Symbole: Rechteck, Kreis und Pfeil. Diese Symbole haben folgende Bedeutung:

   - ein Programm wird durch ein Rechteck beschrieben;
   - ein Datenstrom wird durch einen Kreis repräsentiert;
   - Pfeile verbinden jeweils einen Datenstrom mit einem Programm; die Richtung eines Pfeils
     gibt an, ob es sich um einen Eingabe- oder einen Ausgabe-Datenstrom handelt.

Die physische Gestalt des Datenträgers wird im allg. nicht durch ein spezielles Symbol gekennzeichnet. Beim Zugriff auf eine Datenbank bedeutet ein Pfeil in beide Richtungen, daß von der Datenbank gelesen und auf die Datenbank geschrieben wird. Für den Entwurf ist dieser Zugriff in zwei Richtungen durch zwei unterschiedliche Datenströme zu berücksichtigen, da die logische Struktur eines Datenstrom als Eingabe oder als Ausgabe betrachtet sehr verschieden sein kann.

Ein SND ist im wesentlichen eine vereinfachte Darstellung eines Datenflußplans nach DIN 66 001, da für die Darstellung der Ein-/Ausgabe-Datenströme nur das Symbol Kreis verwendet wird. Ein Direktzugriffs-Speicher wird gelegentlich durch den Zylinder von DIN 66 001 beschrieben, um auch im SND die besondere Form des Zugriffs deutlich darzustellen.

Ein Programm P mit den Eingabe-Datenströmen DA und DB sowie den Ausgabe-Datenströmen DC und DD wird als SND dargestellt als:

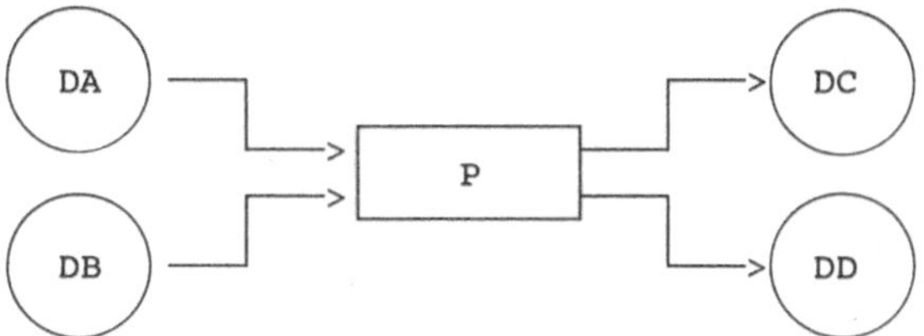

Typische Datenverarbeitungsprobleme werden in ganzen Systemen abgebildet, die aus einer Vielzahl von Programmen bestehen, die über Datenströme miteinander verknüpft sind. Mehrere Programme werden zu einem System verbunden, indem die Ausgabe eines Programms als Eingabe in anderen Programmen weiterverarbeitet wird.

Besteht z.B. das System P1 aus den Programmen P11, P12 und P13, die durch die Datenströme DX und DY verbunden sind, und das als Eingabe die Datenströme DA und DB verarbeitet sowie als Ausgabe die Datenströme DC und DD erzeugt, so läßt sich P1 in folgendem SND darstellen.

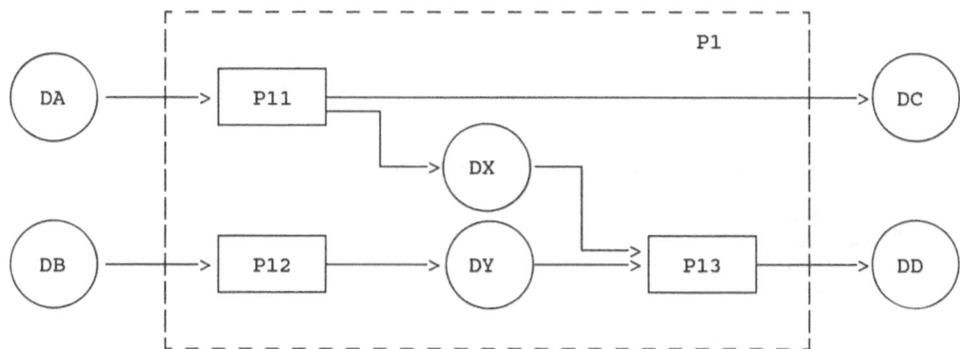

DX und DY sind sog. "*Zwischen*-Datenströme". Sie verbinden zwei Programme. DA, DB, DC und DD werden als "*Rand*-Datenströme" bezeichnet. Sie sind entweder Eingabe- oder Ausgabe-Datenströme eines Programms und werden von keinem anderen Programm des SND verarbeitet oder erzeugt.

Manchmal ist es wünschenswert, das Programmsystem P1 nicht als System, sondern als eine einzige Programmeinheit zu betrachten und seine interne Struktur zu ignorieren, dann erhält man ein SND wie zuvor für das Programm P. Wie man SNDs umformen kann und wie man Details der Implementierung beschreibt, werden wir in Kapitel 8 näher erörtern.

Fallbeispiel Bestellsystem: SND

Bestellungen werden online erfaßt. T-EIN sei die Terminal-Eingabe, die entsprechende Terminal-Ausgabe sei T-AUS. Ein Materialverwaltungs-Programm veranlaßt die Auslieferung der ab Lager möglichen Bestellungen und aktualisiert die Lager-Datenbank. Die Auslieferungen werden von einem Abrechnungs-Programm weiterverarbeitet, das Lieferscheine und Rechnungen schreibt sowie auf die Kunden-Datenbank zugreift.

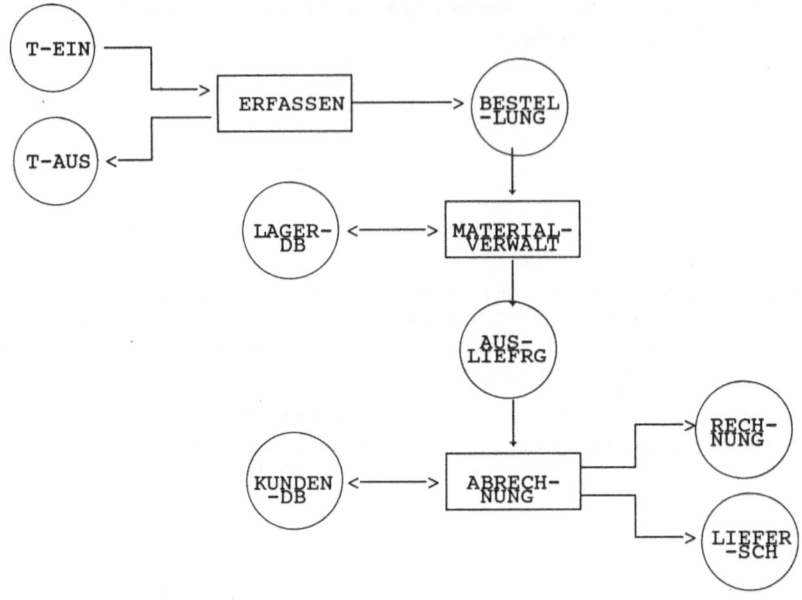

1.4 Die Notation von JSP

Für den Software-Entwurf gibt es eine ganze Fülle von Beschreibungsmitteln:

- Umgangssprache	- Bäume
- Pseudocode	- Netze
- Programmiersprachen	- Graphen
- Ablaufpläne	.
- Struktogramme	.
- Entscheidungstabellen	.

Ein *Baum* besteht aus "Knoten" und "Blättern". Die *Blätter* bilden die unterste Ebene des Baums, Komponenten auf den Zwischenebenen sind die *Knoten*. Den obersten Knoten des Baumes nennt man "Wurzel". Zur Beschreibung der einzelnen Ebenen eines Baumes findet man häufig die Begriffe "Vater" und "Sohn" bzw. "Bruder". Die Vater-Komponente ist der Knoten unmittelbar über der Sohn-Komponente. Bruder-Komponenten haben eine gemeinsame Vater-Komponente. Die Komponenten eines Baums haben nur eine Verbindung nach oben und/oder unten, nicht aber zu Komponenten auf gleicher Ebene.

Beim Entwurf nach JSP werden logische Abhängigkeiten in Form von Bäumen dargestellt, die ausschließlich mit den drei Strukturtypen der "Strukturierten Programmierung" aufgebaut werden. JSP-Bäume nennen wir "Strukturdiagramme" und verwenden sie als Problem-Beschreibungs- sprache. Ein "Strukturdiagramm" hat eine Wurzel und stets mindestens ein Blatt.

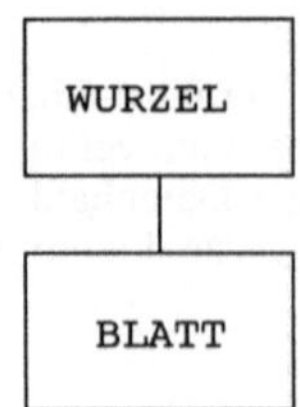

Ein *Strukturdiagramm* kann aus Komponenten folgenden Typs bestehen:

- *atomare* Komponente   (Blatt des Baumes)
- *Sequenz*-Komponente   (Knoten des Baumes)
- *Iterations*-Komponente   (Knoten des Baumes)
- *Selektions*-Komponente   (Knoten des Baumes)

Eine *atomare* Komponente A wird dargestellt als ein Rechteck mit dem Namen dieser Komponente.

Eine Komponente vom Typ *Sequenz* (Folge, Reihung) umfaßt zwei oder mehrere Komponenten, die genau einmal in der angegebenen Reihenfolge auftreten. Die Reihenfolge ist von links nach rechts festgelegt. A besteht aus den zwei Komponenten B und C, oder in JSP-Sprechweise: "A ist eine Sequenz von B und C".

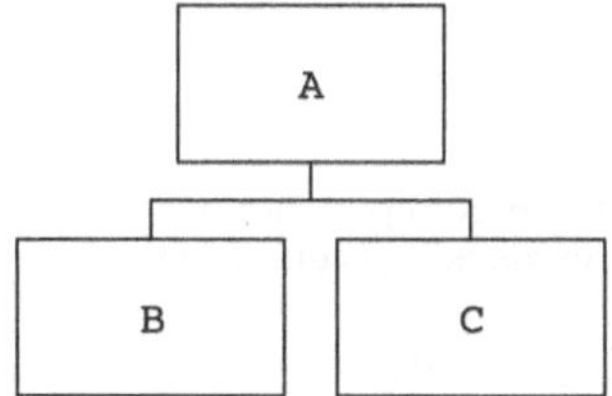

Man beachte: A ist die Sequenz. B und C sind atomare Komponenten dieser Sequenz, die in dieser Reihenfolge hintereinander auftreten. Keine der beiden Komponenten kann fehlen.

Eine Komponente vom Typ *Iteration* (Wiederholung, Schleife) besteht aus einer Komponente, die (abhängig von Bedingungen) nullmal, einmal oder mehrmals auftreten kann. A besteht aus keiner, einer oder mehreren Komponenten B, oder in JSP-Sprechweise: "A ist eine Iteration von B".

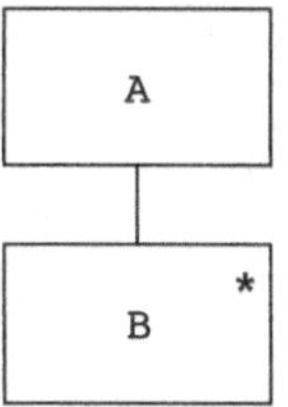

Man beachte: A ist die Iteration. B ist die atomare Komponente dieser Iteration, die null- bis n-mal wiederholt wird, oder als Merkregel: *der Stern wirkt immer nach oben.* Eine Iteration läßt also insbesondere das nullmalige Wiederholen der iterierten Komponente zu. Der Name der iterierten Komponente B ist im allg. nicht als Plural anzugeben. Daß die Komponente B mehrfach vorkommt, das sagt der Stern. Wie oft die iterierte Komponente auftritt, hängt von Bedingungen ab. Diese Bedingungen werden im Strukturdiagramm nicht dargestellt.

JSP-Schleifen sind *abweisende* Schleifen, d.h. die Schleifenbedingung wird jeweils vor Ausführung der Schleife geprüft. Die Bedingungen müssen also so formuliert werden, daß die (nächste) Ausführung der Schleife nicht begonnen wird, wenn die Schleifenbedingung nicht (mehr) zutrifft.

Eine Komponente vom Typ *Selektion* (Auswahl, Verzweigung) besteht aus zwei oder mehreren Komponenten, von denen (abhängig von Bedingungen) genau eine vorkommt. A ist entweder ein B oder ein C, oder in JSP-Sprechweise: "A ist eine Selektion von B und C."

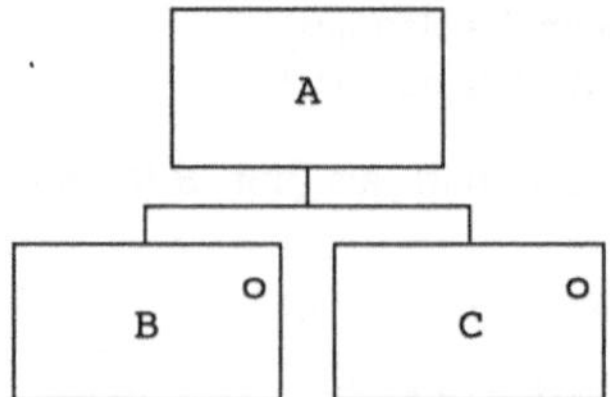

Man beachte: A ist die Selektion, B und C sind die atomaren Komponenten dieser Selektion, zwischen denen ausgewählt wird und von denen genau eine vorkommt. Andere Fälle als diese beiden sind nicht zugelassen. Als Merkregel: *der Kreis (oder Kringel, hier im Text als kleines "o" dargestellt) wirkt auf die Komponente darüber.* Eine Reihenfolge der Komponenten B und C wird durch die Selektion nicht festgelegt. Ein Vertauschen der Komponenten B und C würde also nichts an der Aussage der Selektion A ändern. Welche selektierte Komponente - ob B oder C - zu wählen ist, hängt von Bedingungen ab, und wird im Strukturdiagramm nicht dargestellt.

Eine *Nullkomponente* ist eine leere atomare Komponente zur Beschreibung eines nicht vorhandenen Elements einer Struktur. Sie wird dargestellt als ein Rechteck ohne Namen mit einem Strich.

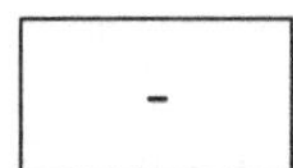

Eine *Selektion mit Nullkomponente* ist ein Spezialfall einer Selektion und beschreibt das Vorhandensein oder Fehlen einer Komponente. Die atomare Komponente A tritt entweder auf oder nicht, oder in JSP-Sprechweise: "MÖGLICHES-A ist eine Selektion von A und der Nullkomponente."

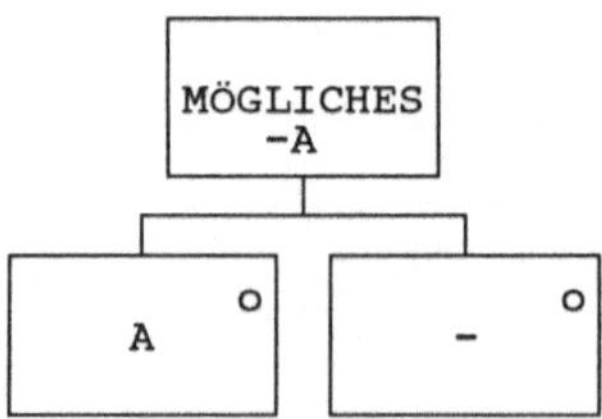

Hinweis

Strukturen mit Nullkomponente(n) sind stets als verdeckter Ablaufplan "verdächtig". Deshalb ist bei solchen Strukturen stets besondere Vorsicht geboten. Wie wir sehen werden, kann man aber durch geeignete Transformation der Strukturen alle Nullkomponenten eliminieren.

Ein Strukturdiagramm entsteht durch Kombination der einzelnen Komponententypen.

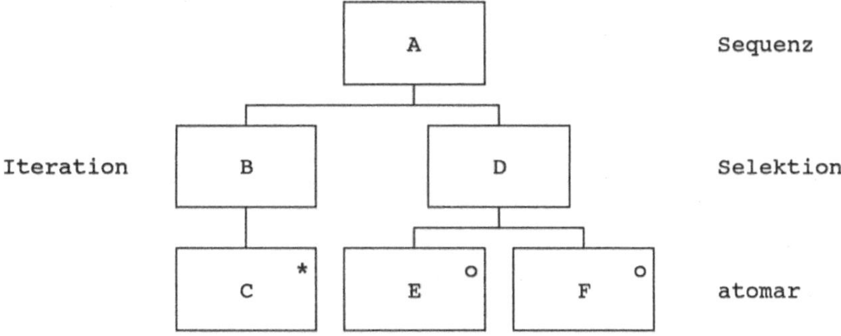

Die Wurzel A des Strukturdiagramms besteht aus den Teilen B und D. B besteht aus vielen C's und D ist entweder ein E oder ein F, in JSP-Spechweise: "A ist eine Sequenz von B und D, B ist eine Iteration von C und D ist eine Selektion von E und F". Die drei Komponenten C, E und F sind atomare Komponenten.

Für die Darstellung der Strukturdiagramme ("JSP-Bäume") ist es unerheblich, ob die Komponenten mit waagrechten und senkrechten oder durch schräge Linien verbunden sind. Entscheidend ist eine unmißverständliche Zuordnung.

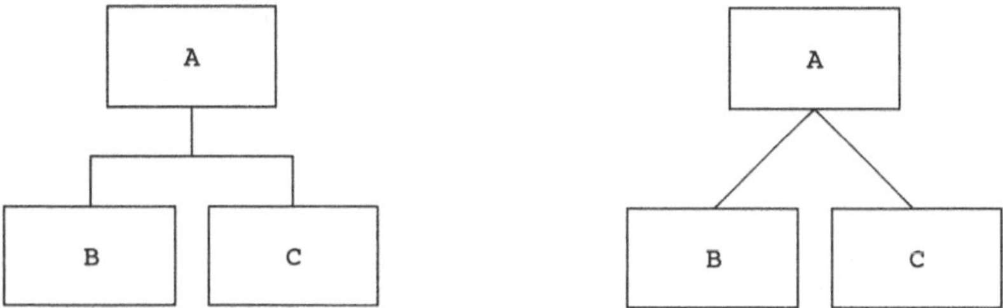

Die Notation der Strukturdiagramme wird verwendet bei der Beschreibung der logischen Strukturen von Datenströmen als "Daten-Strukturdiagramm" und zur Darstellung der logischen Struktur der Verarbeitung als "Programm-Strukturdiagramm". Das wird im Kapitel 2 ausführlich erläutert.

Typische Fehler beim Erstellen der Strukturdiagramme

Beim Erstellen der Strukturdiagramme treten des öfteren - besonders in der Anfangsphase - drei typische Fehler auf. Sie entstehen durch eine falsche Anwendung der Notation von JSP. Es ergeben sich dann Mischkonstrukte, die bei Strukturierter Programmierung nicht zugelassen sind, obwohl man diesen Konstrukten auch einen gewissen Sinn unterlegen könnte. Diese formal falschen Strukturen können im allg. durch Einfügen von zusätzlichen Komponenten korrigiert werden.

Falsche "Iterations-Sequenz"

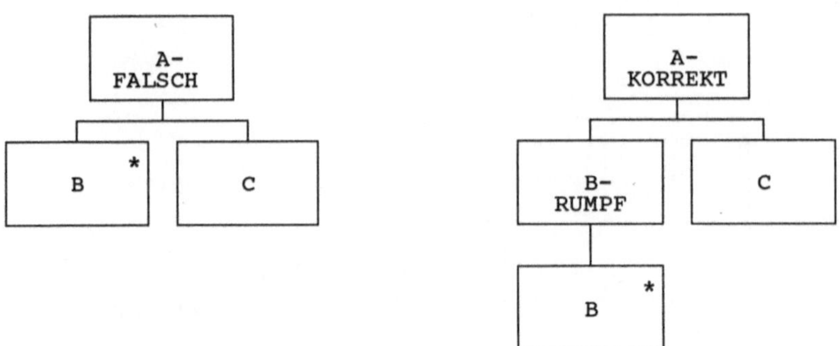

Als Merkregel: *Eine Komponente mit Stern darf keinen Bruder haben!*

Falsche "Iterations-Iteration"

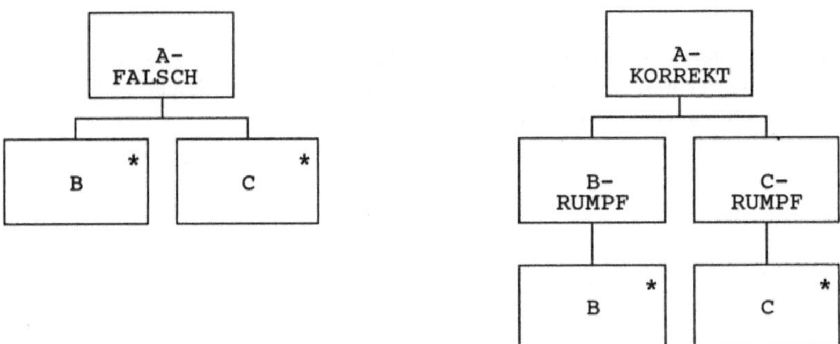

Falsche "Selektions-Sequenz"

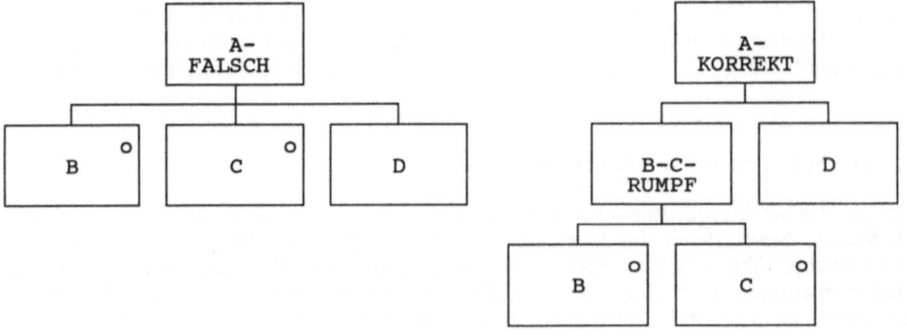

Fallbeispiel Essen: Strukturdiagramm

Wie ist das folgende Strukturdiagramm zu lesen?

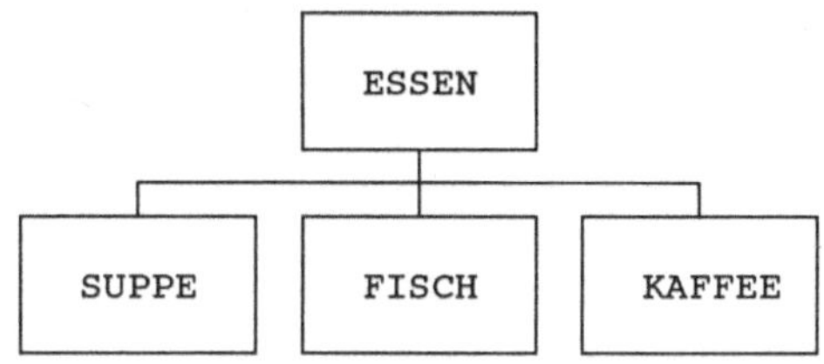

Antwort:

ESSEN beginnt mit SUPPE, dann folgt FISCH und zum Abschluß gibt es KAFFEE, oder in JSP-Sprechweise: "ESSEN ist eine Sequenz aus SUPPE, FISCH und KAFFEE". Personen, die keinen Fisch mögen, müßten also bei diesem ESSEN den FISCH zumindest formal konsumieren.

Fallbeispiel Woche: Strukturdiagramm

Wie lautet das Strukturdiagramm, das eine WOCHE als Sequenz der sieben Wochentage SONNTAG, MONTAG, ..., SAMSTAG darstellt?

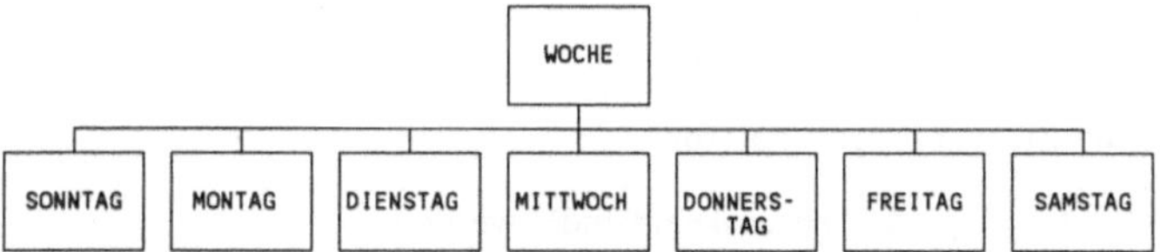

WOCHE als Iteration von TAG und TAG als Selektion der einzelnen Wochentage ist falsch.

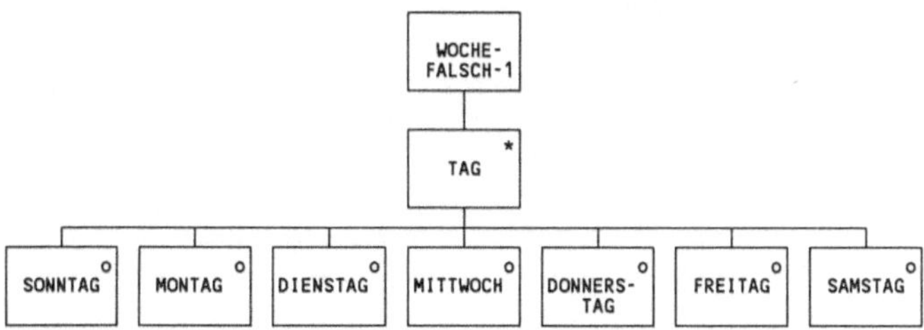

Nach dem Strukturdiagramm WOCHE-FALSCH-1

- kann WOCHE mehr oder weniger als sieben Tage haben;
- können Wochentage mehrfach vorkommen oder ganz fehlen;
- besteht keine feste Reihenfolge zwischen den Wochentagen.

Auch WOCHE als Sequenz von SONNTAG und WERKTAGE ist falsch.

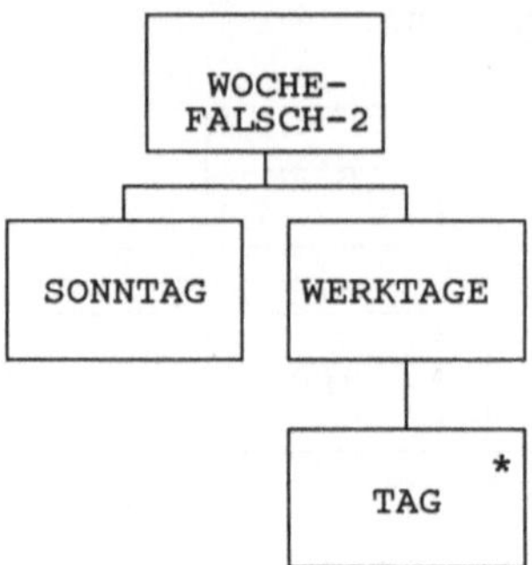

Das Strukturdiagramm WOCHE-FALSCH-2 bringt zwar zum Ausdruck, daß eine Woche mit SONNTAG beginnt. Es wird aber nicht dokumentiert, daß sich genau sechs Werktage mit fest vorgegebenen Namen in einer bestimmten Reihenfolge anschließen.

1.5 JSP und Strukturierte Programmierung

Strukturierte Programmierung bedeutet, daß jedes Programm ausschließlich mit den folgenden drei Kontrollstrukturen entworfen wird.

- Sequenz   (Folge, Reihung)
- Selektion   (Auswahl, Verzweigung)
- Iteration   (Wiederholung, Schleife)

Einige Regeln der Strukturierten Programmierung

- Es dürfen nur die drei Grundstrukturen verwendet werden.
- Jeder Strukturblock hat nur einen Eingang und einen Ausgang.
- Strukturblöcke sind entweder ganz ineinander enthalten oder liegen hintereinander.

Strukturblöcke dürfen sich nicht überlappen.

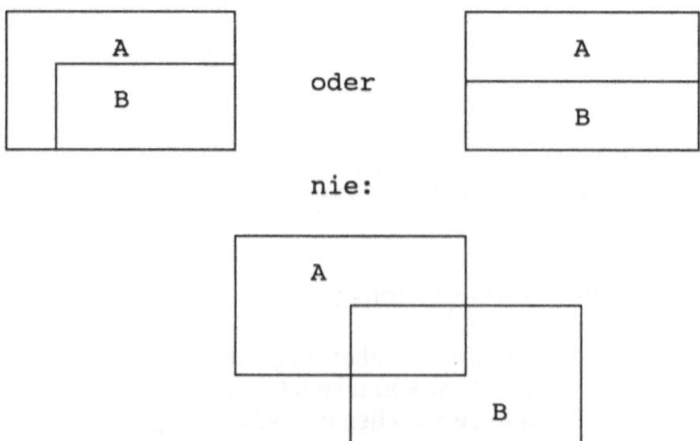

Da die Notation von JSP nur die drei Strukturtypen Sequenz, Selektion und Iteration zuläßt, erfüllt ein Entwurf nach JSP die Anforderungen der Strukturierten Programmierung.

Die drei Strukturblöcke werden in den einzelnen Entwurfstechniken unterschiedlich dargestellt, z.B. bei Struktogrammen nach Nassi-Shneiderman (DIN 66 261), Programm-Ablaufplänen (nach DIN 66 001, abgekürzt: PAP) und in JSP. Aus einem Programm-Strukturdiagramm nach JSP lassen sich Struktogramme oder PAPs ableiten. Aber nicht jeder PAP läßt sich als Baum schreiben. Struktogramme und JSP-Bäume sind äquivalent, wenn man davon absieht, daß bei der Umformung von Struktogrammen in JSP-Bäume eventuell zusätzliche Namen eingeführt werden müssen.

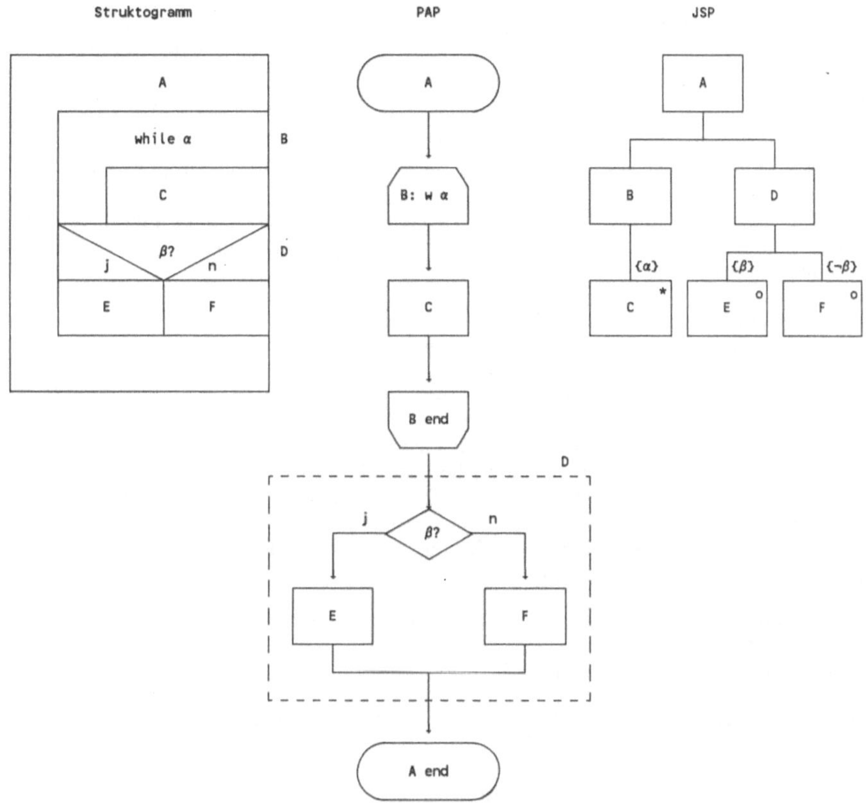

1.6 Die Methode JSP

Für das Klassifizieren von Vorgehensweisen beim Entwurf von Programmen spielen einige Begriffe eine Rolle, die wir kurz klären wollen.

- Prinzip
- Methode
- Verfahren
- Technik
- Algorithmus
- Werkzeug

Die Verwendung dieser Begriffe in der DV-Welt oder der Informations-Technologie ist recht uneinheitlich. Wir wollen die Vorschläge des GI-Arbeitskreises "Begriffsbestimmung" von 1984 (vgl. [8]) übernehmen.

"*Prinzipien* sind Grundsätze, die man seinem Handeln zugrundelegt. Solche Grundsätze sind i.a. nicht nur für ein bestimmtes Teilgebiet ... gültig."

"*Techniken* werden eingesetzt, um vorgegebene Ziele leichter, schneller, sicherer, präziser oder in sonstiger Hinsicht günstiger erreichen zu können. Wir unterscheiden nicht-automatisierte Techniken (Methoden, Verfahren, Lehr- und Lernmaterial ...) und (teil-) automatisierte Techniken (Werkzeuge, Geräte, Dienstprogramme)."

"*Methoden* sind planmäßig angewandte, begründete Vorgehensweisen zur Erreichung von festgelegten Zielen (i.a. im Rahmen festgelegter Prinzipien). Methoden können fachspezifisch sein. Ausführbare Vorschriften oder Anweisungen zum gezielten Einsatz von Methoden nennen wir *Verfahren*. Eine Methode kann durch mehrere (alternative oder sich gegenseitig ergänzende) Verfahren unterstützt werden."

"*Werkzeuge* dienen der automatisierten Unterstützung von Methoden und Verfahren."

Es fehlt noch der Algorithmus. Unter einem *Algorithmus* wollen wir ein Verfahren verstehen, das aus einer eindeutigen, endlichen Folge von elementaren Operationen mit einer Anfangs- und Ende-Bedingung besteht.

Nach den obigen Definitionen möchte man JSP gerne den Verfahren zuordnen, aber eine konsequente Trennung der Begriffe scheint nicht wirklich möglich. Und so wollen wir bei der vertrauten Terminologie bleiben und von der "Methode JSP" sprechen. Werkzeuge zur Unterstützung von JSP werden im Kapitel 9 vorgestellt.

JSP gehört zur Klasse der *daten(struktur-)orientierten* Entwurfsmethoden. Die Verarbeitungsregeln, also der Algorithmus, werden aus den logischen Strukturen der Ein-/Ausgabe-Daten abgeleitet. Andere Vertreter dieser Klasse sind z.B. HIPO (Hierarchy plus Input-Process-Output vgl. [16]) und die Methode von Warnier/Orr. Der Ansatz von Warnier und Orr ist dem von Jackson sehr ähnlich, wogegen bei HIPO die Beschreibung der Komponenten des Hierarchie-Diagramms stärker die einzelnen Verarbeitungsschritte betont.

Der grundlegende Entwurfsprozeß der Methode JSP ist in vier Schritte eingeteilt.

    1. *Datenschritt*   (statisches Modell)

Im Datenschritt werden die Daten-Strukturdiagramme aller Datenströme, die von einem Programm bearbeitet werden, definiert.

    2. *Programmschritt*   (dynamisches Modell)

Im Programmschritt wird das Programm-Strukturdiagramm aus den Datenstrukturen abgeleitet.

    3. *Anweisungsschritt*   (Details der Verarbeitung)

Im Anweisungsschritt werden Elementaranweisungen aufgelistet und den Komponenten des Programm-Strukturdiagramms zugeordnet.

    4. *Textschritt*   (Vorbereitung zur Implementierung)

Im Textschritt werden die Bedingungen ergänzt und das vollständige Programm-Strukturdiagramm wird in Strukturtext umgesetzt.

Ein Programm, das mit diesen vier Schritten nach JSP entworfen werden kann, nennt man "*simple program*" ("Einzelprogramm"). Die vier Schritte sind in dieser Reihenfolge auszuführen. Treten während des Entwurfs Fehler auf, wird zu einem vorausgegangenen Schritt zurückgekehrt. Eine konsequente Einhaltung der vier Entwurfsschritte führt im allg. auch bei mehreren am Entwurf beteiligten Mitarbeitern zu einheitlichen Ergebnissen, da die Strukturierung der Aufgabe nicht willkürlich nach individuellen Gewohnheiten erfolgt, sondern auf Grundlage der Datenstrukturen systematisch und in einem gewissen Sinn fast objektivierbar herbeigeführt wird. Diese Einheitlichkeit erleichtert die Fehlersuche erheblich, da man sich auch in fremden Programmen sehr schnell zurechtfinden kann.

Insbesondere bei Wartungsarbeiten an fertigen Programmen wird grundsätzlich mit dem Datenschritt begonnen und nicht wie sonst üblich im Quellkode geändert. Dies führt dazu, daß auch wiederholte Wartungsmaßnahmen die Qualität eines nach JSP entworfenen Programms nicht verringern, da ja nach jedem Wartungsvorgang ein vollständig neu entworfenes Programm vorliegt, natürlich unter Verwendung der bisherigen Entwurfsergebnisse. In einfachen Fällen bleiben alle Strukturen erhalten, und es ändern sich wirklich nur ein paar Anweisungen. In extremen Situationen müssen auch die Datenstrukturen, und damit der gesamte Entwurf, grundlegend modifiziert werden.

Das methodische Vorgehen nach JSP ist nicht "top down". JSP beginnt nicht mit der Betrachtung des Programms selbst, das bei schrittweiser Verfeinerung in Teilprobleme zerlegt wird. Vielmehr werden nach JSP die Ereignisse außerhalb des Programms betrachtet und die strukturellen Eigenschaften dieser Ereignisse in Form von Datenstrukturen beschrieben. "Genau wie beim Mehrfarbendruck viele einfarbige Vorlagen zu einem einzigen mehrfarbigen Bild zusammengesetzt werden, werden die Datenstrukturen aller Datenströme zu einer Mehrfachdatenstrom-Programmstruktur kombiniert" (M. A. Jackson). JSP ist also nicht eine Methode der Zerlegung, sondern der Synthese.

In den beiden ersten Schritten wird ein Modell für das zu lösende Problem entworfen. Dieses Modell enthält noch keine konkreten Verarbeitungsschritte oder Bedingungen. Es eignet sich deshalb in besonderer Weise als Diskussionsgrundlage zwischen DV- und Fach-Abteilungen. Die Schritte 3 und 4 vervollständigen das Modell für eine nachfolgende Implementierung. Jetzt wird dargestellt, was das Programm konkret tut und wie es seine Aufgaben erfüllt.

Die Implementierung selbst ist nicht Bestandteil der Methode JSP. Erst bei der Implementierung wird über die konkrete Zielsprache entschieden. Auch Sprachen der 4. Generation bilden hier keine Ausnahme. Die Wahl einer bestimmten Programmiersprache kann zwar das Implementieren erleichtern, nicht aber den Entwurf eines Problems generell ersetzen. Es kann aber sein, daß bei einer mächtigen Implementierungssprache ganze Teilbäume des Entwurfs in einer einzigen Anweisung realisiert werden können. Ist der Sprachumfang der Zielsprache nicht ausreichend, müssen Anweisungen des Entwurf u.U. als Routinen in dieser (oder einer anderen) Sprache kodiert werden.

Beim methodischen Vorgehen nach JSP erfolgt nicht nur eine strikte Trennung zwischen Entwurf und Implementierung, auch der Entwurf selbst vollzieht sich in zwei Phasen. Zuerst werden die strukturellen Eigenschaften der Ein-/Ausgaben modelliert. Daraus wird ein Modell für den Verarbeitungsprozeß abgeleitet. Erst in der zweiten Phase der Methode werden einzelne Verarbeitungsschritte und die Bedingungen betrachtet.

1.7 JSP und JSD

Die Methode JSD ("Jackson-System-Development" vgl. [12]) unterscheidet sich grundlegend von JSP, weist aber auch viele Gemeinsamkeiten auf.

Der wesentliche Unterschied besteht darin, daß mit JSD ganze Systeme entworfen werden, mit JSP aber "nur" einzelne Programme. Der Entwurf eines Systems nach JSD erfolgt im Prinzip in drei Schritten. Zunächst wird ein Modell des Systems entworfen, in dem die Beziehungen der einzelnen "Objekte" des Systems dargestellt sind. Auf die Objekte dieses Modells werden "Funktionen" angewendet, die die Ausgaben und damit die eigentliche Verarbeitung des Systems beschreiben. Im letzten Schritt wird die Implementierung des Systems festgelegt. JSD läßt sich als eine objektorientierte System-Entwurfsmethode charakterisieren. Entgegen weitverbreiteter Meinung ist JSD nicht zu verstehen als Überbau oder als der Anwendung von JSP vorgeschalteter Systementwurf, vielmehr ist JSD eine eigenständige Methode, mit der Systeme entworfen und für die Implementierung vollständig vorbereitet werden können. Eine Kombination mit JSP bietet sich aber bei der Realisierung der "Funktionen" an.

Die Gemeinsamkeiten bestehen zunächst rein formal in einer identischen Notation von logischen Abhängigkeiten. Bei JSD wird mit den Strukturdiagrammen die zeitlich serielle Abfolge von Aktionen der "Objekte" bzw. der zugeordneten "Prozesse" beschrieben. Bei JSP stellen die Datenstrukturen die logische Folge der Elemente von seriellen Datenströmen dar. In beiden Methoden wird dieselbe Idee verfolgt, nämlich eine konsequente Trennung von Modell, Verarbeitung und Implementierung. Dies wird erreicht durch eine systematische Zergliederung beider Methoden in einzelne Schritte. Ein Beherrschen der Methode JSP erleichtert zwar den Einstieg in die Vorgehens- und Denkweise von JSD, ist aber nicht Voraussetzung für das Erlernen von JSD.

1.8 JSP in konkreten Projekten

DV-Projekte werden in gewissen "Phasen" abgewickelt. Dazu wird ein "Phasen-Modell" zugrundegelegt, das den Umfang, die Abfolge, die Ergebnisse und Dokumente sowie die Übergänge der einzelnen Phasen festlegt. Die Details sind als phasenbezogene Aktivitäten im allg. in einem "Vorgehens-Modell" niedergelegt. Es gibt eine Fülle von Phasenmodellen. Wir wollen uns auf ein sehr einfaches Modell mit vier Phasen beschränken.

1. Analyse
2. Entwurf
3. Implementierung
4. Betrieb

In der Analyse-Phase wird das gesamte Projektumfeld untersucht und in einem "Pflichtenheft" oder "Sollkonzept" festgelegt. Die Entwurfs-Phase besteht aus drei wesentlichen Teilen: Entwurf eines logischen Datenmodells, System-Entwurf und der "Fein-Entwurf" oder "Modul-Entwurf". Es folgen die Implementierung mit Kodierung sowie Modul- und System-Test und der Betrieb mit Wartung und Pflege beim produktiven Einsatz. Alle Projekt-Phasen liefern als Ergebnis ein definiertes Dokument und werden durch geeignete Maßnahmen zur Qualitätssicherung begleitet.

Die einzelnen Phasen werden durch unterschiedliche Ansätze, Methoden und Werkzeuge unterstützt. Eine durchgängige phasenübergreifende Methode mit voller Werkzeugunterstützung scheint noch nicht verfügbar zu sein. JSP als Programm-Entwurfsmethode kann für die Teilphase *Fein-Entwurf* eingesetzt werden (im Widerspruch zu [1], wo JSP der Implementierungs-Phase zugeordnet wird). Der System-Entwurf muß mit anderen Mitteln erfolgen. In der Praxis bewährt haben sich die Kombinationen (vgl. [21]): JSP und SADT (Structured Analysis and Design Technique), JSP und Composite Design (nach Constantine und Yourdon) sowie JSP und JSD. Entscheidend für die nachfolgende Anwendung von JSP ist, daß das System in einzelne Module mit zugehörigen Ein-/Ausgabe-Datenströmen zergliedert wird. Die SNDs können zur Beschreibung des Systems verwendet werden, leisten aber keinen nennenswerten Beitrag beim methodischen Entwurf des Systems. Die Methode JSP selbst liefert nur bedingt Ansätze bei der Modularisierung. Wenn eine Programm-Komponente mit den Mitteln der Methode nicht als eine Einheit entworfen werden kann (sog. "Strukturkonflikt"), wird eine Zergliederung in Teilprogramme durch die Methode systematisch herbeigeführt. JSP kann beim Programmentwurf auch mit anderen methodischen Ansätzen gemeinsam eingesetzt werden, z.B. bei der Beschreibung von komplexen Entscheidungssituationen werden die JSP-Bäume schnell unübersichtlich. Hier bietet sich eine Kombination mit der "Entscheidungstabellen"-Technik an. Die Entscheidungen werden in Form von Entscheidungstabellen beschrieben, die von JSP als Elementaranweisungen aufgerufen werden.

Der Einsatz der Methode JSP beim Feinentwurf bringt eine Fülle von Vorteilen, bewirkt aber auch einschneidende Änderungen im Vergleich zu einem ablauforientierten Vorgehen. Üblicherweise steht der Aufwand von Feinentwurf und Implementierung im Verhältnis von ungefähr 30:70. Beim Einsatz von JSP ist dieses Verhältnis in etwa umgekehrt. Der Grund dafür liegt darin, daß beim Entwurf nach JSP ein beträchtlicher Anteil des Gesamtaufwands beim Daten- und Programmschritt entsteht. Es dauert auch verhältnismäßig lange, bis die erste Zeile Kode geschrieben werden kann. Dafür geht aber die Kodierung wesentlich schneller und sicherer, da grundlegende logische Fehler durch die beiden ersten Schritte im allg. ausgeschlossen werden. Eine wichtige Rolle spielen auch die verfügbaren Kode-Generatoren. Der Gesamtaufwand für die Phasen Feinentwurf und Implementierung ist bei JSP im allg. geringer als bei methodenlosem Vorgehen. Der Vorteil ist aber nicht so sehr in einer eventuellen Einsparung beim Entwurf zu sehen, sondern in der hohen Qualität der nach JSP entworfenen Programme.

Die Verlagerung des Aufwands weg von der Implementierung hin zum Entwurf erfordert auch eine Änderung des *Projekt-Managements* und der Projekt-Kontrolle, ebenso ein Umdenken beim Projektleiter und den Projektmitgliedern. Es ist zunächst gänzlich ungewohnt, über einen längeren Zeitraum während des Feinentwurfs nur mit Daten- und Programmstrukturen zu arbeiten. Das Fehlen des Quellkodes als vertraute Arbeitsgrundlage wird von den Mitgliedern und den Kontroll-instanzen zunächst als deutlicher Nachteil empfunden. Spätestens nach dem ersten erfolgreich abgeschlossenen Projekt werden diese Vorbehalte aber abgebaut und die Vorgaben für Aufwands-schätzungen und Kontrolle entsprechend angepaßt. Nach dieser Gewöhnungsphase erleben die Projektmitglieder ein weitaus erfüllteres Arbeiten. Denn es macht mehr Spaß, die eigene Kreativität beim Entwurf von logischen Strukturen einzusetzen, als diese bei der zermürbenden und wenig konstruktiven Suche nach versteckten Fehlern in unzulänglich konzipierten Quell-programmen zu vergeuden. Aufgrund der intensiven Prüf- und Testmöglichkeiten während des Entwurfs werden logische Fehler frühzeitig erkannt. Die Tests bei der Implementierung sind im allg. erheblich schneller beendet, da im wesentlichen nur noch Kodierfehler zu beheben sind.

JSP-Programme erfüllen aufgrund des methodischen Entwurfs viele Kriterien von *Software-Qualität*. JSP-Programme sind gut strukturiert und dadurch lesbar und verständlich, leicht zu warten und zu ändern. Durch die Trennung von logischen und DV-technischen Aspekten kann eine Anpassung an eine veränderte Umgebung (Hardware, Software, Benutzerwünsche o.ä.) einfach vollzogen werden, d.h. sie sind portabel. Der Entwurf ist weitgehend unabhängig von einer konkreten Zielsprache und kann somit auch modernen Sprachkonzepten einfach angepaßt werden. JSP-Programme sind auch effizient, denn Laufzeituntersuchungen haben ergeben, daß JSP-Programme nicht langsamer sind als andere, sondern im Mittel etwa 10% schneller, in günstigen Fällen sogar deutlich mehr (interne Mitteilung von M. A. Jackson an die Lizenznehmer).

Maßnahmen zur *Software-Qualitätssicherung* werden durch JSP ebenfalls unterstützt. Zunächst durch die Methode selbst, z.B. dadurch, daß Elementaranweisungen keine gemeinsamen Operatio-nen enthalten dürfen, die Bedingungen auf Vollständigkeit überprüft werden können und sogar die formale Korrektheit der abgeleiteten Programmstruktur verifiziert werden kann (vgl. "Konsistenz-prüfung" in Abschnitt 2.3.2). Außerdem kann durch die Kontrolle der Ableitung der Programm-struktur aus den Datenstrukturen sichergestellt werden, daß die Grundsätze der Methode eingehalten werden und dies nicht nur durch Verwendung der Notation vorgetäuscht wird. Beim Einsatz von Kode-Generatoren kann eine Integrität der Programme dadurch gewährleistet werden, daß ein Zugriff auf den Quellkode generell ausgeschlossen wird und Änderungen ausschließlich an den Entwurfsdokumenten (Datenstrukturen, Programmstruktur, Elementaranweisungen und Bedingungen) durchgeführt werden dürfen. Mit Hilfe des Kode-Generators kann nach Änderungen am Entwurf problemlos der neue Quellkode erzeugt werden. Auf diese Weise ist stets eine vollständige und aktuelle Dokumentation des momentanen Programmentwurfs verfügbar.

Viele der genannten Vorteile von JSP sind weitgehend typisch für jede Methode, die diese Bezeichnung wirklich verdient. Andere Programmentwurfs-Methoden, die mit einer vergleichbaren Konsequenz angewendet werden können, sind kaum verfügbar.

2 Grundlagen des JSP-Entwurfs

Der Entwurf nach JSP erfolgt in vier Schritten. Das grundlegende Vorgehen bei diesen Entwurfs-schritten ist Inhalt dieses Kapitels. Es wird gezeigt, wie die einzelnen Schritte systematisch aufeinander aufbauen und welche Prüfmöglichkeiten - lange vor dem ersten Compilerlauf - beim Übergang zwischen diesen Schritten einen korrekten Entwurf sicherstellen.

Wir beschränken uns zunächst auf relativ einfache Anwendungsfälle, bei denen diese Schritte geradeaus zum Ziel führen. Kompliziertere Situationen werden wir in späteren Kapiteln genügend behandeln.

2.1 Aufgabenstellung, System-Netzwerk-Diagramme und Beispiele

Unabhängig von der Methode oder auch Technik, mit der ein Programm entworfen wird, müssen zuerst die Rahmenbedingungen für das Programm spezifiziert werden. Eine Aufgaben-beschreibung, Name und Art der Datenströme sowie signifikante Testfälle ("Beispiele") müssen vorliegen, bevor mit dem Entwurf begonnen werden kann. Das hat noch nichts mit JSP zu tun.

Aufgabenstellung

Für den Entwurf eines Programmes muß (möglichst) genau spezifiziert sein, was das Programm leisten soll. Wir wollen das *Aufgabenstellung* nennen. Bei Unklarheiten ist der Auftraggeber oder spätere Anwender zu konsultieren. Vom Entwerfer eigenmächtig unterstellte Interpretationen führen in der Regel zu unzulänglichen Ergebnissen.

Fallbeispiel Lagerbewegung: Aufgabenstellung

In einem Einzelhandelsunternehmen werden die Zugänge auf Lager und die Abgänge vom Lager auf je einem Satz der Lagerbewegungsdatei erfaßt. Jeder Satz enthält die Nummer des Artikels, ein Bewegungskennzeichen ("Z" für Zugang oder "A" für Abgang) und die Menge der Zugänge oder Abgänge. Die Sätze sind nach Artikelnummer aufsteigend sortiert.

```
┌──────────────┬──────────────┬──────────────┐
│     9999     │      X       │      99      │
└──────────────┴──────────────┴──────────────┘

  Artikel-Nr   Bewegungs-        Menge
               Kennzeichen
```

Es ist eine Programm-Komponente zu entwerfen, die eine Liste erstellt, in der für jede Artikelgruppe eine Zeile mit der Artikelnummer und dem Bewegungssaldo gemäß folgendem Listbild aufgelistet ist:

```
Lager - Bewegungssalden

9999     Bewegungssaldo     S9999
9999     Bewegungssaldo     S9999
  .           .               .
  .           .               .
  .           .               .
```

"X" soll hier andeuten, daß das entsprechende Zeichen beliebig, "9", daß das Zeichen numerisch ist, "S" steht für ein mögliches Vorzeichen (etwa wie in COBOL üblich).

System-Netzwerk-Diagramm

Gemäß Aufgabenstellung verarbeitet das Programm bestimmte Datenströme. Die Abhängigkeit zwischen diesen Ein-/Ausgabe-Datenströmen und dem zu entwerfenden Programm wird im *System-Netzwerk-Diagramm* (SND) dargestellt. Ein SND ist keine Methode zum Entwurf eines Systems von Programmen, sondern ein reines Beschreibungsmittel. Eine Zergliederung des Systems in einzelne (Teil-)Programme muß also bereits vorher erfolgt sein, abgesehen von bestimmten Situationen, bei denen die Methode eine Zerlegung systematisch herbeiführt (vgl. "Strukturkonflikte" in Kapitel 7).

Welche Datenströme von dem Programm verarbeitet werden, kann (häufig) der Aufgabenstellung entnommen werden. Die Namen im SND sollten möglichst diesen Namen entsprechen. Der Name des Programms ist im allg. ein externer Name und unterliegt häufig gewissen Konventionen des Betriebssystems (z.B. maximal acht Zeichen, erstes Zeichen muß ein Buchstabe sein, keine Sonderzeichen o.ä.).

Fallbeispiel Lagerbewegung: SND

Aus der Aufgabenstellung entnehmen wir als Eingabe-Datenstrom "Lager-*Bewegungs*-Datei" und als Ausgabe-Datenstrom "*Liste*".

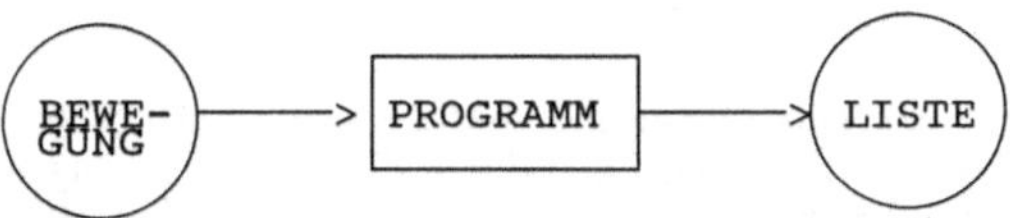

Beispiele

Anhand von konkreten *Beispielen* wird die Aufgabenstellung verdeutlicht. Die Beispiele sollen alle verarbeitungsrelevanten Fälle, insbesondere Ausnahmesituationen beschreiben. Mit den Beispielen wird die Verarbeitung durch das Programm simuliert: aus einem vollständigen Eingabe-Datenstrom wird gemäß der Aufgabenstellung ein vollständiger Ausgabe-Datenstrom abgeleitet.

Ein bloßes Layout einer Liste ist noch kein Beispiel.

Besonders in komplizierten Situationen helfen Beispiele, Einzelheiten der Aufgabenstellung (besser) zu verstehen und Mißverständnisse zu klären bzw. zu vermeiden. Vielfach kann der Auftraggeber anhand von Beispielen seine Interpretation der Aufgabe präzisieren, denn Beispiele, das sind ja konkrete Anwendungsfälle, also Ereignisse aus der realen Welt des Anwenders. Da der Entwurf nach JSP in definierten Schritten erfolgt und nach jedem Schritt die Möglichkeit besteht, das bis dahin Erreichte anhand der Beispiele zu überprüfen, kommt diesen Beispielen als Testdaten für alle nachfolgenden Entwurfsschritte eine besondere Bedeutung zu.

Fallbeispiel Lagerbewegung: Beispiele

Anhand der Aufgabenstellung werden signifikante Beispiele für die Ein- und Ausgabe-Datenströme ermittelt.

```
Eingabe   BEWEGUNG              Ausgabe   LISTE

4711  Z    2                    Lager - Bewegungssalden
4711  Z   12
4711  A    9                    4711   Bewegungssaldo      5
4712  A    3                    4712   Bewegungssaldo     -3
4713  Z    8                    4713   Bewegungssaldo     12
4713  Z    4                    4715   Bewegungssaldo      7
4715  Z    7
```

Ist die Eingabedatei BEWEGUNG leer (gemäß Vereinbarung eine zulässige Eingabe, die korrekt zu verarbeiten ist, falls keine Sonderbehandlung explizit gewünscht wird), wird nur die Kopfzeile, gefolgt von einer Leerzeile, ausgegeben.

Sinnvoll wäre es auch, Beispiele für solche Fälle zu betrachten, die von der Aufgabe nicht erfaßt werden sollen, hier etwa formal fehlerhafte Eingabesätze oder Sätze mit falscher Sortierfolge. Laut Aufgabenstellung ist aber eine Behandlung von Fehlersituationen nicht gefordert, also wird das Programm auch nur für korrekte Eingabedaten entworfen.

Dieses Fallbeispiel *Lagerbewegung* wird im Kapitel 2 häufig zur Veranschaulichung der einzelnen Methodenschritte herangezogen.

Beispiele bei Online-Anwendungen

Bei Online-Anwendungen sind die Ein-/Ausgabe-Datenströme zunächst nicht so offensichtlich wie bei Batchproblemen. Die Datenströme lassen sich aber leicht separieren, wenn man die Folge der Ein-/Ausgabe-Bildschirme in der Weise trennt, daß man neben jede Benutzer-Eingabe die zugehörige Programm-Ausgabe schreibt. Die Abfolge dieser Bildschirme, getrennt nach Eingabe und Ausgabe, beschreibt die beiden Datenströme.

Beispiele bei Datenbanken

Über einen Schlüssel direkt zugreifbare Speicher besitzen eine bestimmte physische, aber keine eigene logische Struktur. Diese Struktur wird erst durch die Folge der Zugriffsschlüssel festgelegt. Bei Datenbanken kommt im allg. noch eine sequentielle Struktur innerhalb der einzelnen Segmente, Dateien, Relationen oder Ketten, je nach zugrundeliegendem Datenmodell, hinzu. Sollen Beispiele für solche Datenströme erstellt werden, muß die Folge der eventuell verschiedenartigen Zugriffe mit Anzahl und Reihenfolge der hierbei ermittelten Sätze entsprechend abgebildet werden.

2.2 Datenschritt

Der Datenschritt besteht aus zwei Teilen. Im ersten Teil wird für jeden Ein-/Ausgabe-Datenstrom ein *Daten-Struktur-Diagramm* (DSD) entworfen. Im DSD werden die *logischen*, verarbeitungsrelevanten Eigenschaften des jeweiligen Datenstromes dargestellt. *Physische* Eigenschaften (z.B. Eingabe auf speziellem Medium) bleiben beim Entwurf (weitgehend) unberücksichtigt. Eine grundlegende Vorstellung über die Mächtigkeit der Zielsprache für die Implementierung muß aber vorhanden sein, damit die logischen Zugriffe auch physisch (ohne größeren Aufwand) realisiert werden können. Je nach Verarbeitung kann derselbe physische Datenstrom mit logisch unterschiedlichen DSDs beschrieben werden, z.B. erhält man jeweils ein völlig anderes DSD, wenn man eine Datei kopiert oder dieselbe Datei gruppenbezogen verarbeitet.

Im zweiten Teil des Datenschrittes werden die 1:1-Entsprechungen ermittelt. Hierbei kann es durchaus erforderlich sein, die DSDs weiter zu verfeinern oder aneinander anzupasssen. In manchen Darstellungen der Methode JSP wird der Entsprechungsschritt dem Programmschritt zugeordnet. Da beim Eintragen der Entsprechungen erfahrungsgemäß häufig Änderungen an den Datenstrukturen erforderlich werden, erscheint die Zuordnung zum Datenschritt sinnvoller. Dies ändert jedoch nichts an den Grundsätzen der Methode.

2.2.1 Ableiten der Daten-Strukturdiagramme

Das DSD beschreibt eindeutig die Art, Reihenfolge und Anzahl der logischen Datensätze eines Datenstroms. Nicht zulässige Datenfolgen oder Exemplarlisten müssen durch das DSD ausgeschlossen werden. Einzelne Verarbeitungsschritte oder Bedingungen werden nicht dargestellt. Bei Selektionen ist entscheidend, welche Ausprägungen einer Komponente zugelassen sind, für Iterationen wird nur das mehrfache Auftreten einer Komponente festgelegt, nicht aber die genaue Anzahl.

Der Begriff der "logischen Datenstrukturen" wird in der Informatik im allg. mit einer anderen Bedeutung als bei JSP verwendet. Dort bezeichnet er eine bestimmte Art der Darstellung der Daten wie z.B. Tabellen, Listen, Keller usw. Der enge Zusammenhang zwischen Verarbeitung ("Algorithmen") und Datenstrukturen (vgl. [27]) ist allgemein anerkannt. Beim Entwurf nach JSP ist dieser Zusammenhang besonders deutlich, da ein Modell für die Verarbeitung (die Programmstruktur) unmittelbar aus den Datenstrukturen abgeleitet wird. Bei JSP beschreiben die Datenstrukturen (oder DSDs) die Syntax der Ein-/Ausgabe-Datenströme. Man bezeichnet ein DSD auch als "Datenstrom-Grammatik". Ein DSD ist ein *statisches* Modell der Realität. In der Notation von JSP werden innere Abhängigkeiten dieses Modells dargestellt. Das DSD wird sukzessive anhand der Angaben in der Aufgabenstellung entwickelt.

Ableiten der Datenstrukturen aus der Aufgabenstellung

Um ein DSD abzuleiten, benötigt man eine detaillierte Aufgabenstellung und die zugehörigen Beispiele. In der Aufgabenstellung wird zuerst die Information zu den einzelnen Datenströmen getrennt. Dann wird jeder Datenstrom auf logische Eigenschaften untersucht, und diese werden anhand der Beispiele verdeutlicht. Bei der Analyse der Eigenschaften helfen folgende Fragen.

- Was ist der eigentliche Kern der Aufgabe?
- Was ist der logische Zugriff?
- Welche Merkmale haben die einzelnen Sätze?
- Welche Sätze schließen sich gegenseitig aus?
- Treten gewisse Sätze stets gemeinsam oder in einer festen Reihenfolge auf?
- Gibt es Aussagen über Gruppierungen oder Sortierfolgen?
- Welche Mermale haben die einzelnen Gruppierungen?
- Was ist der Normalfall, was sind die Sonderfälle?

Beim Entwickeln eines DSD kann es sehr hilfreich sein, auf Wörter und Wendungen in der Aufgabenstellung zu achten, die auf einen bestimmten Typ von Komponente hinweisen.

Komponente vom Typ *Sequenz* (jede feste Reihenfolge):

- zuerst, dann, danach;
- Folge von, (Reihen)folge;
- vorausgehend, folgend;
- nach(her), vor(her);
- erster, letzter;
- Anfang, Mitte, Ende;
- Kopf-, Fußzeile.

Komponente vom Typ *Iteration* (jede Mehrzahl):

- alle, viele, einige;
- eine Anzahl von;
- eins oder mehrere (das ist meist keine Selektion);
- eine Gruppe, eine Menge;
- wiederholt, mehrfach;
- für jede Sortierfolge eine Iterationsebene.

Komponente vom Typ *Selektion* (jede Auswahl):

- entweder, oder;
- kann sein, tritt auch auf, ist auch erlaubt;
- alternativ, an Stelle von;
- möglicherweise, kann fehlen, manchmal;
- "Sätze von Typ A und B" (das ist meist keine Sequenz);
- entgegengesetzte Operationen oder Merkmale.

Welche logischen Eigenschaften müssen im DSD dargestellt werden?

Alle Eigenschaften eines Datenstroms, die die Verarbeitung beeinflussen, müssen im DSD dargestellt werden. Solche logischen Eigenschaften sind insbesondere, daß Sätze in einer festen Reihenfolge auftreten, daß Sätze in einer bestimmten Weise sortiert verarbeitet werden, daß sich gewisse Sätze ausschließen, oder daß sie gemeinsam, z.B. als Gruppe (vgl. Kapitel 3), behandelt werden. Aus den DSDs wird im nächsten Schritt die Programmstruktur abgeleitet, und dieser werden die einzelnen Verarbeitungsschritte zugeordnet. Die DSDs müssen also soweit strukturiert werden, daß diese Zuordnung korrekt erfolgen kann.

Beim Entwurf eines DSD ist zu beachten, daß die logischen Eigenschaften auch auf der richtigen Ebene angegeben werden. Falls z.B. der Wert eines Datenfeldes die Verarbeitung eines Satzes steuert, so ist dies eine Eigenschaft des ganzen Satzes. Wird eine Gruppe von Sätzen abhängig vom Auftreten eines gewissen Satzes unterschiedlich behandelt, so ist das eine Eigenschaft der ganzen Gruppe. Wird die Verarbeitung einer Datei beim Auftreten des ersten falschen Satzes abgebrochen, so ist das eine Eigenschaft der ganzen Datei und nicht nur dieses einen Satzes. Dabei spielt es für den Entwurf des DSD keine Rolle, wie diese Eigenschaften später geprüft werden können.

Je nach Art der gewünschten Verarbeitung können sich für denselben Datenstrom sehr unterschiedliche DSDs ergeben.

Fallbeispiel Satz/Gruppe/Datei: Unterschiedliche DSDs

Die Datei EIN enthält falsche und korrekte Sätze.

  a) Falsche Sätze werden ausgeblendet.

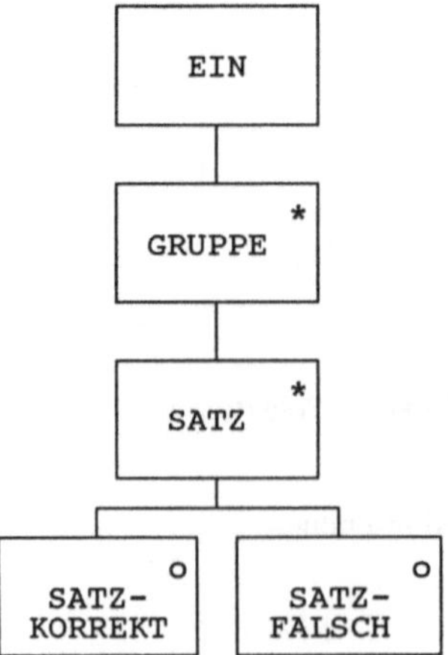

b) Gruppen, die mindestens einen falschen Satz enthalten, werden ausgeblendet.

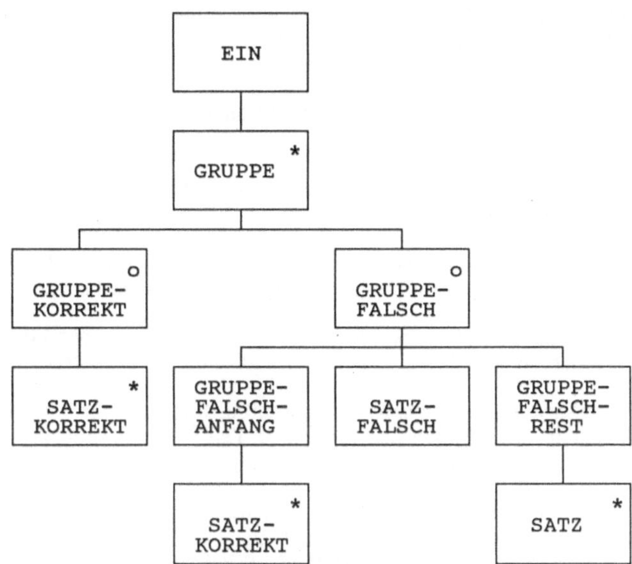

c) Enthält die Datei mindestens einen falschen Satz, so wird die Verarbeitung abgebrochen.

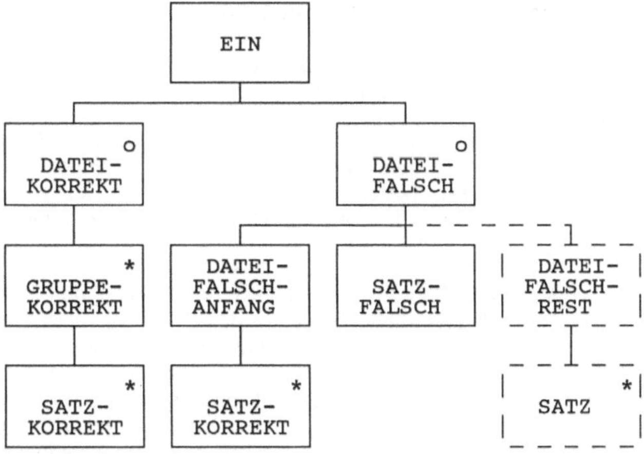

Der Anteil DATEI-FALSCH-REST wird vereinbarungsgemäß im allg. dargestellt, auch wenn die Verarbeitung bereits vorher beendet ist.

Nicht dargestellt werden muß die innere Logik einzelner Verarbeitungen, z.B. enthält die Implementierung einer Lese-Anweisung in COBOL stets den Fall, daß bei EOF keine Daten in den Eingabebereich übertragen werden. Das ist reine Implementierungslogik und beeinflußt nicht die Datenstruktur. Falls nach Aufgabenstellung ein Fehler beim Öffnen einer Datei gesondert zu behandeln ist, muß das in die Strukturierung einbezogen werden. In diesem Fall wird auf der oberster Ebene des Eingabe-DSD unterschieden zwischen einer korrekten und einer falschen Eingabe. Derartige Strukturfehler werden aber in den nachfolgenden Entwurfsschritten erkannt.

Es ist nicht erforderlich, daß die Ein-/Ausgabe-Datenstrukturen auf allen Ebenen in gleicher Weise strukturiert sind. Die Strukturen müssen nur zueinander "passen" (d.h. es muß möglich sein, eine gemeinsame Programmstruktur abzuleiten), und sie dürfen sich nicht widersprechen. Das wird beim Eintragen der Entsprechungen geprüft, ggf. müssen die Strukturen dann noch geeignet erweitert werden.

Beim Entwurf von Eingabe-Datenstrukturen hilft meist auch ein Blick auf die zugehörige(n) Ausgabe(n).

- Enthält das Ausgabe-DSD eine Selektion, so muß auch bei der Eingabe auf entsprechender Ebene selektiert werden.

- Erfordert die Ausgabe die gemeinsame Verarbeitung mehrerer Sätze z.B. Berechnung einer Gruppensumme, so muß die Eingabe entsprechend gruppiert sein.

- Ist bei der Ausgabe die erste (oder letzte) Komponente einer Gruppe von den anderen unterschieden, so muß dies auch bei der Eingabe dargestellt werden.

Falls es nicht gelingt, eine geeignete Datenstruktur für die volle Aufgabe zu entwickeln, so versuche man es mit Teilaufgaben und füge diese Teil-DSDs zusammen. Oder man beginnt mit einer groben Struktur, die dann schrittweise bis auf logische Satzebene verfeinert wird.

Das "Finden" der richtigen Daten-Strukturen bedarf einer gewissen Übung, insbesondere einer gewissen Gewöhnung an die zunächst rein statische Betrachtungsweise. Häufig gelingt dies erst nach mehreren Versuchen. Gegner der Methode JSP bezeichnen das gerne als "Fummeln" oder "Tricksen" o.ä. Aber gerade dieses schrittweise Vorgehen ist der Kern des Datenschritts: die DSDs werden sukzessiv aus der Aufgabenstellung abgeleitet und zwar solange, bis die DSDs den jeweils vorgelegten Beispielen genügen. Man kann nicht erwarten, daß man bereits auf den ersten Blick die passende Struktur erkennt. Ob die Datenstrukturen nicht nur formal korrekt sind (also den Beispielen genügen), sondern auch wirklich der gestellten Aufgabe adäquat sind, zeigt sich eventuell erst in den nachfolgenden Entwurfsschritten. Falls man noch Fehler entdeckt, muß zu einem der früheren Schritte zurückgekehrt werden.

Die Methode JSP besteht nicht darin, Datenstrukturen zu "finden". Bei der Beschreibung der strukturellen Eigenschaften von Datenströmen mit Hilfe der Datenstrukturen wird lediglich die Notation von JSP verwendet. Das Wesen der Methode ist es, die Datenstrukturen zu überprüfen, ggf. weiterzuentwickeln und schrittweise aus den Datenstrukturen ein vollständiges Programm zu entwerfen.

Die atomaren Komponenten (Blätter des Baumes) entsprechen den logischen Ein-/Ausgabe-Zugriffen. Einzelne Daten-Felder dieser Sätze werden im Baum deshalb nicht dargestellt. Die Festlegung des logischen Zugriffs spielt beim Ableiten der DSDs ein große Rolle, da dadurch die unterste Ebene der DSDs bestimmt wird. Bei Batchanwendungen ist das meist der übliche Datensatz. In einer Online-Umgebung erfolgt der Zugriff auf den ganzen Bildschirm (außer bei älteren Systemen, die noch zeilenorientiert arbeiten). Außerdem muß geklärt werden, wer den Dialog beginnt (im allg. das Programm), wer ihn beendet (im allg. der Benutzer), und ob es noch eine Endebestätigung durch das Programm geben soll. Der Zugriff auf eine Datenbank ist häufig gestaffelt. Zunächst wird direkt auf ein Segment (oder den Beginn einer Kette) positioniert und innerhalb eines Segments (oder einer Kette) sequentiell zugegriffen. Bei Problemen der Textverarbeitung besteht ein logischer Satz zumeist aus nur einem einzelnen Zeichen.

Komponenten-Namen

Die Namen der Komponenten für ein DSD sollen eindeutig sein und nicht mit K- oder P-beginnen. Diese Namenspräfixe haben später bei der "Konsistenzprüfung" (vgl. Abschnitt 2.3.2) eine spezielle Bedeutung. Verarbeitungs-Abläufe oder Bedingungen werden im DSD nicht erfaßt. Um dies zu betonen, sollen die Namen der Komponenten Substantive sein, keine Verben oder etwa Bedingungen. Bei iterierten Komponenten achte man darauf, daß der Name nicht im Plural formuliert ist.

Fallbeispiel Lagerbewegung: Komponenten-Namen

Der Eingabe-Datenstrom enthält Sätze mit einem Zugangs- oder Abgangskennzeichen, also erhalten die DSD-Komponenten für diese unterschiedlichen Sätze einen entsprechenden Namen.

Korrekte Namen:	ZUGANG-SATZ	und	ABGANG-SATZ
	SATZ-MIT-Z	und	SATZ-MIT-A
	Z-SATZ	und	A-SATZ
Ungünstige Namen:	BEWEGUNGS-KZ=Z	und	BEWEGUNGS-KZ=A
	ZUGANG	und	ABGANG
	ADDIEREN	und	SUBTRAHIEREN

Durch die ungünstigen Namen werden bereits Abläufe bzw. einzelne Schritte der Verarbeitung suggeriert. Im DSD sollen aber nur die logischen Eigenschaften der Komponenten und eine statische Sicht des Datenstroms festgelegt werden.

Form und Inhalt der Ausgabe(n) definieren die logische Sicht der Eingabe(n). Außerdem liegen über die gewünschte Ausgabe im allg. mehr Informationen vor (z.B. Layout für eine Liste oder eine Bildschirm-Maske) als über die Eingabe, deshalb ist es häufig ratsam, mit den Datenstrukturen für die Ausgabe-Datenströme zu beginnen.

Fallbeispiel Lagerbewegung: Datenstruktur für LISTE

In der Aufgabenstellung finden wir folgende Angaben:

"... die eine *Liste* erstellt, in der für *jede Artikelgruppe eine Zeile* ... aufgelistet ist."

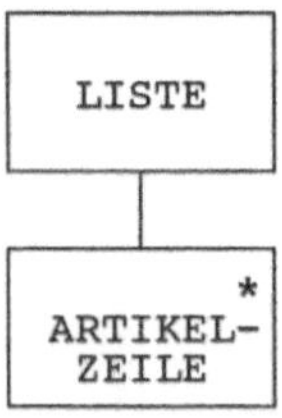

Besonders bei Listen sind zusätzliche Angaben häufig dem Layout zu entnehmen.

```
Lager - Bewegungssalden

Leerzeile

  1. Artikelzeile

  2. Artikelzeile

        . . .
```

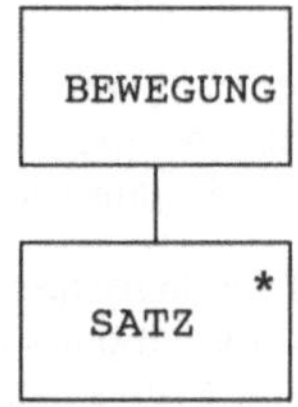

Die Komponente `LISTEN-RUMPF` mußte eingefügt werden, da `LISTE` eine Sequenz aus `LISTEN-KOPF` und `LISTEN-RUMPF` ist. Die Komponente `LISTEN-KOPF` entspricht hier zwei Ausgabezeilen, wenn man die Leerzeile als extra Zeile auffaßt.

Fallbeispiel Lagerbewegung: Datenstruktur für BEWEGUNG

"In einem Einzelhandelsunternehmen werden ... auf je einem *Satz* der Lagerbewegungsdatei erfaßt."

Diese noch sehr grobe Struktur wird durch weitere Angaben verfeinert.

"... werden die *Zugänge* auf Lager und die *Abgänge* vom Lager auf je einem Satz ... erfaßt."

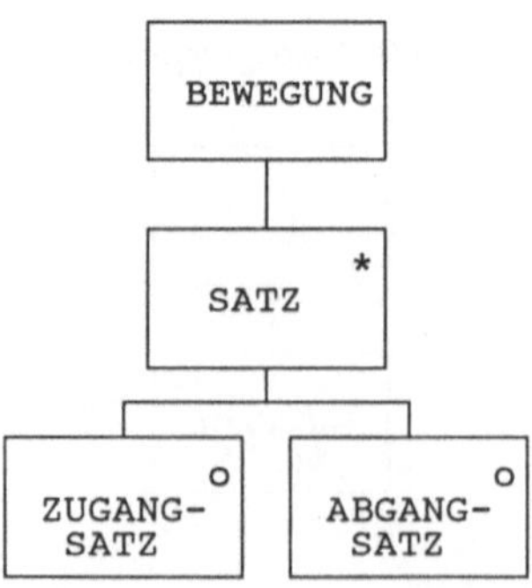

Angaben über Sortierfolgen liefern eine weitere Präzisierung der Datenstruktur.

"Die Sätze sind nach *Artikelnummer aufsteigend sortiert.*"

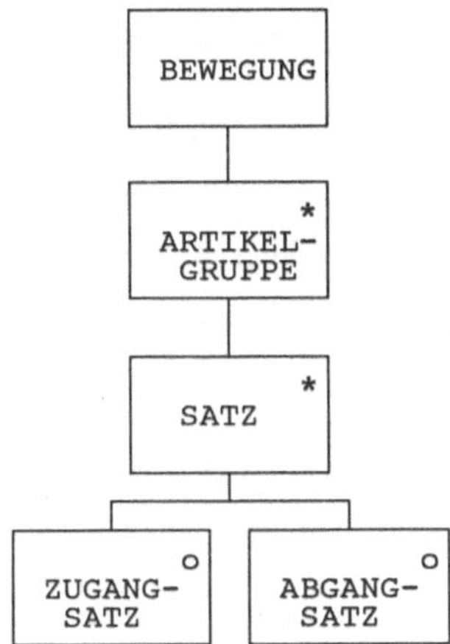

Einzelne Daten-Felder werden nicht dargestellt.

"Jeder Satz enthält die Nummer des Artikels, ein Bewegungs-Kennzeichen ("Z" für Zugang oder "A" für Abgang) und die Menge der Zugänge oder Abgänge."

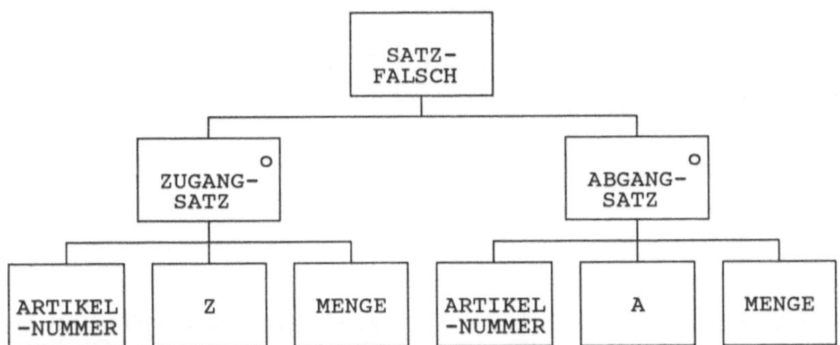

Der logische Zugriff erfolgt auf den ganzen Satz und nicht auf einzelne Daten-Felder. Diese werden durch das Lesen des Satzes bereitgestellt. Operationen auf diesen Datenfeldern werden im Anweisungsschritt (vgl. Abschnitt 2.4) beschrieben. Der Wert einzelner Datenfelder kann zu einer unterschiedlichen Verarbeitung des jeweiligen Satzes führen (Zugang oder Abgang). Das ist aber eine Eigenschaft des ganzen Datensatzes (ZUGANG-SATZ oder ABGANG-SATZ) und nicht nur dieses einen Datenfeldes.

Jede der Datenstrukturen muß anhand der konkreten Beispiele für die Ein-/Ausgabe-Datenströme überprüft werden.

Fallbeispiel Lagerbewegung: Überprüfen des DSD von BEWEGUNG

Die Datei BEWEGUNG enthält viele (eventuell auch null) Artikel-Gruppen. Jede Artikel-Gruppe besteht aus vielen Sätzen (sogar mindestens ein Satz pro Artikel-Gruppe, das wird aber nicht dargestellt, da der jeweils erste Satz einer Artikel-Gruppe genau so behandelt wird wie die nachfolgenden). Die Sätze können in beliebiger Reihenfolge Zugangs- oder Abgangssätze sein. Weder Zugangs- noch Abgangssätze müssen mindestens einmal pro Artikel-Gruppe auftreten.

Fallbeispiel Lagerbewegung: Überprüfen des DSD von LISTE

Die Ausgabe LISTE beginnt immer (auch bei einer leeren Eingabe) mit der Kopfzeile gefolgt von einer Leerzeile. Danach folgen beliebig viele Artikel-Zeilen.

Typische Datenstrukturen bei Online-Anwendungen

In einer Online-Umgebung gibt es einige typische Anwendungs-Situationen:

- Abfragen;
- Erfassen;
- Ändern/Löschen/Einfügen;
- Menüführung.

a) Abfragen
Nach Eingabe eines Informations-Kodes kann mit einer WEITER-Taste in der zugehörigen Information geblättert werden (eventuell sogar vorwärts und/oder rückwärts). Mit der ENDE-Taste wird die Abfrage beendet.

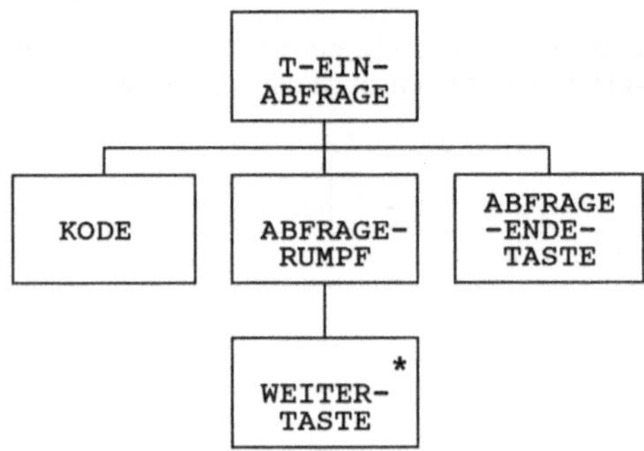

b) Erfassen
Die zu erfassenden Daten werden bildschirmweise eingegeben (eventuell muß vorher noch ein besonderer Kode angegeben werden). Die Eingabe wird z.B. durch eine ENDE-Taste abgeschlossen.

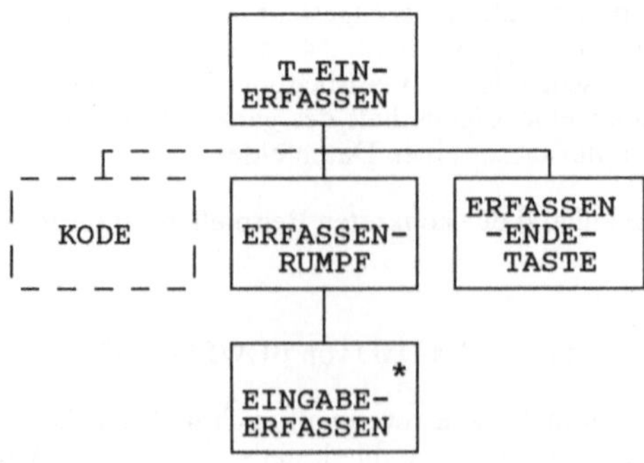

c) Ändern
Nach Eingabe eines Kodes wird die gewünschte Information am Bildschirm angezeigt und kann
dann geändert werden. Wenn keine Änderungen mehr erfolgen sollen, wird eine ENDE-Taste
betätigt.

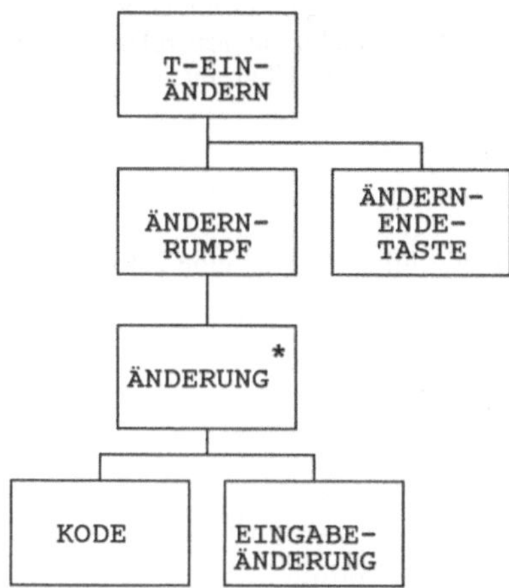

Mit diesen drei Strukturen läßt sich bereits ein einfacher Auswahl-Dialog zusammensetzen.

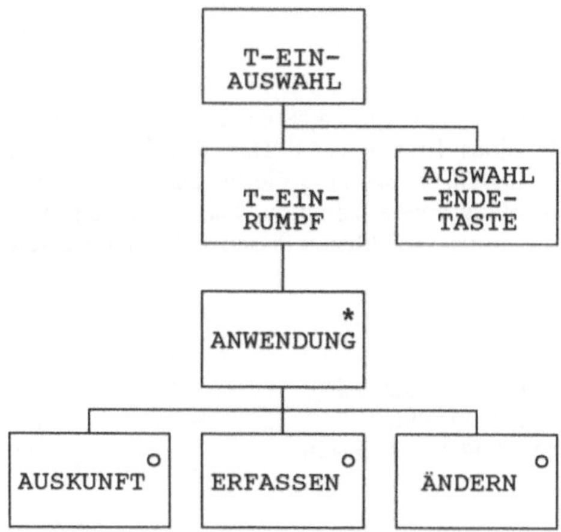

Der Dialog erstreckt sich über zwei Ebenen, die jeweils mit einer ENDE-Taste abgeschlossen
werden. Indem auf den zugehörigen Ausgabemasken die Wahlmöglichkeiten angezeigt und vom
Benutzer ausgewählt werden können, wird eine einfache hierarchische Menüsteuerung realisiert.
Es ist zunächst nicht vorgesehen, daß der Benutzer von einer Anwendung in eine andere direkt
verzweigen kann. Er muß jede Anwendung explizit abschließen, bevor er eine neue (eventuell
andere) Anwendung beginnen kann. Bei ÄNDERN könnte noch zwischen Ändern und Löschen bzw.
Einfügen unterschieden werden. Es wäre auch denkbar, daß unter AUSKUNFT geändert werden
kann oder unter ÄNDERN Auskünfte eingeholt werden können, und dies fortgesetzt über viele
Ebenen geschachtelt. Ein derart geschachtelter Dialog führt auf eine rekursive Dialogstruktur.

Rekursive Datenstrukturen

> "Ein Objekt heißt *rekursiv,* wenn es sich selbst als Teil enthält oder mit Hilfe von sich selbst definiert ist." (vgl. [27] S. 149)

Eine Rekursion ermöglicht eine endliche Darstellung einer unendlichen Menge von Objekten. Die Notation von JSP sieht keine besondere Kennzeichnung von rekursiven Komponenten vor. Der rekursive Charakter einer Struktur ergibt sich aus der Übereinstimmung von Komponenten-Namen innerhalb einer Struktur.

Fallbeispiel Zahl: rekursive Datenstruktur

Die rekursive Definition einer "Zahl" lautet: eine Zahl ist eine Ziffer oder eine Ziffer gefolgt von einer Zahl.

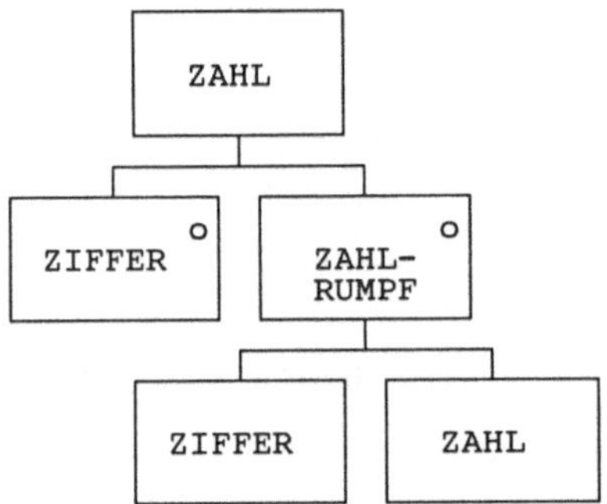

Im Bereich der industriellen Fertigung spielen die "Stücklisten" eine große Rolle. "Eine *Stückliste* ist ein Verzeichnis aller Teile eines Erzeugnisses. Der Begriff "Teil" ist ein Oberbegriff für Einzelteil, Halbfertigteil und Fertigteil. Einzelteile, die zu einer technischen Einheit zusammenmontiert worden sind, werden Baugruppen genannt. Die Hinterachse eines Autos oder ein Getriebe sind zum Beispiel Baugruppen. Stücklisten lassen sich als gerichtete Graphen darstellen." (vgl. [28] S. 218)

Ein Teil einer Stückliste kann

- aus mehreren Teilen zusammengesetzt sein;
- in einem anderen Teil eingebaut sein;
- ohne Verbindung zu einem anderen Teil sein.

Fallbeispiel Stückliste T1: DSD

Die Stückliste für das Teil T1 enthält die Unterteile T11, T12 und T13. Das Teil T11 besteht aus T111 und T2. T12 ist nicht weiter unterteil. T13 besteht aus T131, T132 und T133. Das Unterteil T132 hat selbst wieder die Unterteile T1321 und T1322.

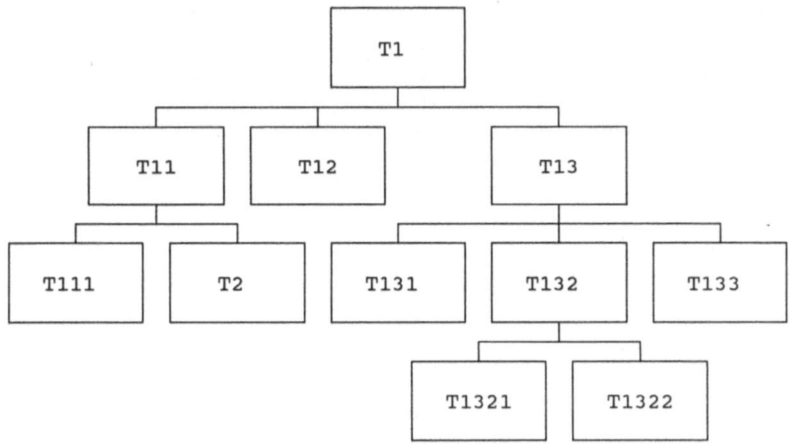

Die Stückliste für T2 zeigt zwei Unterteile T21 und T12. T21 besteht wieder aus T131, T212 und T12. Die Teile T12 und T131 sind auch in der Stückliste von T1 enthalten.

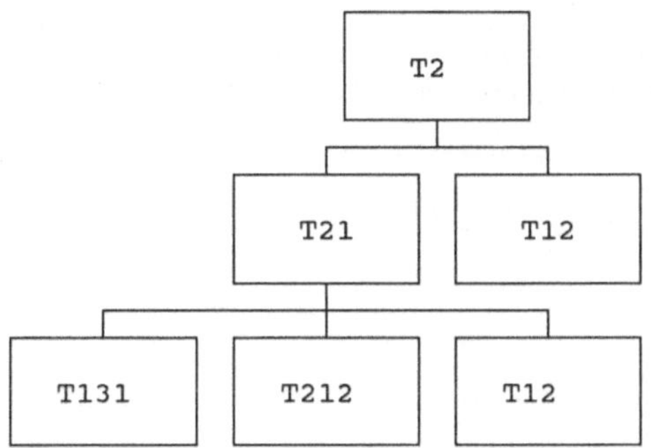

Beschreibt man jedes Teil einer Stückliste durch seine spezifischen Daten und die Beziehung zu den anderen Teilen durch eine Ober- und eine Unter-Teileliste, so kann man eine Stückliste auch mit einer rekursiven Struktur darstellen.

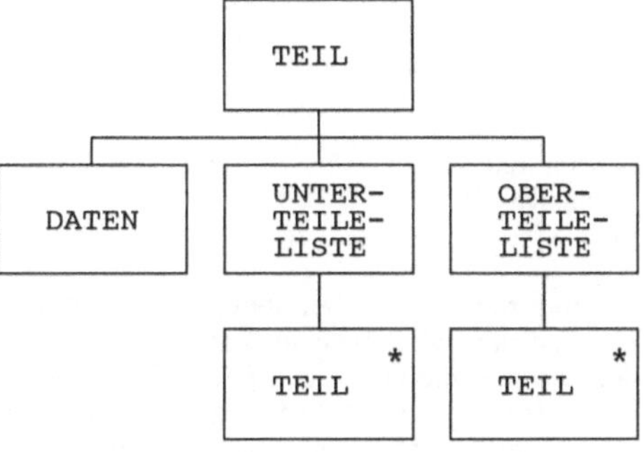

Typische Datenstrukturen bei Datenbank-Anwendungen

Der Zugriff auf eine *hierarchischen* Datenbank erfolgt gemäß definierter Zugriffspfade, im allg. in mehreren Stufen. Zuerst wird anhand eines Schlüssels auf ein "Segment" positioniert, z.B. mit GET-UNIQUE. Auf die Sätze dieses "Segments" wird sequentiell zugegriffen, z.B. mit GET-NEXT. Diese unterschiedlichen Zugriffe werden in der Datenstruktur durch je eine Iterationsebene dargestellt.

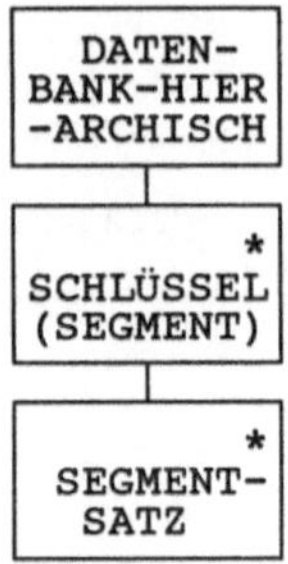

Gibt es zu einem Schlüssel mehrere "Segmente", so ist die Komponente SCHLÜSSEL eine Sequenz dieser "Segmente".

Bei *relationalen* Datenbanken gibt es keine festen Zugriffspfade. Die in der Datenbank gespeicherten "Relationen" können durch definierte Operationen, wie z.B. SELECT, JOIN etc., zu neuen "Relationen" verknüpft werden, die jeweils viele "Tupel" enthalten.

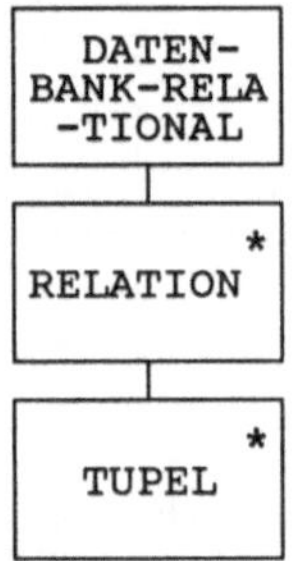

Behandlung von Mehrdeutigkeiten

Aufgrund ungenauer Spezifikation, speziell durch unklar verwendete Begriffe, können Mehrdeutigkeiten auftreten:

- Iteration: null bis n mal / eins bis n mal;
- Selektion: exklusives Oder / inklusives Oder;
- inkonsistente, unklare Begriffe.

Unklarheiten über geeignete Datenstrukturen werden behoben, indem alternative DSDs entworfen werden, und der Auftraggeber gefragt wird, welche Variante er meint. Bei derartigen Mehrdeutigkeiten muß geklärt werden, welches die zulässigen Exemplare eines Datenstroms sind, der durch ein DSD beschrieben wird. Tiefer liegende Mehrdeutigkeiten resultieren aus Unsicherheit über das korrekte Modell für ein gegebenes Problem und bedürfen einer sorgfältigen Klärung. Die Formulierungen in einer Aufgabenstellung sind nicht immer eindeutig, besonders das Wörtchen "oder" kann viele Mißverständnisse verursachen. Je nach Interpretation können sehr verschiedene DSDs entworfen werden.

Fallbeispiel Oder inklusiv/exklusiv?: unterschiedliche DSDs

Eine Datei D enthält Sätze der Satzart SA-1. Diesen *kann* ein SA-2-Endesatz *oder* ein SA-3-Endesatz folgen.

Je nach Interpretation der Wörter "kann" und "oder" erhält man genau einen, höchstens einen, mindestens einen oder eventuell einen Endesatz.

- *exklusives* Oder: genau ein Endesatz;

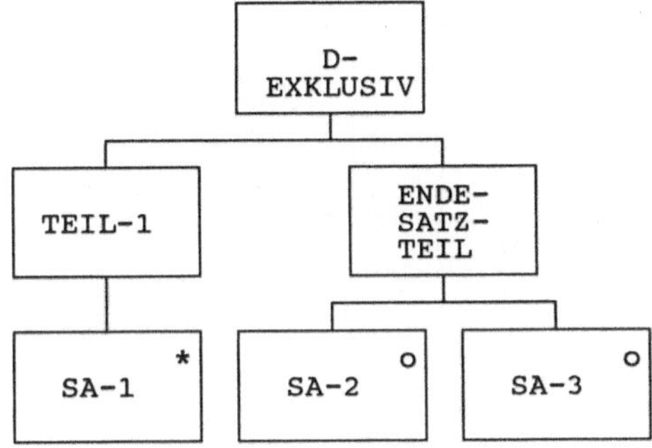

- *exklusives* Oder: höchstens ein Endesatz (mit Null-Komponente).

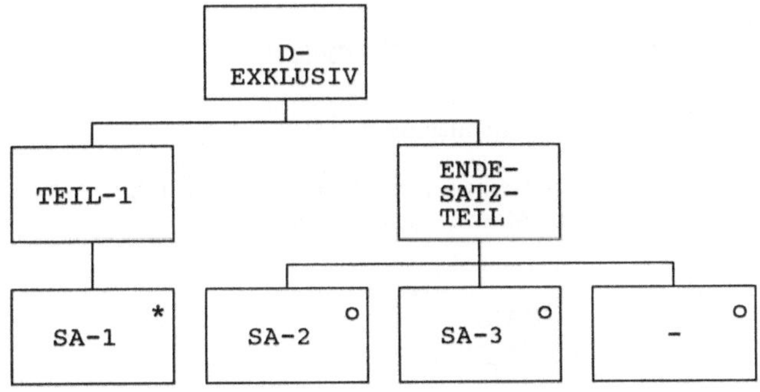

- *inklusives* Oder: eventuell ein Endesatz (mit Null-Komponente).

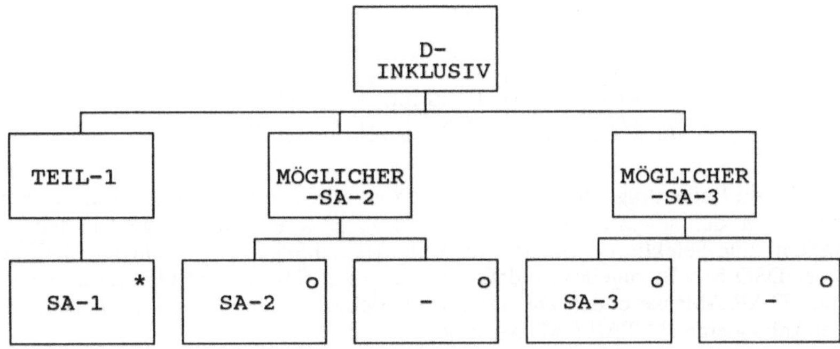

- *inklusives* Oder: mindestens ein Endesatz;

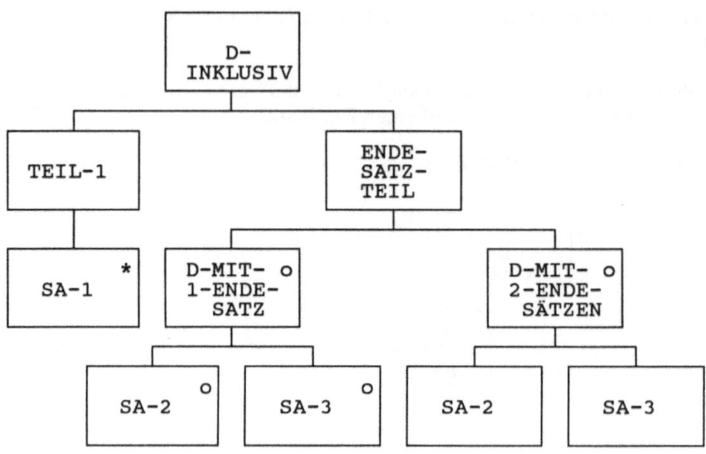

Datenstrukturen "mit Bedingungen"

Beim Entwurf von Datenstrukturen werden keine Bedingungen berücksichtigt. Häufig wird versucht, ungeeignete Datenstrukturen durch Angabe von Bedingungen zu "retten", aber es gilt die folgende Merkregel:

Eine Datenstruktur, die erst nach Einfügen von Bedingungen "richtig" wird, ist falsch.

Fallbeispiel Dialog-Eingabe: DSD mit/ohne Bedingungen

Die Eingabe für einen Dialog beginnt mit einer START-Maske. Dann folgen viele EINGABE-Masken. Der Dialog wird mit einer ENDE-Maske abgeschlossen.

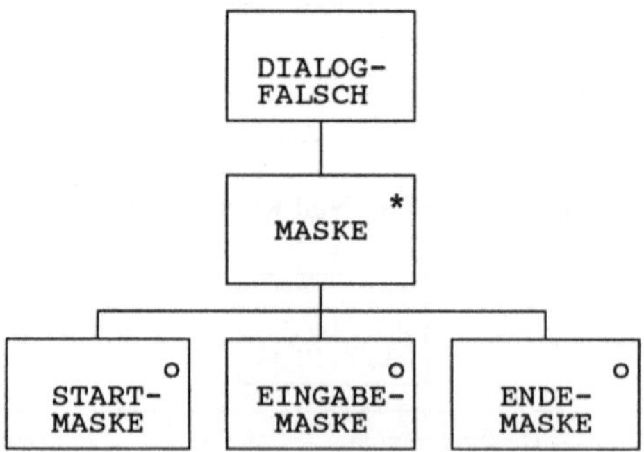

Anzahl und Reihenfolge der einzelnen Masken ist in DIALOG-FALSCH nicht dargestellt. Die Anordnung der selektierten Komponenten suggeriert zwar die gewünschte Abfolge der Masken, eine Selektion definiert aber keine Reihenfolge (das macht nur die Sequenz). Für dieses DSD ist z.B. zugelassen, daß ein Dialog mit fünf-mal ENDE-Maske beginnt und mit einer START-Maske endet. Das DSD wird "richtig", wenn die entsprechenden Bedingungen (am Anfang einmal START-Maske, usw.) berücksichtigt werden.

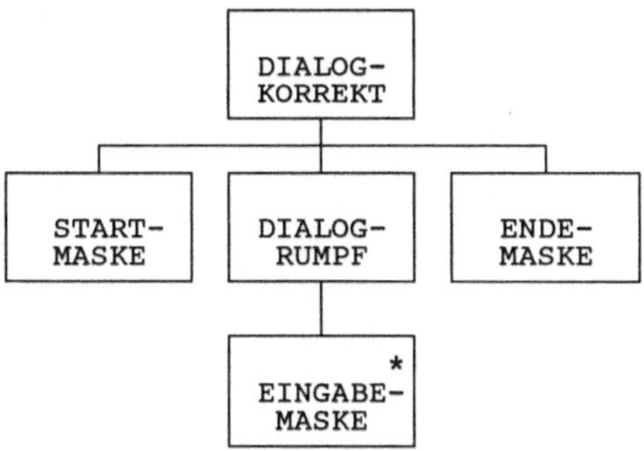

In **DIALIOG-KORREKT** ist die Maskenfolge korrekt dargestellt. START- und ENDE-MASKE müssen am Anfang bzw. am Ende je einmal eingegeben werden (Sequenz). Dazwischen kann die EINGABE-MASKE beliebig oft auftreten (Iteration).

Die "chaotische" Datenstruktur

Eine Datenstruktur, die eine Iteration einer Selektion enthält (vgl. **DIALOG-FALSCH**), nennt man eine *chaotische* Datenstruktur. Die chaotische Datenstruktur ist sehr allgemein und legt keine logische Reihenfolge der Elemente eines Datenstroms fest. Sie beschreibt häufig alle gewünschten Fälle, aber sie schließt oft unzulässige Exemplare nicht aus.

Die chaotische Datenstruktur ist fast immer falsch.

Zumindest sollte bei einer chaotischen Datenstruktur sehr sorgfältig geprüft werden, ob wirklich keine logischen Abhängigkeiten vorliegen, z.B. in Form einer Sequenz oder einer Iteration.

Fallbeispiel Satz-Paare: Das chaotische DSD ist falsch.

Es sollen *Paare* von Sätzen vom Typ SATZ-1 und SATZ-2 von der Datei EIN gelesen werden.

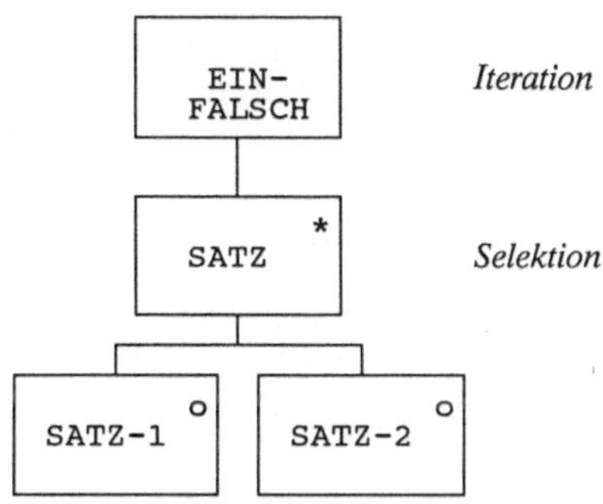

Die Datenstruktur **EIN-FALSCH** läßt außer den korrekten Daten auch falsche Daten zu.

Korrekte Eingabe: S1 S2 S1 S2 ... oder leere Eingabe

Falsche Eingabe: S1 S1 S1 S1 ...
                      S2 S2 S2 S2 ...
                      S1 S1 S2 S2 ...
                      S2 S1 S2 S1 ...

Die Datenstruktur EIN-KORREKT läßt nur die korrekten Daten zu und schließt falsche Datenfolgen aus.

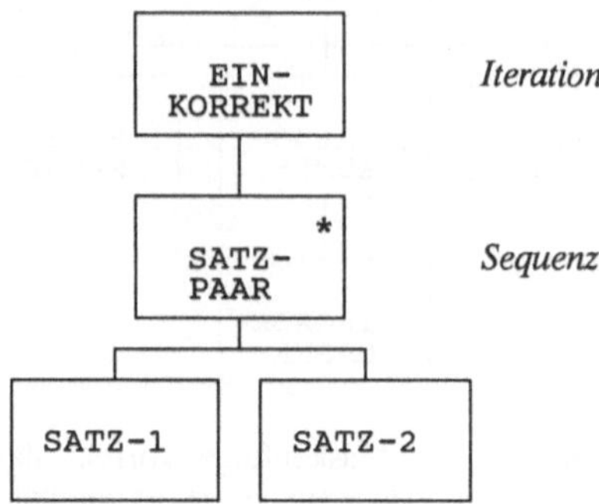

Natürlich gibt es Anwendungssituationen, bei denen die chaotische Struktur die einzig zutreffende ist, wenn nämlich über die Abfolge der einzelnen Sätze keine festen Vorschriften bestehen.

Fallbeispiel Lagerbewegung: Das chaotische DSD ist hier korrekt.

Zwischen Zugangs- und Abgangssatz gibt es keine logische Abhängigkeit, sie können in beliebiger Reihenfolge (wenn überhaupt) auftreten. Die chaotische Datenstruktur für ARTIKEL-GRUPPE entspricht also der Aufgabenstellung.

Datenstrukturen mit Nullkomponente

In einem DSD werden logische Eigenschaften eines Datenstroms statisch beschrieben. Das Vorhandensein oder Fehlen einzelner Komponenten kann die Eigenschaften übergeordneter Struktur-Komponenten beeinflussen, z.B. die Unterscheidung in zwei unterschiedliche Teile dieser Oberstruktur bewirken. Manchmal wird es als Einsparung empfunden, gemeinsame Komponenten dieser beiden Teile voranzustellen und nur noch zwischen den wirklich verschiedenen Reststrukturen zu unterscheiden. Ist eine dieser Reststrukturen leer, verwendet man als Notation die Nullkomponente. Solange man sich auf die Formulierung von DSDs beschränkt, ist dagegen nichts einzuwenden. Die DSDs sollen aber für den Entwurf weiter verwendet werden. Dazu gehört speziell das Ableiten von logischen Beziehungen zwischen Ein- und Ausgaben. Zu einer Nullkomponente kann es aber keine logische Beziehung geben. Deshalb sind DSDs mit Nullkomponente für den weiteren Entwurf nach JSP ungeeignet.

Ein weiterer Grund gegen DSDs mit Nullkomponente(n) ist, daß sie erfahrungsgemäß meist durch vorzeitiges "Optimieren" (d.h. durch den Versuch, das DSD möglichst klein zu halten) oder eine ablauf-orientierte Betrachtungsweise zustandekommen (Was ist die statische Bedeutung eines Satzes, der nicht da ist?). Datenstrukturen mit Nullkomponente(n) kann man stets in eine äquivalente Struktur ohne eine einzige Nullkomponente umformen.

Fallbeispiel Liste mit/ohne Fußzeile: mit und ohne Nullkomponente

Abhängig von der Eingabe wird eine Liste durch eine Fußzeile abgeschlossen oder nicht.

Das DSD mit Nullkomponente LISTE-SCHLECHT beschreibt zwar die beiden Fälle, aber das Auftreten einer Fußzeile wird nicht als Eigenschaft der Liste dargestellt, sondern wie in einem Ablaufplan als angehängte Selektion. Im weiteren Entwurf kann nicht dargestellt werden, welche Eingabe eine Fußzeile bewirkt und welche nicht. Der Ansatz für eine derartige Struktur ist häufig die Frage, wann man welche Bedingungen realisieren kann (nach

Ende der Liste wird eben geprüft, ob noch eine Fußzeile kommt oder nicht). Das Prüfen von Bedingungen ist aber nicht Gegenstand des Datenschritts. Hier sollen verarbeitungsrelevante Eigenschaften beschrieben werden.

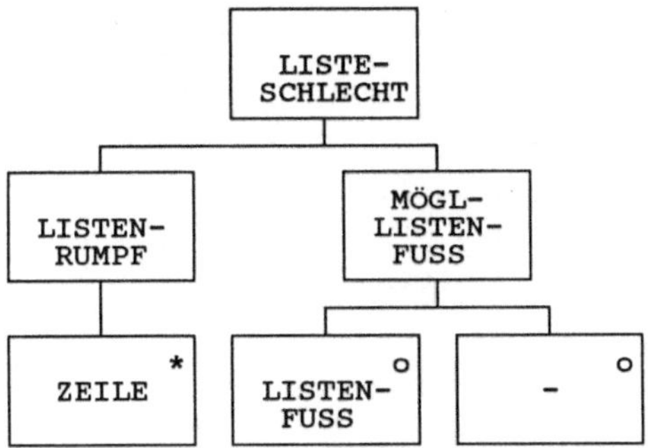

Diese Struktur von LISTE-SCHLECHT mit Nullkomponente kann man in eine Struktur ohne Nullkomponente transformieren. Der erste Teil der Sequenz LISTEN-RUMPF wird gestrichen und vor beide Selektions-Komponenten eingefügt.

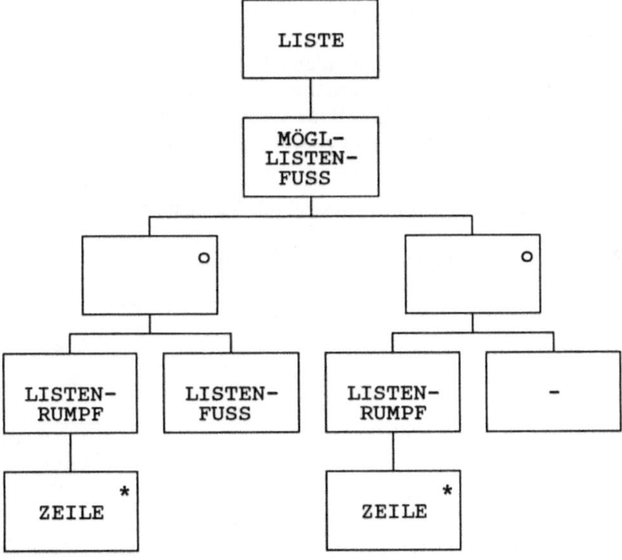

Durch Streichen der überflüssigen Komponenten und Eintragen geeigneter Namen erhält man eine äquivalente Struktur ohne Nullkomponente. Die Überlegung, daß es zwei unterschiedliche Typen von LISTE gibt, hätte unmittelbar auf das DSD ohne Nullkomponente LISTE-KORREKT geführt.

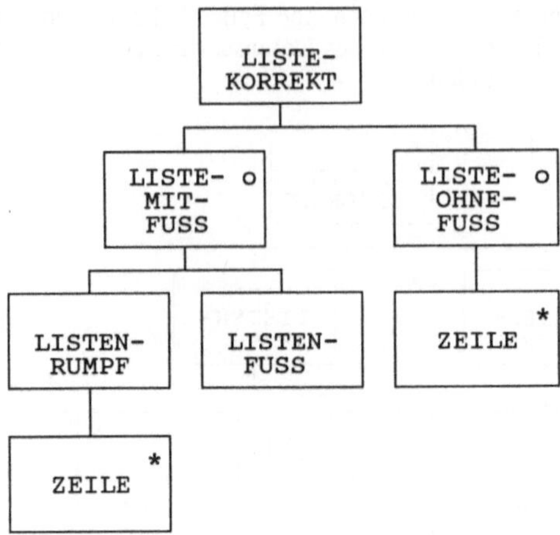

Wenn man keine sinnvollen Datenstrukturen findet

Gelingt es nicht, für eine gegebene Aufgabenstellung eine aussagefähige Datenstruktur zu entwerfen, kann das verschiedene Gründe haben:

- die Aufgabe ist noch nicht voll verstanden (Beispiele!).
- man ist (noch) zu sehr in Abläufe verhaftet (Beispiele!).
- es gibt kein vernünftiges DSD, da JSP für diese Aufgabe als Entwurfsmethode nicht geeignet ist (das hätte man aber bei den Beispielen schon merken müssen!).

Fallbeispiel Wochentag bestimmen: nicht sinnvoll mit JSP lösbar

Für ein gegebenes Datum bestimme man den Wochentag.

Aus diesen sehr dürftigen Datenstrukturen kann die Lösung des eigentlichen Problems nicht abgeleitet werden. Allenfalls kann man die Datenstrukturen für die Organisation der Ein-/ Ausgabe verwenden. Der Algorithmus zur Berechnung des Wochentags ist außerdem bekannt und muß nicht neu entworfen werden. Hier hilft JSP nicht weiter.

Überprüfen der Datenstrukturen

Bevor zum nächsten Entwurfsschritt übergegangen werden kann, müssen die DSDs überprüft werden.

- Sind alle Komponenten-Namen Substantive?
  Keine Adjektive, Verben oder nur Bedingungsausdrücke?
- Ist das DSD formal korrekt, enthält es keine "Pseudo-Strukturen"?

Anhand der konkreten Beispiele ist zu klären:

- Entsprechen die atomaren Komponenten dem logischen Zugriff?
- Stimmt die Anzahl?
- Stimmt die Reihenfolge?
- Sind alle (relevanten) Sortierfolgen dargestellt (für jede Sortierfolge eine Iterationsebene)?
- Sind die Selektionen vollständig?
- Sind alle möglichen Fälle erfaßt?
- Werden auch Fälle erfaßt, die nicht vorkommen dürfen?

Übung 2.2.1-1

Ermitteln Sie die Daten-Strukturdiagramme der Dateien EIN und AUS.

a) Die Datei EIN besteht aus zwei Paaren von Sätzen: SATZ-11, SATZ-12 und SATZ-21, SATZ-22. Auf der Datei AUS soll für jedes Paar eine Zeile ausgegeben werden.

b) Die Datei EIN enthält Sätze. Für jeden Satz ist auf der Datei AUS ein Zeilenpaar ZEILE-1 und ZEILE-2 auszugeben.

c) Die Datei EIN enthält Sätze. Für jeden Satz ist auf der Datei AUS ein Zeilenpaar ZEILE-1 und ZEILE-2 auszugeben. Die Ausgabe erfolgt seitenweise. Jede Seite beginnt mit einer Kopf- und einer Leerzeile.

d) Die Datei EIN enthält Sätze, die nach Kontonummer aufsteigend sortiert sind. Für jede Kontonummer ist eine Zeile auf der Datei AUS auszugeben. Die Datei AUS beginnt mit einer Kopfzeile.

e) Die Datei EIN enthält Sätze, die nach Kontonummer aufsteigend sortiert sind. Für jede Kontonummer ist eine Zeile auf der Datei AUS auszugeben. Die Ausgabe erfolgt seitenweise. Jede Seite beginnt mit einer Kopfzeile.

f) Die Datei EIN enthält Sätze vom Typ SATZ-1 und SATZ-2. Die Sätze vom Typ SATZ-2 sollen zeilenweise auf der Datei AUS ausgegeben werden.

g) Die Datei EIN enthält Sätze vom Typ SATZ-1 und SATZ-2. Die Sätze vom Typ SATZ-2 sollen zeilenweise auf der Datei AUS ausgegeben werden. Die Ausgabe erfolgt seitenweise. Jede Seite beginnt mit einer Kopfzeile.

h) Die Datei EIN enthält einen Vorlaufteil von Sätzen des Typs SATZ-3 und Sätze vom Typ SATZ-1 und SATZ-2. Die Sätze vom Typ SATZ-2 sollen zeilenweise auf der Datei AUS ausgegeben werden. Die Ausgabe erfolgt seitenweise. Jede Seite beginnt mit einer Kopfzeile.

i) Die Datei EIN ist aufsteigend nach Kontonummer sortiert. Zu jeder Kontonummer enthält die Datei EIN Sätze vom Typ SATZ-1 und SATZ-2. Auf der Datei AUS sollen die Sätze vom Typ SATZ-2 zeilenweise ausgegeben werden. Außerdem soll für jede Kontonummer eine Zeile gedruckt werden, die die Anzahl der Sätze vom Typ SATZ-2 für diese Kontonummer enthält.

Übung 2.2.1-2

Gegeben ist das folgende Strukturdiagramm eines Menüs, das Freiherr Baron von Baum auf einer
Feier anläßlich seines 99-sten Geburtstages servieren lassen will.

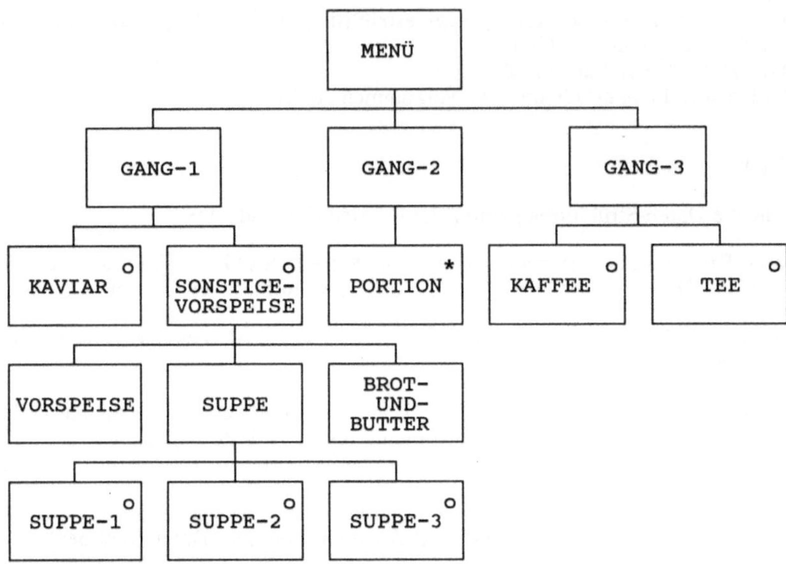

Baron von Baum möchte seinen Gästen das Menü in seiner Tischrede vorstellen. Wie könnte der
entsprechende Text lauten?

Übung 2.2.1-3

Erstellen Sie ein Strukturdiagramm für folgende Situationen:

a) Aufbau eines Güterzuges
Ein Güterzug besteht aus einem Aufsichtswaggon, ein oder zwei Lokomotiven und einigen
Waggons. Bei einem Güterzug mit nur einer Lok ist diese am Anfang des Zuges, eine mögliche
zweite Lok am Ende. Der Aufsichtswaggon befindet sich am Ende, jedoch vor einer zweiten Lok.
Einige Waggons sind Kühlwaggons, andere nicht.

b) Programmierertag
Ein Programmierertag ist sehr lustig. Am Vormittag überprüft der Programmierer das letzte
Testergebnis und bereitet einen neuen Test für die nachmittägliche Testzeit vor. Nach dem Essen
zeichnet er Baumdiagramme oder füllt eine Menge Kodierblätter aus. Einige Programmierer
arbeiten modular, so daß sie mehrere Tests für den Nachmittag vorbereiten können. Das bedeutet
natürlich, daß sie vormittags mehrere Tests überprüfen müssen. Ein Programmierer bleibt wie
jedermann seiner Arbeit fern, wenn er krank ist.

c) Aufbau eines Auskunftsystems
Ein Auskunftsystem bietet die Möglichkeit für verschiedene Abfragen. Eine Auskunftsitzung wird
durch die ENDE-Taste abgeschlossen. Jede Abfrage beginnt mit einem Kode, gefolgt von der
ENTER-Taste. Der erste Teil der Informationen zu diesem Kode wird auf dem Bildschirm
angezeigt. Nach Drücken der WEITER-Taste wird der Bildschirm mit weiteren Informationen zu
diesem Kode gefüllt. Die Abfrage für diesen Kode wird durch die STOP-Taste beendet.

d) Aufbau eines Textes
Ein Text besteht aus Abschnitten. Jeder Abschnitt enthält Sätze. Jeder Satz wird aus Wörtern gebildet, denen jeweils ein Leerzeichen folgt. Ein Satz wird durch einen Punkt abgeschlossen. Die Wörter enthalten nur Buchstaben. Vor dem Punkt steht kein Leerzeichen.

e) Aufbau einer Signalfolge
Eine Signalfolge beginnt mit einem START-Signal und endet mit einem ENDE-Signal. Dazwischen sind Paare von Meßdaten enthalten. Jedes Meßwertpaar wird aus einem Temperatur- und einem Druckmeßwert gebildet.

f) Aufbau einer Datenbank
Eine hierarchische Datenbank enthält Einträge für viele Schlüssel. Zu jedem Schlüssel gibt es ein Root-Segment und zwei abhängige Segmente. Das erste Segment enthält Sätze vom Typ SATZ-1, das zweite Sätze vom Typ SATZ-2.

g) Arithmetischer Ausdruck
Wie lautet die rekursive Beschreibung eines arithmetischen Ausdrucks gebildet mit den vier Grundrechenarten aus natürlichen Zahlen ohne Vorzeichen, Variablen und den üblichen Klammern, z.B. 5*(3 - a)?

2.2.2 Eintragen der 1:1-Entsprechungen

Sind alle Ein-/Ausgabe-Datenströme in Form von DSDs beschrieben, so wird mit Hilfe der "1:1-Entsprechungen" - auch "Korrespondenzen" genannt - festgelegt, welche Ausgabe-Komponente aus welcher Eingabe-Komponente abgeleitet wird. Das Eintragen der 1:1-Entsprechungen ist ein wesentlicher Schritt, die inneren Abhängigkeiten der Daten und somit den Verarbeitungs-Algorithmus herzuleiten und darzustellen.

1:1-Entsprechung

Zwischen einer Komponente einer Eingabe-Datenstruktur und einer Komponente einer Ausgabe-Datenstruktur besteht eine *1:1-Entsprechung* genau dann, wenn gilt:

1. Zwischen den beiden Komponenten besteht eine *funktionale Abhängigkeit* dergestalt, daß die Ausgabe-Komponente aus den Informationen der Eingabe-Komponente abgeleitet werden kann.

2. Die Eingabe-Komponente tritt in derselben *Anzahl* auf wie die Ausgabe-Komponente.

3. Die Eingabe-Komponenten erscheint in derselben *Reihenfolge* wie die Ausgabe-Komponente.

Die Eigenschaften 2 und 3 betreffen speziell solche Komponenten, die direkt oder indirekt Teil einer Iteration sind. Iterierte Komponenten der Ein- und Ausgabe können sich nicht entsprechen, wenn es nicht gleich viele sind (wenn z.B. nur jeder zweite Satz ausgegeben wird) und/oder wenn die Reihenfolge nicht übereinstimmt (wenn z.B. die Sätze aufsteigend sortiert eingegeben werden, die Ausgabe aber absteigend sortiert erfolgt).

Ein Programm, das Eingabe-Datenströme in Ausgabe-Datenströme überführt, kann man als Abbildung zwischen diesen Datenströmen auffassen. Mit den 1:1-Entsprechungen werden die Komponenten dieser Abbildung als umkehrbar eindeutige Zuordnung zwischen den sich entsprechenden Komponenten der Ein-/Ausgabe-Datenströmen definiert. Diese durch 1:1-Entsprechungen verknüpften Komponenten der Ein-/Ausgabe bilden das Gerüst für die gemeinsame Programmstruktur.

Notation der 1:1-Entsprechungen

Für die Notation der 1:1-Entsprechungen gibt es verschiedene Möglichkeiten. Bei kleineren Strukturen haben sich Pfeile zwischen den sich entsprechenden Komponenten bewährt.

Fallbeispiel Lagerbewegung: 1:1-Entsprechungen mit Pfeilen

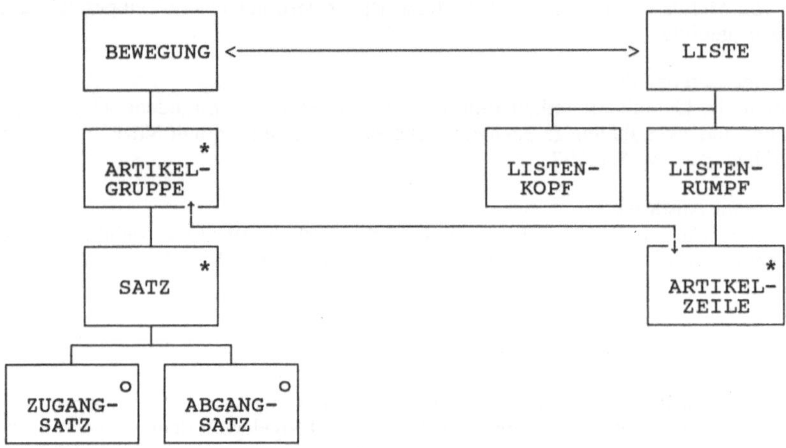

Die Darstellung der 1:1-Entsprechungen mit Nummern an den entsprechenden Komponenten ist besonders für große Strukturen sinnvoll, da die Pfeile schnell unübersichtlich werden können. Bei der Verwendung von Nummern ist aber zu berücksichtigen, daß die jeweilige 1:1-Entsprechung nur zwischen einer Eingabe- und einer Ausgabe-Komponente gilt. Werden z.B. Komponenten von verschiedenen Eingabe-DSDs auf eine Komponente eines Ausgabe-DSDs abgebildet, so erhalten alle diese Eingabe-Komponenten dieselbe Nummer. Das soll aber nicht bedeuten, daß sich auch die Eingabe-Komponenten entsprechen.

Fallbeispiel Lagerbewegung: 1:1-Entsprechungen mit Nummern

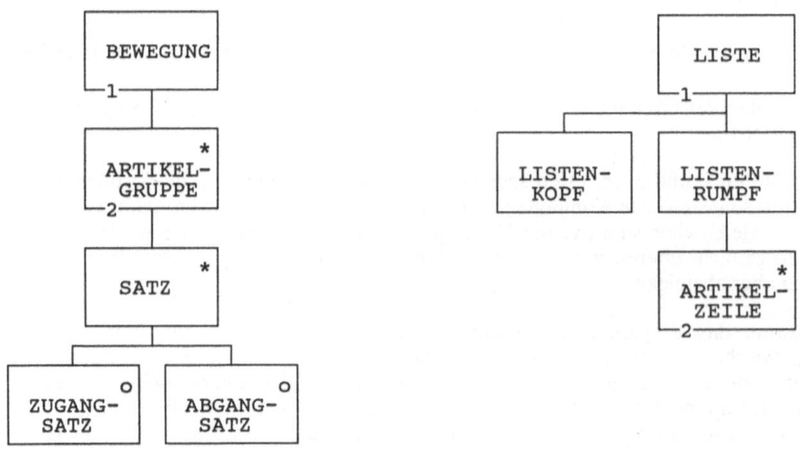

Außerdem ist auch eine Darstellung der 1:1-Entsprechungen mit einer Schraffur und/oder geeigneten Farben möglich. Entscheidend ist, daß die Komponenten, die sich entsprechen, eindeutig gekennzeichnet sind.

Eintragen und Prüfen der 1:1-Entsprechungen

Beim Eintragen müssen die 1:1-Entsprechungen sorgfältig geprüft werden.

Fallbeispiel Lagerbewegung: Prüfen der 1:1-Entsprechungen

    LISTE <---> BEWEGUNG

    Die Datei LISTE entsteht aus der Datei BEWEGUNG (funktionale Abhängigkeit, Anzahl: je
    ein Datenstrom, Reihenfolge ist klar).

    ARTIKEL-GRUPPE <---> ARTIKEL-ZEILE

    Für jede Artikel-Gruppe wird genau eine Artikel-Zeile gedruckt. Für eine leere Datei gibt es
    keine Artikel-Gruppe, also auch keine Artikel-Zeile (aber eine Kopf-Zeile). Also entsteht die
    ARTIKEL-ZEILE inhaltlich aus ARTIKEL-GRUPPE (funktionale Abhängigkeit). Für jede
    Artikel-Gruppe wird genau eine Artikel-Zeile gedruckt (Anzahl). Die Komponenten
    ARTIKEL-ZEILE werden in derselben Reihenfolge gedruckt, wie die Komponenten
    ARTIKEL-GRUPPE gelesen werden (Reihenfolge).

    Zu LISTEN-KOPF und LISTEN-RUMPF kann es keine 1:1-Entsprechung geben, da sie
    nicht von einer Eingabe-Komponente logisch/inhaltlich abhängen. Die Eingabe-
    Komponenten SATZ, ZUGANG-SATZ und ABGANG-SATZ werden nicht unmittelbar
    ausgegeben. Sie liefern nur einen Beitrag zum Saldo in ARTIKEL-ZEILE und haben somit
    keine Entsprechung zu einer Ausgabe-Komponente.

Besondere Sorgfalt ist bei der Reihenfolge und der Anzahl von iterierten Komponenten angebracht, aber auch bei Sequenz-Komponenten muß die Reihenfolge geprüft werden. Falsch eingetragene 1:1-Entsprechungen können einen Reihenfolgefehler bei einer Sequenz verursachen, wie das folgende Beispiel zeigt.

Fallbeispiel Sätze vertauschen: (falsche) 1:1-Entsprechungen

Zwei Eingabesätze S1-EIN und S2-EIN sollen in umgekehrter Reihenfolge ausgegeben werden.

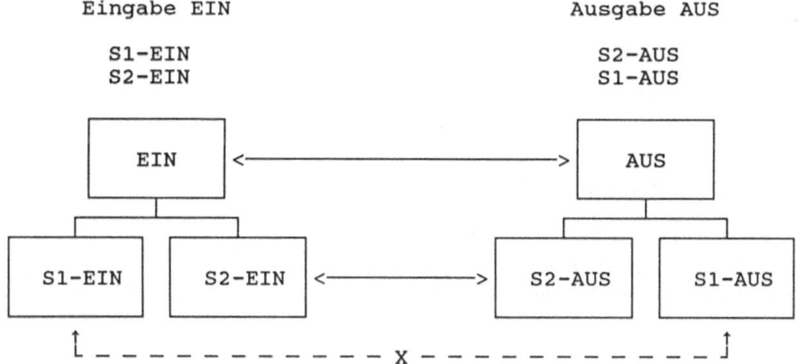

Die 1:1-Entsprechung "S1-EIN < - - - > S1-AUS" ist falsch! S1-AUS wird zwar aus den Informationen von S1-EIN erzeugt, es wird auch nur ein Satz ausgegeben, aber die Reihenfolge S2-AUS und S1-AUS ist dadurch nicht korrekt dargestellt.

Mit den 1:1-Entsprechungen wird zugleich geprüft, ob die DSDs ein korrektes Modell bilden.

Fallbeispiel Auflisten von A- und/oder B-Sätzen: 1:1-Entsprechungen

Die Datei EIN enthält Sätze vom Typ A-SATZ und B-SATZ. Diese sollen auf der Datei AUS aufgelistet werden.

a) Für beide Satztypen gibt es nur einen Zeilentyp.

Zwischen A-SATZ bzw. B-SATZ und ZEILE gibt es keine Entsprechung, da es nur einen Typ von ZEILE gibt. Die Unterscheidung auf der Eingabeseite hat andere (Verarbeitungs-) Gründe.

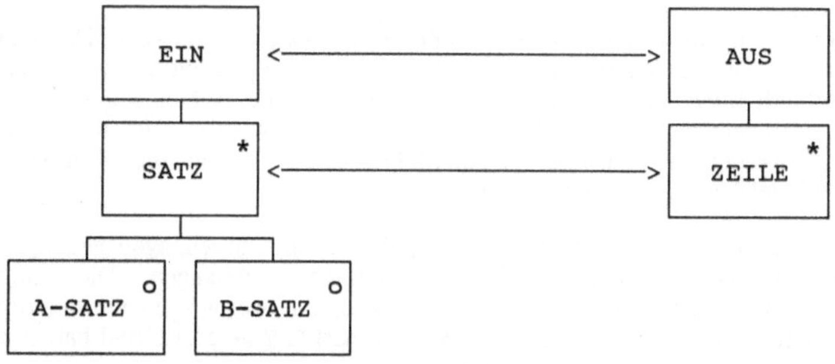

b) Für jeden Satztyp gibt es jeweils einen Zeilentyp.

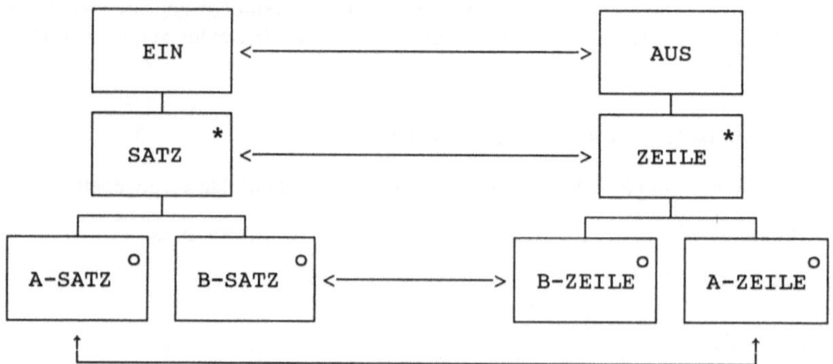

c) Nur für Sätze vom Typ B-SATZ wird eine B-ZEILE geschrieben.

B-SATZ und B-ZEILE sind atomare Komponenten. Für jeden B-SATZ wird eine B-ZEILE ausgegeben. Falls es keinen B-SATZ gibt, wird auch keine B-ZEILE erzeugt. Anzahl und Reihenfolge stimmen überein. Die selektierte Komponente B-SATZ blendet aus der iterierten Komponente SATZ die B-Sätze aus, so daß die B-Zeilen abgeleitet werden können.

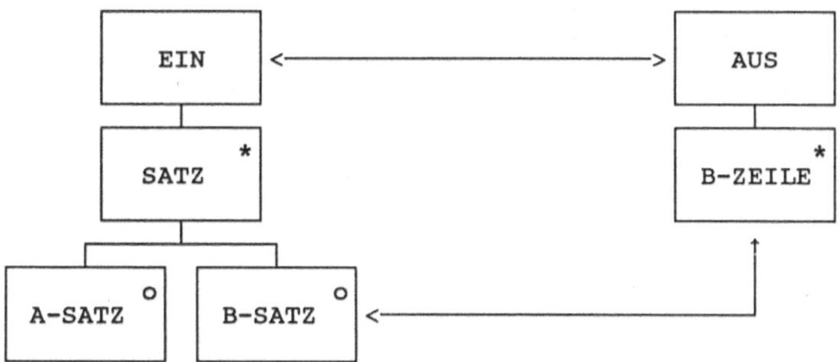

d) Für Eingabesätze sollen Zeilen vom Typ A-ZEILE oder B-ZEILE geschrieben werden.

Formal sind die Entsprechungen zwar korrekt, aber es ist nicht dargestellt, welche funktionale Abhängigkeit die Ausgabe einer A-ZEILE oder einer B-ZEILE bewirkt. Da die Ausgabe nicht von der Eingabe abhängt, kann konstant immer nur ein Zeilentyp ausgegeben werden. Also ist die Selektion unsinnig (oder das Eingabe-DSD ist falsch).

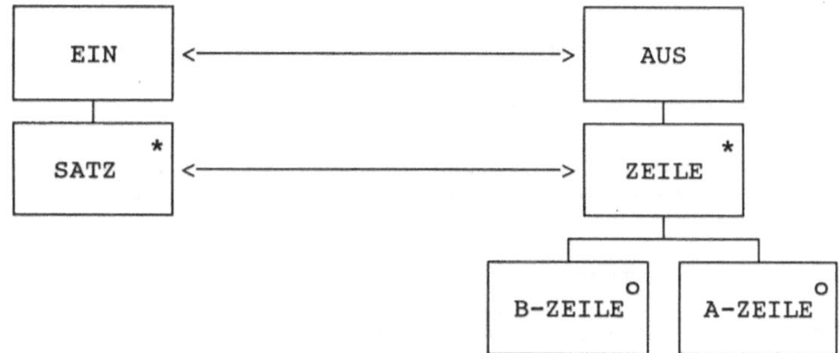

1:1-Entsprechungen bei Online-Anwendungen

Bei Online-Anwendungen ist das Eintragen der 1:1-Entsprechungen im allg. besonders einfach. Da sich bei einem Dialog die Partner normalerweise abwechseln, gibt es für jede Eingabe-Maske genau eine Ausgabe-Maske (sog. "vollständiger Dialog" oder "Zwangsdialog"), abgesehen von der letzten Eingabe, es sei denn, diese wird vom Programm bestätigt. Zur ersten Ausgabe-Maske kann es keine 1:1-Entsprechung geben, da das Programm jetzt erst auf eine Eingabe wartet, die es verarbeiten soll. Das Starten oder Aufrufen des Online-Programms ist noch keine Eingabe an das Programm selbst (sondern an das Betriebssystem).

Dialoge, bei denen für eine Eingabe mehrere Ausgabe-Masken erzeugt werden, sind für den Benutzer wenig komfortabel, da dann der Text über den Bildschirm läuft (oder durch eine Zeitschaltung gesteuert wird) und der Benutzer keine Möglichkeit hat anzuhalten. Wenn ein Anhalten vom Programm vorgesehen ist, so ist das aber schon wieder eine zusätzliche Eingabe. Auch die umgekehrte Situation, wenn der Benutzer erst mehrere Masken eingeben muß, bis er eine Antwort des Programms erhält, ist kein normaler Dialog (und wer baut die Eingabemasken auf?).

Anzahl und Reihenfolge für die 1:1-Entsprechungen bei Online-Anwendungen sind somit klar. Den Begriff der funktionalen Abhängigkeit muß man bei Online-Anwendungen (im Vergleich zu Batch-Anwendungen) etwas weiter fassen. Der unmittelbare inhaltliche Bezug (daß sich die Ausgabe aus der Eingabe unmittelbar inhaltlich ableiten läßt) ist nicht immer so deutlich, z.B. wenn eine Benutzer-Eingabe durch das Dialog-Programm (nur) bestätigt wird, dann hat das einen direkten logischen Bezug, aber der inhaltlich Bezug ist nicht unmittelbar abzuleiten.

Fallbeispiel Dialog: 1:1-Entsprechungen außer bei START und ENDE

Ein Dialog beginnt mit einer START-Maske. Jede EIN-Maske wird mit einer AUS-Maske beantwortet. Der Dialog wird durch Eingabe der ENDE-Maske abgeschlossen.

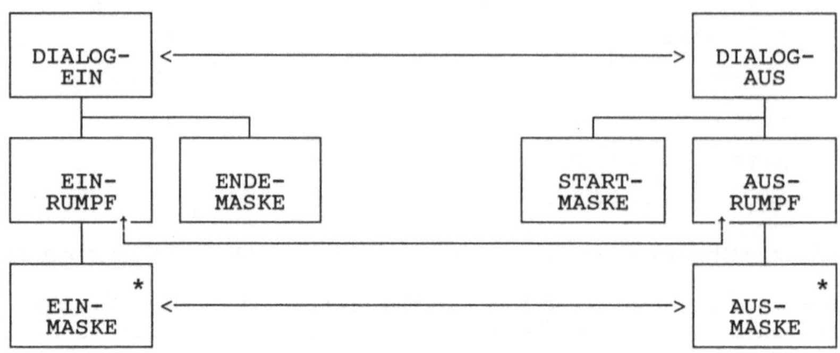

Implizite Abhängigkeiten

Eine 1:1-Entsprechung zwischen Ein-/Ausgabe-Komponenten bedeutet, daß diese Komponenten inhaltlich unmittelbar voneinander abhängen. Zugleich sind alle Komponenten eventueller Unterstrukturen von den Knoten abhängig, für die die 1:1-Entsprechung eingetragen ist. Es wäre aber falsch, diese implizite Abhängigkeit durch zusätzliche 1:1-Entsprechungen darzustellen. Sind ganze Teilbäume des Ausgabe-DSD von einer Komponenten der Eingabe funktional abhängig, so wird die 1:1-Entsprechung nur auf der höchsten Ebene ihrer Gültigkeit eingetragen.

Fallbeispiel Kontosätze mit Summenzeile: 1:1-Entsprechungen

Die Datei EIN enthält Sätze, nach Kontogruppen aufsteigend sortiert. Auf der Datei AUS sollen für jeden Satz eine Zeile und für jede Gruppe eine Summenzeile ausgegeben werden.

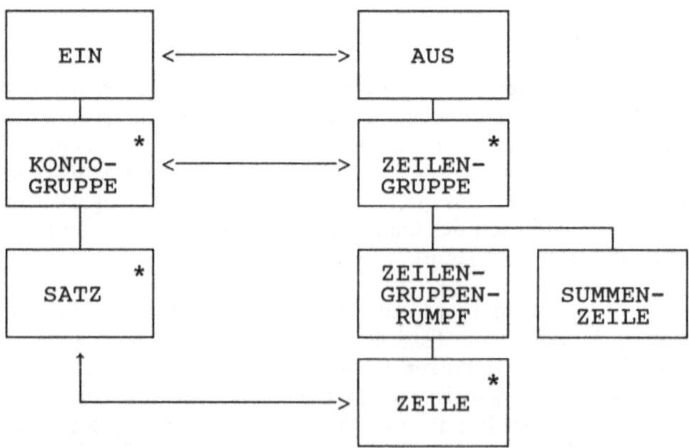

ZEILEN-GRUPPEN-RUMPF und SUMMEN-ZEILE hängen indirekt von KONTO-GRUPPE ab. Dies wird aber nicht als 1:1-Entsprechung eingetragen. Sonst würde KONTO-GRUPPE auf zwei Ausgabe-Komponenten abgebildet. KONTO-GRUPPE entspricht also der Sequenz ZEILEN-GRUPPE. Damit ist zugleich die Abhängigkeit der Sequenz-Komponenten ZEILEN-GRUPPEN-RUMPF und SUMMEN-ZEILE von KONTO-GRUPPE dargestellt.

Implizite Abhängigkeiten werden nicht eingetragen. Dies scheitert zumeist auch an Reihenfolge und/oder Anzahl.

Fallbeispiel Lagerbewegung: falsche implizite 1:1-Entsprechung

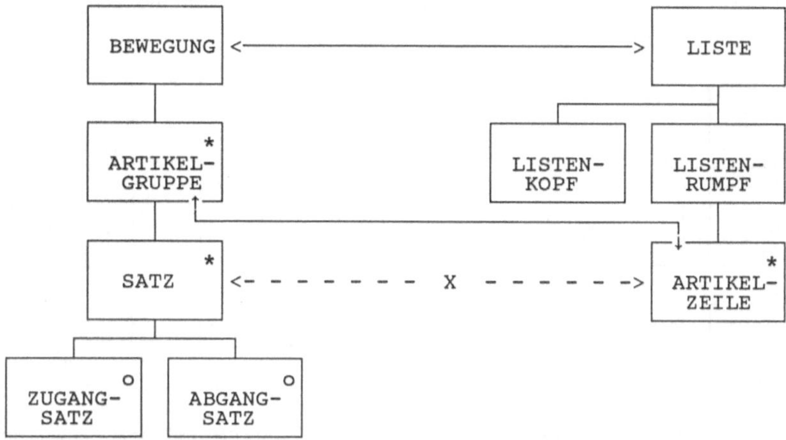

Die 1:1-Entsprechung "SATZ <- - -> ARTIKEL-ZEILE" ist falsch! ARTIKEL-ZEILE hängt zwar mittelbar von allen Sätzen einer Artikel-Gruppe ab, unmittelbar aber nur von der jeweiligen Artikel-Gruppe. Außerdem wäre ja auch die Anzahl falsch!

1:1-Entsprechungen bei mehreren Ein-/Ausgabe-Datenströmen

Eine 1:1-Entsprechung kann es nur geben zwischen einer Komponente einer Eingabe-Datenstruktur und einer geeigneten Komponente einer Ausgabe-Datenstruktur. Ein Eingabe-Datenstrom kann aber auf mehrere Ausgabe-Datenströme abgebildet werden.

Fallbeispiel Liste mit Fehler-Protokoll: 1:1-Entsprechungen

Die richtigen Sätze von EIN werden zeilenweise auf LISTE ausgegeben, die falschen Sätze erscheinen als Fehlerzeile auf der Datei FEHLER.

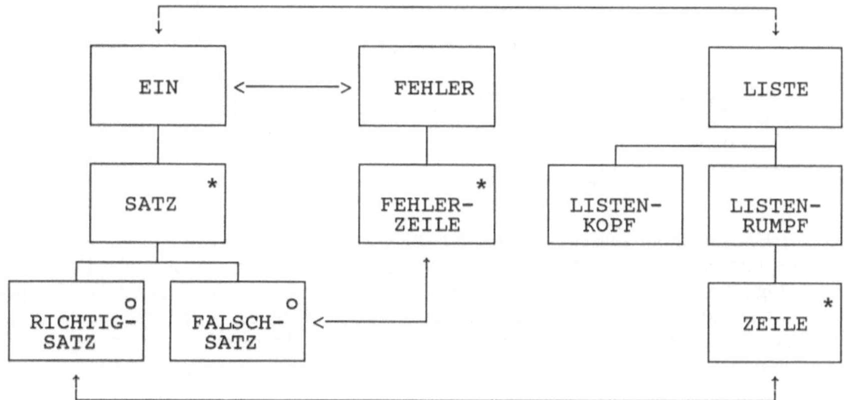

Durchaus möglich ist es, eine Komponente der Eingabe auf jeweils eine Komponente von verschiedenen Ausgabe-Datenstrukturen abzubilden.

Fallbeispiel Online-Erfassung der Datei BESTAND: 1:1-Entsprechung

Im Dialog werden Bestandssätze bildschirmweise eingegeben und in die Datei BESTAND eingetragen.

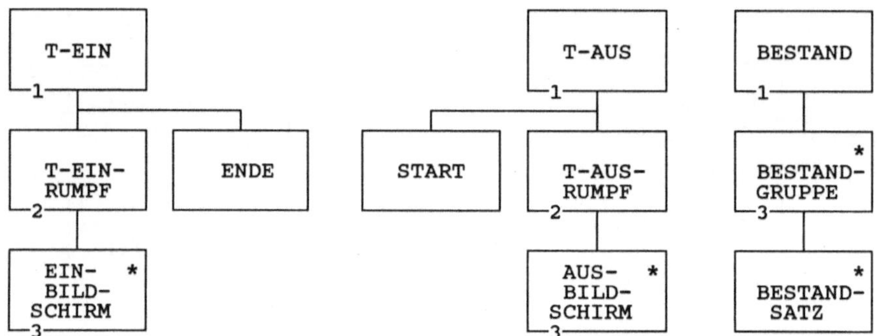

Ein EIN-BILD-SCHIRM entspricht einem AUS-BILD-SCHIRM und einer Satzgruppe von BESTAND. Die iterierte Komponente BESTAND-SATZ wird aus einem EIN-BILD-SCHIRM erzeugt.

Zwischen "logisch abhängigen" Eingabe-Komponenten (z.B. beim Mischen oder Abgleichen, vgl. Kapitel 5) werden keine 1:1-Entsprechungen eingetragen. Sie sind über die gemeinsame Ausgabe-Komponente verknüpft.

Fallbeispiel Update: 1:1-Entsprechungen beim Abgleich

Die Bestandsdatei BESTAND-ALT wird durch Sätze der Bewegungsdatei BEWEGUNG aktualisiert und als neue Bestandsdatei BESTAND-NEU ausgegeben.

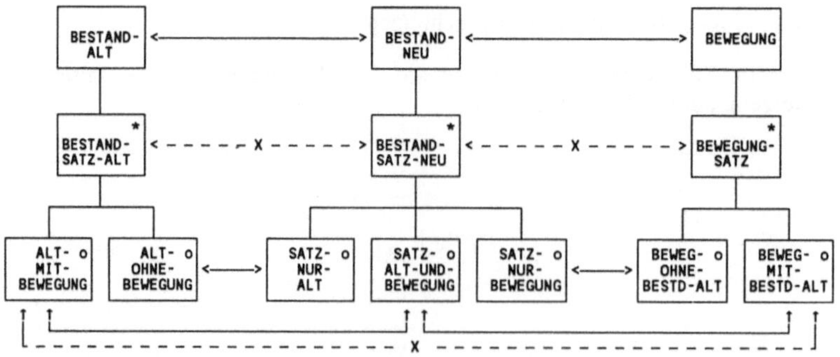

Die 1:1-Entsprechung zwischen ALT-MIT-BEWEGUNG und BEWEG-MIT-BESTD-ALT wird nicht explizit eingetragen, da es sich jeweils um Komponenten von Eingabe-DSDs handelt. Die logische Verknüpfung erfolgt indirekt über die Ausgabe-Komponente SATZ-ALT-UND-BEWEGUNG. Die Entsprechungen zwischen BESTAND-SATZ-NEU und BESTAND-SATZ-ALT bzw. BEWEGUNG-SATZ können nicht zutreffen, da im allg. die Anzahl unterschiedlich ist.

Unzulässige 1:1-Entsprechungen

Nicht möglich sind 1:1-Entsprechungen zu einer Nullkomponente. Eine Nullkomponente der Eingabe hat selbst keinen Inhalt und könnte höchstens Auslöser für gewisse Aktionen bei der Ausgabe sein. Für eine 1:1-Entsprechung ist aber eine inhaltliche Abhängigkeit Voraussetzung. Deshalb wird in diesem Fall keine Entsprechung eingetragen. Eine Nullkomponente der Ausgabe kann als leere Komponente nicht inhaltlich von einer Eingabe abhängen und somit auch keine 1:1-Entsprechung zu einer Eingabe-Komponente haben.

Nicht erlaubt sind 1:1-Entsprechungen zwischen:

- Komponenten von verschiedenen Eingabe-Datenstrukturen;
- Komponenten von verschiedenen Ausgabe-Datenstrukturen;
- einer Eingabe-Komponente und verschiedenen Komponenten einer Ausgabe-Datenstruktur (dies würde bedeuten, daß diese eine Komponente aufgespalten und auf mehrere Ausgabe-Komponenten abgebildet wird);
- mehreren Komponenten einer Eingabe-Datenstruktur und nur einer Ausgabe-Komponente.

Ausnahme

Nur für den Sonderfall, daß es bei logisch abhängigen Eingabe-Komponenten eine gemeinsame Komponente der Ausgabe nicht gibt, wird als Hilfskonstruktion eine 1:1-Entsprechung zwischen diesen abhängigen Eingabe-Komponenten eingetragen, um eine gemeinsame Komponente der Programmstruktur ableiten zu können.

Fallbeispiel Meßwerterfassung: Hilfskonstruktion

In einem Laborsystem sollen in bestimmten Zeitabständen Meßwerte erfaßt werden. Gültige Meßwerte werden auf der Meßwert-Datei ausgegeben. Der Zeitpunkt für die Erfassung wird durch einen Timer gesteuert.

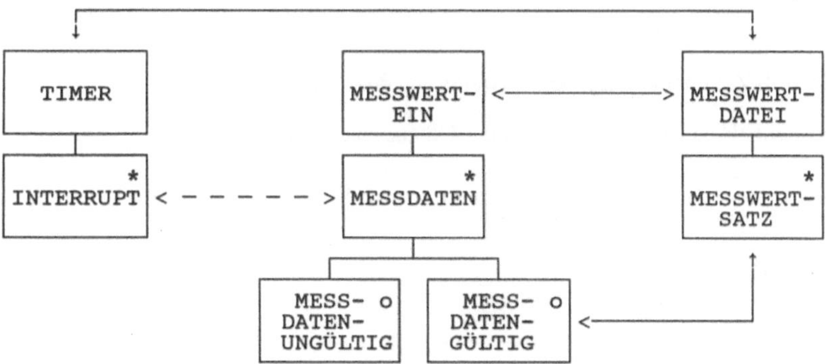

Die Komponenten INTERRUPT und MESSDATEN sind logisch abhängig (für jeden Interrupt eine Meßdaten-Erfassung), aber nicht über eine gemeinsame Ausgabe-Komponente verknüpft (nur die gültigen Daten erscheinen in der Ausgabe). Ohne die zusätzliche 1:1-Entsprechung würden erst alle Interrupts gelesen und dann alle Meßdaten erfaßt. Das wäre aber sicher die falsche Verarbeitung. Mit dieser zusätzlichen Hilfs-1:1-Entsprechung ist ein korrekt arbeitendes PSD einfach abzuleiten.

Auch wenn die Datenstrukturen anhand der Beispiele jeweils als korrekt geprüft wurden, kann es beim Eintragen der 1:1-Entsprechungen gelegentlich erforderlich sein, die Datenstrukturen geeignet zu erweitern ("aneinander anzupassen"), wie die beiden folgenden Fallbeispiele zeigen.

Fallbeispiel Satzpaar als Zeile ausgeben: Erweiterung des DSD

Ein Satzpaar SATZ-1 und SATZ-2 der Eingabe EIN soll als eine Zeile auf der Datei AUS ausgegeben werden.

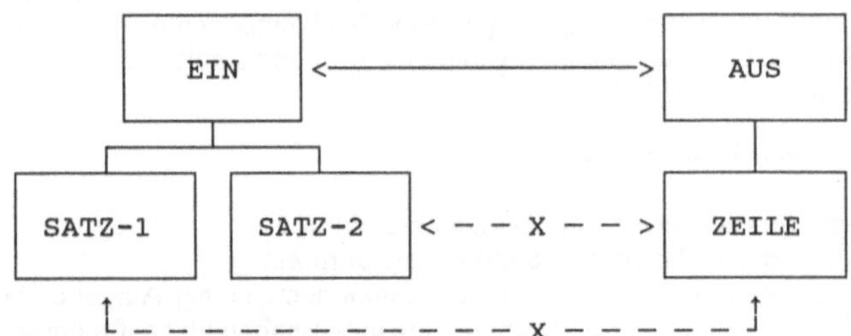

Die Entsprechung zwischen SATZ-1 bzw. SATZ-2 und ZEILE ist formal falsch. Hier muß eine zusätzliche Komponente eingefügt werden, als Sequenz von SATZ-1 und SATZ-2, die die 1:1-Entsprechung zu ZEILE erhält. Mit der Komponente SATZ-PAAR kann die 1:1-Entsprechung zu ZEILE korrekt eingetragen werden.

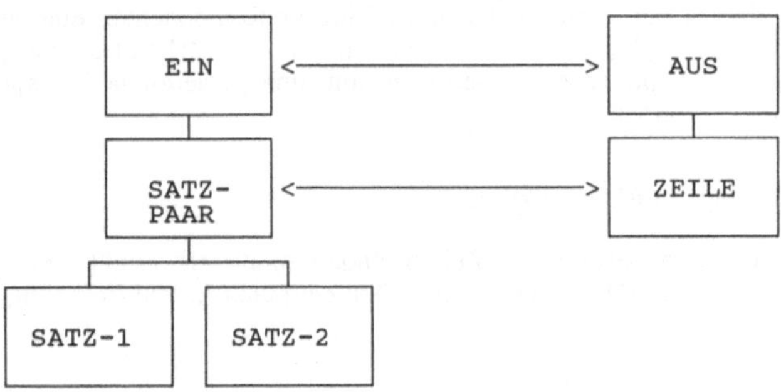

Fallbeispiel Satz als Zeilenpaar ausgeben: Erweiterung des DSD

Ein Satz der Datei EIN soll als zwei Zeilen auf AUS ausgegeben werden.

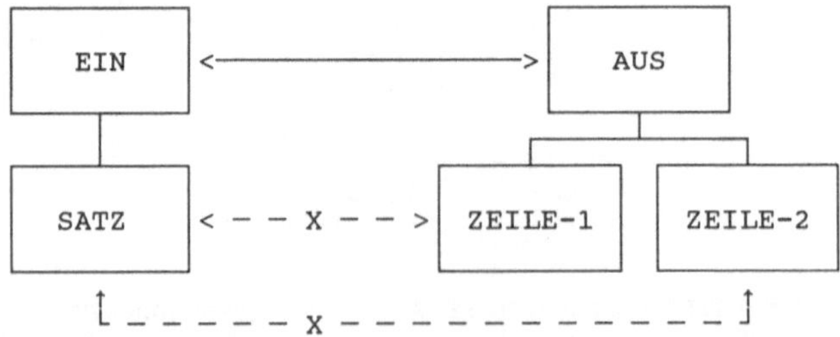

Die 1:1-Entsprechung zwischen SATZ und ZEILE-1 bzw. ZEILE-2 ist formal falsch. In der Datenstruktur AUS muß eine zusätzliche Komponente eingefügt werden, die die 1:1-Entsprechung zu SATZ trägt. Mit der Sequenz ZEILEN-PAAR kann die 1:1-Entsprechung zu SATZ korrekt eingetragen werden.

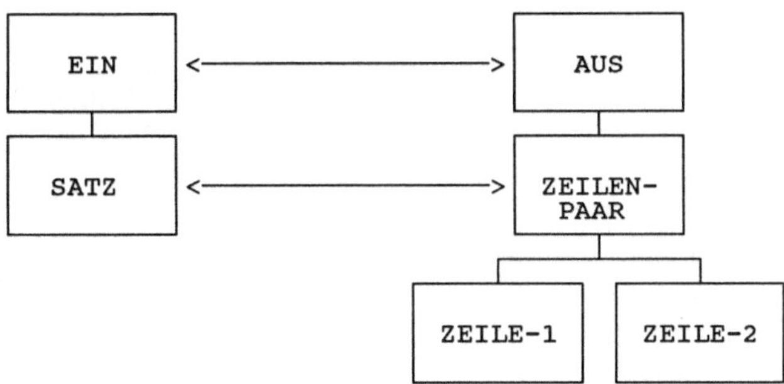

Wenn man keine 1:1-Entsprechungen findet?

Werden keine oder nicht "genügend" 1:1-Entsprechungen gefunden, um eine aussagefähige gemeinsame Programmstruktur abzuleiten, so kann das mehrere Gründe haben:

- Es liegt noch ein Entwurfsfehler vor. Die DSDs passen (noch) nicht zur Aufgabe (Beispiele!) oder müssen noch aneinander angepaßt werden.

- Es ist ein Abgleichproblem zu lösen (vgl. Kapitel 5).

- Es liegt ein "Strukturkonflikt" vor (vgl. Kapitel 7).

- Das gestellte Problem ist mit JSP nicht sinnvoll zu lösen, trotz (vermeintlich) aussagefähiger DSDs. Man befindet sich in einer Sackgasse!

Der letzte Fall tritt meistens bei schlecht strukturierten Problemen auf. Da zwischen Ein- und Ausgabe keine logische Abhängigkeit dargestellt werden kann, bestehen solche Programme aus einem reinen Konsumiere-Teil gefolgt von einem reinen Produziere-Teil, der mit "entsprechenden" Pointern oder Flags o.ä. versorgt wird. Natürlich kann man auch mit JSP derartige Programme "entwerfen" (wenn es eben garnicht anders geht), aber man befindet sich dann schon jenseits der Grenze der sinnvollen Anwendung der Methode. Ist man aber nicht bereit, diesen Schritt zu tun, muß man den Entwurf dieser Aufgabe mit anderen Mitteln bewältigen.

Strukturkonflikt

Bei einem "Strukturkonflikt" besteht eine gewisse logische Abhängigkeit zwischen den Komponenten der Ein-/Ausgabe-DSDs, nur Anzahl bzw. Reihenfolge oder die Gruppierung stimmen nicht überein. Die Methode JSP enthält Techniken zur Lösung derartiger Konflikte, die wir im Kapitel 7 ausführlich besprechen werden. An dieser Stelle sollen nur einige Merkmale kurz erläutert werden.

Ein *Strukturkonflikt* liegt vor, wenn die Ein-/Ausgabe-DSDs nicht zu einer gemeinsamen Programmstruktur zusammengeführt werden können.

Man erkennt dies meist daran, daß nicht "genügend" 1:1-Entsprechungen gefunden werden können. Das reicht aber nicht, man muß auch zeigen, daß die für die Ableitung eines gemeinsamen PSD erforderlichen 1:1-Entsprechungen nicht existieren. Wir unterscheiden drei Formen von Strukturkonflikten:

- *Abgrenzungs*-Konflikt: widersprüchliche Gruppierung (Blockung) der Ein-/Ausgabe;

- *Reihenfolge*-Konflikt: widersprüchliche Sortierung der Ein-/Ausgabe.

- *Verflechtungs*-Konflikt: Gruppen der Eingabe sind "verflochten".

Fallbeispiel Gruppe/Seite: Strukturkonflikt

Die Datei EIN enthält Artikelsätze, nach Artikelnummer aufsteigend sortiert. Auf der Datei AUS soll für jeden Artikelsatz eine Artikelzeile und am Ende jeder Artikelgruppe eine Summenzeile ausgegeben werden. Die Ausgabe erfolgt seitenweise. Jede Seite beginnt mit einer Kopfzeile.

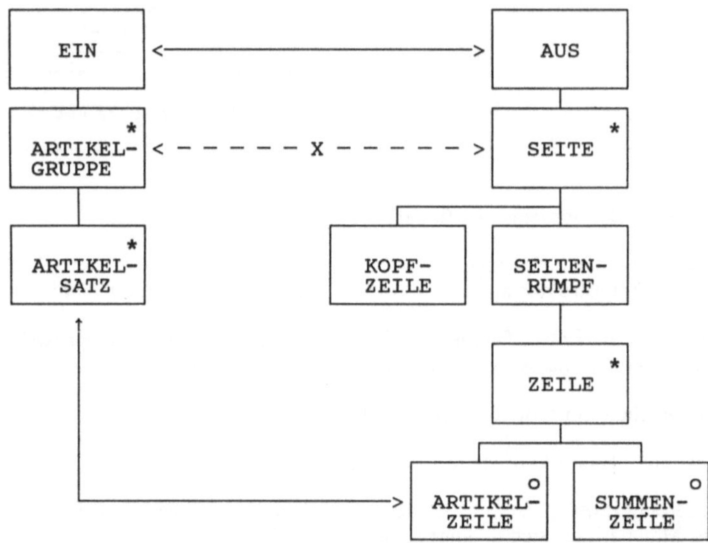

Zwischen ARTIKEL-GRUPPE und SEITE kann es keine 1:1-Entsprechung geben. Zwischen ihnen besteht zwar bedingt eine funktionale Abhängigkeit, aber SEITE und ARTIKEL-GRUPPE können sich gegenseitig "überlappen": eine Seite kann viele Gruppen enthalten, eine Gruppe kann aber auch über viele Seiten reichen. Es ist also nicht möglich, beide Komponenten zu einer Komponente der Programmstruktur zu kombinieren.

Überprüfen der 1:1-Entsprechungen

- Sind die 1:1-Entsprechungen zwischen einer Komponente eines Eingabe-DSD und einer Komponente eines Ausgabe-DSD eingetragen?
- Ergibt sich die Ausgabe-Komponente logisch/inhaltlich aus der "entsprechenden" Eingabe-Komponente?
- Ist die Eingabe-Komponente nur "Auslöser" für die Ausgabe- Komponente (dann wäre eine Entsprechung falsch!)?
- Stimmt die Reihenfolge auf beiden Seiten?
- Stimmt die Anzahl auf beiden Seiten?
- Sind alle logischen Abhängigkeiten dargestellt (eventuell Anpassen der DSDs)?
- Nie 1:1-Entsprechung zu einem EOF-Satz.
- Nie 1:1-Entsprechung zu einer Nullkomponente.
- Verknüpfen die 1:1-Entsprechungen die richtigen Ebenen?
- Liegt ein Abgleichproblem oder ein Strukturkonflikt vor?

Übung 2.2.2-1

Tragen Sie die 1:1-Entsprechungen zu den Datenstrukturen der Übungen 2.2.1-1 ein. Prüfen Sie dabei sorgfältig: logische Abhängigkeit, Reihenfolge und Anzahl.

2.3 Programmschritt

Im Programmschritt wird aus den Datenstrukturen der Eingabe- und Ausgabe-Datenströme ein gemeinsames *Programm-Struktur-Diagramm* (PSD) abgeleitet. Jetzt wird der Übergang von der statischen Sicht der Datenstrukturen zur dynamischen Sicht des PSD vollzogen. Bedingungen oder Details der Verarbeitung werden noch nicht berücksichtigt.

Mit der Konsistenzprüfung wird sichergestellt, daß diese Programmstruktur aus den ihr zugrundeliegenden Datenstrukturen korrekt abgeleitet wurde.

2.3.1 Ableiten des Programm-Strukturdiagramms

Unter Berücksichtigung der 1:1-Entsprechungen wird aus den DSDs aller Ein-/Ausgabe-Datenströme ein gemeinsames PSD abgeleitet. Für die Komponenten des PSD gilt:

1. Die Komponenten der Datenstrukturen, die sich entsprechen, werden zu einer Komponente des PSD zusammengefaßt.

2. Alle anderen Komponenten der Datenstrukturen werden so unter Beachtung der Reihenfolge von Eingabe und Ausgabe in die Programmstruktur übernommen, daß die Beziehungen, die in den Datenstrukturen gelten, im PSD aufrecht erhalten bleiben und eine korrekte Verarbeitung gewährleistet ist.

Namen der PSD-Komponenten

Um zu verdeutlichen, aus welchen Komponenten der Ein-/Ausgabe-Datenstrukturen die jeweilige Komponente der Programmstruktur abgeleitet wurde, sollten bei der Wahl der Namen für die Komponenten des PSD die Namen der zugehörigen Datenstruktur-Komponenten mit dem Präfix

> `K-` (für Konsumiere, Anteil von der Eingabe),
> `P-` (für Produziere, Anteil von der Ausgabe)

verwendet werden. Bei mehreren Ein-/Ausgabe-Datenströmen kann man · mit `K1-`, `K2-`, ... bzw. `P1-`, `P2-`, ... die Zugehörigkeit zu einem bestimmten Datenstrom darstellen. Für die Konsistenzprüfung ist eine derartige Namenskonvention Voraussetzung.

Man kann diese Präfixe noch weiter interpretieren: die statische Sicht der DSDs, ausgedrückt durch Komponentennamen als Substantive, geht über in die dynamische Sicht des PSD, und die Namen der PSD-Komponenten beschreiben die jeweilige Verarbeitung:

> `K` (onsumiere) `-BEWEG` (ung) `-P` (roduziere) `-LISTE`
> `P` (roduziere) `-LISTEN-KOPF`
> `K` (onsumiere) `-SATZ`

In älteren Darstellungen von JSP werden die Komponenten des PSD mit "`Verarbeite NAME`" bezeichnet. Da die Namen aus Gründen der Übersichtlichkeit nicht zu lange werden sollten (und beim Einsatz von Werkzeugen in ihrer Länge oft beschränkt werden), sind bei der Benennung der Komponenten des PSD Abkürzungen sinnvoll zu wählen. Abgesehen von dem Fall, daß sich alle Komponenten der Ein-/Ausgabe entsprechen, kann die Ableitung des PSD nicht vollständig automatisiert werden. Die Komponenten, die keine Entsprechung haben, müssen gemäß ihrer Verarbeitung in das PSD eingetragen werden. Das kann nur für jede Komponente einzeln und nicht automatisch entschieden werden. Der universelle Programmgenerator ist noch in weiter Ferne.

Fallbeispiel Lagerbewegung: Ableiten des PSD

BEWEGUNG und LISTE ergeben im PSD die Komponente K-BEWEG-P-LISTE. ARTIKEL-GRUPPE und ARTIKEL-ZEILE werden zur Komponente K-ARTGRP-P-ARTZEIL des PSD zusammengefaßt. Die Komponenten LISTEN-KOPF und LISTEN-RUMPF werden nur produziert und ergeben im PSD die Komponenten P-LISTEN-KOPF bzw. P-LISTEN-RUMPF. Die Komponenten SATZ sowie ZUGANG-SATZ und ABGANG-SATZ werden nur konsumiert und im PSD als K-SATZ, K-ZUGANG-SATZ bzw. K-ABGANG-SATZ eingetragen.

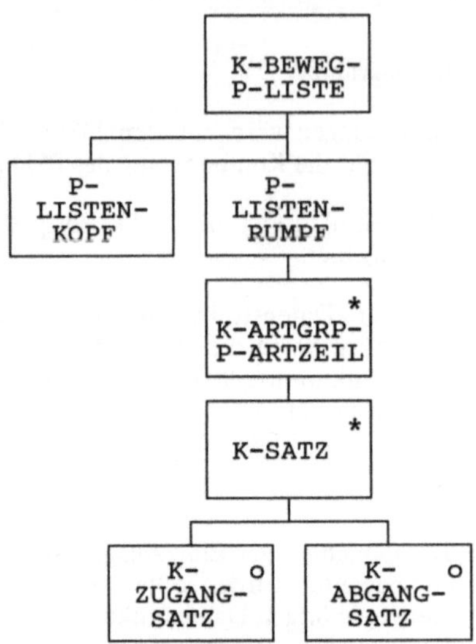

Beim Ableiten des PSD müssen die Beziehungen der DSD-Komponenten für jedes DSD erhalten bleiben. Je weniger 1:1-Entsprechungen eingetragen wurden, um so sorgfältiger muß beim "Ineinanderschieben" der DSDs zu einem PSD beachtet werden, daß die Reihenfolge, die logische Ebene und die Zugehörigkeit zu dem Strukturtyp der DSD-Komponenten nicht verändert wird.

Fallbeispiel B-Sätze auflisten: Ableiten des PSD

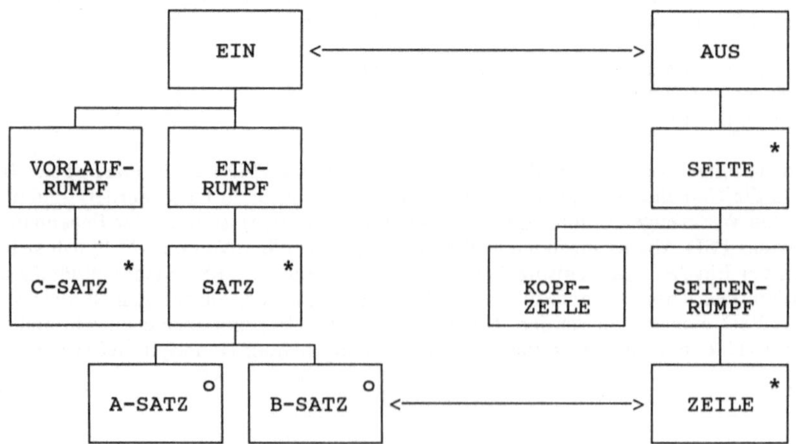

Obwohl nur zwei 1:1-Entsprechungen vorliegen, läßt sich ein PSD ableiten. Zuerst wird der Vorlaufrumpf konsumiert. Das Konsumieren von EIN-RUMPF enthält das Produzieren von Seiten. Das Konsumieren von SATZ ist Bestandteil des Produzierens von SEITEN-RUMPF.

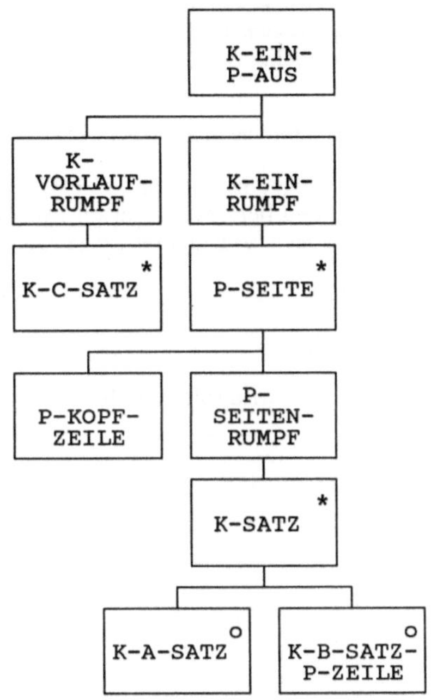

Ableitung des PSD bei mehreren Ausgabe-Datenströmen

Bei mehreren Ausgabe-Datenströmen erfolgt die Ableitung des PSD nach denselben Regeln wie bei einem Ausgabe-Datenstrom. Zur Unterscheidung der Zugehörigkeit der PSD-Komponenten zu den Komponenten der einzelnen Ausgaben werden die Namenspräfixe P1-, P2- usw. verwendet.

Fallbeispiel Liste mit Fehler-Protokoll (vgl. Abschnitt 2.2.2): PSD

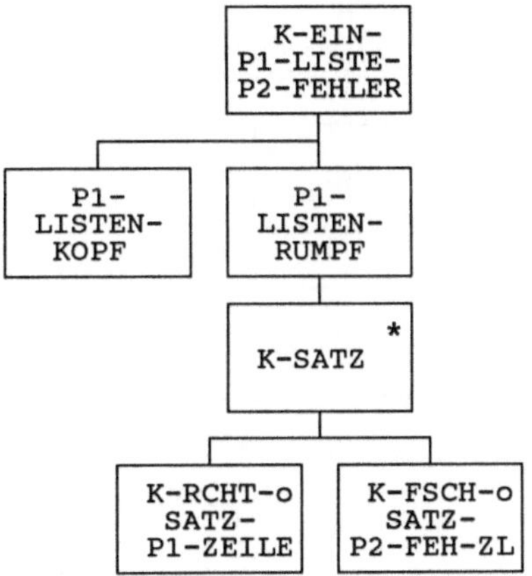

Ableitung des PSD bei mehreren Eingabe-Datenströmen

Bei mehreren Eingabe-Datenströmen wird unterschieden, ob diese logisch abhängig sind oder nicht. Sind die Eingaben nicht logisch abhängig, so werden die Anteile der Eingabe-Komponenten mit den Namenspräfixen K1-, K2- usw. gekennzeichnet und ihrer logischen Reihenfolge und Ebene entsprechend in das PSD eingetragen. Logisch abhängige Eingaben werden bei "Mischen und Abgleichen" (Kapitel 5) ausführlich behandelt.

Auswirkung unterschiedlicher 1:1-Entsprechungen auf das PSD

Das Eintragen von 1:1-Entsprechungen legt eine bestimmte Verarbeitung fest. Das zugehörige PSD wird dadurch eindeutig definiert. Werden bei unveränderten Ein-/Ausgabe-Datenströmen unterschiedliche 1:1-Entsprechungen eingetragen, so bedeutet das jeweils eine andere Verarbeitung und somit auch verschiedene PSDs.

Fallbeispiel B-Gruppe: verschiedene PSDs

a) Für jeden konsumierten Satz vom Typ C wird sofort ein Satz vom Typ F produziert.

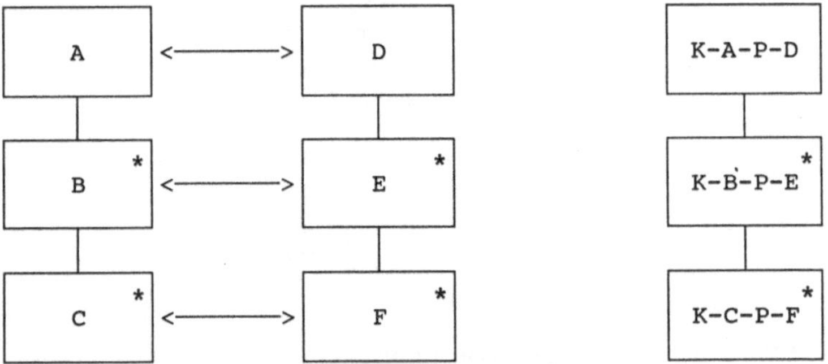

b) Fehlt die Entsprechung zwischen den Komponenten C und F, so ergibt sich eine andere Verarbeitung. Für jede B-Gruppe werden zuerst alle Sätze vom Typ C konsumiert (und z.B in einer Tabelle gespeichert). Erst dann werden alle Sätze vom Typ F für die entsprechende E-Gruppe produziert.

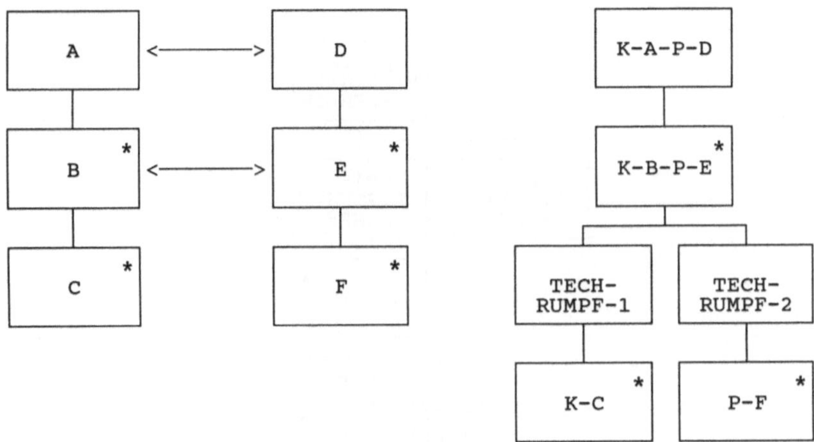

Beim Ableiten der Programmstruktur (und auch später beim Zuordnen der Elementaranweisungen) ist es manchmal erforderlich, zusätzliche Komponenten einzufügen, um die formalen Korrektheit der Struktur-Komponenten (Selektion und Iteration) zu erhalten. Die Namen dieser zusätzlichen Komponenten dürfen nicht mit K- oder P- beginnen, da sie weder zur Eingabe, noch zur Ausgabe gehören. Es ist üblich, diese Komponenten als "Technischer Rumpf" zu bezeichnen, eventuell mit einer geeigneten Nummer.

Die Auswirkungen korrekter oder falscher 1:1-Entsprechungen auf das jeweilige PSD wird an folgendem Fallbeispiel deutlich.

Fallbeispiel Sätze vertauschen (vgl. Abschnitt 2.2.2): korrektes/falsches PSD

a) Das korrekte PSD K-EIN-P-AUS-KORREKT zeigt das Konsumieren von S1-EIN, dann Konsumieren von S2-EIN und unmittelbar das Produzieren von S2-AUS. Erst am Ende wird S1-AUS produziert.

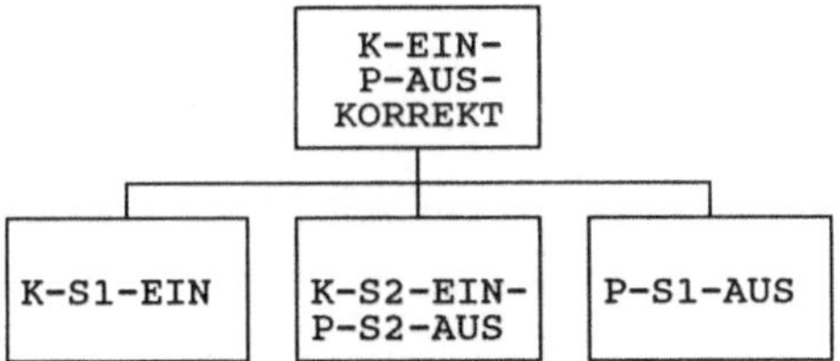

b) Die falsch eingetragene 1:1-Entsprechung "S1-EIN <- - -> S1-AUS" ergibt einen Reihenfolgefehler bei der Sequenz und somit das falsche PSD K-EIN-P-AUS-FALSCH-1. Das PSD K-EIN-P-AUS-FALSCH-1 gewährleistet nicht das Vertauschen der beiden Sätze.

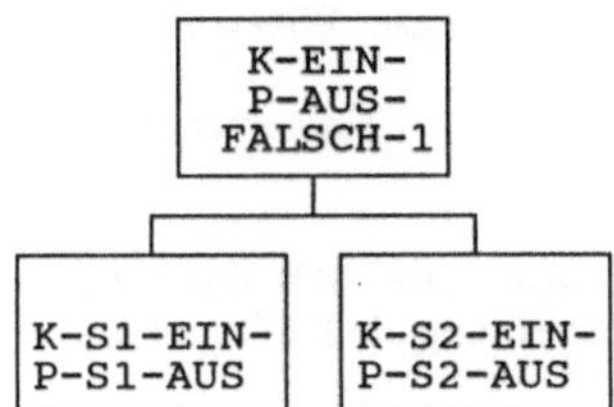

c) Werden zwischen den Ein-/Ausgabe-Sätzen keine Entsprechungen eingetragen, erhält man ebenfalls ein falsches PSD. Die Programmstruktur K-EIN-P-AUS-FALSCH-2 zeigt zwar korrekt das Vertauschen der beiden Sätze, aber es ist nicht dargestellt, daß S2-AUS unmittelbar aus S2-EIN abgeleitet werden kann. Nur S1-EIN muß zwischengespeichert werden.

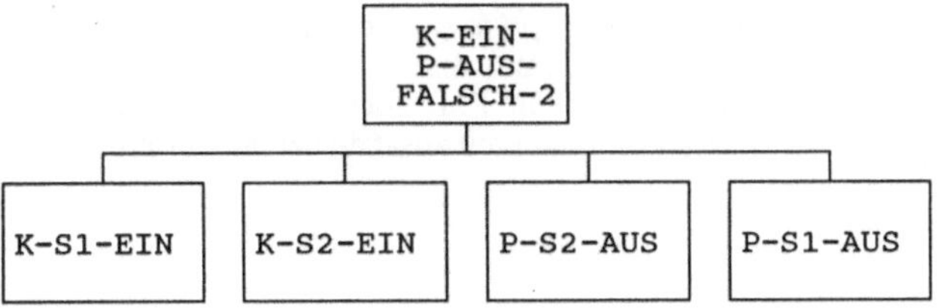

Variante der Notation

Um die Abhängigkeit der Komponenten des PSD von den jeweiligen Komponenten der Ein-/
Ausgabe darzustellen, findet man gelegentlich auch eine Notation, bei der die Entsprechungspfeile
von den Ein-/Ausgabe-Komponenten unmittelbar auf die zugehörigen PSD-Komponenten weisen.
Die Ein-/Ausgabe-Komponenten sind dann über diese PSD-Komponenten verknüpft.

Fallbeispiel B-Gruppe: Variante der Notation

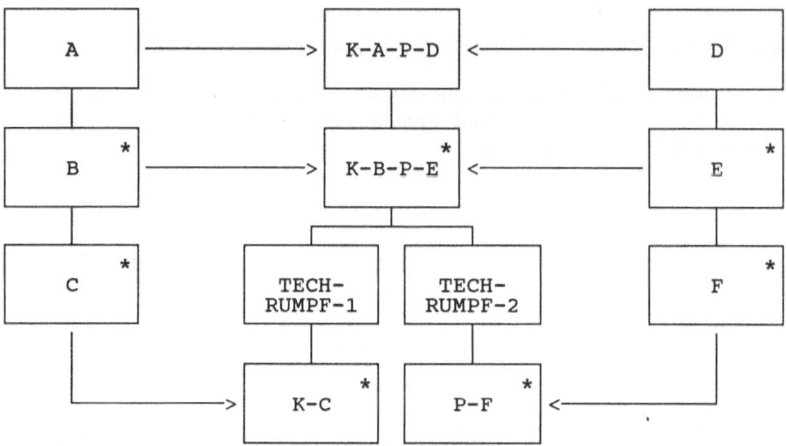

Überprüfen der Programmstruktur

- Anhand der Beispiele wird geprüft, ob dieses PSD wirklich aus den Eingabe-Daten die
  gewünschten Ausgabe-Daten liefert.
- Bleibt bei den Komponenten, die keine 1:1-Entsprechung haben, die logische Reihenfolge
  aus den DSDs erhalten?
- Stimmen die logischen Ebenen?
- Sind alle Komponenten der Ein-/Ausgabe-DSDs abgebildet?
- Ergeben sich nach der Konsistenzprüfung die DSDs der Ein-/Ausgabe-Datenströme?

Übung 2.3.1-1

Leiten Sie mit den 1:1-Entsprechungen der Übungen 2.2.3-1 das jeweilige PSD ab.

2.3.2 Konsistenzprüfung

Wurde das PSD korrekt erstellt, müssen sich die Ein-/Ausgabe-DSDs wieder aus dem PSD
ableiten lassen. Dies wird durch die *Konsistenzprüfung*, auch "Streichtest" oder etwas hochgegriffen
"Korrektheitsbeweis" genannt, überprüft. Voraussetzung für die Konsistenzprüfung ist, daß die
einzelnen Datenströme der Ein- und Ausgabe im PSD noch unterscheidbar sind. Das wurde durch
die Namenspräfixe K- und P- erreicht, eventuell mit zusätzlicher Numerierung.

Konsistenzprüfung

Für jede zu überprüfende Datenstruktur werden die folgenden vier Schritte durchgeführt.

1. Schritt
a) Prüfung eines Eingabe-DSD:
   Man streiche in den PSD-Komponenten alle Namensteile, die nicht mit K- beginnen und
   lasse das Präfix K- weg.
b) Prüfung eines Ausgabe-DSD:
   Man streiche in den PSD-Komponenten alle Namensteile, die nicht mit P- beginnen und
   lasse das Präfix P- weg.
c) Die Namen von Technische Rümpfen entfallen ganz.

2. Schritt
a) Man entferne alle Teilbäume (Äste oder Blätter), die keinen Text mehr enthalten.
b) Man entferne leere Knoten ohne "o" oder "*".
   Leere Knoten mit "o" oder "*" werden wie im 4. Schritt gemäß der Transformations-Regeln
   behandelt.

3. Schritt
Man überprüfe, ob die so erhaltenen Diagramme mit den ursprünglichen DSDs (bis auf
eventuelle Kürzung der Namen) übereinstimmen. Falls das nicht zutrifft, fahre man fort mit
dem 4. Schritt.

4. Schritt
Man transformiere das so erhaltene Strukturdiagramm durch eine der folgenden fünf
erlaubten Transformationen und kehre zurück zum 3. Schritt. Falls keine Transformation
mehr möglich ist und keine Übereinstimmung erreicht ist, war die Ableitung des PSD (oder
die Konsistenzprüfung?) fehlerhaft, und es muß zu einem früheren *Entwurfs*-Schritt
zurückgekehrt werden.

Die fünf erlaubten Transformationen

Die folgende Transformationen sind nicht generell auf PSDs anwendbar, sondern ausschließlich im
4. Schritt der Konsistenzprüfung.

1. Eine Sequenz mit einer Komponente entspricht dieser Komponente.

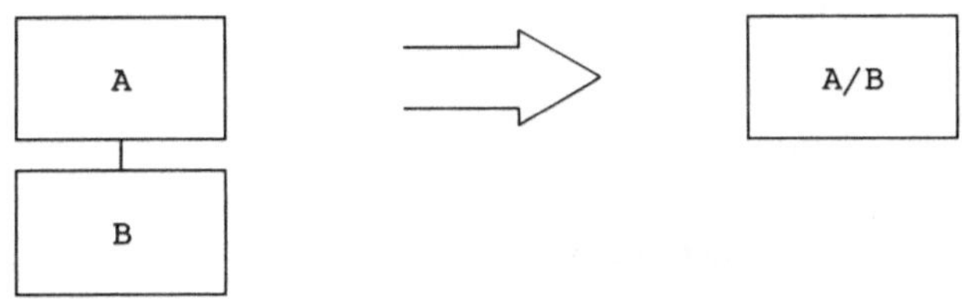

2. Eine Selektion mit einer Komponente entspricht dieser Komponente.

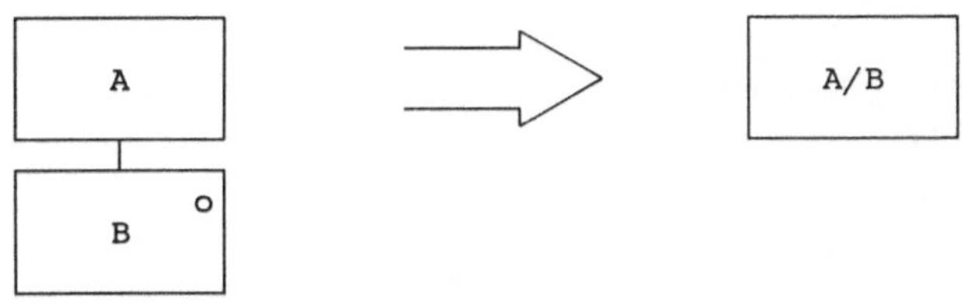

3. Identische Teile einer Selektion werden zusammengefaßt.

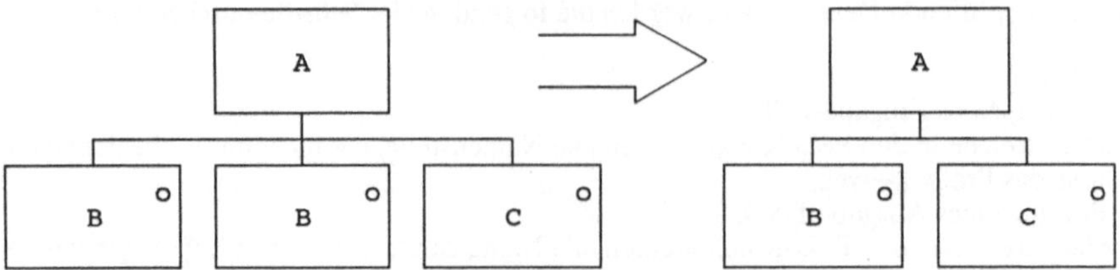

4. Eine Iteration über eine Iteration wird zu einer Iteration.

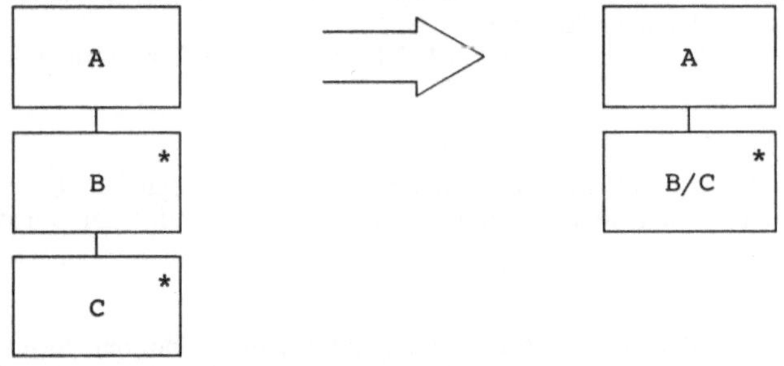

5. Identische Teile einer Sequenz werden zusammengefaßt.

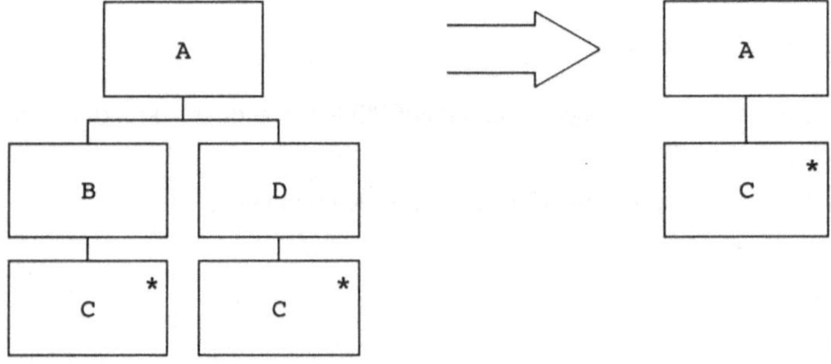

Die Notwendigkeit der Transformation vier und/oder fünf läßt Zweifel an der Korrektheit der jeweiligen Datenstruktur aufkommen.

Fallbeispiel Lagerbewegung: Konsistenzprüfung

    1. Schritt
Man streiche im PSD alle Namensteile, die nicht mit K- (oder P-) beginnen und lasse das Präfix K- (bzw. P-) weg.

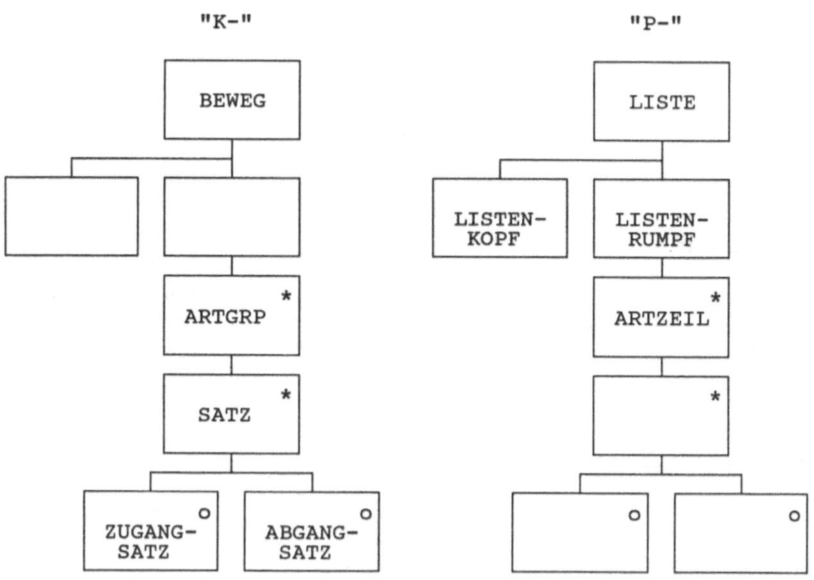

2. Schritt
a) **Man** entferne aus dieser Struktur alle Teilbäume, die keinen Text mehr enthalten.

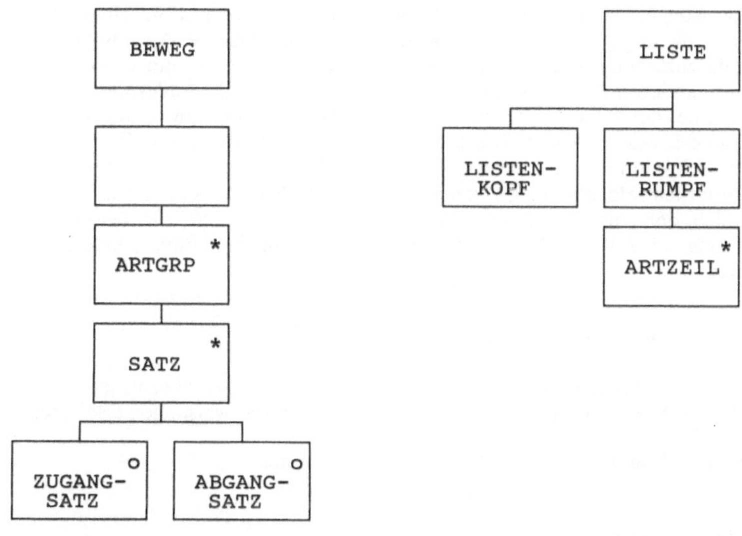

b) Man entferne leere Knoten ohne "o" oder "*".

3. Schritt
Die so erhaltenen Strukturen stimmen mit den Strukturen aus dem Datenschritt (bis auf Änderungen der Komponentennamen) überein.

Obwohl die Konsistenzprüfung mit den Transformationen automatisch (also durch ein entsprechendes Programm) durchgeführt werden könnte, wird sie in der Praxis leider nur sehr selten angewendet.

Übung 2.3.2-1

Leiten Sie aus den PSDs der Übungen 2.3.1-1 die Ein-/Ausgabe-Datenstrukturen ab.

2.4 Anweisungsschritt

Im Anweisungsschritt werden die einzelnen Schritte der Verarbeitung aus der Aufgabenstellung abgeleitet und als Anweisungen formuliert. Der Anweisungsschritt besteht aus zwei Teilen. Zunächst werden die "Elementaranweisungen" (auch "Elementaroperationen" genannt) ermittelt, aufgelistet und numeriert. Im zweiten Teilschritt werden die "Elementaranweisungen" dem PSD zugeordnet.

2.4.1 Ermitteln der Elementaranweisungen

Elementaranweisungen können sein:

- einzelne Sprachanweisungen;
- eine Folge von einzelnen Sprachanweisungen, die stets gemeinsam in dieser Reihenfolge ausgeführt werden;
- Aufruf von Unterroutinen etc.

Die Elementaranweisungen sollten nicht in Umgangssprache, sondern in einer Pseudocode ähnlichen Formulierung angegeben werden. Werden mehrere einzelne Anweisungen zu einer Elementaranweisung zusammengefaßt, so ist darauf zu achten, daß die einzelnen Operationen nicht auch noch in anderen Elementaranweisungen enthalten sind. Andernfalls können sich erhebliche Probleme bei der späteren Wartung ergeben. Die Elementaranweisungen dürfen keine verarbeitungsrelevante Logik enthalten. Diese müßte bereits im PSD dargestellt sein. Sie dürfen also (explizit) keine Selektion oder Iteration enthalten. Bei der späteren Implementierung kann es aber durchaus erforderlich sein, abhängig von der jeweiligen Zielsprache eine Elementaranweisung mit Kode darzustellen, der eine Verzweigung oder Wiederholung enthält, z.B. bei der Kodierung einer Lese-Anweisung wird bei EOF der Satzpuffer nicht mehr gefüllt, sondern ein EOF-Kennzeichen gesetzt.

Regeln für das Ermitteln der Elementaranweisungen

Das Ermitteln der Elementaranweisungen ist nicht völlig formalisierbar, aber es lassen sich einige Regeln angeben, die das Formulieren und Zuordnen der Elementaranweisungen erleichtern.

- Man beginne mit den Operationen für die Ausgabe-Datenströme:

```
sopen output ...
swrite AUSGABE-SATZ
sclose output ...
aufbereiten Ausgabesätze (einmal je Blatt im Ausgabe-DSD)
```

- Man fahre fort mit den Operationen für die Eingabe-Datenströme:

```
sopen input ...
sread EINGABE-DATEI
sclose input ...
initialisieren und aufbereiten der Gruppierwörter
```

- Man ermittle dann alle Operationen für die internen Datenelemente:

> initialisieren und aufbereiten von Rechenfeldern, Zählern, Summenfeldern, Indizes, Hilfsgrößen etc.
>
> Tip:
> Zur Vermeidung von Fehlern und zum Zwecke der Einheitlichkeit empfiehlt es sich, Zähler, Indizes etc. mit dem Wert zu initialisieren, der als erster verarbeitet wird. Das Erhöhen um die Schrittweite erfolgt dann jeweils nachträglich. Man beachte aber, daß sich durch diese Art der Initialisierung im allg. auch die Bedingungen ändern.

Die Operationen "sopen", "sclose", "sread" und "swrite" sind formale Zugriffe und werden bei der Implementierung durch geeignete, dem jeweiligen physischen Medium angepaßte Anweisungen kodiert. Eventuell können sie bei der Implementierung sogar entfallen, z.B. "sclose output AUSGABE" und AUSGABE wird physisch als Datenbank implementiert. Deshalb sollten sopen- bzw. sclose-Anweisungen für verschiedene Datenströme nicht zu einer Elementaranweisung zusammengefaßt werden. Es ist üblich (analog zur COBOL-Syntax), einen Eingabe-Zugriff als "sread EINGABE-DATEI" zu formulieren und einen Ausgabe-Zugriff als "swrite AUSGABE-SATZ". Das Präfix "s" steht für "symbolisch" oder "strukturiert", bei "sread" für "single" (im Unterschied zu dem Präfix "m" bei "mread", das von "multiple" oder "mehrfach" abgeleitet ist, vgl. Abschnitt 6.2).

In der Praxis hat es sich als äußerst nützlich erwiesen, das Aufbereiten und das Schreiben von Ausgabesätzen zu trennen. Wenn sich das Zugriffsmedium ändert, dann muß nur einmal die swrite-Anweisung angepaßt werden. Anstelle der Anweisungen

```
swrite KOPF-ZEILE
swrite ARTIKEL-ZEILE                 verwende man besser die Anweisungen

aufbereiten KOPF-ZEILE          aufbereiten ARTIKEL-ZEILE
swrite ZEILE                    swrite ZEILE
```

Das ist zwar etwas umfangreicher, aber erheblich sicherer und wartungsfreundlicher. "aufbereiten" bedeutet das Bereitstellen aller Datenelemente des Ausgabe-Satzes, einschließlich Vorschub o.ä.

Fallbeispiel Lagerbewegung: Ermitteln der Elementaranweisungen

> Für LISTE und BEWEGUNG wird das Öffnen, Schließen und der Zugriff formuliert.

```
 1. sopen output LISTE
 2. swrite ZEILE
 3. sclose output LISTE

21. sopen input BEWEGUNG
22. sread BEWEGUNG
23. sclose input BEWEGUNG
```

> Zur Steuerung von ARTIKEL-GRUPPE wird die Artikelnummer (nach jedem sread) als "Gruppierwort" (vgl. Abschnitt 3.2) gespeichert.

```
24. aufbereiten Gruppierwort ARTIKEL-GRUPPE
```

> Die drei unterschiedlichen Arten von ZEILE (zwei Blätter im Ausgabe-DSD und die Leerzeile) müssen aufbereitet werden:

```
 4. aufbereiten KOPF-ZEILE
 5. aufbereiten LEER-ZEILE
 6. aufbereiten ARTIKEL-ZEILE
```

Zur korrekten Gruppensteuerung wird das Gruppierwort für ARTIKEL-GRUPPE (zu Beginn jeder Gruppe) zwischengespeichert:

```
25. sichern Gruppierwort ARTIKEL-GRUPPE
```

Zur Berechnung des Saldos muß SALDO initialisiert und MENGE addiert oder subtrahiert werden:

```
 9. SALDO := 0
10. SALDO := SALDO + MENGE
11. SALDO := SALDO - MENGE
```

Die Numerierung der Elementaranweisungen ist willkürlich, jedoch kann man den einzelnen Nummern oder Ziffern eine gewisse Bedeutung unterlegen. Man kann z.B. vereinbaren, daß die Anweisungen sopen, sread/swrite bzw. sclose stets die Endziffern 1, 2 bzw. 3 erhalten, oder die Anfangsziffer 9 Anweisungen zur Fehlerbehandlung kennzeichnet usw. Bei Verwendung von Werkzeugen ist die Länge der Anweisungsnummern im allg. begrenzt, meist auf vier oder fünf Stellen. Eine Anweisung zum Beenden des Programms wird (zunächst) nicht benötigt. Bei der Implementierung wird diese, falls erforderlich, am Programmende angefügt.

2.4.2 Zuordnen der Elementaranweisungen

Im zweiten Teil des Anweisungsschrittes werden die Elementaranweisungen den entsprechenden Komponenten des PSD in der korrekten Reihenfolge zugeordnet. Hierbei sind die Namenspräfixe K- und P- der Komponentennamen im PSD sehr hilfreich. Die Blätter des DSD (im PSD eventuell ein Knoten) entsprechen genau den logischen Ein-/Ausgabe-Sätzen, also muß diesen Komponenten der Ein-/Ausgabe-Zugriff zugordnet werden.

Regeln für die Zuordnung der Elementaranweisungen

- sopen- und sclose-Anweisungen:
  "oberste" Komponente des PSD mit K- bzw. P- (im allg. die Wurzel);

- swrite-Anweisungen:
  "tiefste" Komponente des PSD mit P-(atomare Komponente im Ausgabe-DSD);

- Aufbereiten-ZEILE-Anweisungen: vor der entsprechenden swrite-Anweisung;

- sread-Anweisungen:

    "null-faches" Vorauslesen
    zu Beginn der "tiefsten" Komponente mit K- (atomare Komponente im Eingabe-DSD);

    "ein-faches" Vorauslesen
    einmal vor Verarbeitungsbeginn und jeweils am Ende der "tiefsten" Komponente mit K-
    (s.u. "Vorauslese-Regel");

    "mehr-faches" Vorauslesen (vgl. Abschnitt 6.2);

- Aufbereiten-Gruppierwort-Anweisungen: vgl. "Gruppierwort-Regel" in Abschnitt 3.2;

- Aufbereiten-Rechenfelder-Anweisungen:
  vor den Aufbereite-ZEILE-Anweisungen oder an den jeweils erforderlichen Komponenten.

Ist keine EOF-Behandlung des Eingabe-Datenstroms erforderlich, werden die zu diesem Eingabe-Datenstrom gehörenden sread-Anweisungen dem Anfang aller derjenigen PSD-Komponenten zugeordnet, die aus einer atomaren Komponenten des zugehörigen DSD abgeleitet wurden. Diese Form der Zuordnung von `sread`-Anweisungen nennt man "nullfaches Vorauslesen".

Die "Vorauslese-Regel" ermöglicht das rechtzeitige Erkennen von EOF eines Eingabe-Datenstroms. Die Technik des "Vorauslesens" besteht in der Zuordnung einer Lese-Operation vor Verarbeitungsbeginn, dem "Vorlesen", und der Zuordnung einer weiteren Lese-Operation an den Stellen, an denen ein Satz vollständig verarbeitet ist, dem "Nachlesen".

Vorauslese-Regel

> 1. Vorlesen
> Man ordne eine sread-Anweisung vor der ersten Komponente des PSD zu, die einen Satz dieses Datenstromes konsumiert, im allg. direkt nach dem zugehörigen sopen.

> 2. Nachlesen
> Man ordne eine weitere sread-Anweisung dem Ende jeder Komponente des PSD zu, die einen Satz dieses Datenstromes vollständig konsumiert.

Durch Vorlesen (und dem zugehörigen Nachlesen) werden die sread-Anweisungen nach vorne "verschoben". Außerdem wird einmal mehr gelesen, um EOF zu erkennen.

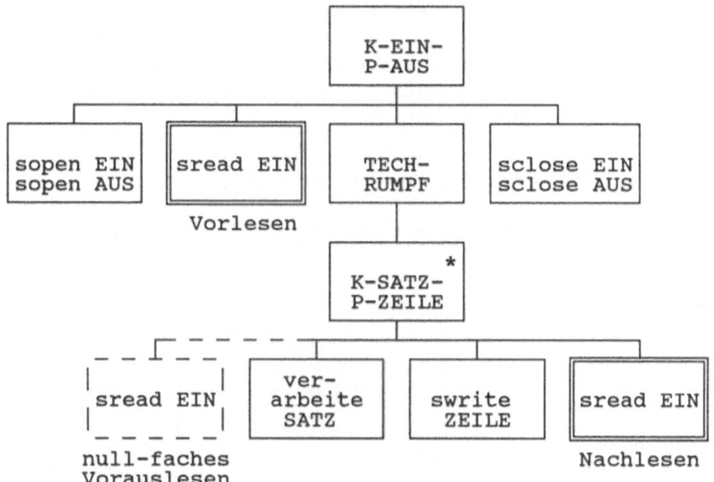

Falls die Anwendung der Vorauslese-Regel Schwierigkeiten bereitet, gehe man wie folgt vor:

> 1. Man ordne die `sread`-Anweisungen, wie beim nullfachen Vorauslesen, als jeweils erste Anweisung den entsprechenden Konsumiere-Komponenten zu.

> 2. Man verschiebe die `sread`-Anweisungen auf die im PSD logisch vorausgehende Konsumiere-Komponente und ordne die `sread`-Anweisung als die jeweils letzte Anweisung dieser Komponente zu.

> - Die erste `sread`-Anweisung wird der "höchsten" Konsumiere-Komponente (im allg. der Wurzel) zugeordnet.

> - Die im PSD logisch letzte Konsumiere-Komponente erhält am Ende eine zusätzliche `sread`-Anweisung.

Online-Programme beginnen üblicherweise den Dialog mit dem Schreiben des ersten Bildschirms. Das erste `sread` beim einfachen Vorauslesen wird nach diesem `swrite` zugeordnet ("read as soon as possible").

Notation der Zuordnung

Für die Notation der Zuordnung findet man bei den einzelnen Beschreibungen von JSP (häufig abhängig von dem jeweils verwendeten Werkzeug) verschiedene Darstellungen. Für das Weitere werden hier die Komponenten mit Elementaranweisungen genauso dargestellt wie Sequenz-Komponenten des PSD. Eine Komponente mit Elementaranweisungen kann keine Selektion oder Iteration sein, auch keine selektierte oder iterierte Komponente.

Die Komponenten mit Elementaranweisungen sind Sequenz-Komponenten, deshalb ist es gelegentlich nötig, zusätzliche Komponenten in das PSD einzufügen, um die Anweisungen korrekt zuordnen zu können. Diese eingefügten Knoten erhalten einen Namen, der nicht mit `K-` oder `P-` beginnt, üblicherweise "TECH-RUMPF". Dadurch wird angedeutet, daß diese Komponente aus formalen "technischen" Gründen eingeführt wurde und weder aus einem Eingabe- noch einem Ausgabe-Datenstrom abgeleitet ist.

Die Nummern der Elementaranweisungen werden durch ein Leerzeichen, Komma oder Semikolon getrennt. Das Semikolon bedeutet, daß die Anweisungen vor und nach dem Semikolon nicht vertauscht werden dürfen. Bei der Zuordnung der Elementaranweisungen empfiehlt sich dieselbe Reihenfolge wie bei deren Ermittlung, nämlich "von der Ausgabe zur Eingabe". Für die Zuordnung wird das PSD um geeignete Sequenz-Komponenten erweitert, die als Namen die Nummern der zugeordneten Elementaranweisungen erhalten.

Fallbeispiel Lagerbewegung: Zuordung der Elementaranweisungen

Die Ausgabe-Operationen werden den Komponenten mit "P-" zugeordnet: 1, 2, 3, 4, 5, 6.

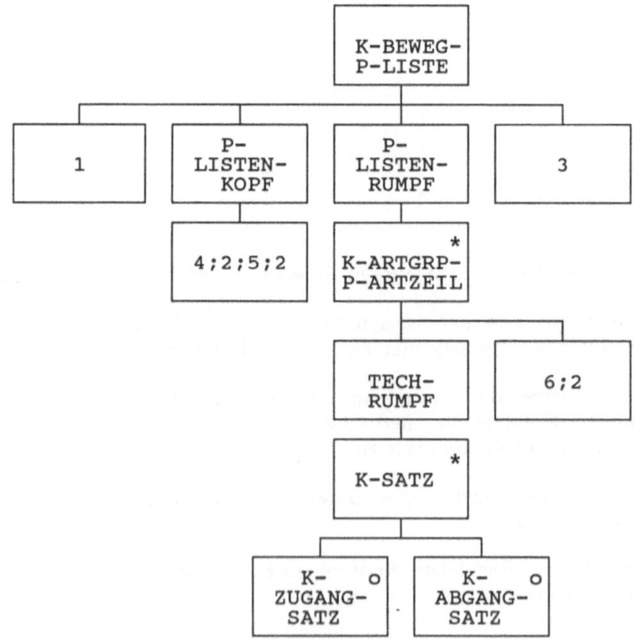

Die Anweisungen 6;2 müssen der Komponente `K-ARTGRP-P-ARTZEIL` zugeordnet werden. Diese Komponente ist aber eine Iteration von `K-SATZ`. Durch Einfügen der Komponente `TECH-RUMPF` wird `K-ARTGRP-P-ARTZEIL` eine Sequenz, deren zweite Komponente die Anweisungen enthält.

Dann werden die Eingabe-Operationen den Konsumiere-Komponenten zugeordnet: 21, 22, 23, 24, 25.

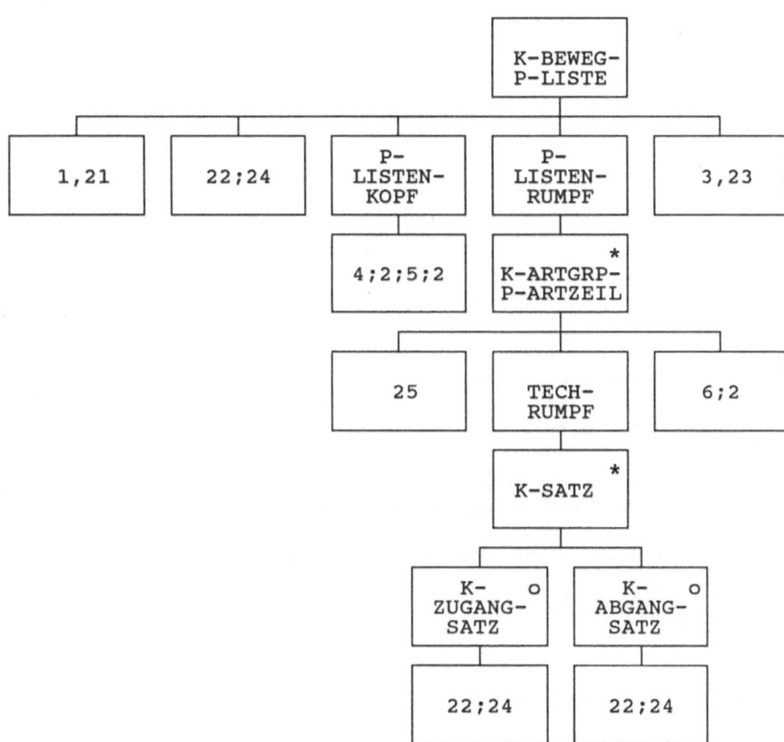

Das Vorlesen 22 mit Gruppierwort-Aufbereiten 24 könnte man mit den sopen-Operationen 1,21 auch zu einer Komponente zusammenfassen. Die gewählte Zuordnung macht aber das Vorauslesen deutlicher.

Das Nachlesen erfolgt je einmal unter den Komponenten `K-ZUGANG-SATZ` und `K-ABGANG-SATZ`. Obwohl hier auf beiden Pfaden der Selektion `K-SATZ` nachgelesen wird, ist von einer "Optimierung" (Zuordnung des Nachlesens nur einmal zu `K-SATZ`, außerdem müßte noch ein technischer Rumpf eingefügt werden) dringend abzuraten. Bei einer späteren Kontrolle des Entwurfs könnte leicht übersehen werden, daß die `sread`-Anweisung nicht vergessen wurde, sondern einer übergeordneten Komponente zugeordnet ist.

Zum Schluß werden die restlichen (Rechen-) Operationen zugeordnet: 9, 10, 11.

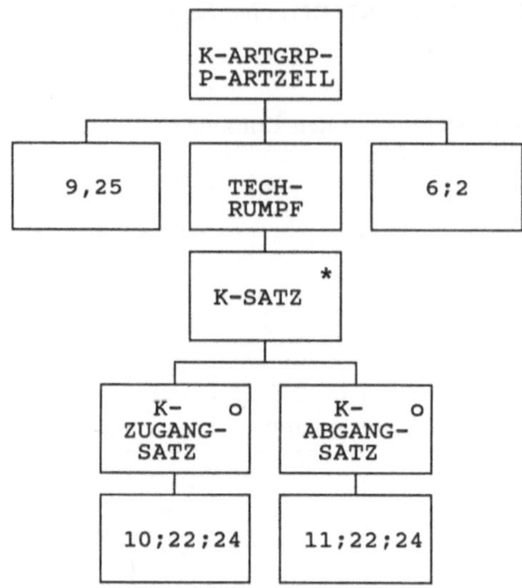

Die Zuordnung der Elementaranweisungen kann auch nach anderen Kriterien erfolgen.

- Zuordnung komponentenweise:

> Man prüfe für jede Komponente des PSD, welche Elementaranweisungen in welcher Reihenfolge dieser Komponente zugeordnet werden müssen.

- Zuordnung in auf-/absteigender Reihenfolge:

> Man prüfe für jede Elementaranweisung, welcher (bzw. welchen) Komponente(n) diese zuzuordnen ist.

Überprüfen der Elementaranweisungen und ihrer Zuordnung

> - Ist die Liste der Elementaranweisungen vollständig?
> - Sind alle Elementaranweisungen zugeordnet?
> - Gibt es atomare Komponenten ohne eine Elementaranweisung?
> - Sind die Elementaranweisungen der richtigen Komponente zugeordnet? Auch in der richtigen Reihenfolge?

Für einzelne Anwendungen wird geprüft:

Dateibehandlung: `sopen, sclose, sread, swrite`
                          Vor-/Nachlesen
                          Datenbank-Zugriff
                          Tabellen-Zugriff (Index erhöhen bzw. initialisieren)

Drucken: Druckfelder aufbereiten
                          Kopf-/Fußzeilen aufbereiten
                          Ausgabe-Satz übertragen

Rechenfelder: Startwerte setzen
       Zähler, Summen erhöhen
       Rechenanweisungen

Gruppenwechsel: Gruppierwort-Regel (vgl. Abschnitt 3.2)
       Gruppierwort sichern
       Gruppen-Vor-/Nachbereitung

Für die Zuordnung ist zu prüfen:

Datei: - `sopen`
      - `sclose`
      - `sread/swrite`

`sread`:   - zu jeder Komponente mit "K-", die aus einem Blatt im Eingabe-DSD abgeleitet
      wurde. Das sind die "tiefsten" Komponenten im PSD, die mit "K-" beginnen
      (nicht notwendigerweise eine atomare Komponente im PSD).
      - Vorauslese-Regel

`swrite`: - zu jeder Komponente mit "P-", die aus einem Blatt im Ausgabe-DSD abgeleitet
      wurde. Das sind die "tiefsten" Komponenten des PSD, die ein "P-" im Namen
      enthalten (nicht notwendigerweise eine atomare Komponente im PSD).

Atomare Komponenten, denen keine Elementaranweisung zugeordnet werden kann, dürfen
gestrichen werden. Aber vorher ist zu prüfen, ob es wirklich keine zugehörige Elementaranweisung
gibt, oder ob im DSD zu weit verfeinert wurde (bis auf Feldebene, statt bis auf logische
Satzebene)?

Entgegengesetzte Operationen wie z.B.

  Addition oder Subtraktion,
  Multiplikation oder Division,
  Schreiben oder Nicht-Schreiben,

müssen bereits in den Datenstrukturen bzw. in der Programmstruktur durch die entsprechende
Selektion dargestellt werden. Umgekehrt kann man aus Selektionen mit atomaren
Komponenenten im Ein- oder Ausgabe-DSD schließen, daß hier Sätze logisch verschieden
verarbeitet werden. Also muß es auch unterschiedliche Elementaranweisungen geben. Falls
Elementaranweisungen auftreten, die zur Verarbeitung erforderlich sind, aber nicht zugeordnet
werden können, liegt ein Entwurfsfehler vor. In diesem Fall muß zum Datenschritt zurückgekehrt
werden.

2.5 Textschritt

Der Textschritt besteht aus zwei Teilen. Im ersten Teil werden die Bedingungen für Iterationen
und Selektionen ermittelt und der Programmstruktur zugeordnet. Im zweiten Teil wird die
vollständige Programmstruktur, mit allen ihr zugeordneten Elementaranweisungen und
Bedingungen, in Strukturtext übergeführt.

In früheren Darstellungen der Methode JSP wurde erst der Strukturtext abgeleitet, und dann
wurden die Bedingungen zugeordnet. Seit es aber geeignete Software-Werkzeuge gibt, z.B. PDF,
JSP-TOOL o.ä. (vgl. Kapitel 9), die aus dem vollständigen PSD den Strukturtext automatisch
generieren können, spielt dieser letzte Schritt der Methode nur noch eine untergeordnete Rolle.
Früher war der Strukturtext auch eine wesentliche Grundlage für die nachfolgende Kode-
Generierung. Doch auch das leisten neuerdings geeignete Generatoren, vorausgesetzt die
Elementaranweisungen und Bedingungen wurden in der gewünschten Zielsprache z.B. COBOL,
FORTRAN, Pascal etc. formuliert.

2.5.1 Ermitteln der Bedingungen

Zunächst erhalten alle bedingten Komponenten des PSD, d.h. solche mit "*" oder "o" (später auch die "quit"-Komponenten mit "!"), eine Nummer n in geschweiften Klammern {n}. Man findet auch andere Notationen, etwa "Cn" für "Condition n" oder "Sn" bzw. "In" für "Selektions-Bedingung n" bzw. "Iterations-Bedingung n". Man könnte den Text der Bedingungen auch unmittelbar an die jeweilige Komponente im PSD eintragen, was aber zumeist sehr unübersichtlich wird. Die einzelnen Werkzeuge verwenden unterschiedliche Notationen für die Zuordnung der Bedingungen zu den Komponenten.

Abhängig von der erforderlichen Verarbeitung werden die Bedingungen formuliert und durch Angabe der Nummer dem PSD zugeordnet. Hierbei ist darauf zu achten, daß die Bedingungen für

- Iterations-Komponenten als Bedingungen für *abweisende* Schleifen formuliert sind;
- Selektions-Komponenten alle gewünschten Fälle beschreiben. Außerdem müssen die durch die Bedingungen definierten Mengen disjunkt sein, und die Vereinigung dieser Mengen muß die Gesamtheit aller Fälle abdecken, die für die Selektion zugelassen sind.

JSP-Iterationen sind Schleifen, deren Bedingung vor Ausführung der Schleife geprüft wird ("abweisende" Schleife). Soll z.B. die Verarbeitung eines Programms bei EOF der Eingabedatei EIN beendet werden, so lautet die Bedingung für die Iteration: (nicht EIN-EOF). Für eine genaue Formulierung der Bedingungen wird im allg. auf einzelne Datenelemente zugegriffen. Diese sind aber nicht unbedingt bereits bekannt bzw. benannt. Das erfolgt häufig erst unmittelbar vor der Implementierung. Also begnügt man sich mit einer von einzelnen Datenelementen unabhängigen, aber dennoch möglichst klaren Beschreibung.

Fallbeispiel Lagerbewegung: Bedingungen

Alle bedingten Komponenten erhalten eine Nummer in geschweiften Klammern.

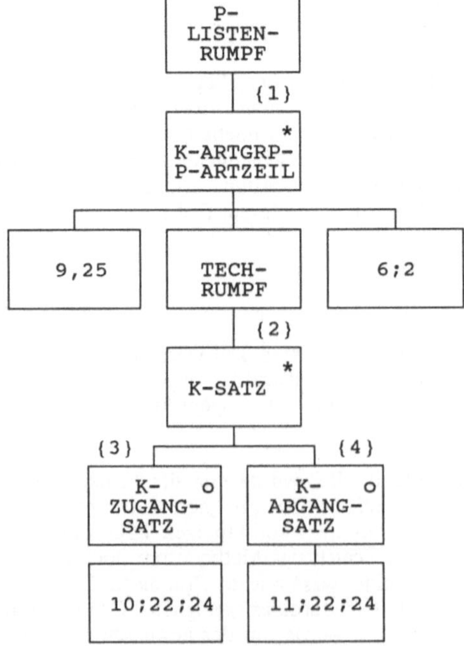

Dann werden die Bedingungen aufgelistet. Die Verarbeitung K-ARTGRP-P-ARTZEIL endet bei EOF der Eingabedatei BEWEGUNG.

    {1} (nicht BEWEGUNG-EOF)

Die gruppenweise Verarbeitung K-SATZ endet bei EOF der Eingabedatei BEWEGUNG oder bei Wechsel der Artikelnummer.

    {2} (nicht BEWEGUNG-EOF und nicht Wechsel Artikelnummer)

Die Menge wird addiert, wenn der Satz ein Zugang-Satz ist.

    {3} (Zugang-Satz)

Die Menge wird subtrahiert bei einem Abgang-Satz.

    {4} (Abgang-Satz)

Für die Implementierung müssen die Bedingungen eventuell noch präzisiert, zumindest aber in der Zielsprache formuliert werden, z.B. könnte man Bedingung 4 genauer formulieren als:

    {4} (Bewegungs-Kennzeichen = "A")

Erkennungsprobleme

Im Kapitel 6 werden *Erkennungsprobleme* ausführlich behandelt, hier nur ein kurzer Hinweis. Die Bedingungen werden zunächst unabhängig von einzelnen Datenelementen formuliert. Bei der Präzisierung dieser Bedingungen kann es aber vorkommen, daß mit der Information des aktuell gelesenen Satzes und aller bisher verarbeiteten Sätze nicht entschieden werden kann,

    - welcher Pfad einer Selektion zu wählen ist;

    - ob eine Iteration weiterzuführen oder zu beenden ist.

Dann liegt ein Erkennungsproblem vor, und es müssen geeignete, durch die Methode JSP unterstützte Maßnahmen getroffen werden, um die korrekte Verarbeitung sicherzustellen.

Überprüfen der Bedingungen

Beim Aufstellen und Zuordnen der Bedingungen ist zu überprüfen:

    - Beschreiben bei einer Selektion die Bedingungen disjunkte Mengen, und enthält die
      Vereinigung dieser Mengen alle selektierten Komponenten?
    - insbesondere bei dualen Entscheidungen:
      Ist genau das logische Gegenteil formuliert, z.B. "kleiner" und "größer oder gleich"?
    - Beginnen bzw. enden die Iterationen korrekt?
    - Ist beim Erreichen der Obergrenze eines Zählers noch ein Schleifendurchlauf erforderlich?
    - Sind die Bedingungen der Iterationen für abweisende Schleifen formuliert?
    - Sind bei Gruppenwechselproblemen alle darüberliegenden Ebenen berücksichtigt?
    - Liegt ein Erkennungsproblem vor?

Besonders bei Bedingungen, die mit "und" bzw. "oder" zusammengesetzt sind, ist sehr sorgfältig zu prüfen, ob auch wirklich der geforderte Fall beschrieben wird. Bei Unklarheiten helfen die "de Morgan"-Formeln weiter. Beim Entwurf verwende man für Selektionen möglichst nicht den ELSE-Pfad, da dadurch die Möglichkeit vertan wird zu überprüfen, ob die Bedingungen für alle Pfade dieser Selektion disjunkt sind und die Vereinigung logisch vollständig ist.

Für spätere Kode-Erzeugung prüfe man, welche der Komponenten einer Selektion wahrscheinlich die häufigste ist. Diese soll im Kode auch als erste geprüft werden. Üblicherweise ist das die am weitesten links stehende Komponente der Selektion, obwohl beim Entwurf keine besondere Reihenfolge von selektierten Komponenten vorgesehen ist.

2.5.2 Ableiten des Strukturtextes

Zum Abschluß des Programmentwurfs nach JSP wird das PSD mit zugeordneten Elementaranweisungen und Bedingungen in linearen Text, den *Strukturtext* (bei Jackson "schematic logic" genannt), umgeformt. Dieser Strukturtext entspricht einem Pseudocode für den Prozedurteil des entworfenen Programms.

Die drei grundlegenden Komponenten werden durch jeweils ein Schlüsselwort beschrieben: "<u>seq</u>", "<u>sel</u>" und "<u>itr</u>". Zur Darstellung der alternativen Pfade bei Selektionen wird noch das Schlüsselwort "<u>alt</u>" benötigt. Der Text jeder Komponente wird mit "<u>end</u>" abgeschlossen. Atomare Komponenten werden mit "do" beschrieben. Das gilt auch für Unterstrukturen, wenn der Strukturtext in geschachtelte Teile zergliedert wird. Diese einfache Prozedursprache ist eine blockstrukturierte Sprache, da Anfang und Ende eines Strukturblocks explizit angegeben werden.

Die Struktur-Komponenten werden in folgenden Strukturtext umgeformt.

Komponente vom Typ *Sequenz*

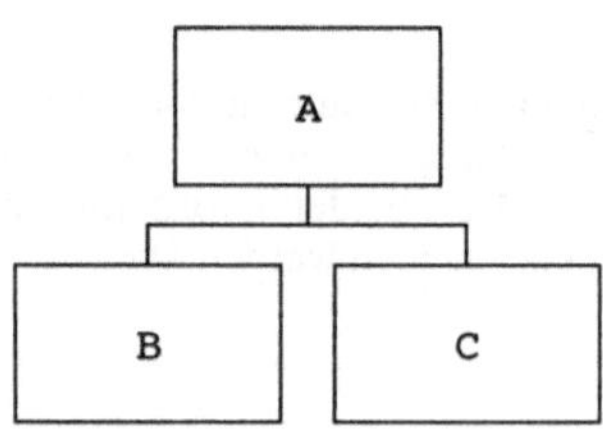

```
A   seq
       do B
       do C
A   end
```

Komponente vom Typ *Iteration*

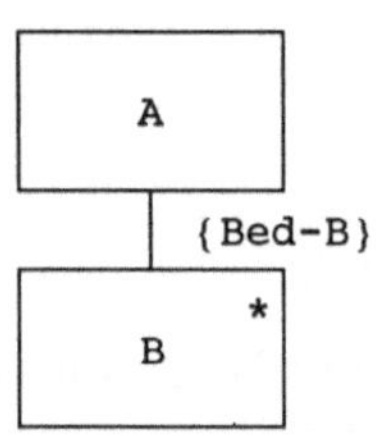

```
A   itr while (Bed-B)
       do B
A   end
```

Komponente vom Typ *Selektion*

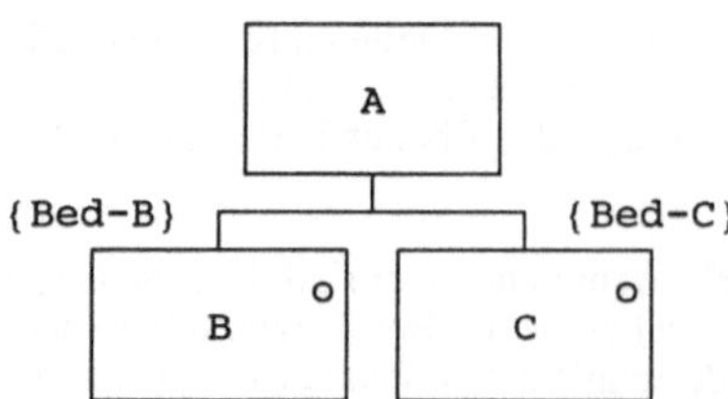

```
A   sel (Bed-B)
       do B
A   alt (Bed-C)
       do B
A   end
```

Der Strukturtext für eine kombinierte Struktur lautet:

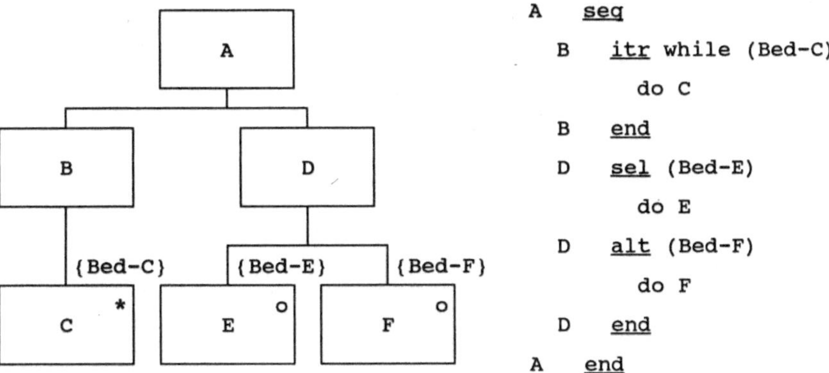

Die Komponenten mit Elementaranweisungen sind die atomaren Komponenten. Die Anweisungen kann man mit do und Nummer oder mit dem vollen Anweisungstext im Strukturtext angeben.

Fallbeispiel Lagerbewegung: Strukturtext

```
K-BEWEG-P-LISTE             seq
                            | sopen output LISTE
                            | sopen input BEWEGUNG
                            | sread BEWEGUNG
                            | aufbereiten Gruppierwort ARTIKEL-GRUPPE
    P-LISTEN-KOPF           seq
                              | aufbereiten KOPF-ZEILE
                              | swrite ZEILE
                              | aufbereiten LEER-ZEILE
                              | swrite ZEILE
    P-LISTEN-KOPF           end
    P-LISTEN-RUMPF          itr while (nicht BEWEGUNG-EOF)
      K-ARTGRP-P-ARTZEIL      seq
                              | SALDO = 0
                              | sichern Gruppierwort ARTIKEL-GRUPPE
        TECH-RUMPF             itr while (nicht BEWEGUNG-EOF und nicht Wechsel Artikelnummer)
          K-SATZ                sel (Zugang-Satz)
            K-ZUGANG-SATZ         seq
                                  | SALDO = SALDO + MENGE
                                  | sread BEWEGUNG
                                  | aufbereiten Gruppierwort ARTIKEL-GRUPPE
            K-ZUGANG-SATZ         end
          K-SATZ                alt (Abgang-Satz)
            K-ABGANG-SATZ         seq
                                  | SALDO = SALDO - MENGE
                                  | sread BEWEGUNG
                                  | aufbereiten Gruppierwort ARTIKEL-GRUPPE
            K-ABGANG-SATZ         end
          K-SATZ                end
        TECH-RUMPF             end
                              | aufbereiten ARTIKEL-ZEILE
                              | swrite ZEILE
      K-ARTGRP-P-ARTZEIL      end
    P-LISTEN-RUMPF          end
                            | sclose output LISTE
                            | sclose input BEWEGUNG
K-BEWEG-P-LISTE             end
```

Übung 2.5.2-1

Führen Sie die folgenden Strukturdiagramme in Strukturtext über.

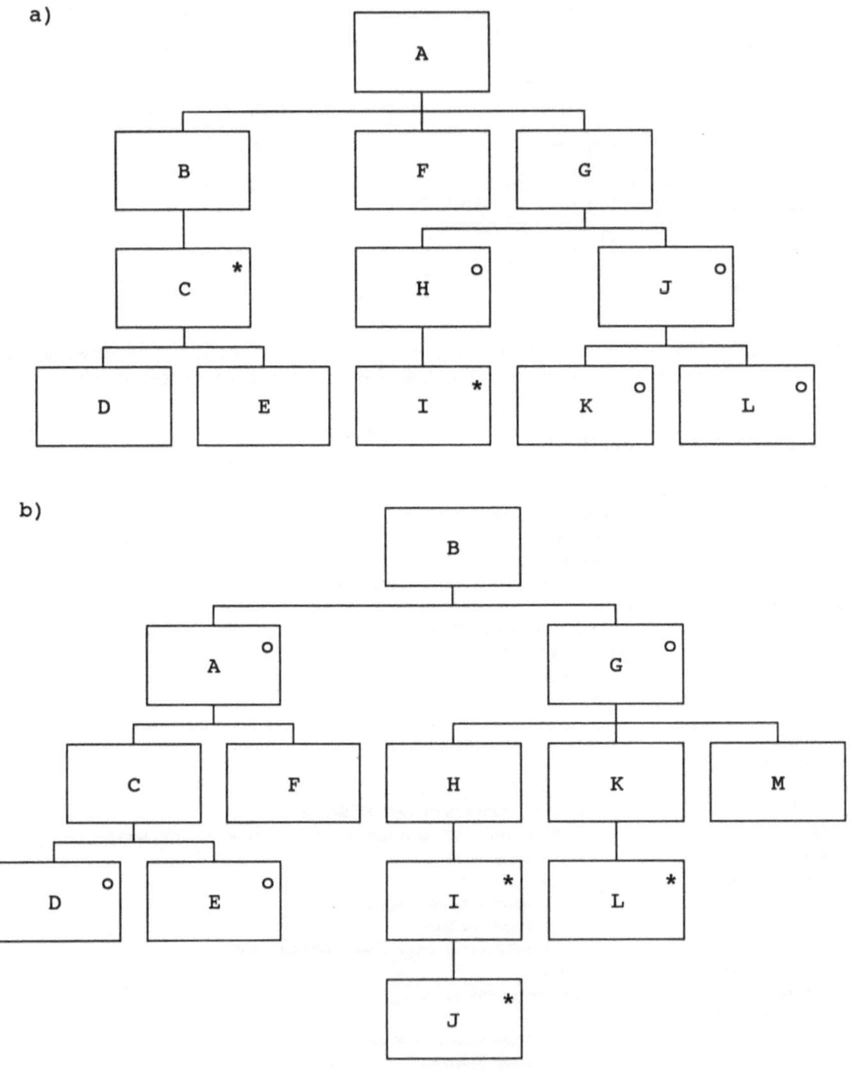

Übung 2.5.2-2

Welches Strukturdiagramm gehört zu den folgenden Strukturtexten?

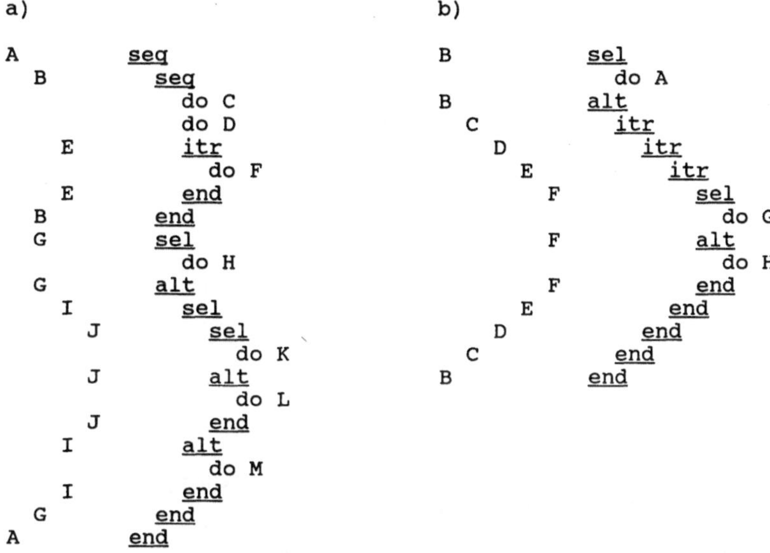

2.6 Implementierung

Die Implementierung eines nach JSP entworfenen Programms ist nicht mehr Bestandteil der
Programm-*Entwurfs*-Methode JSP. Beim Entwurf bleiben Details der Implementierung bewußt
unberücksichtigt. Um aber zu zeigen, daß nach JSP entworfene Programme ohne große Probleme
implementiert werden können, werden einige spezifische Maßnahmen bei der Implementierung
erläutert.

2.6.1 Logische/physische Zugriffe

Beim Entwurf wurden die Ein-/Ausgabe-Zugriffe als logische Zugriffe betrachtet. Dabei können
die logischen Zugriffsebenen der Ein-/Ausgabe recht unterschiedlich sein.

Eingabe	Ausgabe
1 Satz	1 Zeilen-Paar
1 Satz-Paar	1 Zeile
viele Sätze	1 Summen-Zeile
1 Tabelle (1 Satz)	viele Zeilen
1 Bildschirm (fullscreen)	viele Zeilen
viele Zeichen	1 Wort
viele Wörter	1 Zeile
viele Zeilen	1 Text-Block

Fallbeispiel Monatsumsätze: verschiedene Zugriffsebenen

Die Datei EIN besteht aus Sätzen. Diese Sätze enthalten eine Artikelnummer und für jeden der
12 Monate eines Jahres den Umsatz. Auf der Datei AUS ist eine Liste zu erstellen, die für jeden
Artikel eine Artikelzeile und für jeden der 12 Monatsumsätze ein Umsatzzeile enthält.

Für jeden Lese-Zugriff werden 13 Schreibe-Operationen ausgeführt. Betrachtet man den Eingabesatz als Tabelle mit einem Artikel-Element und 12 Monatsumsatz-Elementen, so entspricht der Lese-Zugriff einem blockweisen Lesen dieser Tabelle. Für den Entwurf ist diese Unterscheidung unerheblich.

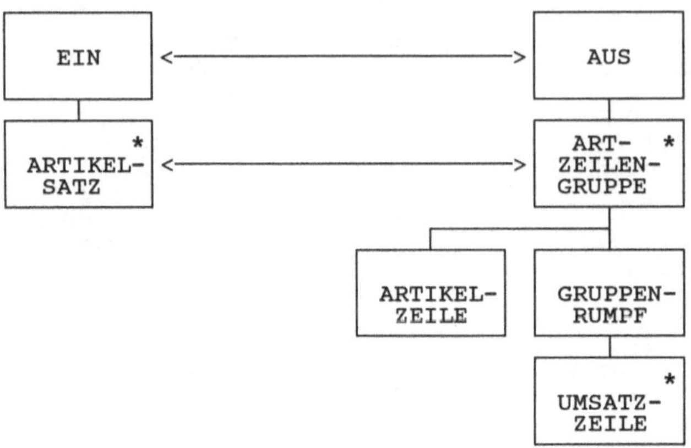

Für den Entwurf ist nur der logische, nicht der physische Zugriff entscheidend. Erst bei der Implementierung werden die Unterschiede deutlich.

Satzweise Eingabe	Implementierung
sread für jeden Satz	`READ DATEI INTO SATZ`

Blockweise Eingabe	Implementierung
erstes sread	`READ DATEI INTO TAB, IND := 1`
sread für jeden Satz	`MOVE TAB (IND), IND := IND + 1`
am Blockende zusätzlich	`READ DATEI INTO TAB, IND := 1`

Diese Unterschiede zeigen sich bei bestimmten Anwendungen.

Tabellen:	ganze Tabelle, einzelne Zeile, einzelnes Element, (einzelnes Zeichen);
Online:	ganzer Bildschirm (fullscreen), einzelne Zeile;
Zeichenketten:	ganzer String, einzelnes Zeichen;
Datenbanken:	
hierarchisch:	ganzes Segment, einzelnes Element;
relational:	ganze Relation, einzelnes Tupel.

Besonders bei hierarchischen Datenbanken muß unterschieden werden zwischen GET-UNIQUE (KEY), dem direkten Positionieren auf ein Segment mit dem Schlüssel KEY, und GET-NEXT (SUBKEY), dem sequentiellen Lesen einzelner Elemente innerhalb dieses Segments mit dem untergeordneten Schlüssel SUBKEY. Analog zur blockweisen Eingabe von Tabellen wird auch hier ein "zweistufiges" Vor- und Nachlesen implementiert.

Der Zugriff auf Tabellen muß bei der Implementierung präzisiert werden. Es ist zu klären, ob die Tabelle als ein Satz oder zeilenweise bzw. elementweise verarbeitet wird. Ob sequentiell oder direkt zugegriffen wird, das mußte bereits beim Entwurf geklärt werden, soweit die Art des Zugriffs die Datenstrukturen beeinflußt.

Fallbeispiel Tabellen-Zugriff: unterschiedliche Implementierungen

Die Datei EIN besteht aus Blöcken. Jeder Block beginnt mit einem Artikelsatz. Es folgen 12 Umsatzsätze. Auf der Datei AUS soll für jeden Artikel eine Summenzeile ausgegeben werden.

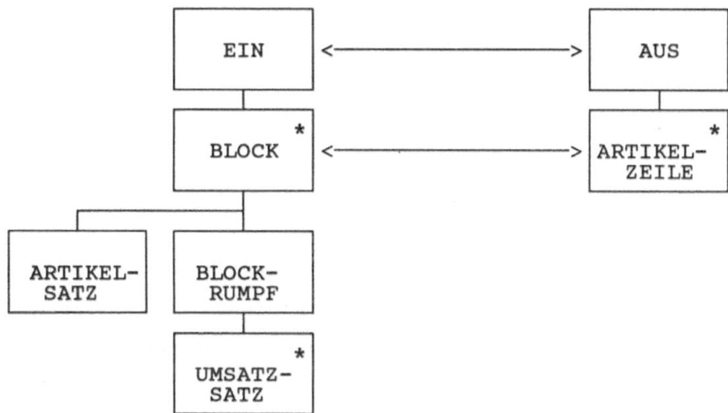

Wird auf jeden Satz der Umsatztabelle sequentiell (einzeln) zugegriffen, erfolgt das Lesen der Elemente der Tabelle mit einem einfachen sread.

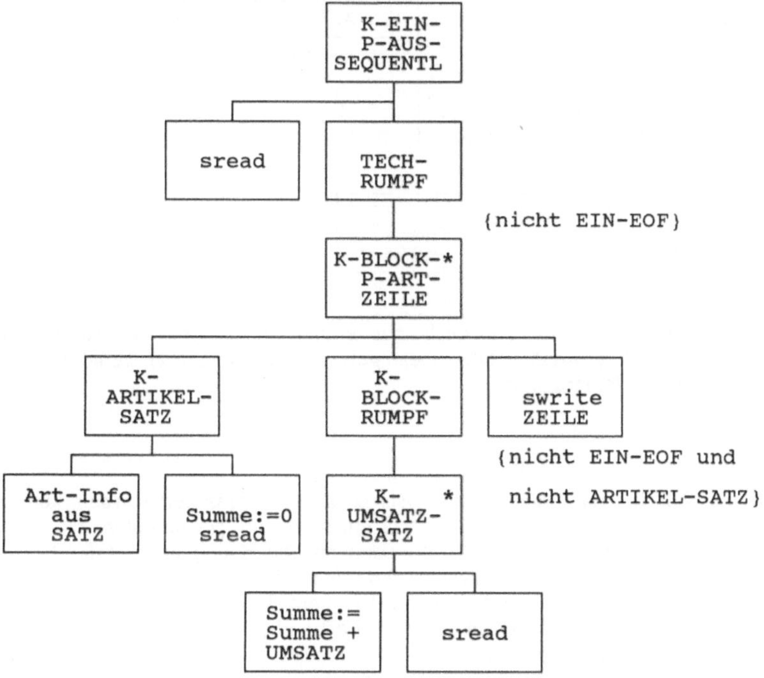

Wird die Tabelle blockweise gelesen, sind zwei verschiedene Zugriffsoperationen erforderlich:

- ein sread (blockweise) auf die ganze Tabelle (und Speichern auf einer internen Tabelle);

- ein sread auf jedes Element der internen Tabelle.

Für diese unterschiedlichen Zugriffe muß getrennt vor- und nachgelesen werden, auch die Implementierung der Zugriffe unterscheidet sich.

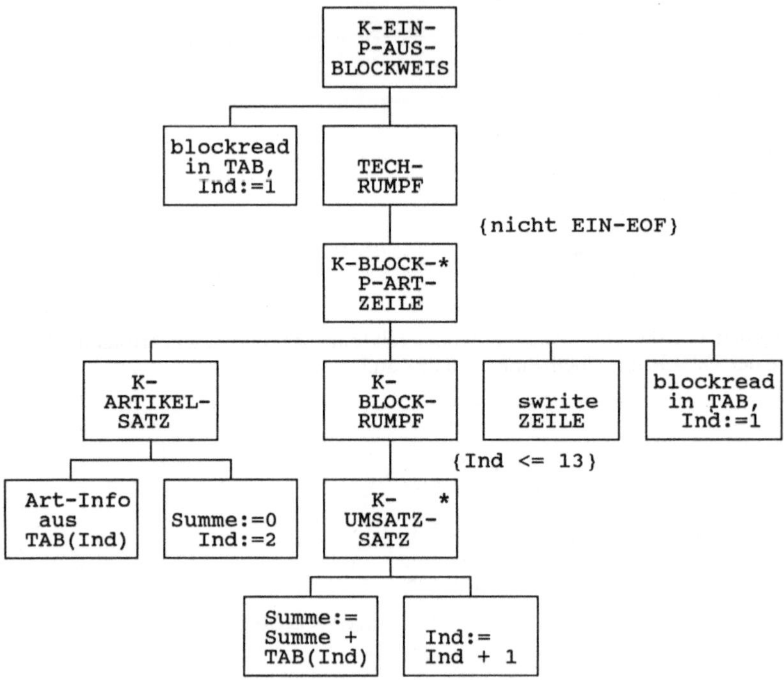

Die Anweisung Ind:=1 könnte man auch nur einmal zu Beginn der Komponente K-BLOCK-P-ART-ZEILE zuordnen. Die oben gewählte Kombination gemeinsam mit blockread ist aber weniger fehleranfällig.

2.6.2 Kodierung

Nachdem die logischen Zugriffe durch geeignete physische Zugriffe präzisiert wurden, kann die Kodierung erfolgen. Zunächst werden alle Datenerklärungen in der gewünschten Zielsprache festgelegt. Dann werden die einzelnen Elementaranweisungen und Bedingungen unter Verwendung der jeweiligen Datenelemente gemäß Syntax und Semantik der Zielsprache umgesetzt. Spezielle Anweisungen für DB-Zugriffe oder Anbindung an einen TP-Monitor müssen nun kodiert werden. Falls gewisse Elementaranweisungen in der Zielsprache nicht abgebildet werden können, müssen geeignete Makros oder Unterroutinen erstellt werden, die die Aufgaben dieser Operationen erfüllen. Umgekehrt kann es durchaus sinnvoll sein, mehrere Operationen, eventuell sogar ganze Teilbäume des Entwurfs, zu einer einzigen Anweisung der Zielsprache zusammenzufassen.

Fallbeispiel Lagerbewegung: Datenerklärungen in COBOL

```
        IDENTIFICATION DIVISION.
        PROGRAM-ID. LAGER.
        AUTHOR. KILBERTH.

        ENVIRONMENT DIVISION.
        CONFIGURATION SECTION.
        SOURCE-COMPUTER. name-1.
        OBJECT-COMPUTER. name-2.
        INPUT-OUTPUT SECTION.
        FILE-CONTROL.
            SELECT BEWEGUNG ASSIGN TO name-3.
            SELECT LISTE ASSIGN TO name-4.

        DATA DIVISION.
        FILE SECTION.
        FD  BEWEGUNG LABEL RECORD IS OMITTED.
        01  BEWEGUNGS-SATZ.
            05   ARTIKEL-NR      PIC 9(04).
            05   BEWEGUNGS-KZ    PIC X.
                 88   ZUGANG                   VALUE "Z".
                 88   ABGANG                   VALUE "A".
            05   MENGE           PIC 99.
        FD  LISTE LABEL RECORD IS OMITTED.
        01  ZEILE               PIC X(30).

        WORKING-STORAGE SECTION.
        01  EOF-KZ              PIC X      VALUE SPACE.
            88   BEWEGUNG-EOF               VALUE "E".
        01  KOPF-ZEILE.
            05   FILLER         PIC X(08) VALUE "Lager - ".
            05   FILLER         PIC X(15) VALUE "Bewegungssalden".
            05   FILLER         PIC X(07) VALUE SPACES.
        01  ARTIKEL-ZEILE.
            05   FILLER         PIC X     VALUE SPACE.
            05   ARTIKEL-NR-Z   PIC 9(04).
            05   FILLER         PIC X(03) VALUE SPACES.
            05   FILLER         PIC X(14) VALUE "Bewegungssaldo".
            05   FILLER         PIC X(03) VALUE SPACES.
            05   SALDO-Z        PIC -(4)9.
        01  SALDO               PIC S9(4) COMP.
        01  ARTIKEL-NR-ALT      PIC 9(04).
```

Fallbeispiel Lagerbewegung: Elementaranweisungen in COBOL

Aus der Anweisung "6. aufbereiten ARTIKEL-ZEILE" wird ein COBOL-Satz mit mehreren einzelnen MOVE-Anweisungen. Vorschubsteuerung auf neue Seite ist nicht vorgesehen.

```
 1. OPEN OUTPUT LISTE.
 2. WRITE ZEILE.
 3. CLOSE LISTE.
 4. MOVE KOPF-ZEILE TO ZEILE.
 5. MOVE SPACES TO ZEILE.
 6. MOVE ARTIKEL-NR-ALT TO ARTIKEL-NR-Z
    MOVE SALDO TO SALDO-Z
    MOVE ARTIKEL-ZEILE TO ZEILE.

 9. MOVE ZERO TO SALDO.
10. ADD MENGE TO SALDO.
11. SUBTRACT MENGE FROM SALDO.
```

```
21. OPEN INPUT BEWEGUNG.
22. READ BEWEGUNG AT END MOVE "E" TO EOF-KZ.
23. CLOSE BEWEGUNG.
(24. aufbereiten Gruppierwort ARTIKEL-GRUPPE   kann hier entfallen)
25. MOVE ARTIKEL-NR TO ARTIKEL-NR-ALT.
```

Fallbeispiel Lagerbewegung: Bedingungen in COBOL

```
{1} (NOT BEWEGUNG-EOF)
{2} (NOT BEWEGUNG-EOF AND ARTIKEL-NR = ARTIKEL-NR-ALT)
{3} (ZUGANG)
{4} (ABGANG)
```

Fallbeispiel Lagerbewegung: Strukturtext mit Anweisungen und Bedingungen in COBOL

```
K-BEWEGUNG-P-LISTE          seq
                            | OPEN OUTPUT LISTE.
                            | OPEN INPUT BEWEGUNG.
                            | READ BEWEGUNG AT END MOVE "E" TO EOF-KZ.
  P-LISTEN-KOPF             seq
                            | MOVE KOPF-ZEILE TO ZEILE.
                            | WRITE ZEILE.
                            | MOVE SPACES TO ZEILE.
                            | WRITE ZEILE.
  P-LISTEN-KOPF             end
  P-LISTEN-RUMPF            itr while (NOT BEWEGUNG-EOF)
    K-ARTGRP-P-ARTZEIL        seq
                              | MOVE ZERO TO SALDO.
                              | MOVE ARTIKEL-NR TO ARTIKEL-NR-ALT.
      TECH-RUMPF              itr while (NOT BEWEGUNG-EOF AND ARTIKEL-NR = ARTIKEL-NR-ALT)
        K-SATZ                  sel (ZUGANG)
          K-ZUGANG-SATZ           seq
                                  | ADD MENGE TO SALDO.
                                  | READ BEWEGUNG AT END MOVE "E" TO EOF-KZ.
          K-ZUGANG-SATZ           end
        K-SATZ                  alt (ABGANG)
          K-ABGANG-SATZ           seq
                                  | SUBTRACT MENGE FROM SALDO.
                                  | READ BEWEGUNG AT END MOVE "E" TO EOF-KZ.
          K-ABGANG-SATZ           end
        K-SATZ                  end
      TECH-RUMPF              end
                              | MOVE ARTIKEL-NR-ALT TO ARTIKEL-NR-Z
                              | MOVE SALDO TO SALDO-Z
                              | MOVE ARTIKEL-ZEILE TO ZEILE. WRITE ZEILE.
    K-ARTGRP-P-ARTZEIL        end
  P-LISTEN-RUMPF            end
                            | CLOSE LISTE.
                            | CLOSE BEWEGUNG.
K-BEWEGUNG-P-LISTE          end
```

Der COBOL-Programmtext ist nicht wie üblich mit PERFORM strukturiert, sondern "schachtelungs-frei" angeordnet. Den Grund dafür werden wir bei der Behandlung der "Programminversion" (Kapitel 8) kennenlernen. Außerdem, der Quellkode ist (eigentlich) nicht für den Entwickler gedacht, sondern für den Compiler. Auf Wunsch kann auch ein strukturierter Kode in COBOL 85 erzeugt werden. Dafür müssen aber die Elementaranweisungen ohne Punkt kodiert sein und Block-Anweisungen mit einer END-Anweisung abgeschlossen sein, wie z.B. das READ mit END-READ.

Fallbeispiel Lagerbewegung: Ableitung des COBOL-Quellprogramms mit Kode-Generator

```
PROCEDURE DIVISION.
LAGER-BEWEGUNG.
*     ( K-BEWEGUNG-P-LISTE -
          OPEN OUTPUT LISTE.
          OPEN INPUT BEWEGUNG.
          READ BEWEGUNG AT END MOVE "E" TO EOF-KZ.
*         ( P-LISTEN-KOPF -
             MOVE KOPF-ZEILE TO ZEILE.
             WRITE ZEILE.
             MOVE SPACES TO ZEILE.
             WRITE ZEILE.
*         - P-LISTEN-KOPF )
*         ( P-LISTEN-RUMPF -
  P1008.
          IF NOT (NOT BEWEGUNG-EOF) GO TO P2008.
*            ( K-ARTGRP-P-ARTZEIL -
             MOVE ZERO TO SALDO.
             MOVE ARTIKEL-NR TO ARTIKEL-NR-ALT.
*            ( TECH-RUMPF -
  P1011.
             IF NOT (NOT BEWEGUNG-EOF AND ARTIKEL-NR = ARTIKEL-NR-ALT) GO TO P2011.
*               ( K-SATZ -
                IF NOT (ZUGANG) GO TO P0012.
*                  ( K-ZUGANG-SATZ -
                     ADD MENGE TO SALDO.
                     READ BEWEGUNG AT END MOVE "E" TO EOF-KZ.
*                  - K-ZUGANG-SATZ )
                GO TO P1011.
*               - K-SATZ -
  P0012.
*                  ( K-ABGANG-SATZ -
                     SUBTRACT MENGE FROM SALDO.
                     READ BEWEGUNG AT END MOVE "E" TO EOF-KZ.
*                  - K-ABGANG-SATZ )
*               - K-SATZ )
                GO TO P1011.
  P2011.
*            - TECH-RUMPF )
             MOVE ARTIKEL-NR-ALT TO ARTIKEL-NR-Z
             MOVE SALDO TO SALDO-Z
             MOVE ARTIKEL-ZEILE TO ZEILE.
             WRITE ZEILE.
*            - K-ARTGRP-P-ARTZEIL )
          GO TO P1008.
  P2008.
*         - P-LISTEN-RUMPF )
          CLOSE LISTE.
          CLOSE BEWEGUNG.
*     - K-BEWEGUNG-P-LISTE )
```

Die Anweisung für das Ende der Verarbeitung STOP RUN muß je nach Compiler eventuell noch angefügt werden.

Der generierte Quellkode enthält in Form von Kommentarzeilen Hinweise auf die zugehörigen Komponenten im PSD. Bei der Fehlersuche können so Stellen im Quellprogramm und Komponenten im PSD einfach und schnell identifiziert werden. Wünschenswert wäre eine Referenzliste zwischen Quellkode und Entwurf, diese ist aber (noch ?) nicht verfügbar.

Festlegen der Programmverknüpfungen

Das fertig kodierte und vollständig getestete Programm steht nun als Programm-Modul zur Verfügung. Im allg. ist dieser Modul aber nur ein Teil eines ganzen Systems von Programmen. Jetzt muß entschieden werden, in welcher Weise dieser Modul mit den anderen Komponenten des Systems kommuniziert, ob als selbständiges Hauptprogramm über physische Datenströme oder als Unterprogramm über Parameter. Das werden wir im Kapitel 8 näher erörtern.

Überprüfen der Implementierung

- alle Anweisungen und Bedingungen korrekt kodiert?
- Dateizugriffe für physische Datenträger korrekt kodiert?
- STOP-Anweisung erforderlich?
- Testlauf des Programms mit den Beispielen.

2.6.3 Optimierung

Optimieren soll man ja bekanntlich nicht. Bei einem konsequent durchgeführten JSP-Entwurf bleibt auch im allg. nicht mehr viel zu verbessern. An einem korrekten PSD selbst dürfen ohnehin nur Veränderungen vorgenommen werden, wenn zuvor auch die DSDs geändert wurden. Bei Selektionen mit vielen Komponenten kann man ggf. einige Komponenten zu Teilselektionen zusammenfassen und somit das Prüfen von Bedingungen vereinfachen. Auch sollte die Komponente, die wahrscheinlich am häufigsten auftritt, als erste geprüft werden (ganz links in der Selektion stehen).

Identische Teilbäume des vollständigen PSD könnte man als Modul oder als Makro implementieren und dadurch späteren Wartungsmaßnahmen erleichtern. Lese-Zugriffe auf einzelne Sätze kann man gelegentlich durch ein physisch blockweises Lesen beschleunigen. Bei der Verknüpfung von Programm-Komponenten (vgl. Kapitel 8) sollte man überlegen, ob Unterroutinen als getrennte Unterprogramme oder als Inline-Prozeduren implementiert werden. In einer Online-Umgebung wird man sorgfältig die Zerlegung des Entwurfs in einzelne Transaktionsprogramme vornehmen (vgl. Abschnitt 8.4.2), da eine ungeschickte Zerlegung das Laufzeitverhalten sicher ungünstig beeinflußt.

Die letztgenannten Maßnahmen sind eher allgemeiner Natur und betreffen nicht nur einen Entwurf nach JSP. Für andere Optimierungen, z.B. die Wahl eines besseren Datenmodells, ist es jetzt ohnehin zu spät. Einschneidende Änderungen können nur im Zuge eines Neuentwurfs vorgenommen werden.

Ein anderer Aspekt der "Optimierung" ist die Vereinfachung der Entwurfsarbeit durch Verwendung von Bausteinen. Für bestimmte Anwendungsfälle ergeben sich meist typische Strukturen, z.B. bei der Behandlung von Gruppenwechselproblemen (vgl. Kapitel 3), beim Mischen und Abgleichen (vgl. Kapitel 5) und für Online-Anwendungen. Für diese typischen Situationen kann man Strukturbausteine entwerfen, die explizit in die entworfene Struktur eingefügt oder als Modul aufgerufen werden. Es wäre auch möglich, einige Bausteine zu parameterisieren, wodurch man eine Art Generator für bestimmte Strukturteile erhält, z.B. beim Gruppenwechsel könnte man eine Gruppenstruktur abhängig von der Anzahl der Gruppenebenen erzeugen. Die Verwendung derartiger Bausteine erleichtert nicht nur den Entwurf, zumeist werden dadurch auch Fehler vermieden. Überdies erhält man auch eine gewisse Vereinheitlichung, was gerade in größeren Projekten sehr von Vorteil ist.

Natürlich verwendet man bei der Formulierung der Datenerklärungen vorgefertigte Programmrahmen oder Musterprogramme. Bestimmte Anweisungsfolgen für Datenbank-Zugriffe und die Kommunikation mit einem TP-Monitor kann man ebenfalls als fertige Kodebausteine bereitstellen.

2.6.4 JSP-Vorgehensmodell

Die vier JSP-Entwurfsschritte und die nachfolgende Implementierung kann man zu einem Vorgehensmodell zusammenfassen. Die Punkte (mit ">" gekennzeichnet) Fehlerbehandlung, Abgleich, Strukturkonflikt, Gruppenwechsel, Erkennungsproblem, Generator und Programminversion werden in den folgenden Kapiteln weiter ausgeführt.

- Aufgabenstellung
- SND
- vollständige, aussagefähige Beispiele

1. Datenschritt

- für jeden Datenstrom Entwurf eines DSD
> Fehlerbehandlung (Kapitel 4)?
- Überprüfen der DSDs anhand der Ein-/Ausgabe-Beispiele
- 1:1-Entsprechungen ermitteln
- Überprüfen der 1:1-Entsprechungen anhand der Beispiele
> Abgleich (Kapitel 5)?
> Strukturkonflikt (Kapitel 7)?

2. Programmschritt

- Ableiten des PSD aus den DSDs
> Abgleich (Kapitel 5)?
- Überprüfen des PSD anhand der Beispiele
- Konsistenzprüfung

3. Anweisungsschritt

- Ermitteln der Elementaranweisungen
- Zuordnen der Elementaranweisungen zu den Komponenten des PSD
- Überprüfen des PSD mit zugeordneten Elementaranweisungen anhand der Beispiele

4. Textschritt

- Ermitteln der Bedingungen
> Gruppenwechsel (Kapitel 3)?
> Erkennungsproblem (Kapitel 6)?
- Überprüfen des PSD mit zugeordneten Elementaranweisungen und Bedingungen anhand der Beispiele
- Umsetzen des PSD mit zugeordneten Elementaranweisungen und Bedingungen in Strukturtext
- Überprüfen des Strukturtextes anhand der Beispiele

Implementierung

- Festlegen der physischen Zugriffe auf die Datenströme
- Kodieren der Datenerklärungen
- Kodieren der Elementaranweisungen und Bedingungen
- Kodieren des Prozedurteils
> Generator (Kapitel 9)?
- Testen des Quellprogramms anhand der Beispiele
> Programminversion (Kapitel 8)?

2.7 Fallstudien

Fallstudie 2.7-1: Versandliste-1 Auszug aus der Versanddatei

Die Versanddatei eines Versandhauses enthält für jede noch nicht ausgelieferte Bestellung einen
Satz mit folgendem Inhalt:

```
| XXXXXX | XXXXXXXXXXXXXXX | 999999 | 999999 |
  Artikel-    Artikelname    Bestell-  Versand-
  nummer                     menge     datum
```

Man entwerfe ein Programm, das anhand des aktuellen Versanddatums, eingegeben in der Form
`TTMMJJ`, die Versanddatei nach auszuliefernden Bestellungen durchsucht und für diese
Bestellungen folgende Versandliste erzeugt:

```
Versandliste vom TT.MM.19JJ        Seite 99

Art-Nr          Art-Name               Menge
XX XX XX        XXXXXXXXXXXXXX        999999
XX XX XX        XXXXXXXXXXXXXX        999999
XX XX XX        XXXXXXXXXXXXXX        999999

   ...            ...                   ...
```

Auf jeder Seite der Versandliste, die 60 Zeilen lang ist, stehen also zwei Überschriftzeilen, durch
eine Leerzeile getrennt, und die nachfolgenden Artikelzeilen.

Fallstudie 2.7-2: Online-1 Flugbuchung

In einem Reisebüro können Flüge online gebucht werden. Der/die Sachbearbeiter/in gibt jeweils
die Flugnummer und das Datum am Bildschirm ein. Darauf werden die verfügbaren Sitzplätze pro
Klasse angezeigt. Durch Eingabe des Namens des Fluggastes und des Kodes für die gewünschte
Flugklasse erfolgt die Buchung. Die Buchung wird bestätigt (und das Ticket könnte mit einem
Hardcopy-Drucker unmittelbar ausgestellt werden).

```
Flugnummer   : ______
Datum        : tt.mm.jjjj

Freie Plätze in Klasse :   F    xxx
                           E    xxx
                           B    xxx
Name    : _________________________________
Klasse : _
Meldung :
```

Jede Eingabe wird mit der ENTER-Taste (<⏎) abgeschlossen. Durch eine leere Eingabe anstelle
einer Flugnummer wird das Programm beendet. Man entwerfe ein Programm, das die Ein-/
Ausgabe der Bildschirm-Masken verwaltet. Zugriffe auf Datenbestände, z.B. für freie Plätze, sollen
unberücksichtigt bleiben.

Fallstudie 2.7-3: Text-1 Reduzieren von Blanks

Eine Zeichenkette enthält Wörter, die durch ein oder mehrere Leerzeichen getrennt sind (ein Wort ist eine Zeichenkette.ohne Leerzeichen). Am Beginn und am Ende der Zeichenkette können beliebig viele Leerzeichen auftreten. Es ist ein Programm zu entwerfen, das diese Zeichenkette liest und eine Zeichenkette ausgibt, die die Wörter, gefolgt von jeweils genau einem Leerzeichen, enthält. Am Beginn der neuen Zeichenkette steht kein Leerzeichen. Es sollen keine speziellen Anweisungen zur Textverarbeitung (wie z.B. INSPECT in COBOL) benutzt werden.

Zusatz
Was ändert sich im Entwurf, wenn hinter dem letzten Wort kein Leerzeichen ausgegeben wird?

Fallstudie 2.7-4: Versandliste-2 ohne leere letzte Seite

Aufgabenstellung wie Fallstudie 2.7-1 mit folgender Erweiterung:

Nachdem das Programm Versandliste-1 zur Erzeugung der Versandliste viele Monate einwandfrei gearbeitet hat, erscheint eines Tages eine Liste, deren *letzte* Seite so aussieht:

```
Versandliste vom 10.10.1987          Seite 13

Art-Nr          Art-Name             Menge
```

Stellen Sie im Entwurf sicher, daß eine letzte Seite nicht nur aus den Überschriftzeilen besteht.

Fallstudie 2.7-5: Online-2 Online-Eingabe der Versanddatei

Es ist eine Programmkomponente zu entwerfen, mit der Versandsätze am Bildschirm eingegeben und in der Versanddatei gespeichert werden können. Es soll möglich sein, bei einer Transaktion mehrere Sätze (mindestens einen Satz, maximal 16 Sätze) einzugeben.

```
        Bitte Versandsätze eingeben:
   Nummer        Name          Menge  Datum
   ______    ____________    ______  ______
   ______    ____________    ______  ______
   ______    ____________    ______  ______
   ______    ____________    ______  ______
   ______    ____________    ______  ______
   ______    ____________    ______  ______
   ______    ____________    ______  ______
   ______    ____________    ______  ______
   ______    ____________    ______  ______
   ______    ____________    ______  ______
   ______    ____________    ______  ______
   ______    ____________    ______  ______
```

Jede Transaktion wird mit der ENTER-Taste (<─┘) abgeschlossen. Das Programm wird beendet, wenn bei einer Transaktion kein Datensatz eingegeben wird (leere Eingabe). Diese letzte Eingabe wird mit einer Nachricht bestätigt.

Fallstudie 2.7-6: Text-2 Textbausteine ersetzen

Ein Text enthält Wörter, durch jeweils ein Leerzeichen getrennt, und die Nummern von Textbausteinen, die mit "&" beginnen. Die Textbausteine sind in einer Text-Datenbank abgelegt und können mit dieser Nummer (ohne "&") abgerufen werden. Man entwerfe ein Programm, das in dem Eingabe-Text alle Textbaustein-Nummern durch die zugehörigen Textbausteine ersetzt.

3 Gruppenwechselprobleme

Die Behandlung von Gruppenwechsel wird erforderlich, wenn in einem seriellen Datenstrom "Gruppen" von aufeinanderfolgenden Sätzen gemeinsam verarbeitet werden sollen. Derartige Situationen treten häufig in einer kommerziellen Anwendungsumgebung auf, z.B. Verarbeitung aller Sätze zu einer Kundennummer. Doch auch in vielen anderen Bereichen werden intensiv Gruppenwechselprobleme gelöst, manchmal auch ohne sich einer Gruppenstruktur bewußt zu sein. So können z.B. bei der Multiplikation von Matrizen die Zeilen und Spalten als Gruppen von Matrixelementen aufgefaßt werden ("Gruppe" ist hier nicht algebraisch gemeint).

3.1 Verschiedene Formen des Gruppenwechsels

Gruppenwechselprobleme kann man nach der Definition der Gruppengrenzen klassifizieren. Wir unterscheiden Gruppenwechselprobleme

- mit fester Gruppenelement-Anzahl, z.B. 60 Zeilen pro Seite;

- mit expliziter Gruppengrenze

. Leitsatz vor jeder Gruppe z.B. eine Dialogauskunft beginnt mit einem Kode;

. Begrenzung am Gruppenende z.B. ein Wort endet beim nächsten Leerzeichen;

- mit impliziter Gruppengrenze z.B. mit Kundennummer als "Gruppierwort".

Es ist durchaus möglich, daß die verschiedenen Formen, die Gruppengrenzen festzulegen, gemischt auftreten. Bei den unterschiedlichen Formen des Gruppenwechsels wird die letzte Gruppe im allg. gesondert behandelt, da diese meist durch EOF des Eingabe-Datenstroms abgeschlossen wird. Wie wir sehen werden, hat das aber keine Einfluß auf die Programmstruktur, sondern lediglich auf die Formulierung der Bedingungen.

Den Schritten der Methode JSP folgend werden Bedingungen erst dann in das PSD eingetragen, wenn die Elementaranweisungen vollständig zugeordnet sind. Bei der Betrachtung des Gruppenwechsels werden wir auf das Eintragen der Anweisungen verzichten und uns ausschließlich auf die Formulierung der Bedingungen konzentrieren. Die nun folgenden PSDs sind also keine vollständigen Entwürfe, sondern dienen nur zur Darstellung des Problems.

Bei der Formulierung der Iterationsbedingungen sei nochmals daran erinnert (vgl. Abschmitt 2.5.1), daß diese Bedingungen für abweisende Schleifen angegeben werden müssen.

Gruppenwechselprobleme mit fester Gruppenelement-Anzahl

Bei Gruppenwechselproblemen mit fester Gruppenelement-Anzahl wird die Steuerung des Gruppenwechsels durch Zählen der Elemente jeder Gruppe bis zur vorgegebenen Obergrenze realisiert. Bei mehrfachem Gruppenwechsel treten typisch geschachtelte Schleifen mit entsprechenden Zählern ("Indizes") auf. Darf die letzte Gruppe auch weniger Elemente enthalten, wird diese Gruppe durch EOF abgeschlossen.

Fallbeispiel Wochenumsätze: Wochengruppen mit sechs Elementen

Von der Datei EIN werden Sätze eingelesen, die einen Tagesumsatz enthalten. Diese Sätze sind aufsteigend nach dem Tagesdatum sortiert. Ausgegeben werden sollen auf die Datei AUS die Umsätze pro Wochen und zum Schluß der Gesamtumsatz für alle Wochen. Eine Woche ist definiert durch sechs aufeinanderfolgende Tagesumsatz-Sätze.

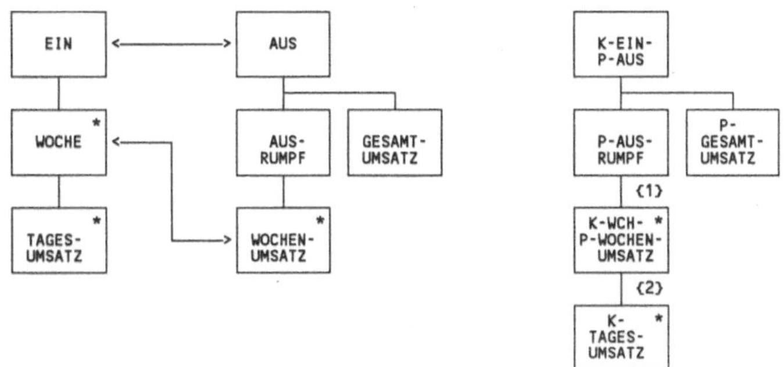

Die Verarbeitung endet nach der letzten Gruppe von EIN, also lautet Bedingung 1:

```
(1) (nicht EIN-EOF)
```

Eine Woche besteht aus sechs Sätzen. Wenn sichergestellt ist, daß die Anzahl der Sätze der Eingabe EIN ein Vielfaches von sechs ist, dann lautet die Bedingung für das Wiederholen der Komponente K-TAGES-UMSATZ und somit für das Weiterverarbeiten der Wochen-Gruppe:

```
(2) (Satz-Zähler <= 6)
```

Kann die letzte Woche auch weniger als sechs Sätze enthalten, wird diese Gruppe durch EIN-EOF abgeschlossen. Die Bedingung 2 für das Wiederholen der Komponente K-TAGES-UMSATZ ist dann eine zusammengesetzte Bedingung, mit der Eingabeende und das Erreichen der Obergrenze des Satzzählers gemeinsam geprüft wird:

```
(2) (nicht EIN-EOF und Satz-Zähler <= 6)
```

Gruppenwechselprobleme mit expliziter Gruppengrenze

Bei Gruppenwechselprobleme mit expliziter Gruppengrenze werden die Grenzen der Gruppen durch einen speziellen, eventuell zusätzlichen Satz zu Beginn oder am Ende einer Gruppe festgelegt. Das Ende einer Gruppe kann zugleich den Beginn der nächsten Gruppe definieren oder mit dem Beginn einer neuen Gruppe wird die vorausgegangene Gruppe abgeschlossen.

Jede Verarbeitung einer Datei bis EOF ist von diesem Typ, also einstufiger Gruppenwechsel mit explizitem Gruppenendesatz (nämlich EOF), und die ganze Datei bildet eine einzige Gruppe. Diese Gruppenstufe wird aber bei der Angabe, wie viele Stufen ein Gruppenwechselproblem umfaßt, üblicherweise nicht mitgezählt. Da bei der expliziten Definition der Gruppengrenzen die Sätze der einzelnen Gruppen kein besonderes Gruppenmerkmal tragen, ist die Zugehörigkeit zu einer bestimmten Gruppe an den Sätzen selbst nicht zu erkennen.

Fallbeispiel Ändern im Dialog: Gruppenende bei STOP

Artikelsätze können online geändert werden. Nach Eingabe der Artikelnummer wird der erste
Eintrag zu dieser Artikelnummer angezeigt und kann geändert werden. Nach jeder Änderung wird
der jeweils nächste Eintrag zu dieser Artikelnummer angezeigt, bis mit STOP die Änderungen für
diese Artikelnummer abgebrochen werden. Durch Eingabe einer weiteren Artikelnummer kann
das Ändern fortgesetzt oder mit ENDE der Dialog beendet werden. Zugriffe auf Datenbestände
sollen nicht dargestellt werden.

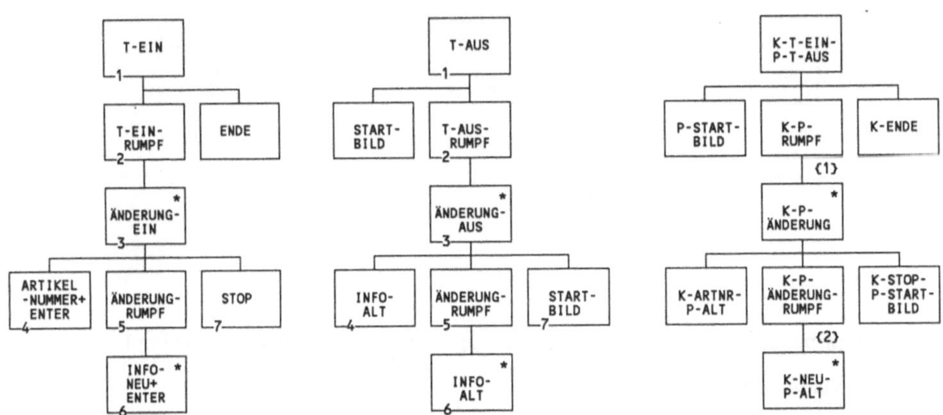

Der Dialog endet durch Eingabe von ENDE.

{1} (nicht ENDE)

Mit der Eingabe einer Artikelnummer beginnt eine Änderungs-Gruppe und durch STOP wird
sie abgeschlossen. Die Bedingung für das Wiederholen der Komponente K-NEU-P-ALT und
somit für das Weiterverarbeiten der Änderungs-Gruppe lautet:

{2} (nicht STOP)

Für Bedingung 2 muß die Eingabe von ENDE nicht berücksichtigt werden, da gemäß
Aufgabenstellung die Änderungen zu einer Artikelnummer durch die Eingabe von STOP
explizit abgeschlossen werden müssen.

Gruppenwechselprobleme mit impliziter Gruppengrenze

Zum Erkennen von impliziten Gruppengrenzen muß jeder Satz ein Gruppenmerkmal tragen, z.B.
Artikelnummer. Die Zugehörigkeit zu einer bestimmten Gruppe ist somit für jeden Satz definiert.
Für eine auf diesen Gruppenbegriff bezogene gruppenweise Verarbeitung muß die Datei nach
diesem Merkmal sortiert vorliegen. Wird diese Datei für einen anderen Gruppenbegriff, aber auf
Basis dieses Merkmals verarbeitet, sind keine Erweiterungen nötig, eventuell aber eine andere
Sortierfolge. Bei mehrstufigem Gruppenwechsel muß das Merkmal einen geschachtelten Gruppen-
begriff definieren.

Der Programmablauf für die Verarbeitung von Dateien nach Satzgruppen ist in DIN 66 220
ausführlich erläutert. Wir wollen hier eine vergleichbare Verarbeitung mit den Mitteln von JSP
beschreiben.

Fallbeispiel Kundensummen: ein-stufiger Gruppenwechsel

Von der Datei EIN werden Kundensätze gelesen. Jeder Satz enthält eine Kundennummer. Die Datei ist aufsteigend nach dieser Kundennummer sortiert. Ausgegeben werden sollen auf die Datei AUS pro Kunde eine Summenzeile und am Ende die Gesamtsumme.

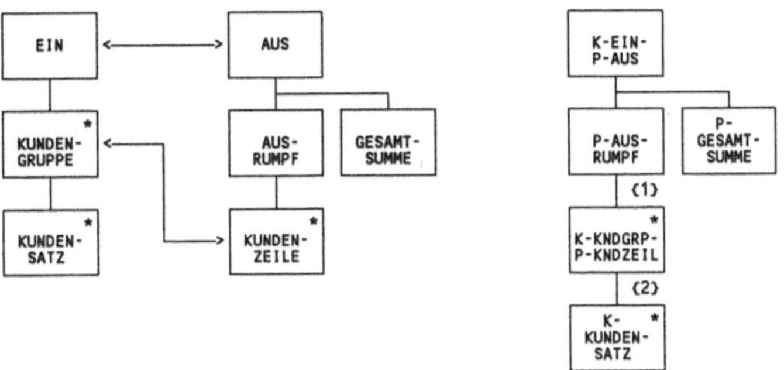

Die Verarbeitung endet bei EOF der Eingabe EIN.

```
{1} (nicht EIN-EOF)
```

Alle Sätze mit gleicher Kundennummer bilden eine Gruppe. Es gibt keine leeren Gruppen. Eine Gruppe endet, wenn der folgende Satz eine andere Kundennummer trägt, oder bei EOF. Das "Gruppierwort", der gruppenbildende Begriff, ist hier die Kundennummer. Die Bedingung 2 für das Wiederholen der Komponente K-KUNDEN-SATZ lautet:

```
{2} (nicht EIN-EOF und nicht Wechsel Kundennummer)
```

Fallbeispiel Lagerbewegung: ein-stufiger Gruppenwechsel

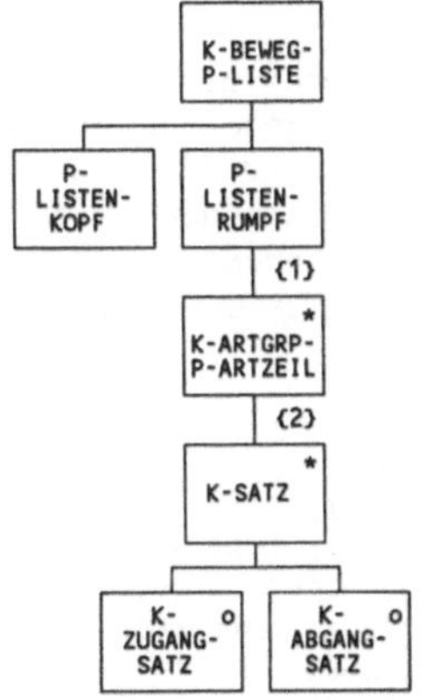

Die Verarbeitung endet bei EOF der Eingabe BEWEGUNG.

```
{1} (nicht BEWEGUNG-EOF)
```

Das "Gruppierwort" ist hier die Artikelnummer. Die Bedingung 2 für das Wiederholen der Komponente K-SATZ und somit für das Weiterverarbeiten der Artikel-Gruppe lautet:

```
{2} (nicht BEWEGUNG-EOF und nicht Wechsel Artikelnummer)
```

Fallbeispiel Umsatz-Statistik: drei-stufiger Gruppenwechsel

Von der Datei EIN werden Sätze gelesen. Jeder Satz enhält einen Schlüssel `GS-ABT-MA` und einen Umsatz. Die Sätze sind aufsteigend nach diesem Schlüssel sortiert. Auf der Datei AUS sollen ausgegeben werden: der Umsatz pro Mitarbeiter (MA), der Umsatz pro Abteilung (ABT), der Umsatz pro Geschäftsstelle (GS) und zum Schluß der Gesamtumsatz.

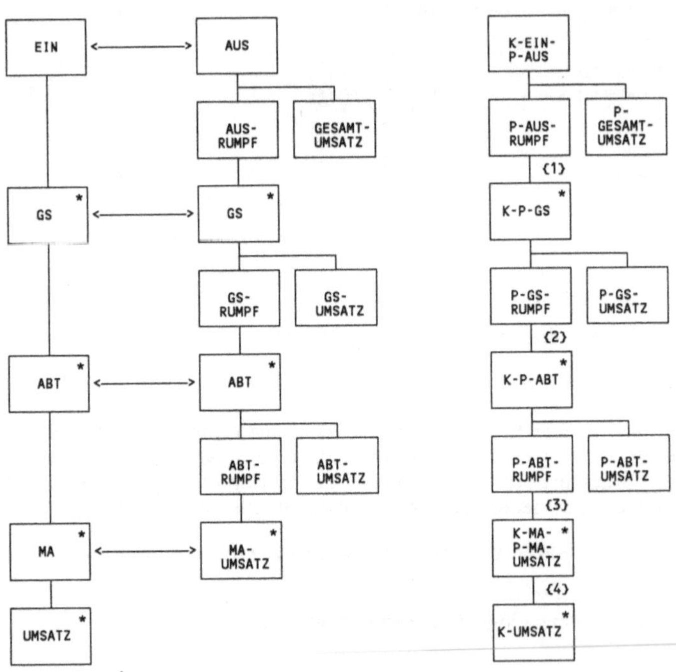

Der Schlüssel `GS-ABT-MA` ist aus drei hierarchischen Merkmalen zusammengesetzt und definiert einen dreistufigen Gruppenwechsel. Eine Gruppe endet bei Wechsel des jeweiligen Merkmals für diese Gruppe oder beim Wechsel eines Merkmals einer übergeordneten Gruppenebene bzw. bei EIN-EOF. Um diese Gruppenebenen korrekt verwalten zu können, wird das aktuell verarbeitete Gruppenmerkmal zwischengespeichert, z.B. für GS auf `GS-ALT` usw., und mit dem Gruppenmerkal des jeweils nachgelesenen Satzes, z.B. für GS auf `GS-NEU` gespeichert, verglichen.

```
{1} (nicht EIN-EOF)
{2} (nicht EIN-EOF und nicht GS-Wechsel)
        <=> ({1} und GS-ALT = GS-NEU)
{3} (nicht EIN-EOF und nicht GS-Wechsel und nicht ABT-Wechsel)
        <=> ({2} und ABT-ALT = ABT-NEU)
{4} (nicht EIN-EOF und nicht GS-Wechsel und nicht ABT-Wechsel
            und nicht MA-Wechsel)
        <=> ({3} und MA-ALT = MA-NEU)
```

Auf jeder Gruppenstufe wird ein Wechsel der einzelnen Elemente des Schlüssels und EIN-EOF geprüft. Das kann man - wie oben bereits als äquivalente Formulierung angegeben - dadurch systematisch erreichen, daß auf jeder Ebene der Wechsel für diese Ebene und die Bedingung der Gruppenebene darüber geprüft werden.

3.2 Effiziente Gruppensteuerung mit Gruppierwort

Die Bedingungen beim Gruppenwechsel mit impliziter Gruppensteuerung werden mit steigender Anzahl der Gruppenebenen immer komplexer, da auf jeder Gruppenebene ein Wechsel aller darüberliegenden Ebenen geprüft wird. Das Prüfen dieser komplexen Bedingungen wird auf die Prüfung jeweils einer Bedingung reduziert, wenn die Gruppenmerkmale in geeigneter Weise auf einem *Gruppierwort* (GW) gespeichert werden. Diese Technik ist keineswegs JSP-spezifisch und wird auch bei anderen Entwurfsansätzen verwendet. Gruppierwörter in Verbindung mit einem PSD machen die implizite Gruppensteuerung aber besonders transparent. Deshalb werden wir näher darauf eingehen.

Aufbau des Gruppierwortes

Das Gruppierwort wird aus Datenfeldern des Eingabesatzes aufgebaut, und zwar so, daß die einzelnen Gruppenmerkmale als *Gruppierelemente* entsprechend der hierarchischen Rangfolge der Gruppensteuerung im Gruppierwort angeordnet sind, im allg. von links nach rechts. Das erste Gruppierelement ist dann das Merkmal für die oberste Gruppenstufe.

Fallbeispiel Umsatz-Statistik: Aufbau des Gruppierwortes

>   Die Gruppenmerkmale des Eingabesatzes werden auf die Gruppierelemente des Gruppierwortes übertragen.

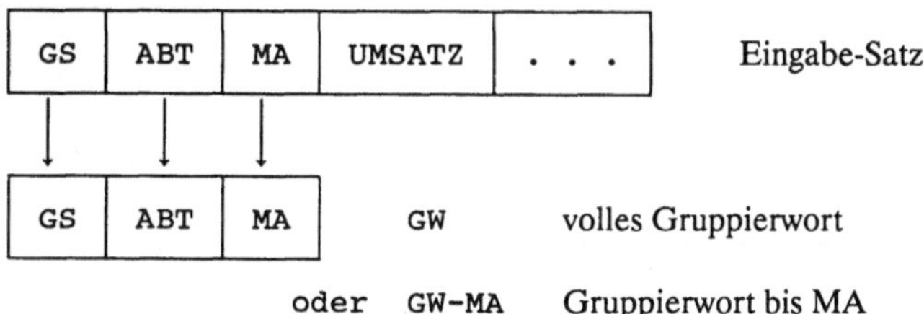

Für einen Wechsel der Abteilung werden die beiden ersten Gruppierelemente geprüft.

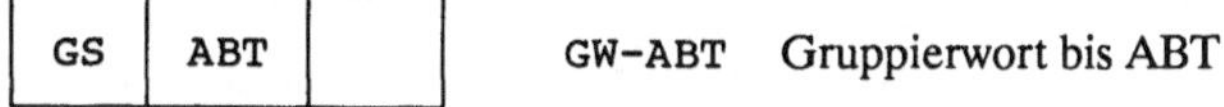

Das Gruppierwort bis GS besteht nur aus dem ersten Gruppierelement.

Zum Erkennen eines Gruppenwechsels benötigt man jeweils die aktuellen (alten) Werte des Gruppierwortes `GW-...-ALT` und die des jeweils neu gelesenen Satzes `GW-...-NEU`.

Fallbeispiel Umsatz-Statistik: Gruppenwechsel mit Gruppierwort

>   Bei Verwendung des Gruppierwortes erhalten die Bedingungen eine einheitliche und einfache Form.

```
{1} (nicht EIN-EOF)
{2} ({1} und GW-GS-ALT   = GW-GS-NEU)
{3} ({1} und GW-ABT-ALT  = GW-ABT-NEU)
{4} ({1} und GW-MA-ALT   = GW-MA-NEU)
```

Erweitertes Gruppierwort

Die Einführung eines Gruppierwortes vereinfacht das Prüfen der Bedingungen bereits erheblich, aber auf allen Gruppenebenen wird noch die Bedingung der obersten Stufe, nämlich EOF, geprüft. Auch dieses Gruppenmerkmal kann mit den anderen Gruppierelementen gemeinsam geprüft werden, wenn an das Gruppierwort noch ein Merkmal für EOF angefügt wird, im allg. von links. Das ergibt das *erweiterte Gruppierwort* (EGW). Die Unterscheidung zwischen Gruppierwort und erweitertem Gruppierwort wäre nicht nötig, wenn man die oberste, durch die EOF-Behandlung bedingte Gruppenstufe als ganz normale Stufe des Gruppenwechselproblems betrachtet.

Das Kennzeichen für EOF kann mit "0" initialisiert und bei Dateiende auf "1" gesetzt werden, oder es wird zunächst auf Leerzeichen gesetzt und dann auf "E". Allgemein ist jedes Wertepaar mit aufsteigender Sortierfolge geeignet (bei Anordnung von links nach rechts).

Fallbeispiel Umsatz-Statistik: erweitertes Gruppierwort

Vor das Gruppierwort wird ein EOF-Merkmal angefügt.

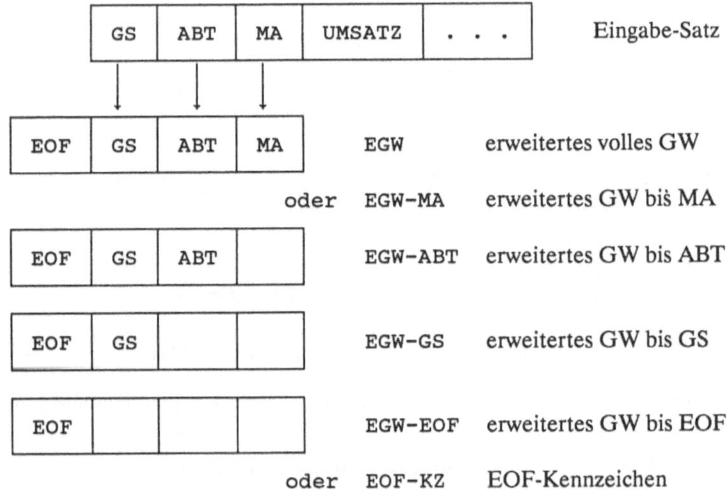

Zum Erkennen eines Gruppenwechsels benötigt man wieder jeweils die aktuellen (alten) Werte des erweiterten Gruppierwortes `EGW-...-ALT` und die des neu gelesenen Satzes `EGW-...-NEU`.

Fallbeispiel Umsatz-Statistik: Gruppenwechsel mit erweitertem GW

Mit dem erweiterten Gruppierwort wird die Prüfung eines Gruppenwechsels für alle Ebenen auf jeweils eine einzige Bedingung reduziert.

```
{1}  (EGW-EOF-ALT = EGW-EOF-NEU) <=> (EOF-KZ-ALT  = EOF-KZ-NEU)
                                 <=> (nicht EIN-EOF)
{2}  (EGW-GS-ALT  = EGW-GS-NEU)
{3}  (EGW-ABT-ALT = EGW-ABT-NEU)
{4}  (EGW-MA-ALT  = EGW-MA-NEU)
```

Für Bedingung 1 kann eine der drei angegebenen Varianten gewählt werden, im allg.: `(nicht EIN-EOF)`. Für diese Form werden `EGW-EOF-ALT/NEU` in der Datenerklärung nicht benötigt.

Implementierung des erweiterten Gruppierwortes

Für Programmiersprachen, die ein Stufenkonzept von Datengruppen unterstützen (z.B. COBOL oder PL/I), kann man das (erweiterte) Gruppierwort in Form von hierarchisch geordneten Datengruppen (bzw. Elementen) vereinbaren. Andernfalls kann der Zugriff auf die einzelnen Teilgruppierwörter z.B. durch Tabellen mit entsprechender Indexverwaltung realisiert werden.

Fallbeispiel Umsatz-Statistik: Implementierung des EGW in COBOL

```
01   EGW-NEU-UND-ALT.
     05   EGW-NEU.
          10   EGW-MA-NEU.
               15   EGW-ABT-NEU.
                    20   EGW-GS-NEU.
                         25   EOF-KZ-NEU       PIC X VALUE SPACE.
                              88   EIN-EOF            VALUE "E".
                         25   GS-NEU           PIC X(02).
                    20   ABT-NEU               PIC X(02).
               15   MA-NEU                     PIC X(02).
     05   EGW-ALT.
          10   EGW-MA-ALT.
               15   EGW-ABT-ALT.
                    20   EGW-GS-ALT.
                         25   EOF-KZ-ALT       PIC X VALUE SPACE.
                         25   GS-ALT           PIC X(02).
                    20   ABT-ALT               PIC X(02).
               15   MA-ALT                     PIC X(02).
```

Die "logische Größe" EIN-EOF wurde eingeführt, um die Bedingung 1 in der Form (NOT EIN-EOF) verwenden zu können.

Die Kombination der Gruppierelemente zu den verschiedenen Gruppierwörtern kann durch Verwendung der RENAMES-Klausel (nach COBOL 85 nicht mehr unterstützt) verdeutlicht werden.

```
01   EGW-NEU-UND-ALT.
     05   EGW-NEU.
          10   EOF-KZ-NEU                      PIC X VALUE SPACE.
               88   EIN-EOF                          VALUE "E".
          10   GS-NEU                          PIC X(02).
          10   ABT-NEU                         PIC X(02).
          10   MA-NEU                          PIC X(02).
     05   EGW-ALT.
          10   EOF-KZ-ALT                      PIC X VALUE SPACE.
          10   GS-ALT                          PIC X(02).
          10   ABT-ALT                         PIC X(02).
          10   MA-ALT                          PIC X(02).

66   EGW-GS-NEU    RENAMES   EOF-KZ-NEU THROUGH GS-NEU.
66   EGW-ABT-NEU   RENAMES   EOF-KZ-NEU THROUGH ABT-NEU.
66   EGW-MA-NEU    RENAMES   EOF-KZ-NEU THROUGH MA-NEU.

66   EGW-GS-ALT    RENAMES   EOF-KZ-ALT THROUGH GS-ALT.
66   EGW-ABT-ALT   RENAMES   EOF-KZ-ALT THROUGH ABT-ALT.
66   EGW-MA-ALT    RENAMES   EOF-KZ-ALT THROUGH MA-ALT.
```

Kombination verschiedener Gruppenbegriffe

Die verschiedenen Formen, Gruppen von Datensätzen zu definieren, können auch gemischt oder kombiniert auftreten. Ein Gruppenwechsel auf den einzelnen Gruppenebenen kann nicht durch das

Prüfen eines Gruppierwortes allein festgestellt werden, auch das Erreichen von expliziten Gruppengrenzen muß geprüft werden.

Fallbeispiel Monatsauswertung: Kombination von Gruppenbegriffen

Die Datei EIN enthält für jede Geschäftsstelle (GS) eine Gruppe von Bestellsätzen. Jede dieser Gruppen beginnt mit einem Kennsatz für die Geschäftsstelle. Die Bestellsätze für jede Geschäftstelle sind aufsteigend nach der Artikelnummer sortiert. Die Bestellsätze enthalten die Artikelnummer, den Wert der Bestellung und das Datum für die Auslieferung. Monatlich soll eine Liste ausgegeben werden, in der für jeden Artikel der Bestellwert für diesen Monat und für jede Geschäftsstelle der Gesamtbestellwert aufgelistet ist. Bestellungen für einen späteren Zeitpunkt werden bei der Monatsauswertung nicht berücksichtigt.

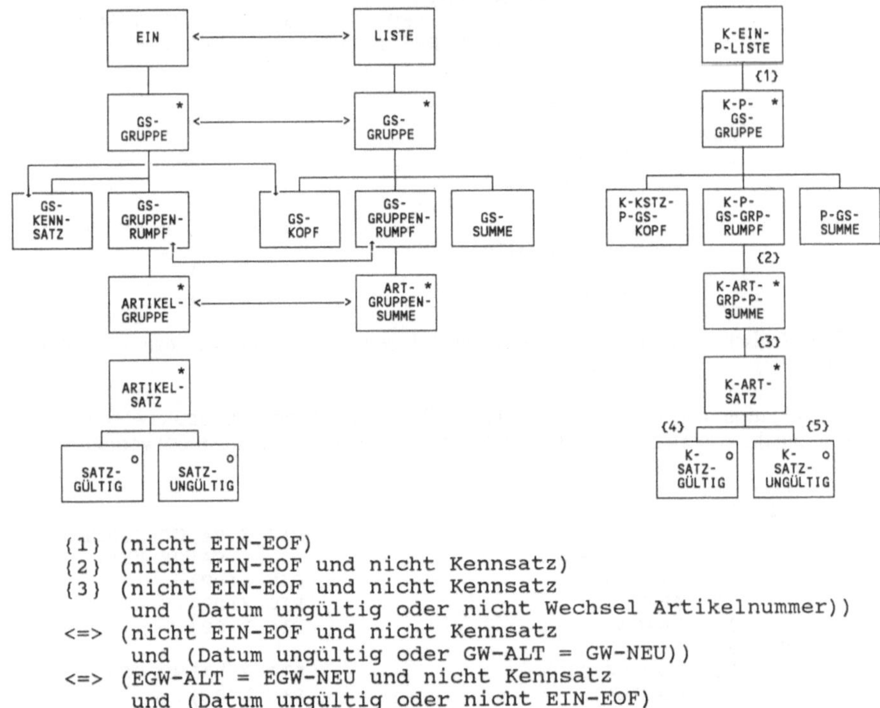


```
{1}   (nicht EIN-EOF)
{2}   (nicht EIN-EOF und nicht Kennsatz)
{3}   (nicht EIN-EOF und nicht Kennsatz
       und (Datum ungültig oder nicht Wechsel Artikelnummer))
<=>   (nicht EIN-EOF und nicht Kennsatz
       und (Datum ungültig oder GW-ALT = GW-NEU))
<=>   (EGW-ALT = EGW-NEU und nicht Kennsatz
       und (Datum ungültig oder nicht EIN-EOF)
```


Systematik des Gruppenwechsels

Durch Einführen des EGW wurden die Bedingungen für einen impliziten Gruppenwechsel bereits weitgehend formalisiert. Die Verwaltung des EGW wird in der "Gruppierwort-Regel" zusammengefaßt.

Gruppierwort-Regel

- Nach dem Öffnen der Eingabe (vor dem ersten Lese-Zugriff) wird das `EOF-KZ-ALT/NEU` (im erweiterten `GW-ALT/NEU`) auf "`NOT-EOF`" gesetzt. Diese Operation erscheint nicht in der Liste der Elementaranweisungen, sie wird logisch dem **sopen** zugeordnet.

- Nach jedem Lese-Zugriff werden die Gruppierelemente von GW-NEU mit den Gruppenmerkmalen des Eingabesatzes gefüllt. Bei EOF wird das EOF-KZ-NEU gesetzt.

- Auf jeder Gruppenebene wird jeweils bei Beginn der Verarbeitung das Gruppierwort GW-NEU auf GW-ALT gespeichert. Dies kann dadurch erreicht werden, daß auf jeder Gruppenstufe nur das jeweilige neue Gruppierelement von GW-NEU auf das entsprechende Element von GW-ALT übertragen wird.

Fallbeispiel Umsatz-Statistik: Anwendung der Gruppierwort-Regel

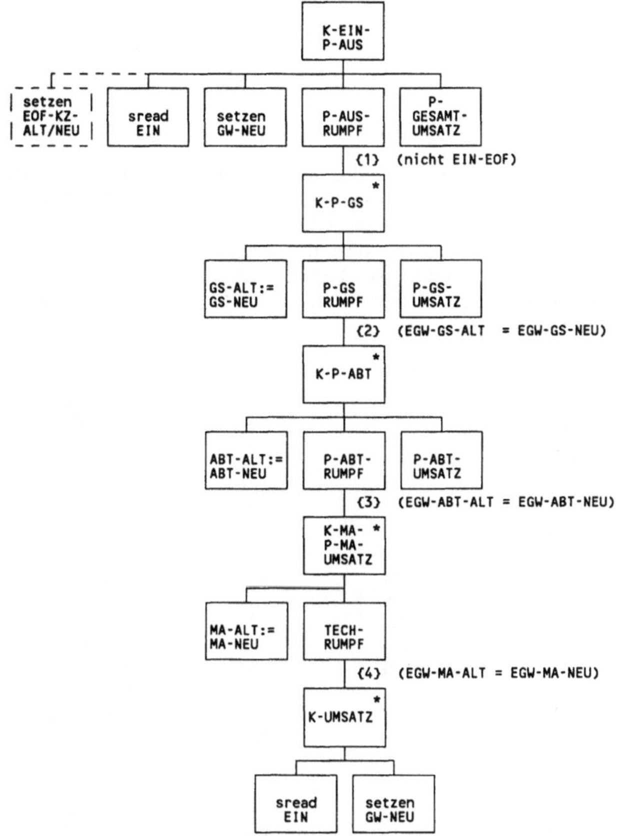

An diesem Fallbeispiel werden typische Eigenschaften von Gruppenwechselproblemen deutlich.

- Für das Ende jeder Gruppe müssen auch die Bedingungen aller übergeordneten Gruppenstufen geprüft werden.

- Der Lese-Zugriff erfolgt einmal vor Beginn der obersten Gruppenebene und einmal am Ende der tiefsten Gruppenebene.

- Für jede Gruppenstufe gibt es:
  . eine Gruppen-Vorverarbeitung, z.B.:   GW-...-ALT := GW-...-NEU;
  . eine Gruppen-Hauptverarbeitung, z.B.:   P-...-RUMPF;
  . eine Gruppen-Nachverarbeitung, z.B.:   P- ...-UMSATZ.

Überprüfen der Gruppensteuerung

Bei Verwendung des EGW und Beachtung der Gruppierwort-Regel sind bereits viele typische
Fehlerquellen ausgeschlossen. Für eine korrekte Behandlung des Gruppenwechsels ist zu prüfen:

- Wurde das erweiterte Gruppierwort korrekt vereinbart?
- Wird die Gruppierwort-Regel beachtet?
- Sind die Gruppen-Vor- und Nachverarbeitungen den richtigen Ebenen zugeordnet?
- Werden die gruppenbezogenen Summen bzw. Zähler korrekt initialisiert und hochgezählt?

3.3 Fallstudien

Fallstudie 3.3-1a: Versandliste-3a einfacher Gruppenwechsel

Erweiterte Aufgabenstellung zu Fallstudie 2.7-1

Die Versanddatei ist aufsteigend nach Artikelnummer sortiert. Es soll eine Versandliste erzeugt
werden, in der alle Bestellungen mit Artikelnummer, Artikelname, Bestellmenge und Versanddatum enthalten sind. Zusätzlich soll für jede Artikelgruppe (definiert durch die beiden ersten
Ziffern der Artikelnummer) die Summe der Bestellmengen ermittelt und am Ende einer Artikel-
gruppe ausgegeben werden. Die Versandliste beginnt mit zwei Überschriftszeilen, die u.a. das
aktuelle Versanddatum (eingegeben in der Form `TTMMJJ`) enthalten. Seitenumbruch-Details
werden nicht berücksichtigt.

```
Versandliste vom 10.10.1987

Art-Nr          Art-Name            Menge        Datum
10 10 10        Bildschirm             21        21.11.88
10 10 10        Bildschirm             22        23.11.88
10 10 10        Bildschirm            150        10.10.87
10 10 10        Bildschirm            100        10.10.87
10 10 10        Bildschirm            200        10.10.87
10 10 10        Bildschirm            300        10.10.87
10 10 20        Farb-Bildschirm       200        10.10.87
10 10 20        Farb-Bildschirm       450        10.10.87
10 10 20        Farb-Bildschirm        23        23.11.88
10 10 20        Farb-Bildschirm       150        10.10.87
10 10 30        Anschlußkabel-B       110        10.10.87
10 10 40        Anschlußkabel-F        24        24.11.88
10 10 40        Anschlußkabel-F        25        25.11.88
10 20 20        PC                    180        10.10.87
10 20 20        PC                     26        26.11.87
10 20 20        PC                    120        10.10.87
10 20 20        PC                     27        27.11.88
10 20 30        Spiralkabel           100        10.10.87
10 20 30        Spiralkabel            28        28.11.88
10 20 40        Disketten             170        10.10.87
10 20 40        Disketten             330        10.10.87
*******         Summe                2756
20 20 20        Plattenlaufwerk       120        10.10.87
20 20 20        Plattenlaufwerk       140        10.10.87
20 20 20        Plattenlaufwerk       240        10.10.87
20 20 20        Plattenlaufwerk        29        29.11.88
20 20 30        Drucker               330        10.10.87
20 20 30        Drucker               220        10.10.87
20 20 30        Drucker               150        10.10.87
*******         Summe                1229
30 30 30        Zentraleinheit        100        10.10.87
30 30 30        Zentraleinheit         30        30.11.88
*******         Summe                 130
```

Fallstudie 3.3-1b: Versandliste-3b dreifacher Gruppenwechsel

Erweiterte Aufgabenstellung zu Fallstudie 3.3-1a

Die Artikelnummer ist aus drei zweistelligen hierarchischen Schlüsseln S1, S2 und S3 zusammengesetzt. Eine Artikelnummer 102030 besteht z.B. aus den Schlüsseln S1 := 10, S2 := 20 und S3 := 30.

Anhand des aktuellen Versanddatums, das in der Form TTMMJJ eingegeben wird, ist die
Versanddatei nach auszuliefernden Bestellungen zu durchsuchen. Es soll eine Versandliste erzeugt
werden, in der für jede Schlüsselgruppe die zu versendende Menge aufsummiert und am Ende der
jeweiligen Gruppe ausgedruckt wird.

```
Versandliste vom 10.10.1987

Art-Nr            Art-Name             Menge
10 10 10          Bildschirm            150
10 10 10          Bildschirm            100
10 10 10          Bildschirm            200
10 10 10          Bildschirm            300
********          S3-Summe                        750
10 10 20          Farb-Bildschirm       200
10 10 20          Farb-Bildschirm       450
10 10 20          Farb-Bildschirm       150
********          S3-Summe                        800
10 10 30          Anschlußkabel-B       110
********          S3-Summe                        110
********          S2-Summe                              1 660
10 20 20          PC                    180
10 20 20          PC                    120
********          S3-Summe                        300
10 20 30          Spiralkabel           100
********          S3-Summe                        100
10 20 40          Disketten             170
10 20 40          Disketten             330
********          S3-Summe                        500
********          S2-Summe                               900
********          S1-Summe                                     2 560
20 20 20          Plattenlaufwerk       120
20 20 20          Plattenlaufwerk       140
20 20 20          Plattenlaufwerk       240
********          S3-Summe                        500
20 20 30          Drucker               330
20 20 30          Drucker               220
20 20 30          Drucker               150
********          S3-Summe                        700
********          S2-Summe                              1 200
********          S1-Summe                                    1 200
30 30 30          Zentraleinheit        100
********          S3-Summe                        100
********          S2-Summe                               100
********          S1-Summe                                      100
```

Fallstudie 3.3-2: Online-3 Auskunft/Ändern/Erfassen

Erweiterte Aufgabenstellung zu Fallstudie 2.7-5

Die Versandsätze sind in einer Datenbank VERSAND-DB gespeichert. Die Sätze können im
Dialog geändert und erfaßt werden, außerdem können gespeicherte Sätze am Bildschirm angezeigt
werden. Der Dialog beginnt mit der Ausgabe eines Startbilds. Durch Eingabe eines entsprechenden
Kodes kann eine der Anwendungen: Auskunft, Ändern oder Erfassen, gewählt werden. Am

Bildschirm erscheint die Startmaske für die gewählte Anwendung. Für Auskunft und Ändern wird dann die gewünschte Artikelnummer angegeben.

Bei Auskunft wird der erste Bildschirm mit Versand-Sätzen zu dieser Artikelnummer angezeigt. Weitere Informationen zu dieser Artikelnummer erhält man mit der WEITER-Taste. Die Auskunft zu dieser Artikelnummer wird durch die STOP-Taste abgeschlossen. Es erscheint das Dialog-Startbild.

Beim Ändern wird der erste Versandsatz zur eingegebenen Artikelnummer angezeigt. Die angezeigte Information kann überschrieben werden, und der geänderte Satz wird in der Datenbank gespeichert. Durch Eingabe von DELETE wird dieser Satz gelöscht. Nach jeder Änderung bzw. Löschung wird der nächste Versandsatz zu dieser Artikelnummer angezeigt, bis mit der STOP1-Taste diese Artikelnummer abgeschlossen wird. Sind keine weiteren Änderungen mehr erwünscht, wird das Ändern durch Drücken der STOP-Taste beendet. Es erscheint das Dialog-Startbild.

Beim Erfassen können bis zu 16 Versand-Sätze pro Bildschirm, aber jeweils zu derselben Artikelnummer, eingegeben werden. Eine gesonderte Eingabe der Artikelnummer ist nicht erforderlich. Die Artikelnummer wird den eingegebenen Versand-Sätzen entnommen. Die neuen Versand-Sätze werden hinter, zu dieser Artikelnummer, vorhandenen Versand-Sätze eingetragen. Neue Artikelnummern sind (zunächst) nicht zugelassen. Das Erfassen wird durch die STOP-Taste beendet. Es erscheint das Dialog-Startbild.

Durch Eingabe der ENDE-Taste endet der Dialog. Man entwerfe ein Programm, das diese drei Anwendungen und eine korrekte Handhabung der Tasten WEITER, STOP, STOP1 und ENDE gewährleistet. Eingabe- oder Zugriffs-Fehler sollen nicht berücksichtigt werden.

Fallstudie 3.3-3: Text-3 Trennzeichen ersetzen.

Ein Text enthält Sätze, die Sätze bestehen aus Wörtern, die durch genau ein Wort-Trennzeichen getrennt sind. Die Sätze werden durch ein Satz-Trennzeichen beendet. Am Ende eines Absatzes steht ein Absatz-Trennzeichen. Vor dem Satz-Trennzeichen steht kein Wort-Trennzeichen. Bei der Ausgabe dieses Textes sollen die Wort-Trennzeichen durch ein Leerzeichen und die Satz-Trennzeichen durch einen Punkt ersetzt werden.

4 Fehlerbehandlung

Beim Entwurf und der Implementierung eines Programms kann man im allg. nicht davon ausgehen, daß die zugehörigen Eingabedaten korrekt vorliegen. Es ist vielmehr notwendig, ein Programm so zu gestalten, daß es auf fehlerhafte Eingabedaten in geeigneter Form reagiert. Es ist ein wesentlicher Qualitätsaspekt der Software-Entwicklung, Programme so zu entwerfen, daß sie "robust" sind, d.h. daß sie auch bei unerwarteter, nicht vorgesehener Eingabe ein (möglichst) sinnvolles Verhalten zeigen, insbesondere nicht kommentarlos abbrechen.

4.1 Verschiedene Formen fehlerhafter Daten

Die Eingabedaten für ein Programm kann unterscheiden in "zulässige" und "unzulässige" Eingaben. Die "zulässigen" Eingabedaten können "korrekt" oder "fehlerhaft" sein.

zulässig:	Die Verarbeitung dieser Daten ist im Programm vorgesehen. Das Verhalten des Programms ist definiert und vorhersagbar.
unzulässig:	Die Verarbeitung dieser Daten ist im Programm nicht vorgesehen. Das Programmverhalten ist unspezifiziert und nicht vorhersagbar.
korrekt:	Das Programm kann diese Daten "normal" verarbeiten.
fehlerhaft:	Diese Daten können nicht "normal" verarbeitet werden, sondern müssen als Fehler geeignet behandelt werden.

Die Unterscheidung, korrekt oder fehlerhaft, ist auf eine konkrete Anwendung bezogen und betrifft die Art der Verarbeitung. Aus der Sicht des Programms sind korrekte und fehlerhafte Daten ganz "normale" Daten. Falls für fehlerhafte Daten keine Fehlerbehandlung vorgesehen ist, sind diese Daten für das Programm unzulässig, und das Programmverhalten ist nicht spezifiziert.

> *Kein Programm kann die Zulässigkeit seiner Eingabedaten selbst überprüfen!*

Deshalb betrachtet ein Programm seine Eingabedaten grundsätzlich als zulässige Daten. Enthält die Eingabe unerwartete Fehler, so ist ein unerwartetes Verhalten nicht dem Programm anzulasten. Die übergeordnete Programm-Komponente oder die Datenverwaltung sind dafür verantwortlich, daß das Programm nur zulässige Daten erhält. Wenn es dennoch zu einem unspezifizierten Programmverhalten kommt, dann ist das ein Fehler im Programm, weil z.B. spezifizierte Fehler nicht "korrekt" behandelt werden. Auch wenn ein Programm für eine sehr umfassende Fehlerbehandlung ausgelegt ist, so kann es sich nicht gegen unzulässige Eingaben "wehren".

Vorgehensweise bei der Fehlerbehandlung

1. Schritt
Man beginne mit der Datenstruktur für die korrekten Daten.

2. Schritt
Man entwickle die Datenstruktur weiter unter Berücksichtigung der wichtigsten Fehler, z.B. der Fehler, für die Default-Operationen vorgesehen sind.

3. Schritt
Man erweitere die Struktur so, daß alle spezifizierten Fehlerfälle abgedeckt werden.

4. Schritt
Man prüfe nach, ob korrekte Daten immer noch als korrekte Daten interpretiert werden.

Der vierte Schritt wirkt auf den ersten Blick gänzlich überflüssig. Aber bei der Erweiterung der Strukturen um die Komponenten zur Fehlerbehandlung kann sich eine Struktur enorm aufblähen. Dann kann es leicht passieren, daß im Eifer der Fehlerbehandlung die Übersicht verloren geht und die korrekten Daten nicht mehr berücksichtigt werden.

Vier Arten von fehlerhaften Daten

Wir unterscheiden vier Arten von fehlerhaften Daten.

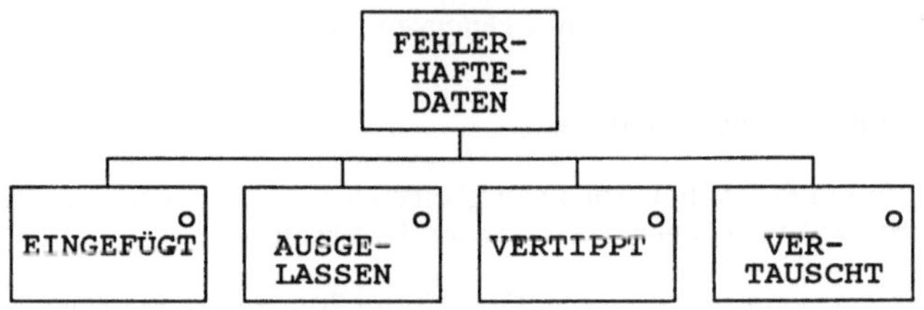

eingefügt: Die Anzahl der Sätze ist falsch.
                    Der Datenstrom enthält außer den korrekten Sätzen noch weitere Sätze.

ausgelassen: Die Anzahl der Sätze ist falsch.
                    Die vorhandenen Sätze sind korrekt, aber es fehlen Sätze.

vertippt: Die Anzahl der Sätze ist korrekt, aber es treten korrekte und falsche Sätze
                    auf.

vertauscht: Die Anzahl der Sätze ist korrekt.
                    Die Sätze selbst sind korrekt, aber die Reihenfolge einiger Sätze ist falsch.

Im allg. ist es nicht möglich, alle vier Fehlerarten exakt zu diagnostizieren und spezifisch zu behandeln. Zumeist ist dies auch nicht erforderlich. In der Praxis wird man nur die wesentlichen Fehlerarten gezielt behandeln und die anderen fehlerbehafteten Sätze einer gesonderten Verarbeitung zuführen.

Fehler bei Online-Anwendungen

Fehlerhafte Eingaben eines Benutzers am Bildschirm werden als Einfüge-Fehler behandelt. Bei einer falschen Eingabe erhält er einen, möglichst detaillierten, Hinweis auf den Fehler, aber eine weitere Chance für eine korrekte Eingabe. Im allg. kann nicht entschieden werden, ob der Benutzer eine Eingabe vergessen hat oder irrtümlich zwei Eingaben vertauscht hat. Es wäre ja auch möglich, daß er das Richtige eingeben wollte, sich aber nur vertippt hat.

Fallbeispiel Fridolins Aufstehen: Fehlerbehandlung

Morgens, wenn Fridolin aufsteht, soll er sich waschen und ordentlich anziehen. Manchmal tut Fridolin aber nur so, als ob er sich gewaschen hätte, oder er zieht die falschen Kleidungsstücke an. Dann muß er sich wieder ausziehen und neu anziehen. Hin und wieder spielt Fridolin auch beim Aufstehen, während er sich nicht wäscht oder anzieht, manchmal sogar mehrere Spiele. Es kommt sogar vor, daß er sich nur halb wäscht.

Beispiele für Fridolins Aufstehen

- richtig waschen
  richtiges Kleidungsstück anziehen

- falsches Kleidungsstück anziehen
  falsches Kleidungsstück ausziehen
  falsches Kleidungsstück anziehen
  falsches Kleidungsstück ausziehen
  richtiges Kleidungsstück anziehen

- spielen
  halb waschen
  spielen
  richtiges Kleidungsstück anziehen
  spielen
  spielen

Fridolins korrektes Aufstehen hat eine einfache Struktur.

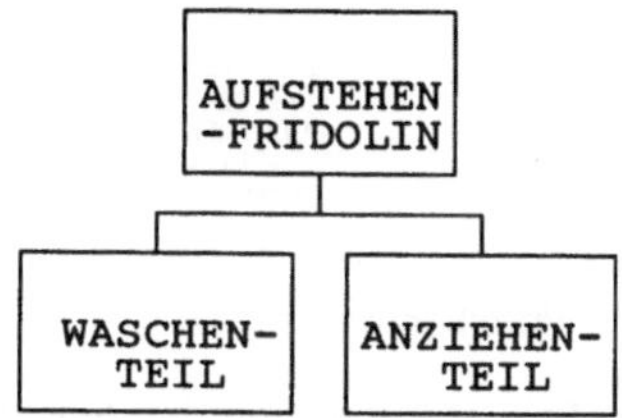

Durch Erweiterung der Struktur wird auch Fridolins fehlerhaftes Verhalten dargestellt. Wir können drei Fehlerarten unterscheiden:

eingefügt: falsche Kleider anziehen und wieder ausziehen, spielen;

ausgelassen: nicht waschen;

vertippt: halb waschen.

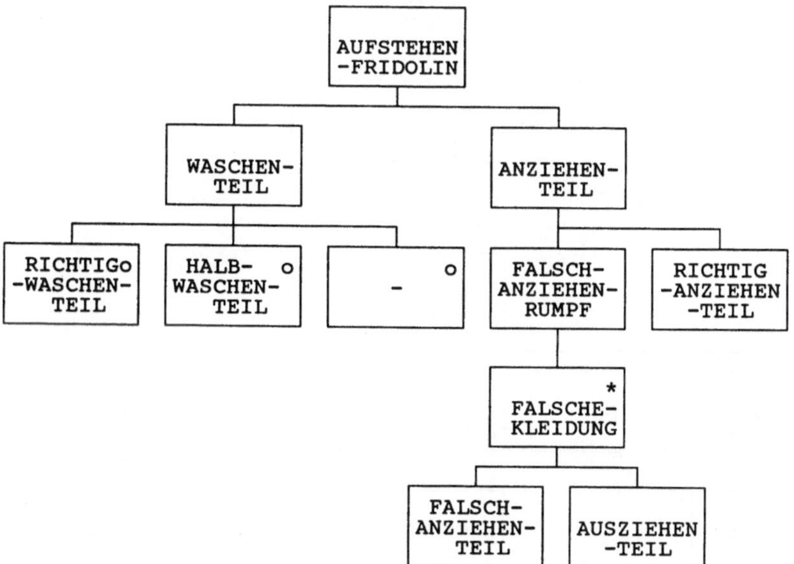

Einige Ergänzungen sind notwendig, um auch Fridolins mögliche Spiele darzustellen. Die Spiele werden als Einfügefehler behandelt.

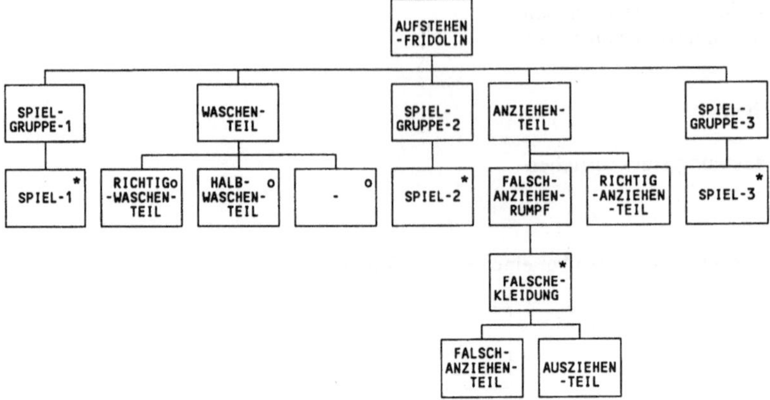

4.2 Fehlerbehandlung bei den drei Strukturkomponenten

Bei den drei Struktur-Komponenten Sequenz, Iteration und Selektion kann man für die Behandlung der vier verschiedenen Fehlerarten jeweils eine Standardstruktur angeben. Mit diesen Standardstrukturen wird die Erweiterung der Strukturen für die Fehlerbehandlung vereinheitlicht und damit einfacher zu handhaben.

a) Fehlerbehandlung bei *sequentiellen* Strukturen

Ausgangsstruktur ohne Fehler

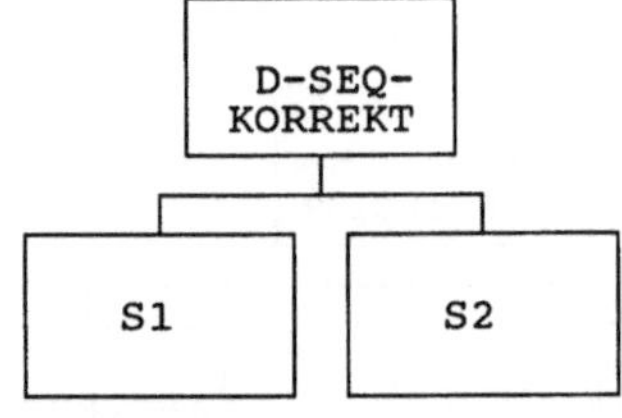

Fehlerart: Einfügen

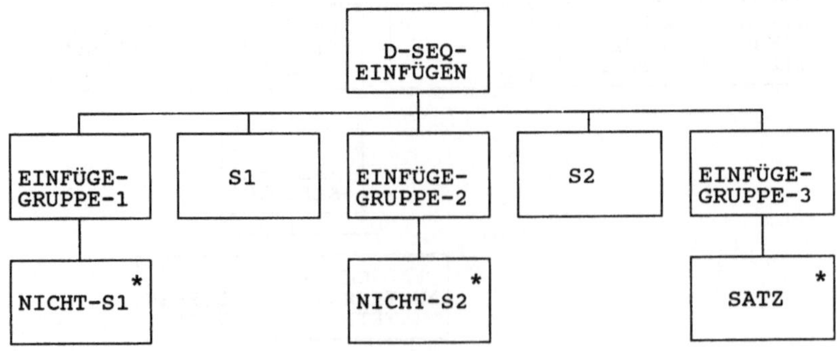

Fehlerart: Auslassen

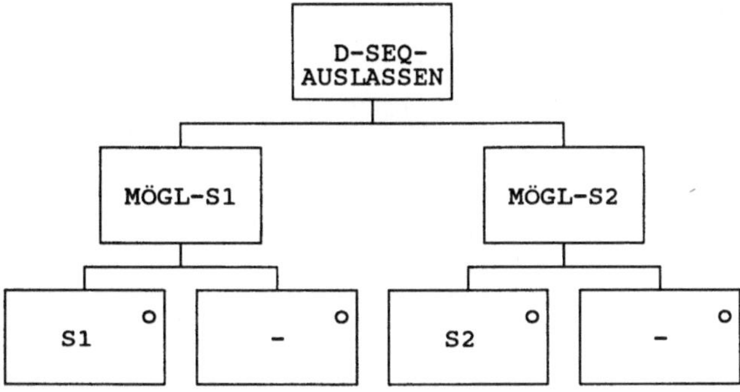

Fehlerart: Vertippen

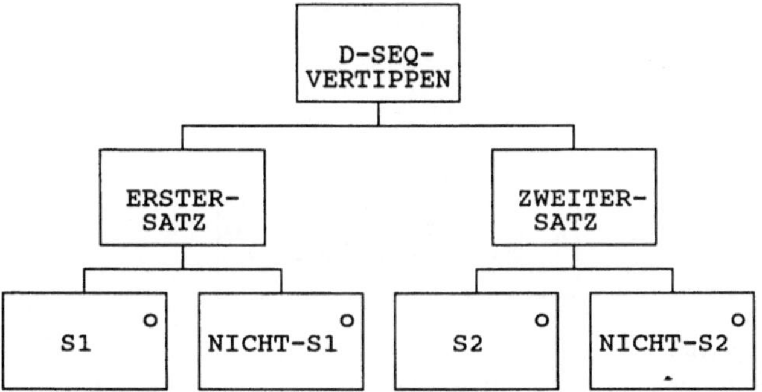

Fehlerart: Vertauschen

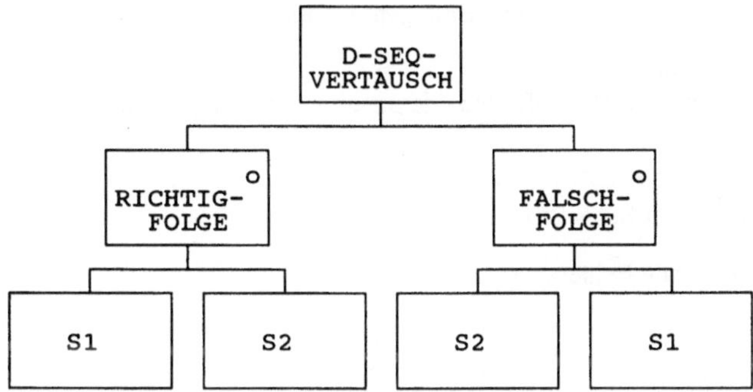

b) Fehlerbehandlung bei *iterativen* Strukturen

Ausgangsstruktur ohne Fehler

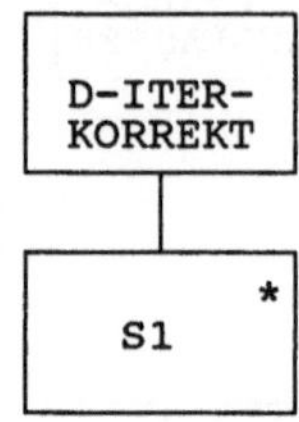

Fehlerart: Einfügen

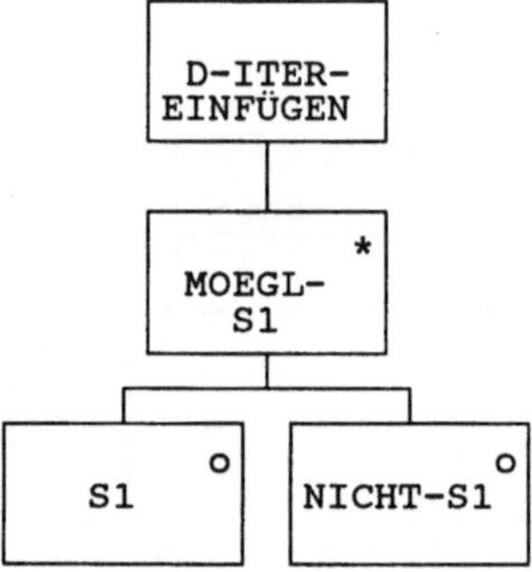

Fehlerart: Auslassen
Kann bei Iterationen nicht geprüft werden, da die iterierte Komponente null- bis n-mal auftreten kann.

Fehlerart: Vertippen
Die Struktur ist mit der Struktur für "Einfügen" identisch.

Fehlerart: Vertauschen
Kann bei Iterationen nicht auftreten, da in einer Iteration gleiche Elemente wiederholt werden.

c) Fehlerbehandlung bei *selektiven* Strukturen

Ausgangsstruktur ohne Fehler

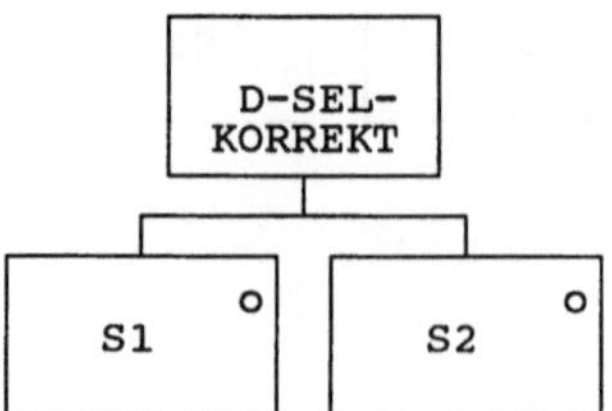

Fehlerart: Einfügen

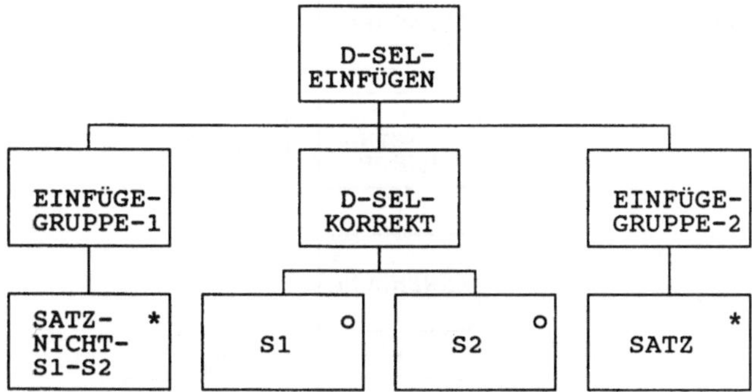

Fehlerart: Auslassen

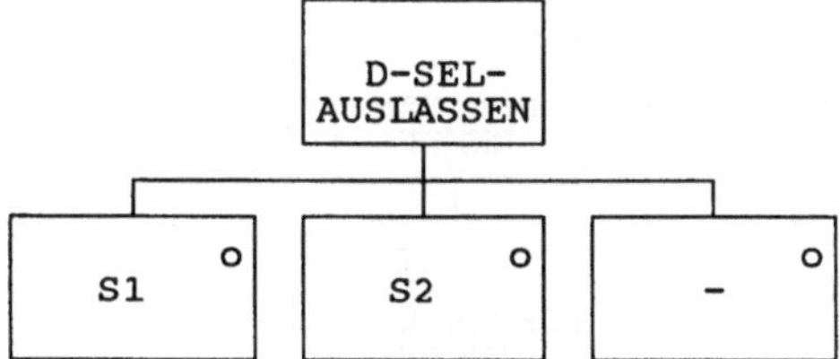

Fehlerart: Vertippen

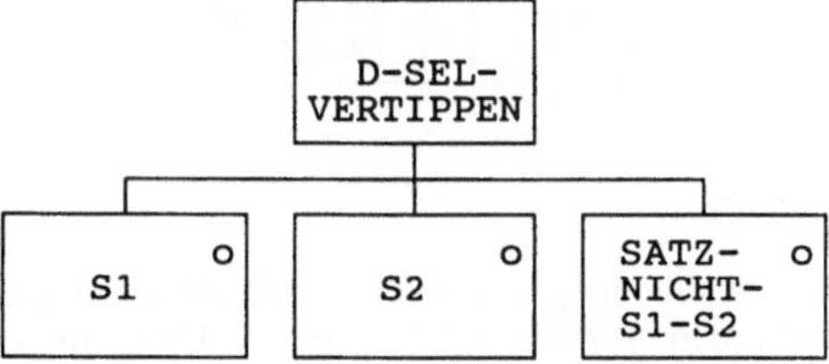

Fehlerart: Vertauschen
Kann bei Selektionen nicht auftreten, da selektive Strukturen keine Reihenfolge festlegen.

Die oben hergeleiteten Strukturen zur Fehlerbehandlung bei den drei Struktur-Komponenten kann man als Standardstrukturen zur Fehlerbehandlung verwenden. Anhand dieser elementaren Fehlerstrukturen wird deutlich, daß nicht in jeder Situation alle Fehlerarten erkannt bzw. unterschieden werden können. Da bereits bei diesen einfachsten Strukturen eine vollständige Fehlerbehandlung nicht erfolgen kann, ist das auch bei komplexen Strukturen nicht möglich. Entsprechend wird man Anwenderwünsche nach einer umfassenden Fehlerbehandlung relativieren müssen.

Fallbeispiel Online-Erfassen mit Fehler: Einfügefehler

Beim Erfassen von Versandsätzen im Dialog sind falsche Kodes, falsche Eingabe-Daten und eine falsche STOP- und ENDE-Taste zugelassen. Alle falschen Eingaben werden als Einfügefehler bei Iterationen gemäß der Standard-Fehlerstruktur behandelt.

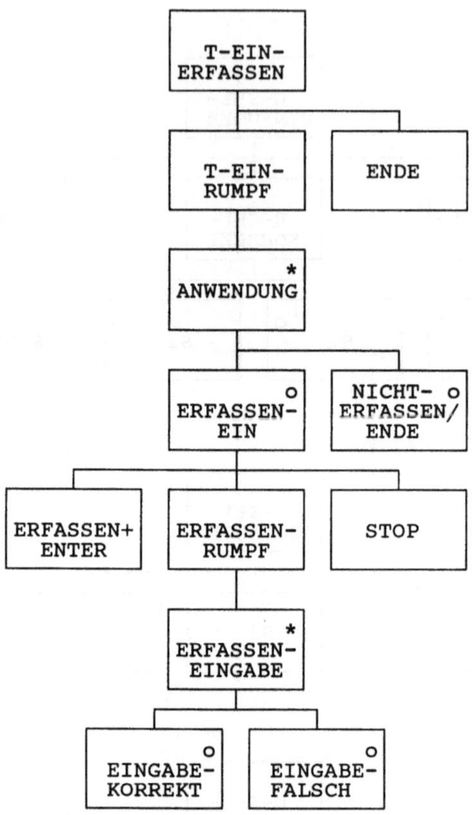

Überprüfen der Fehlerbehandlung

- Welche Daten sind als Eingabe möglich? Welche sind die zulässigen Daten?
- Wer ist die rufende Komponente? Wie werden dort die Daten behandelt? Sind alle Fälle
  (auch Extremfälle und "kommt doch nie vor"-Fälle) dort erfaßt?
- Wie sehen die Datenstrukturen der korrekten Daten aus?
- Sind alle Fehlerfälle und Reaktionen spezifiziert?
  Welche Fehler sind die "wichtigsten" Fehler?
  Welche Fehler können (dürfen) korrigiert werden?
- Reflektiert die erstellte Datenstruktur alle zulässigen Möglichkeiten des Datenstroms?
- Sind die Reaktionen auf Fehler und die Texte der Fehlermeldungen mit dem Benutzer
  abgesprochen? Keine eigenmächtigen Fehlermaßnahmen!

Übung 4.2-1:
Welche Fehlerinterpretationen sind möglich, wenn anstelle der korrekten Sequenz S1, S2 die Sätze
S1, S1, S1 gelesen werden?

Übung 4.2-2:
Wie lautete die Struktur für eine möglichst umfassende Fehlerbehandlung bei der Grundstruktur

a) Sequenz;
b) Iteration;
c) Selektion?

4.3 Fallstudien

Fallstudie 4.3-1: Versandliste-4 Fehlerprüfung der Versanddatei

Ausgangssituation wie Fallstudie 2.7-1 mit folgender Erweiterung

Die Sätze der Versanddatei können verschiedene Fehler enthalten. Alle korrekten Sätze werden mit Datum auf der Versandliste ausgegeben. Die fehlerhaften Sätze werden auf eine Fehlerdatei geschrieben. Folgende Fehler werden geprüft:

- falsche Sortierfolge;
- formal falsche Mengenangabe;
- formal und inhaltlich (nicht 13. Monat o.ä.) falsches Datum;
- formal falsche Artikelnummer;
- Artikelnummer und Artikelname stimmen nicht überein (der zur Prüfung nötige Zugriff auf Datenbestände wird nicht dargestellt).

Gruppen, die mindestens einen Satz enthalten mit formal falscher oder falsch sortierter Artikelnummer, werden insgesamt als falsche Gruppen auf die Fehlerdatei geschrieben. Eine falsche Gruppe endet bei EOF oder der nächsten größeren Artikelnummer. Die anderen Formalprüfungen werden durch Aufruf einer Prüfroutine PLAUSI durchgeführt, die ggf. auch den richtigen Artikelnamen bereitstellt.

Außerdem soll das Programm mit einem entsprechenden Hinweis auf der Fehlerdatei beendet werden, wenn bereits beim Öffnen der Versanddatei ein Fehler auftritt.

Fallstudie 4.3-2: Online-4 Flugbuchung mit Fehlerbehandlung

Aufgabenstellung wie Fallstudie 2.7-2 mit folgender Erweiterung

Das Programm ist derart zu erweitern, daß die Flugnummer (z.B. LH057) und der Kode für die Flugklasse (F, E oder B) überprüft werden. Eine falsche Eingabe soll solange angezeigt und zurückgewiesen werden, bis eine korrekte Flugnummer bzw. der richtige Kode eingegeben wird.

Fallstudie 4.3-3: Text-4 gestörter Text

Aufgabenstellung wie Fallstudie 3.3-3 mit folgendem Zusatz

Der Ausgabe-Text des Programms aus Fallstudie 3.3-3 wurde auf dem Übertragungsweg gestört. Es können beliebig viele Störzeichen eingefügt und Textzeichen entfernt oder verändert worden sein. Buchstaben wurden nicht eingefügt. Es ist ein Programm zu entwerfen, das aus dem gestörten Text Störzeichen eliminiert und Wörter bzw. Absätze erzeugt. Ein Wort besteht wie üblich aus Buchstaben (und eventuell einem Punkt) gefolgt von einem Leerzeichen. Leerzeichen zwischen Störzeichen werden ebenfalls als Störzeichen interpretiert. Es ist sichergestellt, daß der gestörte Text mindestens ein Leerzeichen und ein Absatz-Trennzeichen enthält.

5 Mischen und Abgleichen

Eine typische Anwendung in der kommerziellen Datenverarbeitung ist das Zusammenführen von mehreren Dateien zu einer einzigen Datei, z.B. um Information zu aktualisieren bzw. zu kombinieren. Je nach Art der Behandlung der Eingabesätze können wir zwei unterschiedliche Verarbeitungsformen systematisch erörtern: das Mischen und das Abgleichen. Der wesentliche Unterschied besteht darin, daß beim Mischen alle Eingabesätze in ihrer ursprünglichen Form erhalten bleiben, und nur die Reihenfolge ihrer Ausgabe festgelegt wird, wogegen beim Abgleichen neue Ausgabesätze entstehen und vorhandene gelöscht werden können.

5.1 Mehrere Eingabe-Datenströme

Wenn das SND mehrere Eingabe-Datenströme enthält, muß beim Entwurf geklärt werden, ob diese Datenströme voneinander "logisch unabhängig", also nacheinander, verarbeitet werden können, oder ob sie "logisch abhängig" sind, also eine gemeinsame Verarbeitung erforderlich ist.

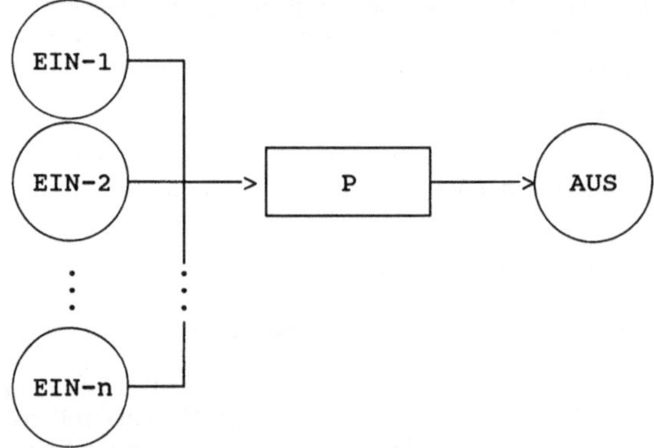

Die Darstellung der Verarbeitung von "logisch unabhängigen" Datenströmen im PSD bereitet keine Schwierigkeiten. Die jeweiligen Konsumiere-Komponenten für die einzelen Sätze treten im PSD in der Reihenfolge der Verarbeitung auf. Die Verarbeitung mehrerer Ausgabe-Datenströme erfordert keine besonderen Maßnahmen, wie wir im Fallbeispiel "Liste mit Fehler-Protokoll" (Abschnitt 2.2.2) gesehen haben.

Eingabe-Datenströme sind *logisch abhängig*, wenn die Verarbeitung der Sätze einzelner Eingabe-Datenströme von Sätzen anderer Eingabe-Datenströme abhängt. Diese Abhängigkeiten müssen beim Entwurf der Datenstrukturen berücksichtigt und dargestellt werden. Um eine gemeinsame Verarbeitung zu ermöglichen, müssen alle betroffenen Eingabe-Datenströme nach demselben Schlüssel in gleicher Weise (aufsteigend oder absteigend) sortiert vorliegen.

5.2 Mischen von Datenströmen

Beim *Mischen* werden mehrere Eingabe-Datenströme zu einem Ausgabe-Datenstrom zusammengeführt. Jeder Satz eines Eingabe-Datenstroms erscheint auch im Ausgabe-Datenstrom. Die "Verarbeitung" der Sätze aller Eingaben besteht darin, die Reihenfolge ihrer Ausgabe festzulegen. Kein Satz geht verloren. Sätze werden auch nicht zusammengefaßt. Die Anzahl der Sätze des Ausgabe-Datenstroms ist gleich der Summe der Satzanzahlen der Eingabe-Datenströme. Der Ausgabe-Datenstrom ist wieder nach demselben Schlüssel sortiert.

Beim Mischen der Eingabe-Datenströme EIN-1 und EIN-2 ergibt sich der Ausgabe-Datenstrom AUS aus allen Sätzen der beiden Eingabe-Datenströme. Da die "Verarbeitung" eines Eingabe-Satzes nicht vom Inhalt der anderen Sätze abhängt, sondern nur von dem jeweiligen Schlüssel, erfolgt die Auswahl der Sätze zyklisch aus den Eingabe-Datenströmen gemäß dieses Schlüssels oder eines gruppenbildenden Begriffs.

Die logische Abhängigkeit der Eingabe-Datenströme wird dadurch dargestellt, daß die Ein-/Ausgabe-Datenstrukturen um eine Gruppenebene erweitert werden. Diese Gruppen sind definiert als eine Folge von Datensätzen, deren Schlüssel kleiner gleich oder kleiner als der Schlüssel des nächsten Satzes auf dem jeweils anderen Eingabe-Datenstrom ist.

Fallbeispiel Mischen von zwei Eingaben: Mischen

Die Eingabe-Datenströme EIN-1 und EIN-2 sollen zu einer Ausgabe AUS gemischt werden. Beide Datenströme sind nach demselben Schlüssel aufsteigend sortiert. Bei gleichem Schlüssel ist erst der Satz von EIN-1 auszugeben.

Beispiel: Die Eingaben enthalten folgende Schlüssel:

```
EIN-1: 4, 5, 6, 7, 9
EIN-2: 1, 2, 3, 4, 7, 8
```

Die Sätze von EIN-1 und EIN-2 werden in folgenden Gruppen ausgegeben:

```
EIN-1:            4;      5, 6, 7;           9
EIN-2: 1, 2, 3;      4;               7, 8;
```

Je eine Gruppe von EIN-1 und EIN-2 wird als Sequenz-Komponente der Ausgabegruppe dargestellt, wobei die Sequenz die Reihenfolge der Ausgabe der Gruppen von EIN-1 und EIN-2 festlegt. Bei der ersten und letzten Ausgabegruppe kann der Anteil von EIN-1 bzw. EIN-2 auch leer sein.

```
EIN-1:                    4          5, 6, 7             9
EIN-2:     1, 2, 3            4               7, 8

AUS:       1, 2, 3;      4; 4;      5, 6, 7; 7, 8;       9
```

Die Ein-/Ausgabe-Datenstrukturen werden um die Ebene der Schlüsselgruppe erweitert.

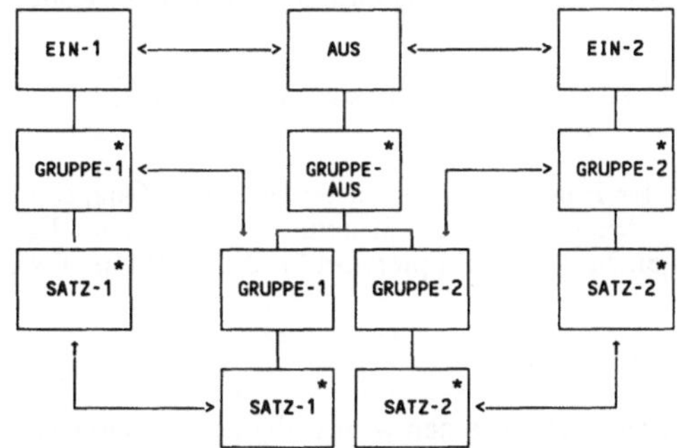

Das PSD zeigt das Verarbeiten der Gruppe von EIN-1 vor der Gruppe von EIN-2.

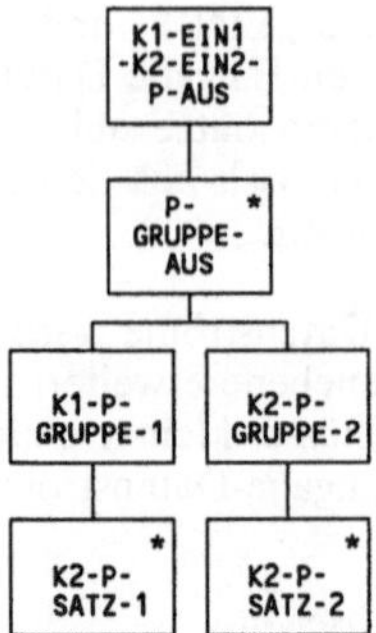

Standard-PSD für Mischen von zwei Datenströmen

Das Mischen von zwei Datenströmen kann mit folgendem Standard-PSD dargestellt werden.

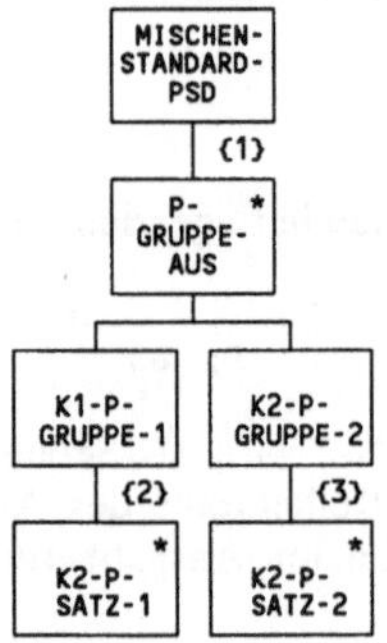

```
{1}  (nicht EIN-1-EOF oder nicht EIN-2-EOF)
{2}  (nicht EIN-1-EOF und Schlüssel-1 <= Schlüssel-2)
{3}  (nicht EIN-2-EOF und Schlüssel-2 < Schlüssel-1)
```

In dieser Form von Bedingung 2 und 3 müßte bei EIN-1-EOF oder EIN-2-EOF der jeweilige Schlüssel auf einen größten Wert gesetzt werden, der sonst bei der Verarbeitung nicht auftritt, z.B. HIGH-VALUE in COBOL. Das läßt sich vermeiden, wenn man erweiterte Gruppierwörter mit dem Schlüssel als Gruppierelement verwendet. Die Bedingungen lauten dann

```
{2}  (nicht EIN-1-EOF und EGW-1 <= EGW-2)
{3}  (EGW-2 < EGW-1)
```

Soll für jeden Schlüssel der Eingaben nicht nur ein einzelner Satz, sondern eine ganze Satzgruppe auf die Ausgabe gemischt werden, sind die Strukturen auf unterster Ebene entsprechend zu erweitern. Bei den Bedingungen wird das Gruppierwort für diese Gruppen wie üblich berücksichtigt.

Mischen von mehreren Datenströmen

Das Mischen von mehreren Datenströmen wird völlig analog durchgeführt. Auch hier interessiert die Menge aller Eingabe-Datensätze. Die Satzgruppen werden zyklisch von den Eingabe-Datenströmen gelesen und ausgegeben.

Standard-PSD für Mischen von n Datenströmen

Zu Beginn der Verarbeitung wird von jedem Eingabe-Datenstrom vorgelesen. Nachgelesen wird jeweils von dem Datenstrom EIN-i (für i = 1, ..., n), von dem ein Satz konsumiert wurde. Bei jedem Lesen wird der Schlüssel als das GW-i und bei EOF von EIN-i das entsprechende EOF-i-Kennzeichen gesetzt. Vor jedem Zyklus wird auf EGW-MIN das Minimum aller EGW-i ermittelt, um den jeweiligen Vergleich mit den erweiterten Gruppierwörtern aller anderen Gruppen zu vereinfachen.

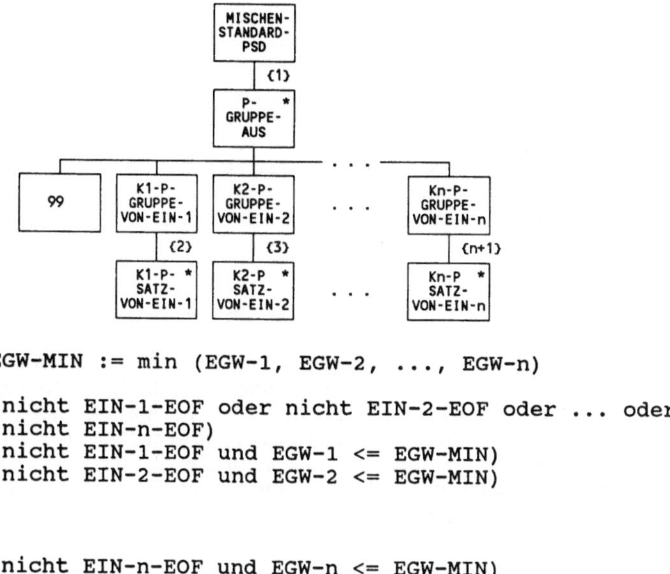

```
99   EGW-MIN := min (EGW-1, EGW-2, ..., EGW-n)

{1}  (nicht EIN-1-EOF oder nicht EIN-2-EOF oder ... oder
      nicht EIN-n-EOF)
{2}  (nicht EIN-1-EOF und EGW-1 <= EGW-MIN)
{3}  (nicht EIN-2-EOF und EGW-2 <= EGW-MIN)
 .
 .
 .
{n+1} (nicht EIN-n-EOF und EGW-n <= EGW-MIN)
```

5.3 Abgleichen von Datenströmen

Wie beim Mischen wird auch beim Abgleichen aus mehreren Eingabe-Datenströmen ein gemeinsamer Ausgabe-Datenstrom erzeugt.

5.3.1 Abgleichen von zwei Datenströmen

Beim *Abgleichen* werden die Eingabesätze, abhängig davon, ob der jeweilige Schlüssel auf beiden Eingabe-Datenströmen oder auf nur je einem vorkommt, unterschiedlich behandelt. Sätze der beiden Eingabe-Datenströme mit gleichem Schlüssel werden z.B. zu einem neuen Satz verarbeitet (REPLACE) oder einer von beiden wird gelöscht (DELETE). Sätze, deren Schlüssel auf nur einem Datenstrom vorhanden sind, werden entweder als neue Sätze eingefügt (INSERT) oder unverändert ausgegeben (WRITE). Die Anzahl der Ausgabesätze ist im allg. verschieden von der Anzahl der eingegebenen Sätze. Die Ausgabe ist wieder nach demselben Schlüssel sortiert. Der Eingabezugriff auf die Datenströme erfolgt nicht zyklisch, vielmehr wird jeweils von den Datenströmen nachgelesen, von denen je ein Satz konsumiert wurde.

Für den Abgleich wird der "Durchschnitt" der Eingabesätze und der jeweilige Rest unterschiedlich behandelt. Bei manchen Anwendungen kann auch die Menge der Schlüssel von Interesse sein, die auf keinem der beiden Eingabe-Datenströme vorkommen. Dafür ist aber die Information über eine externe Schlüsselnumerierung erforderlich.

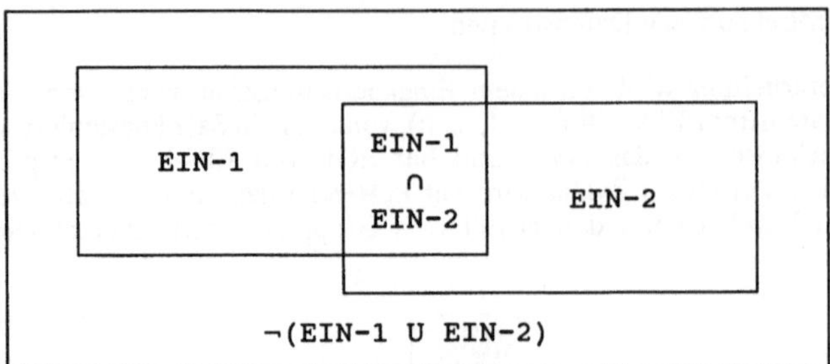

Sind die Mengen der Schlüssel auf beiden Eingabe-Datenströmen gleich, sind für die Behandlung des Abgleichs beim Entwurf keine besonderen Maßnahmen erforderlich.

Für den Fall, daß die Menge der Schlüssel des einen Datenstroms in der Menge der Schlüssel des anderen Datenstroms echt enthalten ist, ergibt sich eine vereinfachte Form des Abgleichens, ein sog. "halber" Abgleich. Eine derartige Situation findet man z.B. beim Update einer Datenbank mit einer sequentiellen Datei.

Fallbeispiel Eingaben mit enthaltenen Schlüsseln: "halber" Abgleich

Die Eingabe-Datenströme EIN-1 und EIN-2 enthalten Gruppen von Sätzen SATZ-1 bzw. SATZ-2. Die Gruppen werden durch einen Schlüssel definiert. Beide Datenströme sind nach diesem Schlüssel aufsteigend sortiert. Jeder Schlüssel von EIN-2 kommt auch auf EIN-1 vor. Sätze von EIN-1 und EIN-2 mit gleichem Schlüssel werden zu einem gemeinsamen Ausgabesatz verarbeitet. Die anderen Sätze von EIN-1 werden unverändert in die Ausgabe AUS übernommen. Da die Verarbeitung der Satzgruppen von EIN-1 davon abhängt, ob es auf EIN-2 eine zugehörige Gruppe gibt oder nicht, werden die Datenstrukturen von EIN-1 und AUS um diese Unterscheidung erweitert.

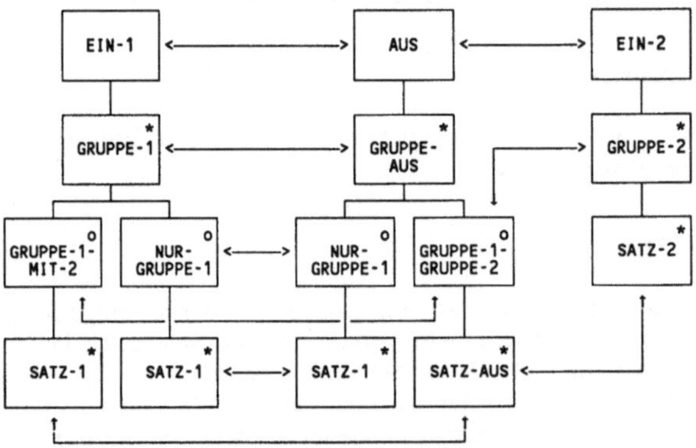

Soll bei der Verarbeitung für SATZ-AUS zwischen REPLACE und DELETE unterschieden werden, muß dies durch entsprechende Selektions-Komponenten dargestellt werden. Die Ableitung des PSD erfolgt nach den üblichen Regeln.

Sind die Mengen der Schlüssel der beiden Eingabe-Datenströme weder gleich noch ineinander enthalten, werden die Ein-/Ausgabe-Datenstrukturen um die Komponenten zur Darstellung des Abgleichs erweitert.

Fallbeispiel Eingaben mit verschiedenen Schlüsseln: Abgleich

Aufgabenstellung wie beim "halben" Abgleich, aber auf beiden Eingabe-Datenströmen sind unterschiedliche Schlüssel zugelassen.

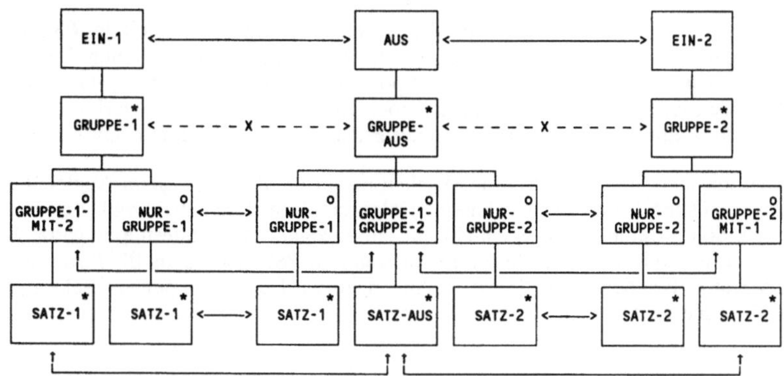

Zwischen GRUPPE-1 und GRUPPE-AUS sowie GRUPPE-2 und GRUPPE-AUS kann es keine 1:1-Entsprechung geben, da die Anzahl der Ausgabe-Gruppen im allg. nicht mit der Anzahl der jeweiligen Eingabe-Gruppen übereinstimmt. Ein gemeinsames PSD ist mit den bisherigen Regeln von JSP nicht abzuleiten.

Standard-PSD für den Abgleich von zwei Datenströmen

Für einen Abgleich kann mit den bisherigen Schritten der Methode kein PSD abgeleitet werden. Der Grund dafür liegt im Wesen der Methode. Mit Hilfe der 1:1-Entsprechungen werden explizite Abhängigkeiten der Ausgaben von den Eingabe dargestellt. Bei Abgleichproblemen handelt es sich aber um implizite Abhängigkeiten, die zunächst nicht modelliert werden können. Um aber auch diesen wichtigen Anwendungsbereich mit JSP erfassen zu können, wird als Hilfskonstruktion die Technik des Standard-PSD eingeführt. Das ist sicher ein gewisser Bruch in der sonst sehr konsequent anzuwendenden Methode, aber es ist die einzige wirkliche Ausnahme und ermöglicht eine durchaus befriedigende Behandlung von Problemen, die sich eigentlich der Darstellung als Verarbeitung von seriellen Datenströmen entziehen. Die Verwendung des Standard-PSD ermöglicht auch eine sehr effiziente Lösung von Abgleichproblemen, da man das Standard-PSD als eine Art Prototyp-Struktur mit allen Anweisungen und Bedingungen wie einen vorgefertigten Baustein in einer Bibliothek ablegen und bei Abgleichproblemen verwenden kann.

Bei Abgleichproblemen entwickelt man die Ein-/Ausgabe-Datenstrukturen wie üblich und verwendet für die Abgleichebenen als PSD das Standard-PSD. Eventuell nicht benötigte Komponenten der Abgleich-Selektion werden gestrichen. Man beachte: die PSD-Komponente auf der Abgleichebene ist eine reine Produziere-Komponente.

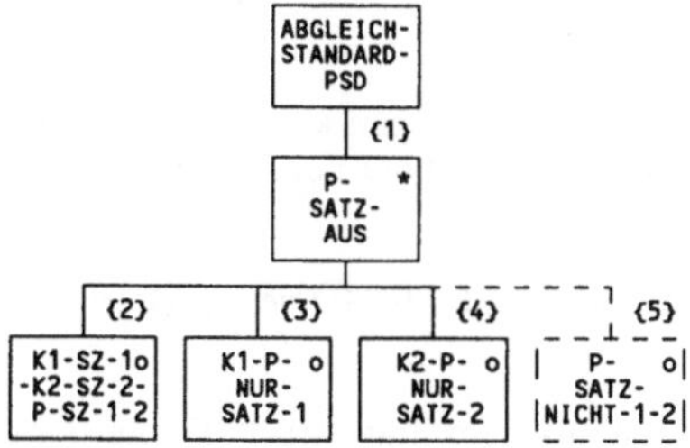

```
{1} (nicht EIN-1-EOF oder nicht EIN-2-EOF)
{2} (EGW-1 = EGW-2)
{3} (EGW-1 < EGW-2)
{4} (EGW-1 > EGW-2)
{5} (ELSE)
```

Bei Verwendung des Standard-PSD kann die Konsistenz-Prüfung für den Teil des PSD nicht durchgeführt werden, für den das Standard-PSD eingesetzt wurde. In der angegebenen Form enthält das Standard-PSD noch eine vierte Selektions-Komponente, die den Fall erfaßt, daß auch Schlüssel verarbeitet werden sollen, die auf keinem der beiden Eingabe-Datenströme vorkommen, z.B. wenn eine externe Schlüsselnumerierung vorliegt. In der Praxis tritt dieser Fall nur sehr selten auf.

Ein Vergleich mit dem Standard-PSD für Mischen macht deutlich, daß beim Abgleich der Zugriff auf die Eingabe-Datenströme nicht zyklisch erfolgt, sondern durch die Logik der Verarbeitung gesteuert wird. Soll für einen Schlüssel nicht nur ein einziger Satz, sondern eine ganze Satzgruppe abgeglichen werden, so ist die unterste Ebene im Standard-PSD jeweils um die Iteration über diese Sätze zu erweitern. Bei den zusätzlichen Bedingungen wird der Gruppenwechsel wie üblich mit erweiterten Gruppierwörtern behandelt.

Fallbeispiel Eingaben mit verschiedenen Schlüsseln: Standard-PSD

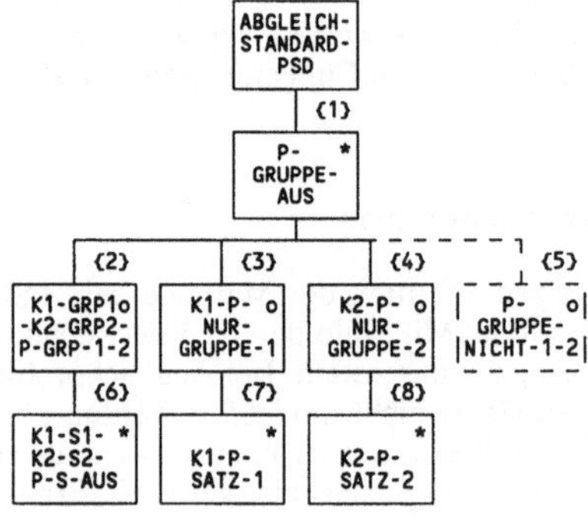


```
{6} (EGW-1-ALT = EGW-1-NEU und EGW-2-ALT = EGW-2-NEU)
{7} (EGW-1-ALT = EGW-1-NEU)
{8} (EGW-2-ALT = EGW-2-NEU)
```

Vorgehen bei Abgleichproblemen

Das Vorgehen beim Entwurf von Abgleichproblemen kann man in vier Schritte gliedern.

1. Schritt
Man erweitere die Datenstruktur der Ein-/Ausgaben um die Selektionen für die Abgleichlogik.

2. Schritt
Falls mit den vorhandenen 1:1-Entsprechungen kein PSD abgeleitet werden kann, bestimme man die Ebene in den Datenstrukturen, auf der der Abgleich erfolgt.

3. Schritt:
Man verwende für diese Ebene das Standard-PSD des Abgleichs.

4. Schritt
Man streiche alle Komponenten aus dem Standard-PSD, die bei der konkreten Anwendung nicht benötigt werden.

Fallbeispiel Update einer Bestandsdatei: Systematik des Abgleichs

Die alte Bestandsdatei A wird mit der Bewegungsdatei B abgeglichen und als neue Bestandsdatei N fortgeschrieben.

Bei den Datenstrukturen ohne Abgleichlogik gibt es außer auf oberster Ebene keine 1:1-Entsprechungen.

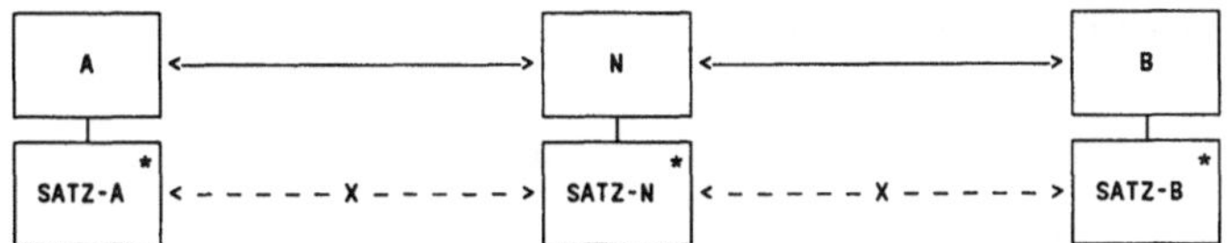

1. Schritt: Die Datenstrukturen werden um die Komponenten der Abgleichlogik erweitert. Sätze mit gleichem Schlüssel bezeichnet man manchmal als "paarig", die anderen Sätze als "unpaarig" oder "nicht paarig".

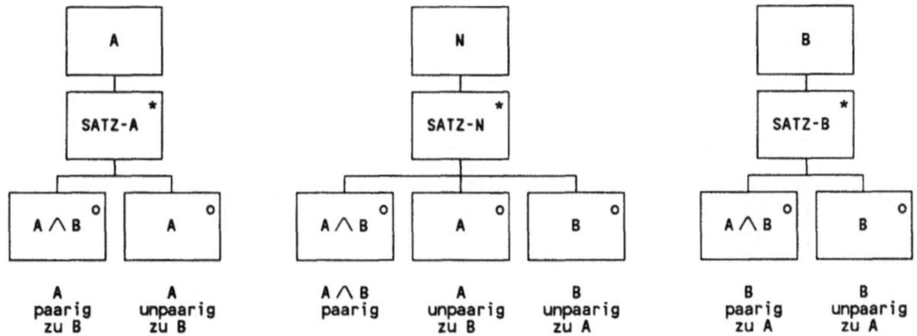

2. Schritt: Mit Hilfe der 1:1-Entsprechungen wird die Ebene für den Abgleich bestimmt.

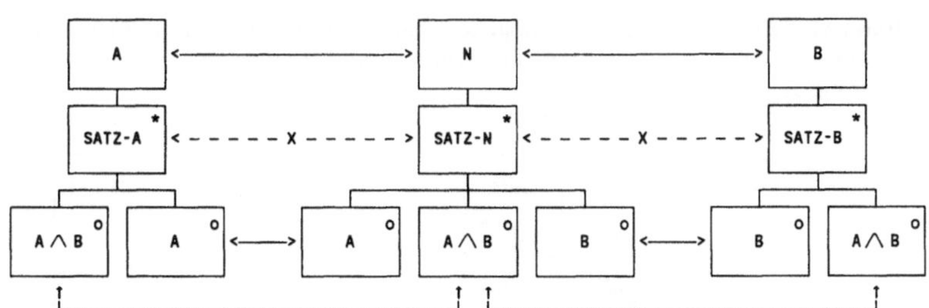

3. Schritt: Das Standard-PSD wird für die Ebene von SATZ verwendet.

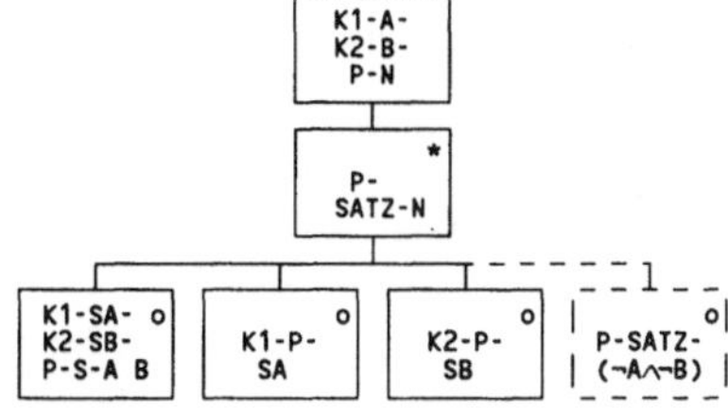

4. Schritt: Die Komponente P-SATZ-(¬A∧¬B) kann gestrichen werden.

Fallbeispiel Weinprobe: Abgleich mit vier Fällen

An einer Weinprobe beteiligen sich 20 Winzer mit je einem ihrer Spitzenweine. Die Weine sind von 1 bis 20 durchnumeriert. Zwei Jurorengruppen beurteilen diese Weine, ob sie an der Endausscheidung teilnehmen sollen. Die Urteile der beiden Jurorengruppen liegen jeweils in Form einer Liste vor, in der die Nummern der ausgewählten Weine aufsteigend sortiert eingetragen sind. Die Nummern der nicht ausgewählten Weine treten in der Liste der Juroren nicht auf. Es soll eine Bewertungsliste erstellt werden, aus der zu entnehmen ist, ob ein Wein von beiden Gruppen, von nur einer Gruppe oder garnicht ausgewählt wurde.

```
        Juroren 1              Juroren 2

        Wein  2               Wein  3
        Wein  7               Wein  7
        Wein 12               Wein 10
        Wein 14               Wein 15
        Wein 17               Wein 17
                              Wein 18
```

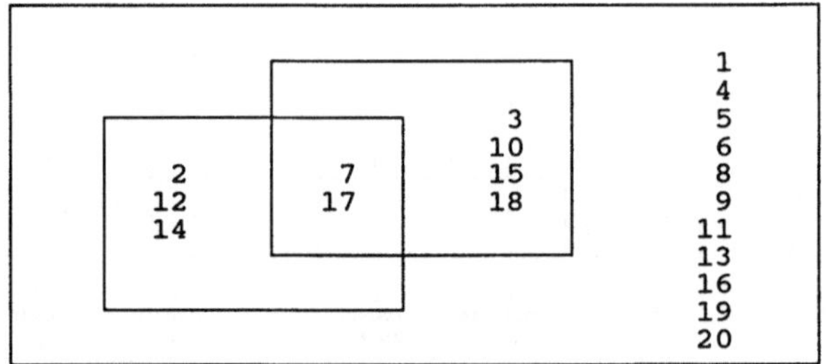

Bei der Datenstruktur von LISTE werden vier mögliche Fälle der Beurteilung unterschieden. Die Datei der Weinnummern von 1 bis 20 wird nicht explizit eingegeben, sondern intern über den Zähler `Wein-Index` erzeugt.

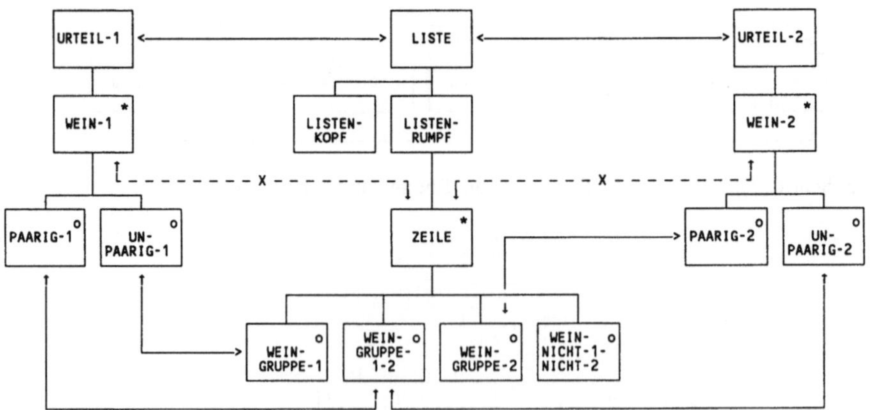

Elementaranweisungen

```
 1. sopen output LISTE
 2. swrite ZEILE
 3. sclose output LISTE
 4. aufbereiten LISTEN-KOPF
 5. aufbereiten "ausgewählt von beiden Gruppen"-ZEILE
 6. aufbereiten "ausgewählt von Gruppe 1"-ZEILE
 7. aufbereiten "ausgewählt von Gruppe 2"-ZEILE
 8. aufbereiten "nicht ausgewählt"-ZEILE

11. sopen input URTEIL-1
12. sread URTEIL-1
13. sclose input URTEIL-1

21. sopen input URTEIL-2
22. sread URTEIL-2
23. sclose input URTEIL-2

31. Wein-Index := 1
32. Wein-Index := Wein-Index + 1
```

Mit den Anweisungen 31 und 32 wird anstelle einer expliziten Eingabe-Datei für die Weinnummern der Wein-Index intern erzeugt.

Bedingungen

```
{1} (Wein-Index <= 20)
{2} (nicht URTEIl-1-EOF und Wein-Index = Wein-Nr-1 und)
    nicht URTEIl-2-EOF und Wein-Index = Wein-Nr-2)
{3} (nicht URTEIl-1-EOF und Wein-Index = Wein-Nr-1
    und EWG-1 < EWG-2)
{4} (nicht URTEIl-2-EOF und Wein-Index = Wein-Nr-2
    und EWG-1 > EWG-2)
{5} (ELSE)
```

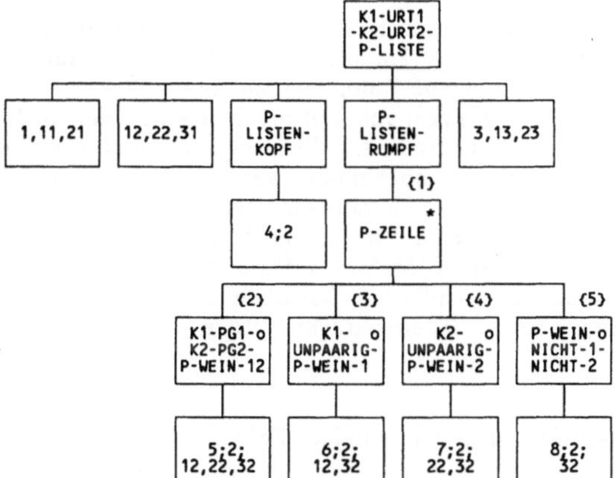

Sollen bei einem Abgleich zusätzlich alle geänderten Sätze protokolliert werden, so erscheint im PSD die Komponente für die Protokoll-Zeile in allen Komponenten der Abgleich-Selektion, in denen ein DELETE/REPLACE oder INSERT auftritt.

Fallbeispiel Update einer Bestandsdatei mit Protokoll: Abgleich

Die alte Bestandsdatei A wird mit der Bewegungsdatei B abgeglichen und als neue Bestandsdatei N fortgeschrieben. Die Änderungen sollen protokolliert werden.

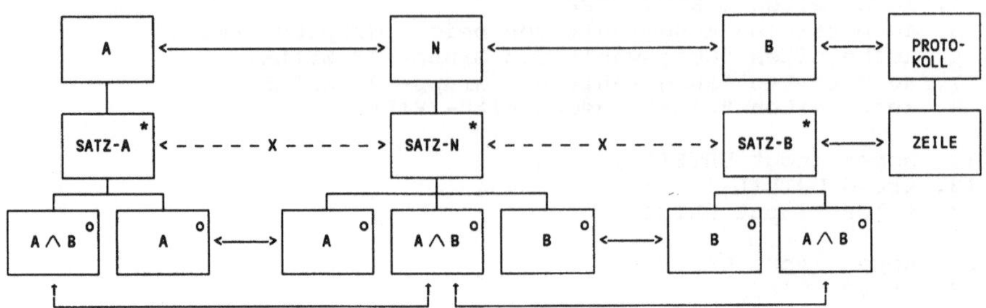

Im Standard-PSD werden die beiden Komponenten mit K2-SB um P2-ZEILE ergänzt.

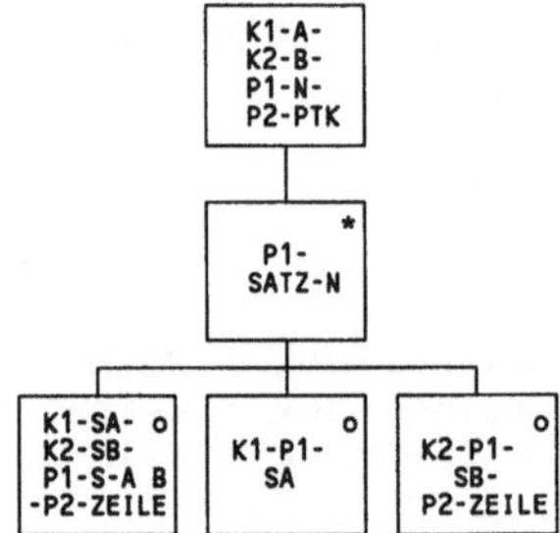

Sonderfall: Abgleich ohne gemeinsame Ausgabe-Datenstruktur

Die logisch abhängigen Komponenten der Eingabe-Datenstrukturen werden über die gemeinsame Komponente der Ausgabe-Datenstruktur verknüpft. In manchen Darstellungen von JSP wird zwischen diesen logisch abhängigen Eingabe-Komponenten unmittelbar eine 1:1-Entsprechung eingetragen. Im Sinne einer klaren Definition von Entsprechungen ist dies nicht wünschenswert und zumeist auch nicht nötig. Für den Sonderfall, daß die abzugleichenden Komponenten nicht auf eine gemeinsame Ausgabe-Komponente abgebildet werden, somit auch keine indirekte Verknüpfung über eine gemeinsame Ausgabe-Komponente gegeben ist, wird als Hilfskonstruktion zur Ableitung eines gemeinsamen PSD eine Entsprechung zwischen den abhängigen Eingabe-Komponenten eingetragen (vgl. Fallbeispiel "Meßwerterfassung" in Abschnitt 2.2.2). Eine andere Möglichkeit wäre, die Ausgabe-Datenstrukturen künstlich so zu erweitern, daß genügend 1:1-Entsprechungen zur Ableitung eines PSD eingetragen werden können, und im PSD überflüssige Komponenten zu streichen.

Fallbeispiel unpaarige Schlüssel: Sonderfall mit Standard-PSD

Der Eingabe-Datenstrom EIN enthält Gruppen von Sätzen. Gruppen, zu denen es auf der Stammdatei STAMM einen Stammsatz gibt, werden auf LISTE geschrieben, Gruppen ohne zugehörigen Stammsatz werden auf FEHLER-LISTE ausgegeben.

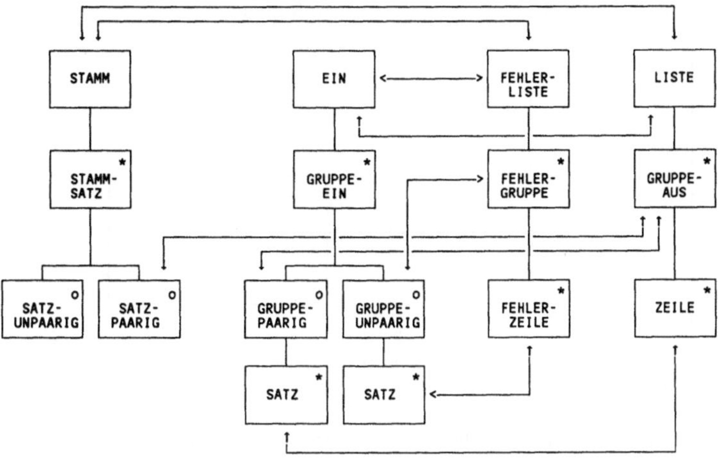

Da der Eingabe-Datenstrom EIN in zwei Ausgaben aufgespalten wird, gibt es keine gemeinsame Ausgabe-Komponente, die die vollständige Abgleichlogik enthält. Der Abgleich findet offensichtlich auf der Ebene GRUPPE bzw. STAMM-SATZ statt. Die Komponente GRUPPE-AUS wird formal um die Komponenten der Abgleichlogik erweitert. Zur Ableitung eines gemeinsamen PSD wird das Standard-PSD für diese Ebene angewendet.

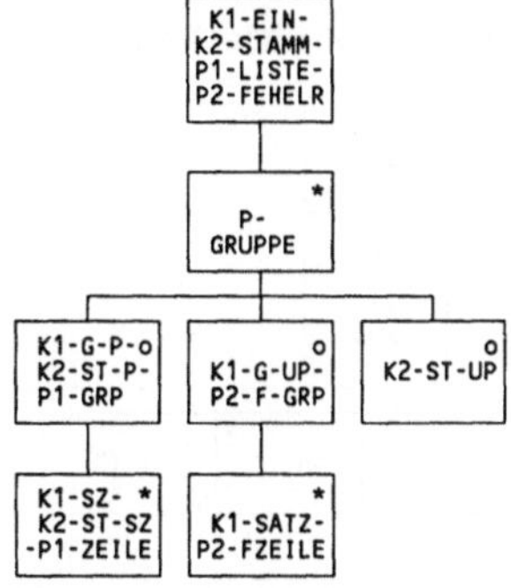

5.3.2 Abgleichen von mehreren Datenströmen

Beim Abgleich von drei und mehr Datenströmen wird sinngemäß genauso vorgegangen wie bei zwei Datenströmen.

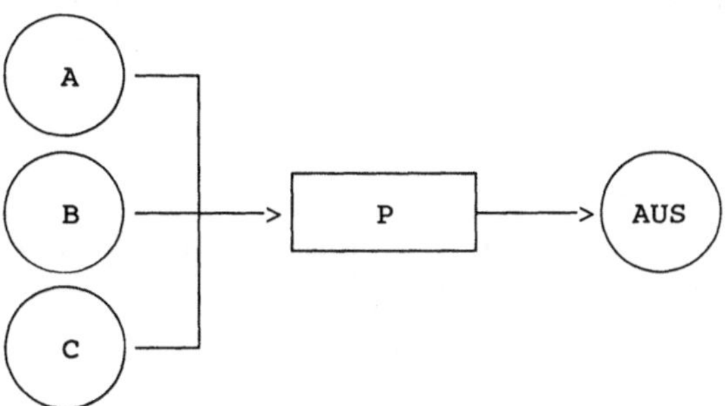

Beim Abgleich von drei Datenströmen werden 2^3 = acht Mengen unterschieden.

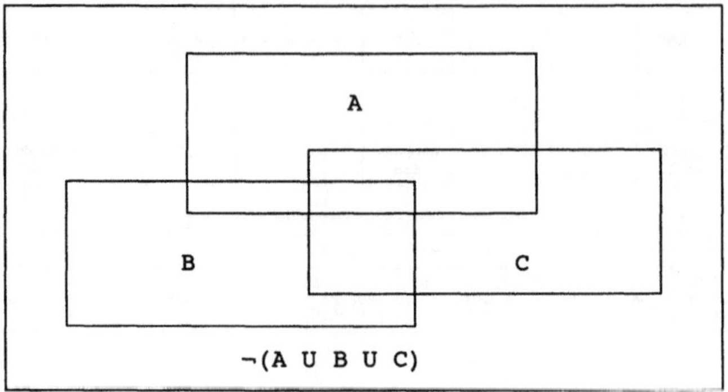

Die Eingabe-Datenstrukturen der drei Datenströme werden zunächst ohne Abgleichlogik erstellt.

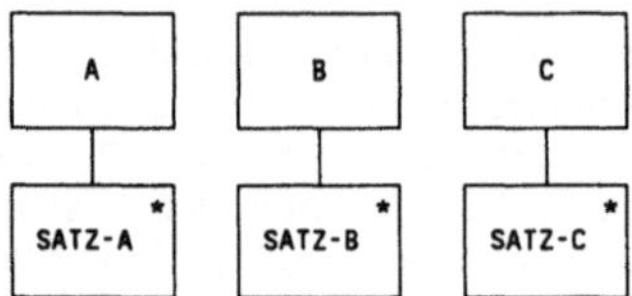

1. Schritt: Die Datenstruktur von AUS enthält acht mögliche Fälle.

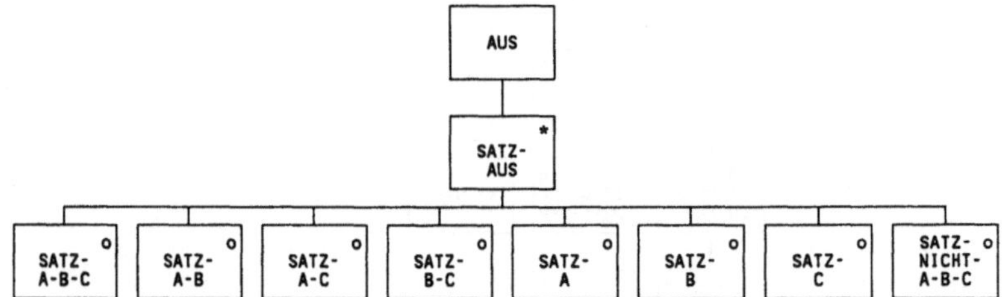

Die Eingabe-Datenstrukturen werden um die Abgleichlogik erweitert.

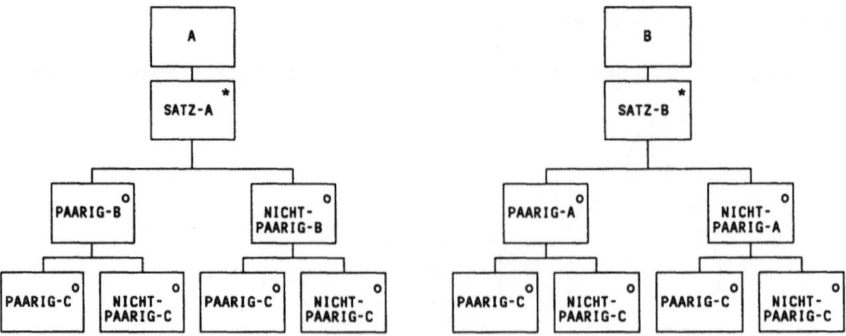

Das DSD von C wird in der gleichen Weise geändert.

2. Schritt: Der Abgleich erfolgt auf der Ebene SATZ.

3. Schritt: Für die Ableitung des PSD wird auf der Ebene SATZ das Standard-PSD für den Abgleich von drei Datenströmen verwendet.

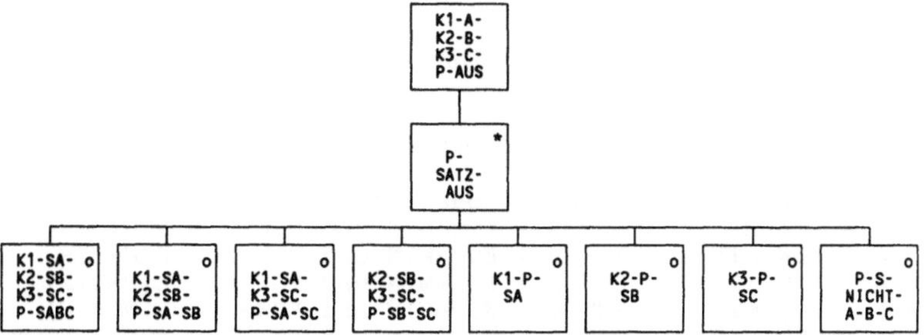

4. Schritt: Komponenten für nicht benötigte Fälle werden gestrichen.

Fallbeispiel Weinprobe: Expliziter Datenstrom für die Weinnummer

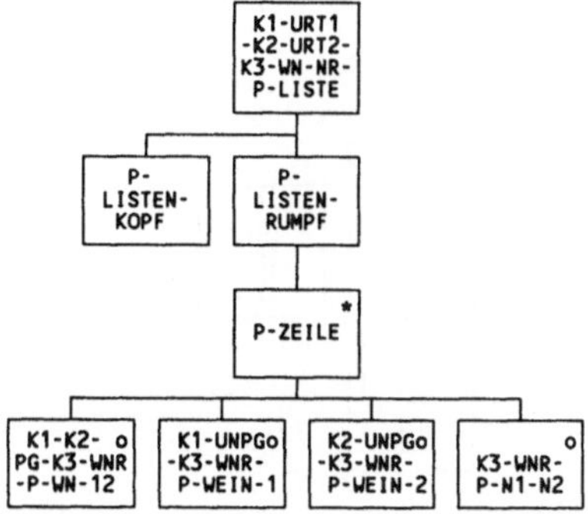

Die Fälle A∧B, A, B und (¬A)∧(¬B)∧(¬C) können gestrichen werden, und das PSD ist zu dem Entwurf mit impliziter Weinnumerierung äquivalent.

Standards beim Entwurf von Abgleichproblemen

Elementaranweisungen und Bedingungen sowie deren Zuordnung zum Standard-PSD können beim Abgleich weitgehend formalisiert werden. Mit Hilfe dieser Standards kann ein Abgleichproblem sehr effizient entworfen werden. Auch das Fehlerrisiko wird deutlich verringert.

Standard-Elementaranweisungen beim Abgleich von drei Datenströmen

```
 1. sopen output AUS
 2. swrite SATZ-AUS
 3. sclose output AUS

 4. aufbereiten SATZ-A-B-C        14. verarbeiten SATZ-A, SATZ-B, SATZ-C
 5. aufbereiten SATZ-A-B          15. verarbeiten SATZ-A, SATZ-B
 6. aufbereiten SATZ-A-C          16. verarbeiten SATZ-A, SATZ-C
 7. aufbereiten SATZ-B-C          17. verarbeiten SATZ-B, SATZ-C
 8. aufbereiten SATZ-A
 9. aufbereiten SATZ-B
10. aufbereiten SATZ-C
11. aufbereiten SATZ-NICHT-A-B-C
```

```
21. sopen input A      31. sopen input B      41. sopen input C
22. sread A            32. sread B            42. sread C
23. sclose input A     33. sclose input B     43. sclose input C
24. setzen GW-A        34. setzen GW-B        44. setzen GW-C

99. EGW-MIN := min (EGW-A, EGW-B, EGW-C)
```

Standard-Bedingungen beim Abgleich von drei Datenströmen

```
{1} (nicht A-EOF oder nicht B-EOF oder nicht C-EOF)
{2} (EGW-A = EGW-MIN und EGW-B = EGW-MIN und EGW-C = EGW-MIN)
{3} (EGW-A = EGW-MIN und EGW-B = EGW-MIN und EGW-C > EGW-MIN)
{4} (EGW-A = EGW-MIN und EGW-B > EGW-MIN und EGW-C = EGW-MIN)
{5} (EGW-A > EGW-MIN und EGW-B = EGW-MIN und EGW-C = EGW-MIN)
{6} (EGW-A = EGW-MIN und EGW-B > EGW-MIN und EGW-C > EGW-MIN)
{7} (EGW-A > EGW-MIN und EGW-B = EGW-MIN und EGW-C > EGW-MIN)
{8} (EGW-A > EGW-MIN und EGW-B > EGW-MIN und EGW-C = EGW-MIN)
{9} (ELSE)
```

Standard-Zuordnung von Elementaranweisungen und Bedingungen

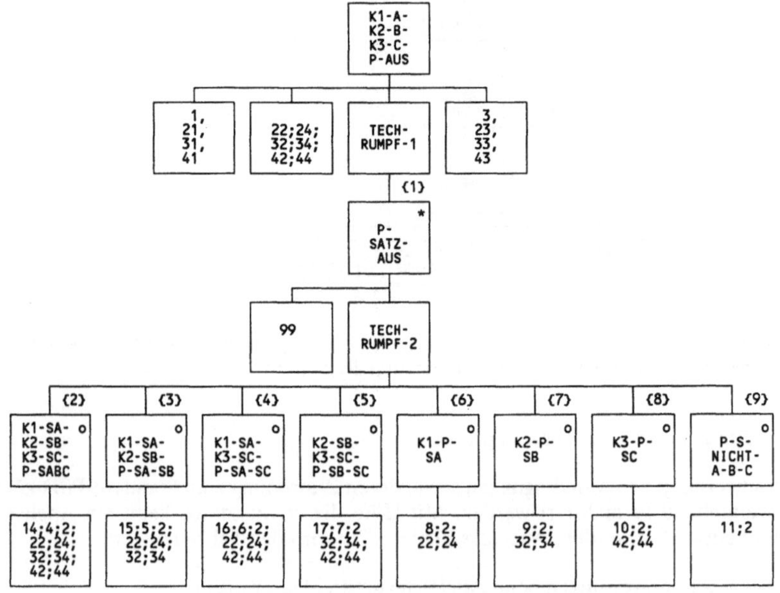

Abgleich von mehr als drei Datenströmen

Das Abgleichen von drei Datenströmen kann man verallgemeinern. Beim Abgleichen von n Datenströmen gibt es 2^n Kombinationen. In der Praxis treten aber selten Fällen mit mehr als drei Datenströmen bei einem Abgleichvorgang auf. Und wenn, dann sind zumeist nicht alle möglichen Fälle relevant. Analog zum Abgleich von zwei und drei Datenströmen wird ein Standard-PSD mit entsprechend vielen Komponenten verwendet. Ein Abgleich von mehr als vier Datenströmen wird so gut wie nie durchgeführt.

5.3.3 Abgleichen auf mehreren Ebenen

Beim Abgleich auf mehreren Ebenen werden für jede Ebene, auf der ein Abgleich erforderlich ist, die vier Schritte des Abgleichs durchgeführt. Empfehlenswert ist dabei ein Vorgehen von "oben nach unten", da auf oberen Ebenen einige Komponenten des Standard-Abgleichschemas eventuell entfallen, und somit unnötiger Aufwand vermieden werden kann.

Fallbeispiel Abgleich von Gruppen und Sätzen: Abgleich auf zwei Ebenen

Paarige Sätze von paarigen Gruppen der Eingaben EIN-1 und EIN-2 werden gemeinsam verarbeitet. Alle anderen Sätze werden unverändert ausgegeben.

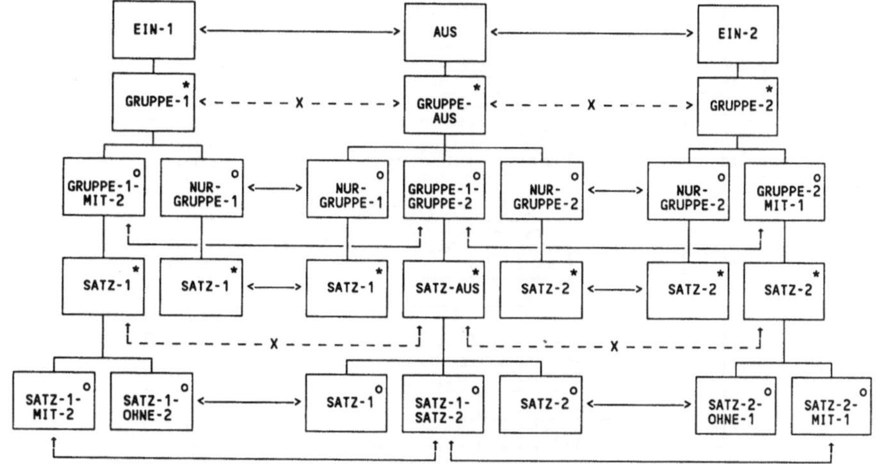

Zur Lösung des Abgleichproblems wird das Standard-PSD auf der Ebene GRUPPE und auf der Ebene SATZ angewendet.

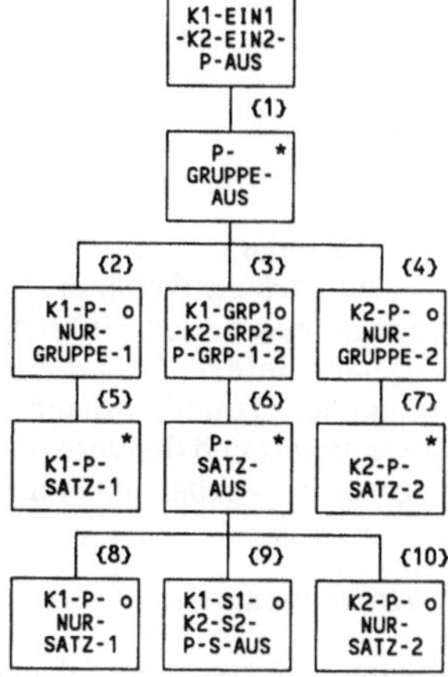

Ist z.B. EIN-2 eine Datenbank, auf die mit dem Gruppen-Schlüssel direkt und auf die Sätze einer Gruppe sequentiell zugegriffen werden kann, dann entfallen die Selektions-Komponenten für NUR-GRUPPE-2 ("halber" Abgleich auf der Ebene GRUPPE).

Mischen und Abgleichen kann bei einem Problem kombiniert auftreten, z.B. wenn eine Bewegungsdatei in eine Datenbank gemischt werden soll.

Fallbeispiel Mischen einer Datei in eine Datenbank: Mischen/Abgleichen

Der Datenstrom EIN-1 enthält Gruppen von SATZ-1. Die Sätze sind nach einem Schlüssel aufsteigend sortiert. Der Datenstrom EIN-1 soll gruppenweise in die Datenbank DB-ALT gemischt werden. Neue Sätze von Gruppen, deren Schlüssel bereits auf der Datenbank vorhanden ist, sollen hinter die vorhandenen Sätze eingetragen werden.

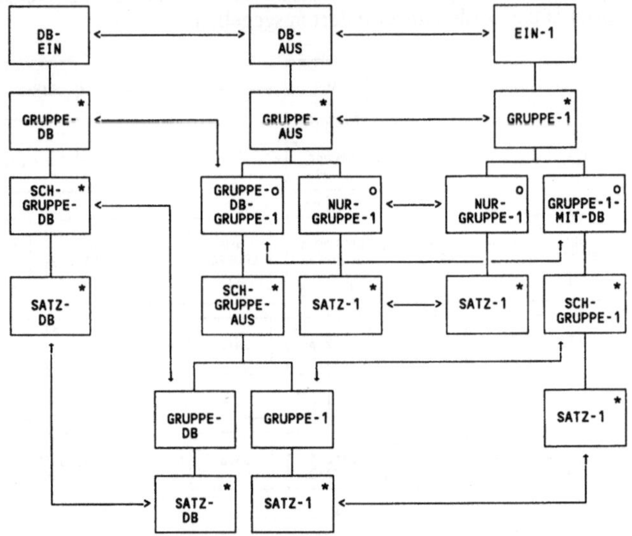

Da hier nur Mischen und "halber" Abgleich auftreten, ist ein gemeinsames PSD ohne Verwendung des Standard-PSD nach den üblichen Regeln ableitbar.

5.4 Fallstudien

Fallstudie 5.4-1: Versandliste-5 Aktualisierung der Versanddatei

Die Versanddatei eines Versandhauses (vgl. Fallstudie 2.7-1) soll durch eine Bewegungsdatei aktualisiert werden. Die Sätze beider Dateien sind nach Artikelnummer und für jede Artikelnummer nach Datum aufsteigend sortiert. Die Bewegungssätze mit gleicher Artikelnummer und gleichem Datum sollen zu einem Satz zusammengefaßt werden. Ist auf der Versanddatei bereits ein Satz mit dem eingegebenen Schlüssel (Artikelnummer-Datum) vorhanden, so wird auch die Menge des vorhandenen Satzes auf die Gesamtmenge summiert und der vorhandene Satz durch den neuen Summensatz ersetzt. Versandsätze ohne Bewegungssatz werden unverändert übernommen.

Fallstudie 5.4-2: Online-5 Erfassen mit neuen Artikelnummern

Aufgabenstellung wie Fallstudie 3.3-2 (Teilaufgabe "Erfassen") mit folgendem Zusatz:

Es können auch Versandsätze zu Artikelnummern eingegeben werden, die nicht auf der VERSAND-DB enthalten sind. Pro Bildschirm sind nur Sätze zu einer Artikelnummer zugelassen. Auf der VERSAND-DB sind die Versandsätze je Artikelnummer aufsteigend nach DATUM sortiert.

Versandsätze zu bereits vorhandenen Artikelnummern sollen aufsteigend nach DATUM in die vorhandenen "einsortiert" werden. Die online eingegebenen Sätze müssen nicht sortiert sein. Falls erforderlich, wird die Sortierung intern vom Programm durchgeführt. Man entwerfe ein Programm, das alle Eingabe-Kodes außer "Erfassen" mit einer Fehlermeldung zurückweist.

Fallstudie 5.4-3: Text-5 Textbausteine (mit Textbausteinen) ersetzen

Aufgabenstellung wie Fallstudie 2.7-6 mit folgender Erweiterung:

Die Textbausteine können selbst wieder Textbaustein-Nummern enthalten.

6 Erkennungsprobleme

Bei der Vorbereitung für die Implementierung kann es vorkommen, daß die im Entwurf zunächst nur formal angegebenen Bedingungen nicht realisiert werden können. Wenn alle Versuche, diese Bedingungen mit den vorhandenen Informationen zu präzisieren, nicht zum Ziele führen, und auch Entwurfsfehler ausgeschlossen werden können, handelt es sich um ein "Erkennungsproblem". Die Schwierigkeiten bei der Präzisierung von Bedingungen hängen aber nicht primär von der Entwurfsmethode ab, sondern sind typisch bei der Lösung bestimmter Probleme. Daß "Erkennungsprobleme" bei der Anwendung von JSP vielleicht häufiger auftreten als bei anderen Methoden, ist durchaus verständlich, da beim Entwurf nach JSP die Datenstrukturen bewußt ohne Beachtung von Bedingungen und deren Realisierung erstellt werden. Erst im letzten Schritt der Methode, dem Textschritt, werden die Bedingungen eingetragen und erst bei der Implementierung müssen die Bedingungen präzise formuliert werden.

6.1 Verschiedene Formen von Erkennungsproblemen

Ein *Erkennungsproblem* liegt vor, wenn ein Eingabe-Datenstrom mit der Information aller bisher verarbeiteten Sätze und des jeweils nächsten Satzes nicht korrekt interpretiert werden kann, d.h. wenn bei einer Selektion nicht entscheidbar ist, welcher Pfad zu wählen ist, oder bei einer Iteration die Bedingung für das Ausführen der Schleife nicht implementiert werden kann.

Wir unterscheiden drei Formen von Erkennungsproblemen, die jeweils eine bestimmte Lösungsmöglichkeit nahelegen:

- lösbar durch Vorauslesen einer festen Anzahl von Sätzen;
- lösbar durch Vorauslesen einer variablen Anzahl von Sätzen;
- nur lösbar mit "Backtracking".

Zur Lösung von Erkennungsproblemen verwenden wir eine der drei Techniken:

- mehrfaches Vorauslesen;
- Vorprogramm-Technik;
- "Backtracking".

Die Technik des "mehrfachen Vorauslesens" ist dann zu empfehlen, wenn das Erkennungsproblem durch Vorauslesen einer festen (im allg. kleinen) Anzahl von Sätzen des Eingabe-Datenstroms gelöst werden kann. Ist die Anzahl der benötigten Sätze variabel und sehr groß ("fast die ganze Datei"), außerdem eine Obergrenze für die Anzahl der Sätze nicht bekannt, so ist zumeist die "Vorprogramm-Technik" vorzuziehen. "Backtracking" ist dann anzuwenden, wenn der Datenstrom nicht vorausgelesen werden kann. Aber auch in vielen Situationen, die durch Vorauslesen gelöst werden könnten, ist "Backtracking" sinnvoll, wenn die verursachten "Nebenwirkungen" einfach zu behandeln sind.

Fallbeispiel korrekte/falsche Gruppe: Vorauslesen von drei Sätzen

Für korrekte Gruppen der Eingabe sollen ein Gruppenkopf und zwei Zeilen geschrieben werden. Eine Gruppe ist korrekt, wenn sie aus genau zwei Sätzen vom Typ SATZ-1 und SATZ-2, in dieser Reihenfolge, besteht. Alle anderen Gruppen sind falsch.

Das Erkennungsproblem "korrekte oder falsche Gruppe" kann durch Vorauslesen von drei Sätzen gelöst werden.

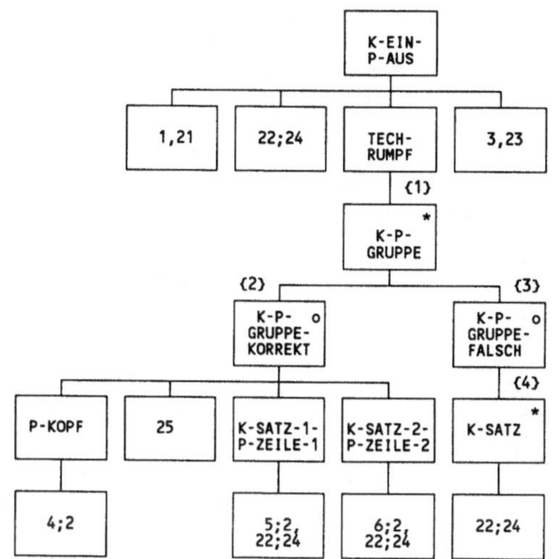


```
 1. sopen output AUS          21. sopen input EIN
 2. swrite ZEILE              22. sread EIN
 3. sclose output AUS         23. sclose input EIN
 4. aufbereiten KOPF-ZEILE    24. setzen GW
 5. aufbereiten ZEILE-1       25. GW-ALT := GW-NEU
 6. aufbereiten ZEILE-2

{1} (nicht EIN-EOF)
{2} (Gruppe korrekt)
{3} (Gruppe falsch)
{4} (EGW-ALT = EGW-NEU)
```

Fallbeispiel Satzgruppen mit Abstimmsumme: Vorauslesen einer variablen Anzahl von Sätzen

Gruppen mit korrekten Abstimmsummen sind von fehlerhaften zu trennen. Um zu entscheiden, ob eine Gruppe korrekt oder fehlerhaft ist, müssen alle Sätze dieser Gruppe berücksichtigt werden. Die Anzahl der Sätze einer Gruppe ist beliebig.

Dieses Erkennungsproblem ist lösbar durch Vorauslesen einer variablen Anzahl von Sätzen.

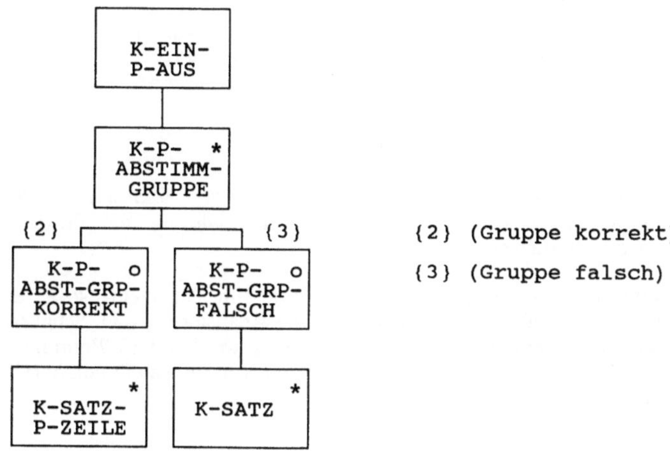

Fallbeispiel korrekte/falsche Datei: Vorprogramm-Technik

Eine Datei EIN wird abhängig davon, ob alle ihre Sätze korrekt sind, oder ob sie auch fehlerhafte
Sätze enthält, unterschiedlich verarbeitet, z.B. Abbruch der Verarbeitung und Fehlerbehandlung
beim ersten falschen Satz.

Die Anzahl der Sätze einer Datei ist beliebig, im allg. sehr groß. Dieses Erkennungsproblem
ist lösbar durch Vorauslesen einer variablen, im allg. großen Anzahl von Sätzen.

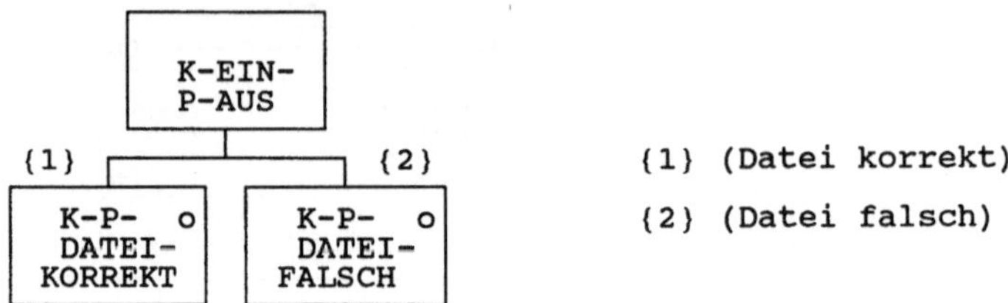

Fallbeispiel Buchungen mit Storno: nur mit Backtracking lösbar

Buchungen werden im Dialog eingegeben. Nach Eingabe von BESTÄTIGUNG werden diese
Buchungen ausgeführt, bei Eingabe von STORNO werden die Buchungen ignoriert. Das
Erkennungsproblem "Bestätigung" oder "Storno" kann nur mit Backtracking gelöst werden.

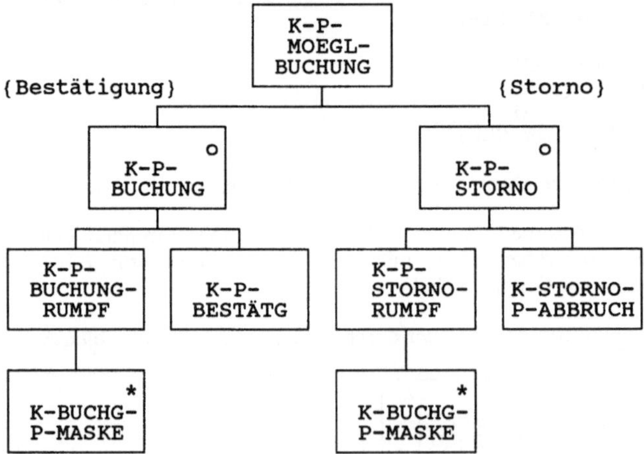

6.2 Technik des mehrfachen Vorauslesens

Bei der Lösung des Erkennungsproblems durch *mehrfaches Vorauslesen* werden so viele Sätze des
Datenstroms vorgelesen (und zwischengespeichert), wie für die Präzisierung der jeweiligen
Entscheidung erforderlich sind.

Ist die Anzahl der vorausgelesenen Sätze konstant (im allg. klein), so ist eine Implementierung
einfach. Ist diese Anzahl variabel, so bereitet die Realisierung u.U. Schwierigkeiten, da für viele
Programmiersprachen eine Obergrenze angegegeben werden muß. Beim mehrfachen Vorauslesen
ist ein zusätzlicher Aufwand erforderlich, um die nötigen Informationen bereitzustellen. Außerdem
müssen die Bedingungen angepaßt werden.

Die sechs Schritte beim mehrfachen Vorauslesen

Als formale Elementaranweisung verwenden wir - analog zum "sread" beim einfachen Vorauslesen - die Anweisung "mread", für "multiple" oder "mehrfaches" read. Beim mehrfachen Vorauslesen werden nicht nur mehrere Sätze gelesen, diese Sätze müssen auch geeignet verwaltet werden. Außerdem werden entsprechende EOF-Zeiger benötigt. Das Lesen eines Satzes und das Verwalten der bereits gelesenen Sätze mit EOF-Zeiger wird zu einem mread-Makro zusammengefaßt. Die EOF-Zeiger werden logisch durch die Anweisung "mopen" initialisiert. Die Technik des mehrfachen Vorauslesens erfordert folgende sechs Schritte:

1. Man stelle fest, wieviele Sätze zur Lösung des Erkennungsproblems vorausgelesen werden müssen. Die Anzahl sei n.

2. Man definiere n Datenbereiche mit EOF-Kennzeichen, die mit dem zugehörigen mopen initialisiert werden.

3. Man benutze das zugehörige mread-Makro (für n Datenbereiche).

4. Man ordne n-mal eine mread-Operation direkt nach dem zugehörigen mopen zu, im allg. anstelle der sread-Operation für das Vorlesen. Es werden n Sätze vorgelesen und in den n Datenbereichen verwaltet.

5. Man ordne je eine mread-Operation am Ende jeder Programmkomponente zu, die einen Satz vollständig verarbeitet, im allg. anstelle der jeweiligen sread-Operation für das Nachlesen. Es wird nur jeweils ein Satz nachgelesen.

6. Man ändere alle Bedingungen, die sich auf einen dieser n Datenbereiche beziehen.

Implementierung des mread-Makro

Ein mread-Makro besteht aus einem normalen sread mit EOF-Erkennung, der Verwaltung der bereits gelesenen Sätze und einem Unterdrücken des Lesens, falls schon EOF der Eingabe erreicht ist. Zusätzlich benötigte Gruppierwörter werden mit den Datenbereichen gemeinsam verwaltet (entspricht der Anweisung "msetzen GW"). Die Gruppierwörter GW-ALT und GW-NEU sind nicht mehr erforderlich, da mit den Datenbereichen mindestens zwei Versionen des Gruppierwortes verfügbar sind.

Beispiel: dreifaches Vorauslesen

Es werden drei Satzbereiche benötigt.

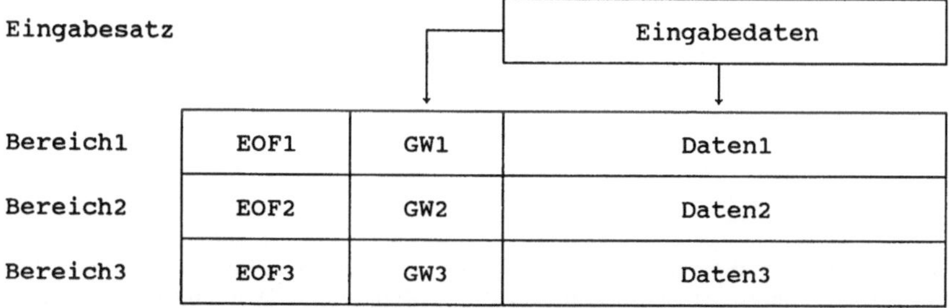

Die EOF-Zeiger werden beim mopen mit "nicht EOF" (z.B. mit Leerzeichen) initialisiert. Das Lesen des Datenstroms endet bei EOF3 = "E", die Verarbeitung der Datenbereiche wird aber weitergeführt bis EOF1 = "E". Anstelle von GW-ALT und GW-NEU werden GW1 und GW2 geprüft.

Beispiel: mread-Makro für dreifaches Vorauslesen mit msetzen GW

```
MREAD-3                    seq
                            | übertragen Bereich2 nach Bereich1
                            | übertragen Bereich3 nach Bereich2
   MREAD-3-RUMPF           sel (nicht EOF2)
     LESEN-NEU               seq
                              | sread EINGABE
                              | setzen GW
      LESEN-NEU-RUMPF         sel (nicht EINGABE-EOF)
        NICHT-EOF               seq
                                | übertragen Eingabedaten nach Daten3
                                | übertragen GW nach GW3
        NICHT-EOF              end
      LESEN-NEU-RUMPF         alt (EINGABE-EOF)
        EOF                     seq
                                | EOF3 := "E"
        EOF                     end
      LESEN-NEU-RUMPF         end
     LESEN-NEU              end
   MREAD-3-RUMPF           alt (EOF2)
   MREAD-3-RUMPF           end
MREAD-3                    end
```

Das Übertragen ganzer Datenbereiche bei jedem mread kann durch indirekte Satzadressierung
vermieden werden. Die Datenbereiche sind in einer Tabelle mit drei Elementen gespeichert. Die
Verarbeitung endet, falls EOF(N1) = "E". Nicht mehr gelesen wird bei EOF(N3) = "E".
Anstelle von GW-ALT und GW-NEU werden GW(N1) und GW(N2) geprüft.

```
MREAD-3                    seq
                            | N-HILF := N1
                            | N1    := N2
                            | N2    := N3
                            | N3    := N-HILF
   MREAD-3-RUMPF           sel (nicht EOF(N2))
     LESEN-NEU               seq
                              | sread EINGABE
                              | setzen GW
      LESEN-NEU-RUMPF         sel (nicht EINGABE-EOF)
        NICHT-EOF               seq
                                | übertragen Eingabedaten nach Daten(N3)
                                | übertragen GW nach GW(N3)
        NICHT-EOF              end
      LESEN-NEU-RUMPF         alt (EINGABE-EOF)
        EOF                     seq
                                | EOF(N3) := "E"
        EOF                     end
      LESEN-NEU-RUMPF         end
     LESEN-NEU              end
   MREAD-3-RUMPF           alt (EOF(N2))
     EOF-N2                  seq
                              | EOF(N3) := "E"
     EOF-N2                  end
   MREAD-3-RUMPF           end
MREAD-3                    end
```

Die Zeiger N1, N2 und N3 für dreifaches Vorauslesen werden auf die Anfangswerte 1, 2 und
3 gesetzt. Das Rotieren der Zeiger kann durch eine Zeiger-Tabelle verallgemeinert werden.

Mehrfaches Vorauslesen ist dann sinnvoll anzuwenden, wenn ein Erkennungsproblem durch die
Inhalte einer festen (im allg. kleinen) Anzahl von vorausgelesenen Sätzen gelöst werden kann. Sie
ist in einem solchen Fall häufig der "Backtracking"-Technik vorzuziehen, da die Behandlung von

"Nebenwirkungen" entfällt. Die Implementierung wird aber nicht unbedingt einfacher, da ein mread-Makro und die aufwendige Prüfung komplexer Bedingungen realisiert werden muß.

Fallbeispiel korrekte/falsche Gruppe: mread von drei Sätzen

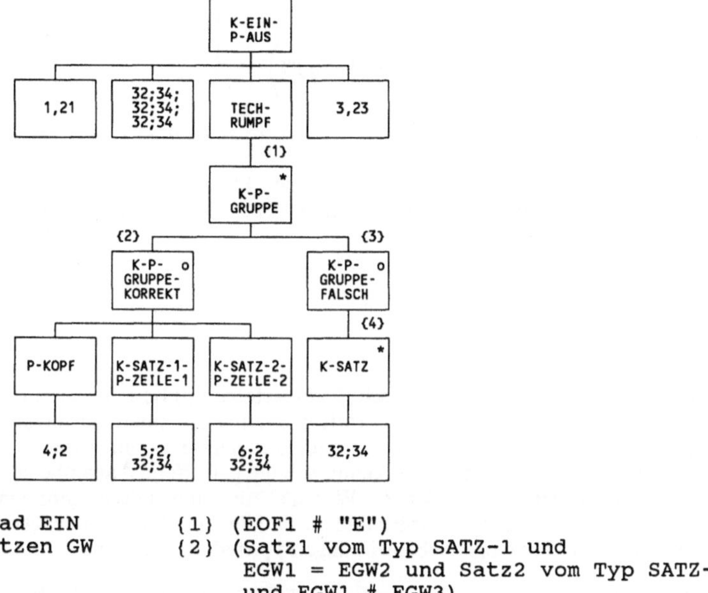


```
32. mread EIN          {1} (EOF1 # "E")
34. msetzen GW         {2} (Satz1 vom Typ SATZ-1 und
                            EGW1 = EGW2 und Satz2 vom Typ SATZ-2
                            und EGW1 # EGW3)
                       {3} (nicht {2})
                       {4} (EGW1 = EGW2)
```

Das Anweisungspaar 32;34 kann gemeinsam in einem MREAD-3-Makro implementiert werden. Die Anweisung "25. setzen GW" entfällt.

6.3 Vorprogramm-Technik

Manchmal läßt sich das Auftreten eines Erkennungsproblems durch einen anderen Systementwurf, die sog. "*Vorprogramm-Technik*" vermeiden. Das Vorprogramm stellt zusätzliche Informationen zur Verfügung oder verändert den Datenstrom so, daß kein Erkennungsproblem mehr zu lösen ist. Eine typische Anwendung sind Routinen, die z.B. die Eingabe auf formale Fehler oder Sortierfolgefehler prüfen. Die Vorprogramm-Technik verursacht zwar keine "Nebenwirkungen", wie sie eventuell bei "Backtracking" auftreten. Es müssen auch keine Eingabesätze zwischengespeichert werden wie beim mehrfachen Vorauslesen. Dafür muß aber der Datenstrom mehrfach abgearbeitet werden. Die Vorprogramm-Technik ist dann sinnvoll, wenn zur Lösung eines Erkennungsproblems eine variable und im allg. große Anzahl von Sätzen benötigt wird.

Fallbeispiel korrekte/falsche Datei: Vorprogramm-Technik

Das Erkennungsproblem wird auf SND-Ebene gelöst. Das VORPROGRAMM prüft die Sätze von EIN und übergibt einen geeigneten Zeiger als ZUSATZ-INFO an das Verarbeitungsprogramm. Der Zwischen-Datenstrom EIN' stimmt hier mit dem Eingabe-Datenstrom EIN überein.

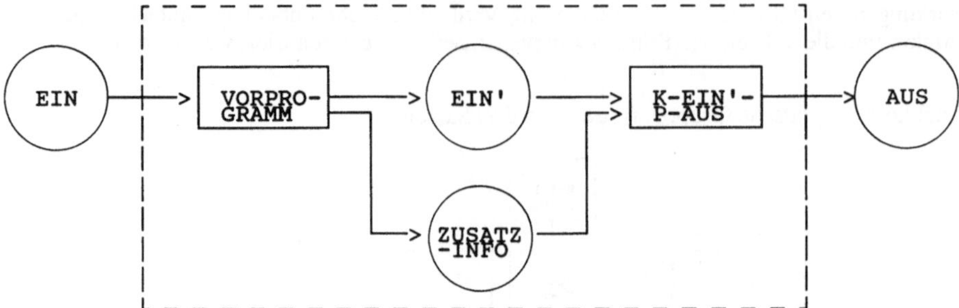

Da mit ZUSATZ-INFO entschieden werden kann, ob die Datei EIN' nur korrekte Sätze enthält oder nicht, tritt nun im Programm K-EIN'-P-AUS kein Erkennungsproblem auf.

6.4 Backtracking-Technik

6.4.1 Prinzip des Backtracking

Die Technik des *Backtracking* (zu deutsch "Rückverfolgung") besteht darin, daß man in einer nicht entscheidbaren Situation eine Annahme trifft und zunächst einen der möglichen Pfade bei Selektionen bzw. den nächsten Durchlauf bei Iterationen bearbeitet, und zwar so lange, bis man durch zusätzlich gewonnene Informationen erkennt, daß die getroffene Annahme verworfen werden muß, oder bis die Verarbeitung beendet ist. War die Annahme falsch, geht man systematisch zum Ausgangspunkt derEntscheidung zurück und macht alle Auswirkungen der Aktionen, die man nicht hätte durchführen dürfen (sog. "Nebenwirkungen") , wieder rückgängig.

Das Behandeln dieser Nebenwirkungen kann u.U. recht aufwendig sein. Backtracking ist eine altbekannte Technik zur Behandlung von Erkennungsproblemen ("Maus im Labyrinth") und nicht JSP-spezifisch. Durch JSP werden die einzelnen Schritte der Backtracking-Technik lediglich systematisiert. Prinzipiell ist Backtracking für alle Formen von Erkennungsproblemen anwendbar. Aber nicht in allen Fällen ist Backtracking die effizienteste Technik.

Manche Erkennungsprobleme sind nur mit Backtracking lösbar, und zwar solche, bei denen auf nachfolgende Sätze des Datenstroms nicht durch Vorauslesen zugegriffen werden kann. Viele Online-Anwendungen sind von diesem Typ, da bei einem Erkennungsproblem im Dialogprogramm der Benutzer nicht aufgefordert werden kann, weitere Eingaben vor der nächsten Programmreaktion zu tätigen.

Bei der Behandlung von Erkennungsproblemen mit Backtracking wird bei Selektionen anders vorgegangen als bei Iterationen. Entsprechend unterscheiden wir zwischen "Backtracking in Selektionen" und "Backtracking in Iterationen".

Fallbeispiel korrekte/falsche Gruppe: "klassische" Lösung

Werden die Bedingungen für eine korrekte oder falsche Gruppe bei jedem Satz einzeln abgefragt, ergibt sich - in JSP-Notation - eine tief geschachtelte Ablaufstruktur, eine sog. "Blümchenkette". Im Unterschied zum Entwurf nach JSP, wo die Eigenschaft einer Gruppe den Pfad der Selektion bestimmt, wird bei einem ablauforientierten Ansatz die Verarbeitung durch die Eigenschaft einzelner Sätze einer Gruppe gesteuert. Die Möglichkeiten, Bedingungen zu prüfen ("nach jedem gelesenen Satz") bestimmen die Struktur des Entwurfs bei einem ablauforientierten Ansatz. Aus diesem Grund werden beim Entwurf nach JSP die Bedingungen erst ganz zum Schluß betrachtet, um beim Entwickeln der Datenstrukturen nicht zu Ansätzen verleitet zu werden, die den Charakter einer "Blümchenkette" aufweisen.

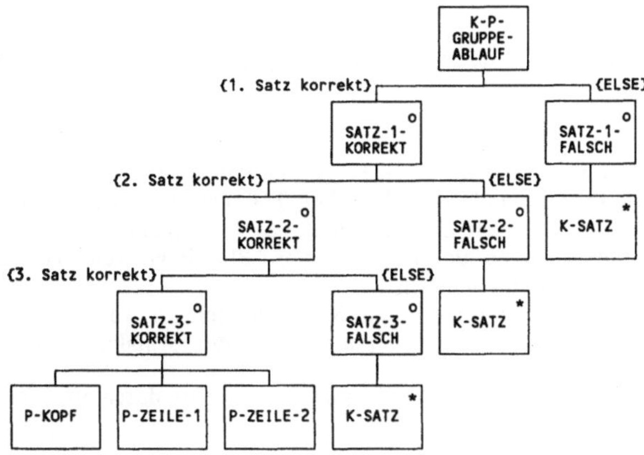

6.4.2 Backtracking in Selektionen

Bei der Behandlung von Erkennungsproblemen in Selektionen durch Backtracking kann mit der Information des aktuell gelesenen Satzes (und aller bisher verarbeiteten Sätze) nicht erkannt werden, welche Selektions-Komponente im PSD für die weitere Verarbeitung zu wählen ist. Die Technik des Backtracking in Selektionen besteht aus drei Schritten.

1. Schritt: "Guter Geist"

Unter der Annahme, daß ein "Guter Geist" alle auftretenden Erkennungsprobleme löst, wird der Entwurf wie bei den grundlegenden Entwurfsschritten vervollständigt. Voraussetzung ist, daß die Selektion nur zwei Komponenten hat und der "Gute Geist" mit "ja" oder "nein" antworten kann.

> 1. Schritt
> a) Man forme die Selektion, falls nötig, so um, daß sie nur *zwei* Komponenten hat.
> b) Man formuliere die Selektions-Bedingungen so, daß der *Gute Geist* mit *ja* oder *nein* antworten kann.

Fallbeispiel A vom Typ B oder C: PSD nach dem 1. Schritt

Nach dem ersten Schritt erhalten wir ein PSD mit Elementaranweisungen X, Y und Z sowie Bedingungen (Bed-B), (Bed-C) und (Bed-D) in folgender Form:

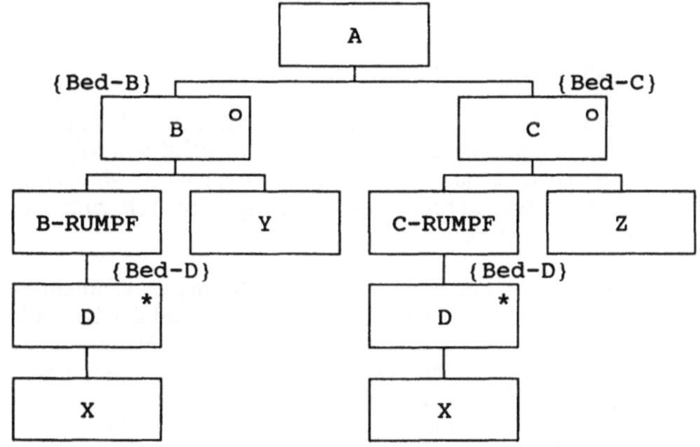

2. Schritt: posit, admit und quit

Im zweiten Schritt wird entschieden, welcher der beiden Pfade als erster begangen wird, und wie die entsprechenden Annahmen lauten.

> 2. Schritt
> a) Man bestimme den Zweig der formalen Selektion, der als erster verarbeitet wird. Dieser Zweig ist der *posit*-Teil; der andere ist der *admit*-Teil. Der posit-Teil ist im PSD immer die linke Komponente der Selektion. Eventuell muß das PSD entsprechend umgestellt werden.
> b) Man formuliere die Annahme, unter der der posit-Pfad begonnen wird. Diese Annahme soll einfach widerlegt werden können.
> c) Man füge in den posit-Teil überall dort *quit*-Komponenten ein, wo die Annahme verworfen werden muß. Die quit-Komponente erhält den Namen der formalen Selektion.

Im PSD werden posit und admit durch ein "?", die quit-Komponente durch eine neue Komponente mit "!" beschrieben.

Fallbeispiel A vom Typ B oder C: PSD nach dem 2. Schritt

> Die Annahme für den posit-Pfad ist das Zutreffen der Bedingung (nicht Bed-A). Die Bedingungen (Bed-B) und (Bed-C) werden nur noch als Kommentar betrachtet. Nach dem zweiten Backtracking-Schritt erhalten wir folgendes PSD:

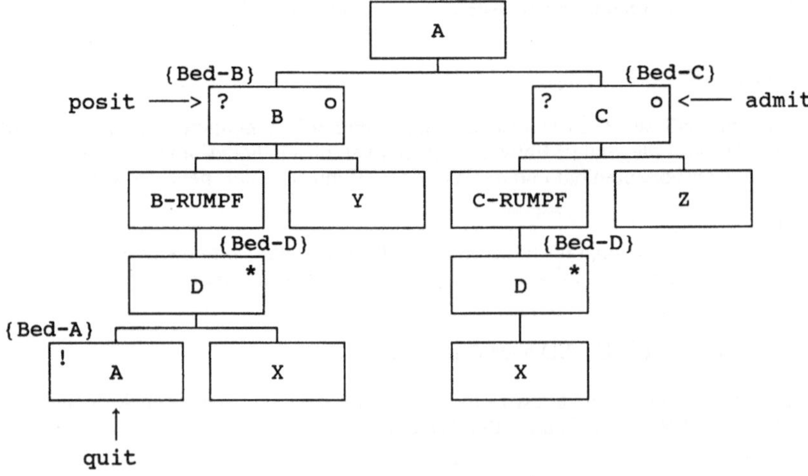

Der Unterschied zwischen einem "quit" und einem "go to"

Bei einem Erkennungsproblem für Selektionen kann zunächst nicht erkannt werden, welcher der beiden Pfade zu wählen ist. Man entscheidet sich für den posit-Pfad und folgt diesem solange, bis die getroffene Annahme durch eine quit-Bedingung widerlegt wird. Muß aufgrund einer quit-Bedingung der posit-Pfad verlassen werden, kehrt man systematisch zum Ausgangspunkt der Annahme, nämlich zur Selektion, zurück.

Dieses Zurückgehen ist aber nicht ein einfaches Zurück-Springen, vielmehr werden in einem 3. Schritt alle Auswirkungen wieder rückgängig gemacht, die während der Behandlung dieses - jetzt als falsch erkannten - Pfades ausgelöst wurden. Bei der Wiederaufnahme der Verarbeitung im admit-Pfad ist der Originalzustand wieder hergestellt - bis auf "günstige" Nebenwirkungen (s.u.) - so als hätte man sich nie im posit-Pfad befunden! In diesem systematischen Zurückgehen unterscheidet sich ein "quit" grundlegend von einem "go to"! Ein "quit" ist kein verdecktes Unterlaufen der Regeln der Strukturierten Programmierung. Ein quit wird am Ende des Entwurfs im Rahmen von Backtracking bei der Implementierung von Bedingungen eingesetzt.

Notation von Backtracking im PSD

Zur Darstellung von Backtracking im PSD werden vier verschiedene Symbole in der linken oberen Ecke der jeweiligen Komponente verwendet:

?   Komponente, deren Bedingungen als Kommentar aufgefaßt werden:
posit- und admit-Komponente in Selektionen
(und "positer"-Komponente bei Backtracking in Iterationen);

!   quit-Komponente;

−   Komponente, für die kein Quellkode erzeugt wird,
z.B. "günstige" Nebenwirkung im admit-Teil oder
Komponenten, die bei der Behandlung von "ungünstigen" Nebenwirkungen entfallen;

+   zusätzlich in das PSD eingefügte Komponente,
z.B. zur Behandlung "ungünstiger"Nebenwirkungen.

Notation von Backtracking im Strukturtext

Obwohl beim Einsatz von modernen Werkzeugen für JSP der Strukturtext nur noch eine untergeordnete Rolle spielt, wird aus Gründen der Vollständigkeit die Notation von Backtracking auch im Strukturtext angegeben. Die Schlüsselwörter _sel_ bzw. _alt_ werden ersetzt durch _posit_ bzw. _admit_. Bei Backtracking in Iterationen wird die _itr_-Komponente zur _positer_-Komponente. An den Stellen, an denen quittiert wird, wird eine Anweisung mit dem Schlüsselwort _quit_ eingefügt, die den Namen der formalen Selektions- bzw. Iterations-Komponente trägt und die quit-Bedingung enthält.

Fallbeispiel A vom Typ B oder C: Strukturtext nach dem 2. Schritt

```
A                          posit (Bed-B)
   B                          seq
      B-RUMPF                    itr while (Bed-D)
         D                          seq
A                          quit if (Bed-A)
                                    do X
         D                          end
      B-RUMPF                    end
                                 do Y
   B                          end
A                          admit (Bed-C)
   C                          seq
      C-RUMPF                    itr while (Bed-D)
         D                          seq
                                    do X
         D                          end
      C-RUMPF                    end
                                 do Z
   C                          end
A                          end
```

In älteren Darstellungen der Methode JSP findet man die Behandlung von Erkennungsproblemen ausschließlich im Strukturtext. Seit es aber wirkungsvolle Werkzeuge gibt, mit denen man den Entwurf nach JSP im Dialog durchführen und den Strukturtext automatisch aus dem vollständigen

PSD ableiten kann, erfolgt die Behandlung von Erkennungsproblemen auf PSD-Ebene, aus historischen Gründen noch im Textschritt, nach der Formulierung und Zuordung der Bedingungen.

3 Regeln zur Auswahl des posit- und admit-Zweigs

Im allg. bereitet es keine Schwierigkeiten, einen der beiden Pfade der formalen Selektion als posit-Pfad zu wählen. Folgende drei Regeln haben sich als recht nützlich erwiesen.

1. posit die spezielle Struktur, admit die allgemeine Struktur, die die spezielle einschließt.

2. posit, daß ein bestimmtes Datenobjekt nicht existiert, admit, daß es existiert.

3. Wenn die Zuordnung der quit-Anweisung nicht einfach genug ist oder die Formulierung der Bedingungen sehr schwierig wird, vertausche man den posit- und den admit-Teil und versuche es noch einmal.

Die drei Regeln sind in der angegebenen Reihenfolge anzuwenden. Die Annahme, daß ein bestimmtes Datenobjekt nicht existiert (Regel 2), hat häufig "günstige" Nebenwirkungen zur Folge.

Fallbeispiel korrekte/falsche Gruppe: Anwendung der 1.Regel

Die Sequenz K-P-GRUPPE-KORREKT ist als spezielle Struktur in der allgemeinen Struktur, Iteration K-P-GRUPPE-FALSCH, enthalten.

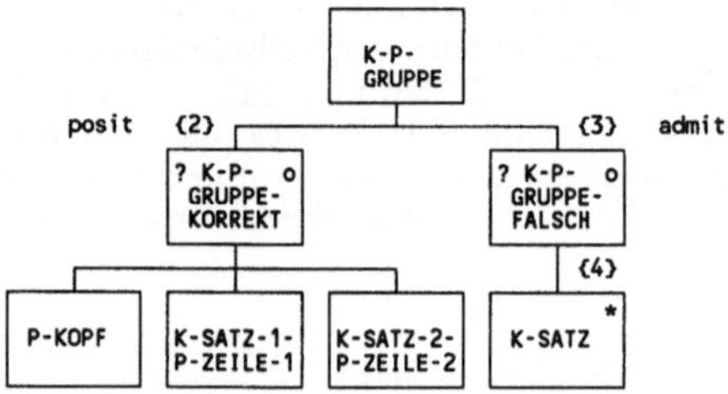

Fallbeispiel Buchungen mit Storno: Anwendung der 2. Regel

Bei der Wahl K-P-BUCHUNG als posit-Pfad lautet die Annahme: "kein Storno" und ist einfach als quit-Bedingung zu widerlegen. Hier wäre auch ein Vertauschen der beiden Pfade möglich.

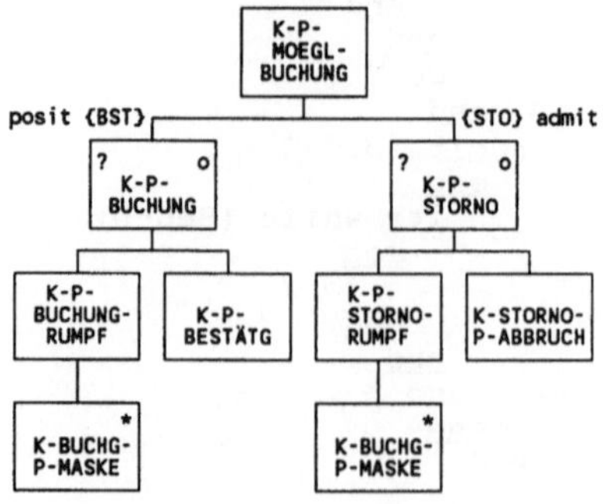

3. Schritt: Behandlung der Nebenwirkungen

Im letzten Schritt des Backtracking werden die Auswirkungen solcher Anweisungen behandelt, die auf dem posit-Pfad nicht hätten ausgeführt werden dürfen.

> 3. Schritt
> a) Man identifiziere solche Anweisungen im posit-Teil, die zu Nebenwirkungen führen.
> b) Man spezifiziere die Effekte dieser Nebenwirkungen, ob "günstig", "neutral" oder "unzulässig".
> c) Man entferne günstige Nebenwirkungen aus dem admit-Teil. Man behandle unzulässige Nebenwirkungen im posit- und/oder admit-Teil.

Eine Anweisung im posit-Teil führt zu *Nebenwirkungen* (oder auch "Seiteneffekten"), wenn sie die beiden folgenden Bedingungen erfüllt:

 - Die Anweisung steht vor der letzten quit-Anweisung.

 - Die Anweisung ändert den Wert eines Datenelementes oder liest von einer Datei oder schreibt in eine Datei, wobei das Datenelement oder die Datei auch außerhalb der posit-Komponente (speziell im zugehörigen admit-Teil) verwendet wird.

Wir unterscheiden drei Arten von Nebenwirkungen:

günstig
Die im posit-Teil ausgeführten Anweisungen werden genauso häufig in der gleichen Reihenfolge auch im admit-Teil ausgeführt. Es war also "günstig", daß diese Anweisungen bereits im posit-Teil ausgeführt wurden. Diese Anweisungen dürfen im admit-Teil aber nicht wiederholt werden.

neutral
Die korrekte Verarbeitung im admit-Teil wird durch die Ausführung dieser Anweisung nicht beeinflußt, ihre Auswirkungen sind "neutral". Ein Rücksetzen ist nicht erforderlich.

unzulässig (oder "ungünstig")
Die Ausführung dieser Anweisung bewirkt eine fehlerhafte Verarbeitung im admit-Teil. Es war also "unzulässig", diese Anweisungen auszuführen. Die Auswirkungen dieser Anweisung müssen wieder rückgängig gemacht werden, bevor die Bearbeitung des admit-Teils begonnen wird.

Man könnte die Behandlung von Nebenwirkung dadurch vereinfachen, daß zu Beginn des admit-Teils grundsätzlich die Auswirkungen aller im posit-Teil ausgeführten Anweisungen rückgängig gemacht werden. Aus Effizienzgründen wird das Rücksetzen auf unzulässige Nebenwirkungen beschränkt.

Fallbeispiel A vom Typ B oder C: PSD nach dem 3. Schritt

Alle Anweisungen X, die vor dem quit ausgeführt wurden, sind Kandidaten für Nebenwirkungen. Es treten nur günstige Nebenwirkungen auf, da die Ausführung der Anweisung X im posit-Zweig der Ausführung im admit-Zweig entspricht. Die Iteration `C-RUMPF` kann als günstige Nebenwirkung entfallen.

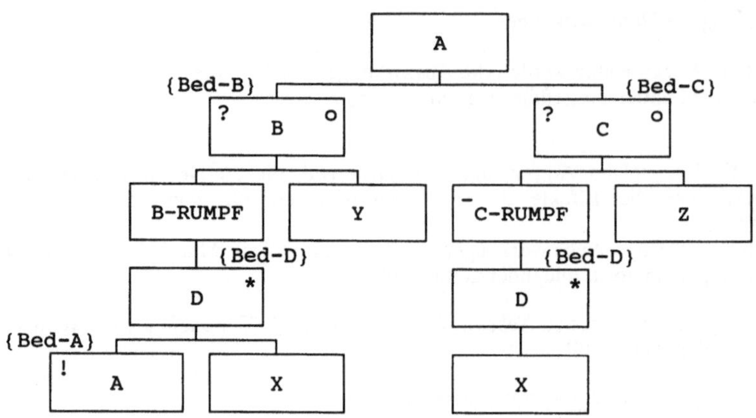

Fallbeispiel korrekte/falsche Gruppe: PSD nach Schritt 3b.

Vor dem Schreiben von KOPF-ZEILE und ZEILE-1 muß geprüft werden, ob der Eingabesatz vom Typ SATZ-1 ist. Die Ausgabe von ZEILE-2 ist nur erlaubt, wenn der zweite Satz vom Typ SATZ-2 ist. Alle drei Zeilen dürfen aber nur dann ausgegeben werden, wenn nach dem zweiten Satz kein weiterer Satz dieser Gruppe folgt. Also muß entsprechend quittiert werden. Alle drei swrite-Anweisungen führen zu unzulässigen Nebenwirkungen.

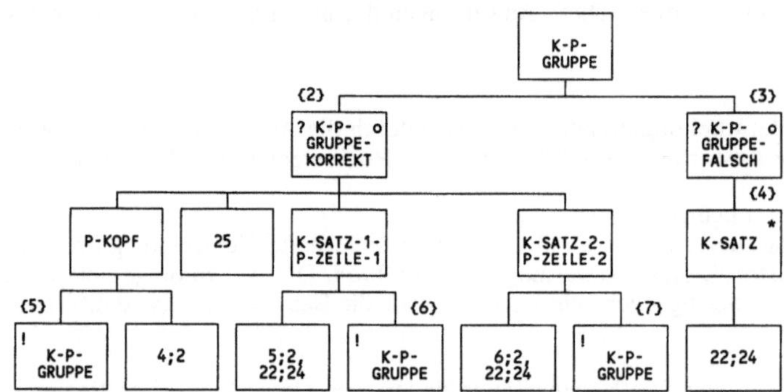

```
{5} (Satz nicht vom Typ SATZ-1)
{6} (EGW-ALT # EGW-NEU oder Satz nicht vom Typ SATZ-2)
{7} (EGW-ALT = EGW-NEU)
```

6.4.3 Backtracking in Iterationen

Auch in Iterationen können Erkennungsprobleme auftreten, wenn zu Beginn einer Iteration die Bedingung für das Weiterbearbeiten der Schleife oder einen vorzeitigen Abbruch nicht exakt formuliert, sondern erst während der wiederholten Ausführung präzisiert werden kann. Ein Erkennungsproblemen in Iterationen kann mit einer drei Techniken gelöst werden:

- Vorprogramm-Technik;
- mehrfaches Vorauslesen;
- Backtracking.

Die Lösung von Erkennungsproblemen bei Iterationen durch mehrfaches Vorauslesen oder Vorprogramm-Technik erfolgt analog zur entsprechenden Technik in Selektionen. Bei Backtracking in

Iterationen wird nicht zwischen posit- und admit-Pfad unterschieden. Es wird wieder ein "Guter Geist" angenommen, der alle Entscheidungen über Weiterverarbeitung oder Abbruch der Iteration beantwortet. Die Iterations-Komponente wird zur "positer"-Komponente, und die Iterations-Bedingung wird nur als Kommentar aufgefaßt. In die Verarbeitung der Iteration werden quit-Komponenten eingefügt, die ein vorzeitiges Verlassen der Iteration bewirken, falls die positer-Annahme widerlegt wird. Das Backtracking für Iterationen wird wieder in drei Schritte aufgeteilt.

1. Schritt: "Guter Geist"

  a) Man formuliere die Bedingung der Iteration so, daß der *Gute Geist* mit *ja* oder *nein* antworten kann.

Fallbeispiel letztes B: PSD nach dem 1. Schritt

  Für das letzte B werden die Anweisungen X und Z ausgeführt.

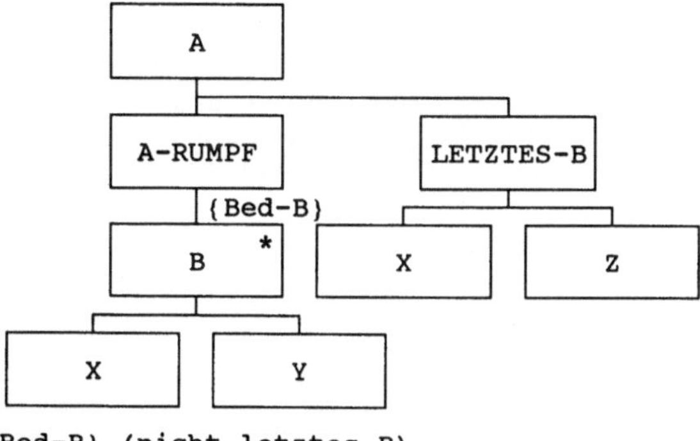

   {Bed-B} (nicht letztes B)

2. Schritt: positer und quit

  a) Die itr-Komponente wird zur *positer*-Komponente.
  b) Man formuliere die Annahme für das Weiterführen der Iteration.
  c) An den Stellen, wo die Annahme zum Weiterführen der Iteration widerlegt werden kann, werden quit-Komponenten eingefügt.

Fallbeispiel letztes B: PSD nach dem 2. Schritt

  Die Iteration `A-RUMPF` wird zur positer-Komponente und so lange ausgeführt, bis mit der quit-Bedingung (Bed-A) das letzte B festgestellt wurde (hier nach der Anweisung X).

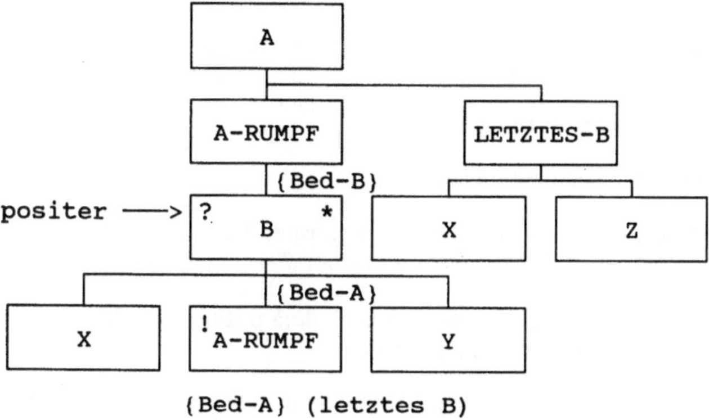

   {Bed-A} (letztes B)

Fallbeispiel letztes B: Strukturtext nach dem 2. Schritt

```
A                       seg
    A-RUMPF                 positer (Bed-B)
      B                       seg
                                do X
    A-RUMPF                 quit if (Bed-A)
                                do Y
      B                     end
    A-RUMPF             end
    LETZTES-B           seg
                          do X
                          do Z
      LETZTES-B         end
  A                     end
```

Fallbeispiel Summe in letzter Zeile: PSD nach dem 2. Schritt

Von der Datei EIN werden Sätze gruppenweise gelesen. Für jeden Satz wird eine Zeile auf der
Datei AUS geschrieben. Die Summe jeder Gruppe soll als zusätzliches Datenfeld in der letzten
Zeile dieser Gruppe ausgegeben werden. Ob die aktuell bearbeitete Zeile die letzte der Gruppe ist,
kann erst nach einem erneuten Lesen erkannt werden. Hier wäre auch die Technik des zweifachen
Vorauslesens einfach anzuwenden.

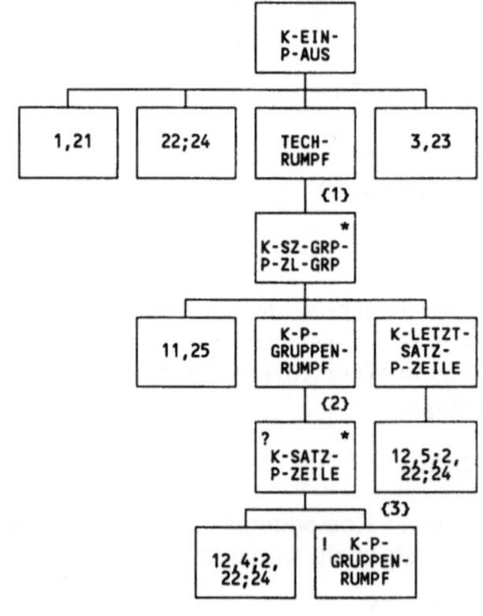


```
 4. aufbereiten ZEILE            (1) (nicht EIN-EOF)
 5. aufbereiten Summenfeld       (2) (nicht letzter Satz)
11. Summe := 0                   (3) (EGW-ALT # EGW-NEU)
12. Summe := Summe + Menge
```

3. Schritt: Behandlung der Nebenwirkungen

    a) Man identifiziere solche Anweisungen im positer-Teil, die zu Nebenwirkungen führen.
    b) Man spezifiziere die Effekte dieser Nebenwirkungen, ob "günstig", "neutral" oder
       "unzulässig".
    c) Man entferne günstige Nebenwirkungen nach dem positer-Teil. Man behandle unzulässige
       Nebenwirkungen in/nach dem positer-Teil.

Die Nebenwirkung sind sinngemäß wie beim Backtracking in Selektionen definiert.

Fallbeispiel letztes B: PSD nach dem 3. Schritt

Alle Anweisungen X und Y vor dem letzten quit können zu Nebenwirkungen führen. Die Anweisung X für das letzte B ist eine günstige Nebenwirkung. Für die Anweisungen Y sei angenommen, daß sie keine Nebenwirkungen hervorrufen.

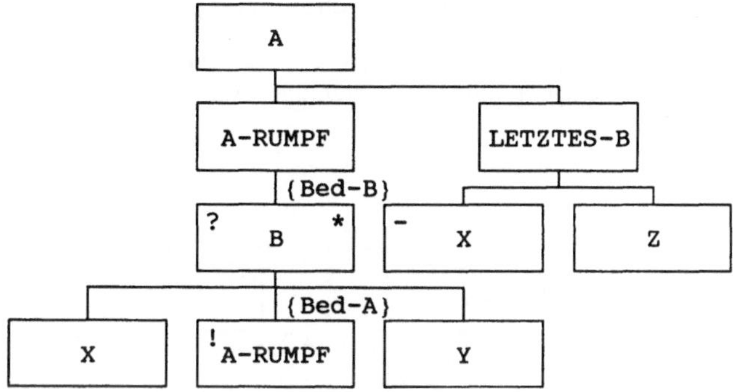

Backtracking in Iterationen kann als Spezialfall von Backtracking in Selektionen betrachtet werden, und zwar als formale Selektion mit den Komponenten: Iteration ohne vorzeitigen Abbruch und Iteration mit vorzeitigem Abbruch. Als posit-Pfad wird die Komponente "ohne vorzeitigen Abbruch" gewählt. Die Anweisungen des admit-Pfades entfallen als günstige Nebenwirkung.

Fallbeispiel Iteration mit Abbruch: Spezialfall von Backtracking

PSD mit positer-Komponente

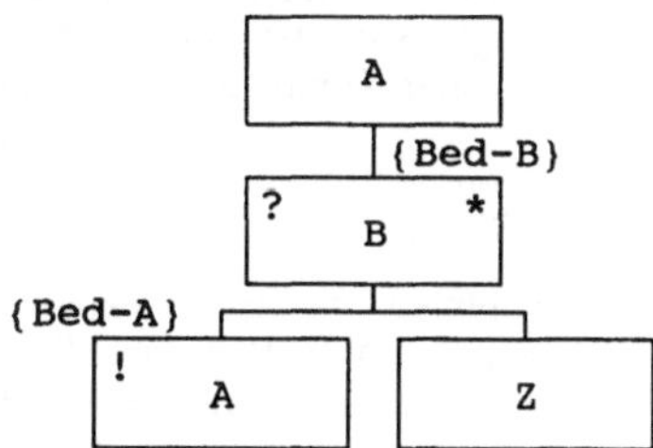

PSD mit posit- und admit-Komponente

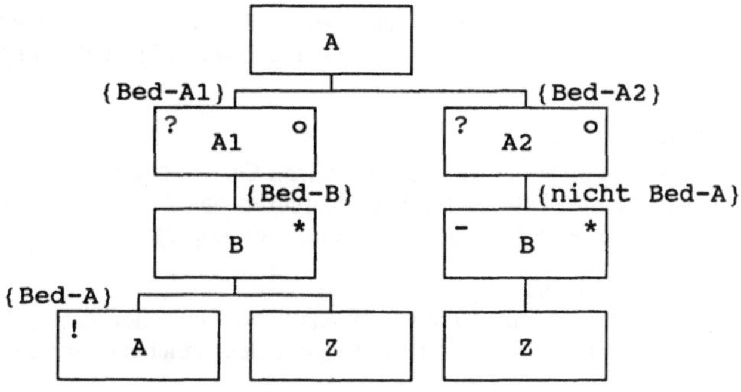

```
{Bed-A1}  (nicht Bed-A)      "nicht vorzeitiger Abbruch"
{Bed-A2}  (Bed-A)           "vorzeitiger Abbruch"
```

Die Bedingung (Bed-B) besteht häufig aus einer Bedingung (nicht Bed-E) für nicht normales Ende, z.B. nicht EOF, und der Bedingung (nicht Bed-A) für nicht vorzeitigen Abbruch:

```
{Bed-B}  ((nicht Bed-E) und (nicht Bed-A))
```

Durch Aufteilen der Bedingung (Bed B) kann die Verarbeitung bis zum normalen Ende durch die Iterations-Bedingung und der vorzeitige Abbruch durch die quit-Bedingung dargestellt werden.

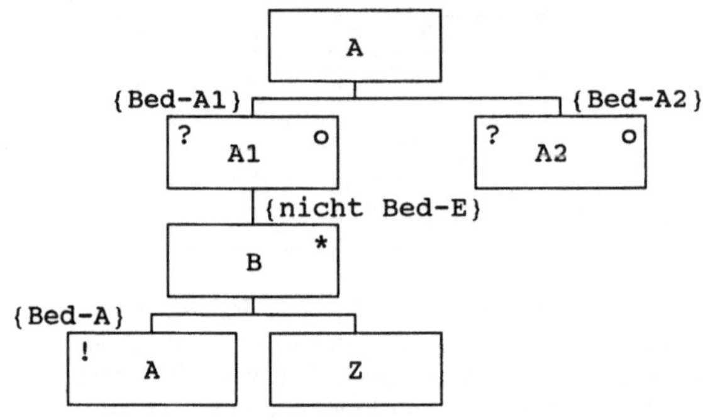


```
{nicht Bed-E}  (nicht Iterations-Ende)
{Bed-A}        (vorzeitiger Abbruch)
```

Diese Form der Darstellung von Backtracking in Iterationen hat den Vorteil, daß keine zusätzliche Notation erforderlich ist, außerdem wird der Fall des vorzeitigen Abbruchs der Iteration deutlicher aufgezeigt, und die Behandlung von Nebenwirkungen kann transparenter zugeordnet werden. In der Praxis wird meist die kürzere Darstellung der positer-Komponente gewählt.

6.4.4 Behandlung von unzulässigen Nebenwirkungen

Zum Abschluß der Lösung von Erkennungsproblemen mit Backtracking werden im Schritt 3c unzulässige Nebenwirkungen behandelt. Wurden im posit-Pfad unzulässige Nebenwirkungen verursacht, kann der admit-Pfad erst dann begonnen werden, wenn diese Nebenwirkungen wieder rückgängig gemacht oder durch geeignete Vorkehrungen verhindert wurden. Zur Behandlung von unzulässigen Nebenwirkungen unterscheiden wir drei Techniken.

DO & UNDO
bei leicht rücksetzbaren Veränderungen wie z. B. Hochzählen einer Summe oder eines Zählers (DO: Zähler erhöhen, und UNDO: die unzulässige Erhöhung vom Zähler wieder abziehen);

NOTE & RESTORE
bei umfangreichen, nur aufwendig rücksetzbaren Operationen auf größeren Datenbeständen wie z. B. Update einer Tabelle (NOTE: Kopieren des Ausgangszustands, und RESTORE: Überschreiben des veränderten Originals mit dieser Kopie);

PRETEND & REALLY DO
bei nicht rücksetzbaren Aktionen wie z. B. das Schreiben einer Zeile (PRETEND: Zwischenspeichern der Zeile, und REALLY DO: Ausgabe des Speichers nach dem letzten quit).

In der Praxis lassen sich diese Techniken nicht immer strikt trennen. Man findet häufig eine Kombination der Techniken. In manchen Situationen ist auch nur eine der drei Techniken sinnvoll anwendbar. Die drei Techniken werden an folgendem Beispiel erläutert.

Ausgangsstruktur mit unzulässigen Nebenwirkungen nach Schritt 3b

Die Anweisungen X und Y können Nebenwirkungen auslösen, da sie vor dem letzten quit ausgeführt werden.

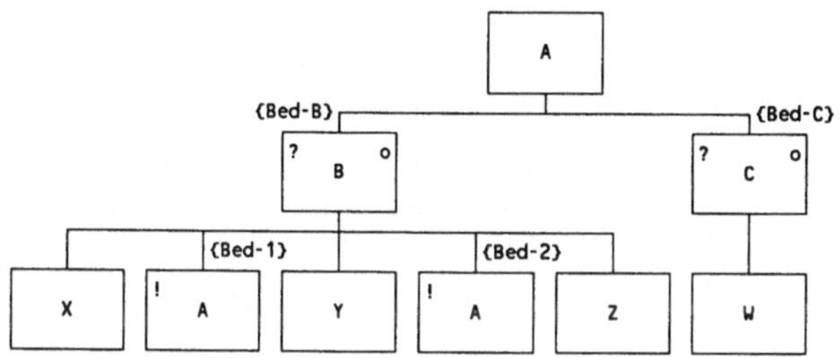

Behandlung der unzulässigen Nebenwirkungen mit DO & UNDO

Die Nebenwirkungen der Anweisungen X bzw. X und Y werden unmittelbar vor dem jeweiligen quit im posit-Teil rückgängig gemacht: UNDO X und UNDO X,Y. Die quit-Komponente erhält keine Bedingung, da diese bereits in der Selektions-Komponente B1 bzw. B2 geprüft wurde.

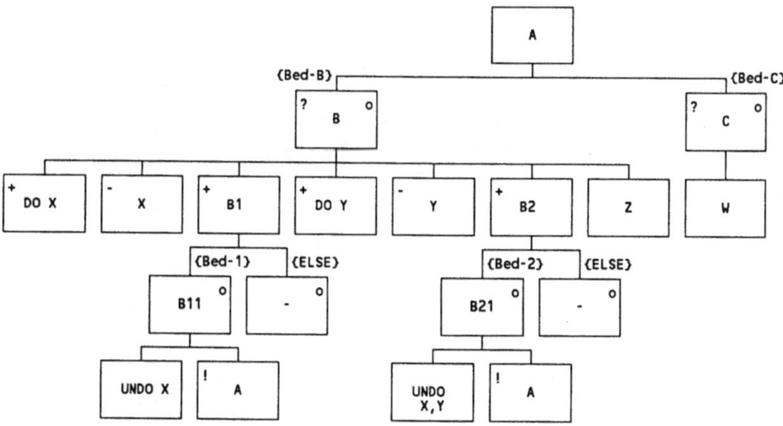

Behandlung der unzulässigen Nebenwirkungen mit NOTE & RESTORE

Der Ausgangszustand der Daten, die durch die Anweisungen X und Y verändert würden, wird zu Beginn des posit-Teils kopiert (NOTE X,Y). Zu Beginn des admit-Teils werden die geänderten Daten mit der Kopie des unveränderten Originals überschrieben (RESTORE X,Y), und somit wird der Ausgangszustand wiederhergestellt.

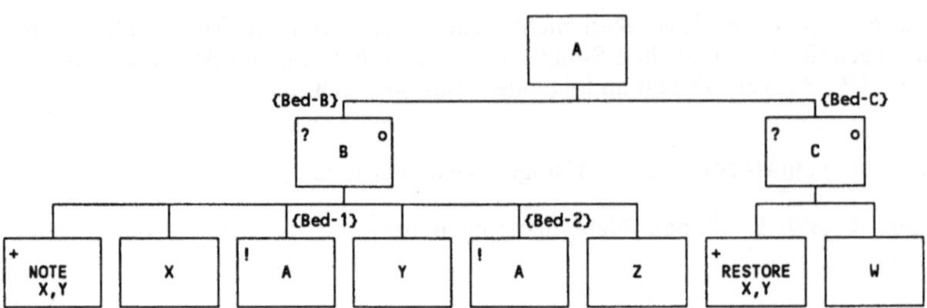

Behandlung der unzulässigen Nebenwirkungen mit PRETEND & REALLY DO

Anstelle der Anweisungen X und Y im posit-Teil werden zunächst die Auswirkungen dieser Anweisungen zwischengespeichert (PRETEND X und PRETEND Y) und nach dem letzten quit wirklich ausgeführt (REALLY DO X,Y). Die Anweisungen X und Y werden nicht ausgeführt.

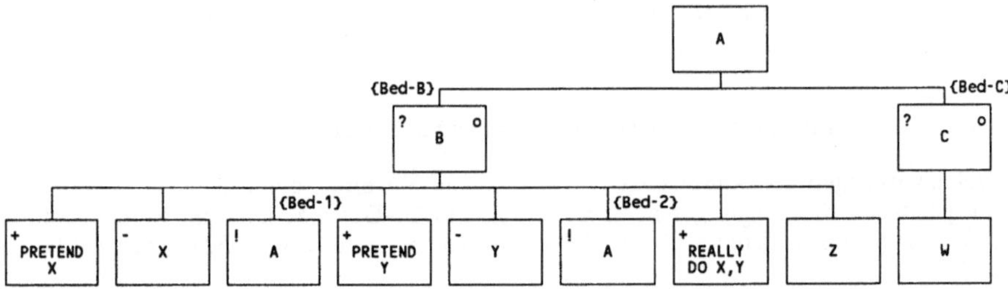

Fallbeispiel korrekte/falsche Gruppe: PRETENT & REALLY DO

Die unzulässige Nebenwirkung "2. swrite ZEILE" kann nur mit PRETENT & REALLY DO behandelt werden, da es weder möglich ist, eine geschriebene Zeile rückgängig zu machen, noch durch Kopieren von Daten das Schreiben der Zeile zu unterdrücken.

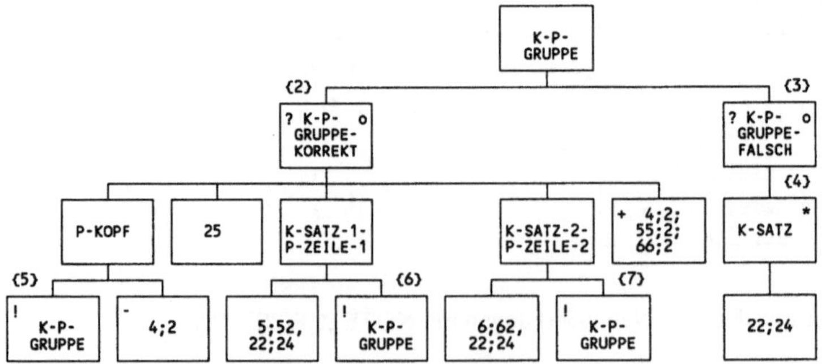

```
52. speichern ZEILE-1 in ZS-ZEILE-1
55. aufbereiten ZEILE-1 aus ZS-ZEILE-1

62. speichern ZEILE-2 in ZS-ZEILE-2
66. aufbereiten ZEILE-2 aus ZS-ZEILE-2
```

Unter der Annahme, daß KOPF-ZEILE nicht von SATZ-1 und SATZ-2 abhängt, ist ein Zwischenspeichern nicht erforderlich. Das Aufbereiten und Schreiben von KOPF-ZEILE wird lediglich "verzögert". Die Anweisung 52 ist das PRETEND für das Schreiben von ZEILE-1, mit den Anweisungen 55;2 erfolgt das entsprechende REALLY DO, für ZEILE-2 analog. Die Anweisungen zum Zwischenspeichern der Ausgabe-Zeilen könnte man durch eine Tabelle verallgemeinern.

Soll das Einfügen des Zwischenspeicherns und das Unterdrücken der Anweisung 2 vor dem quit ausführlich dargestellt werden, so müßte z.B. die Komponente K-SATZ-1-P-ZEILE-1 lauten:

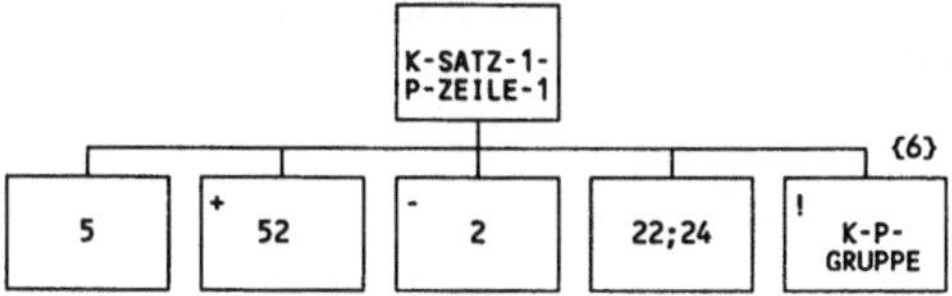

Fallbeispiel Summe in letzter Zeile: unzulässige Nebenwirkungen

Das Schreiben der letzten Zeile in der Komponente K-SATZ-P-ZEILE ist eine unzulässige Nebenwirkung, die mit einer vereinfachten Form von PRETEND & REALLY DO behandelt wird. Das swrite vor dem quit wird unterdrückt und nach dem quit wieder eingefügt. Ein Zwischenspeichern der Ausgabezeile kann entfallen, da die aufbereitete Zeile nicht verändert wird. Das Addieren der Summe (Anweisung 12) unter K-LETZT-SATZ-P-ZEILE ist eine günstige Nebenwirkung.

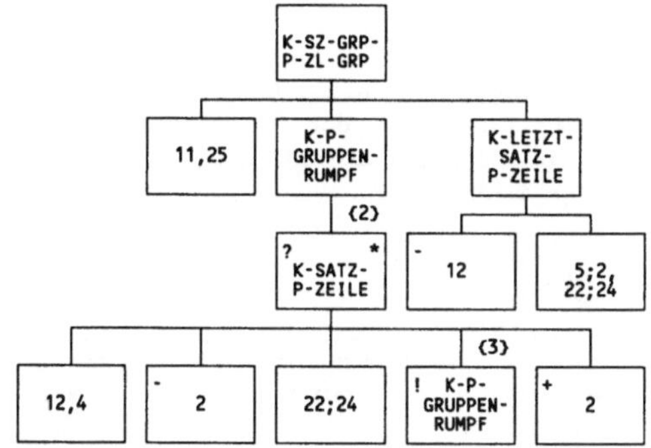

{3} (EGW-ALT # EGW-NEU)

6.4.5 posit-Switch

Bei der Lösung von Erkennungsproblemen mit Backtracking weisen die beiden Pfade häufig Gemeinsamkeiten auf. Manchmal ist die Verarbeitung des posit-Pfads als Spezialfall ganz im admit-Pfad enthalten. Im Zuge der Behandlung von günstigen Nebenwirkungen muß diese Verarbeitung im admit-Pfad unterdrückt werden. Da dieses Unterdrücken u.U. recht aufwendig ist, bietet sich die Technik des "posit-Switch" an.

Der posit-Pfad wird in den admit-Pfad integriert, und ein Zeiger (die "posit-Variable") gibt an, ob die Verarbeitung für den posit- oder den admit-Teil ausgeführt wird. Die posit-Variable wird entsprechend auf "posit" oder auf "admit" gesetzt. Am Ende der Verarbeitung wird im PSD eine Selektion angefügt, in der, abhängig vom Zustand der posit-Variablen, die für den posit- und admitPfad unterschiedliche Verarbeitung erfolgt. Diese Selektion nennt man den *posit-Switch*. Die posit-Variable wird mit "posit" initialisiert. Die gemeinsame Verarbeitung wird ohne Prüfen einer Bedingung begonnen.

Fallbeispiel Fehler prüfen: posit-Switch

Ein Gruppe von jeweils drei Eingabesätzen der Datei EIN soll auf formale Fehler geprüft werden. Sind alle drei Sätze korrekt, so wird die Gruppe verarbeitet. Für fehlerhafte Gruppen soll eine Meldung ausgegeben werden, welche der drei Sätze korrekt oder fehlerhaft sind.

PSD mit Backtracking

Der Ausschnitt aus dem PSD nach dem zweiten Backtracking-Schritt zeigt, daß der posit-Teil ganz im admit-Teil enthalten ist.

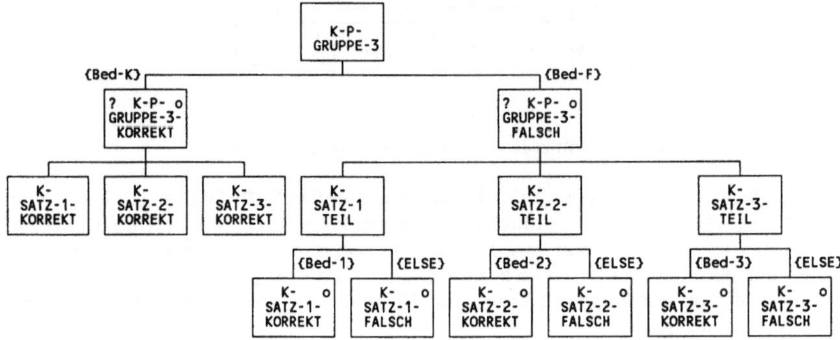

PSD mit posit-Switch

Der posit-Teil wurde im admit-Teil integriert, und für jeden falschen Satz wird die posit-Varibale PS auf "admit" gesetzt. Am Ende der Verarbeitung wird die Selektion POSIT-SWITCH angefügt, in der, abhängig vom Zustand des Zeigers PS, die Verarbeitung für eine korrekte oder fälsche Gruppe erfolgen kann.

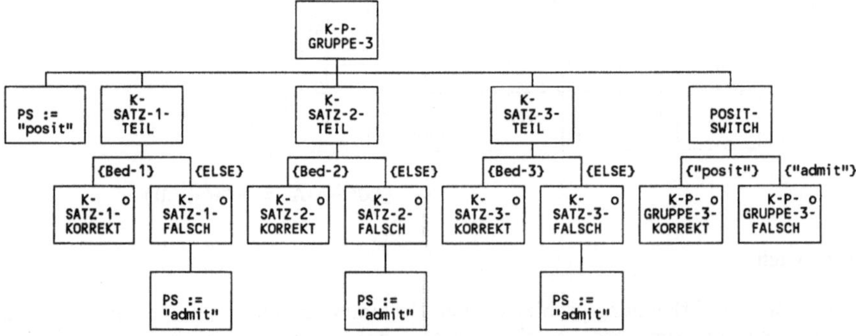

PSD mit Backtracking und posit-Variable

Eine etwas andere Implementierung mit einem expliziten quit macht den Bezug zur ursprünglichen Backtracking-Situation deutlicher. Die formale Selektion des Erkennungs-problems bleibt bestehen. Falls die posit-Variable während der Ausführung des posit-Teils auf "admit" gesetzt wurde, wird am Ende des posit-Zweiges mit einem quit in den admit-Teil verzweigt.

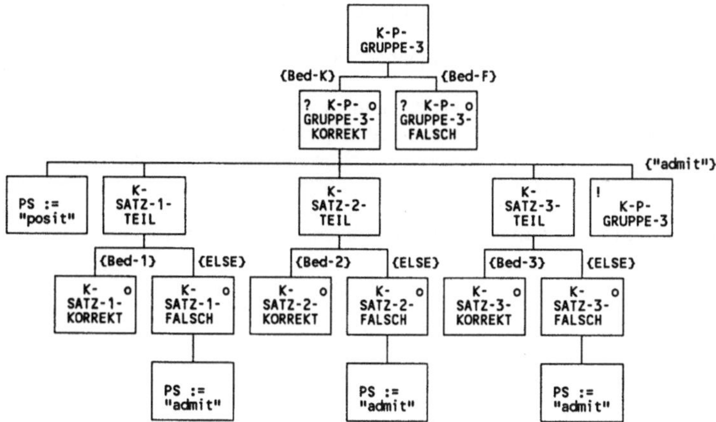

Hinweis

Auf den ersten Blick sieht die posit-Switch-Komponente wie eine ganz normale angehängte Selektion aus. Sie wurde aber unter wohldefinierten Bedingungen nach festen Regeln angefügt, um die Implementierung von Backtracking effizienter zu gestalten. Das bedeutet nicht, daß wir ab jetzt in dem fertigen PSD nach Belieben herumwirken dürfen und hinterher behaupten, es wäre eben ein posit-Switch. Um erst garnicht in Versuchung zu kommen, sollte deshalb eine posit-Switch-Komponente erst bei der Behandlung von Backtracking benutzt werden, auch wenn man - mit etwas Erfahrung - bereits beim Entwurf der Datenstrukturen erkennt, welche Art von Problemen noch zu lösen sein werden.

6.5 Erkennungsprobleme auf mehreren Ebenen

Bei praktischen Anwendungen können Erkennungsprobleme auf mehreren Ebenen auftreten. Die Erkennungsprobleme werden für jede Ebene einzeln mit einer der drei Techniken behandelt. Dabei empfiehlt es sich, die einzelnen Ebenen von "oben nach unten" zu bearbeiten, da Teile des PSD, die als günstige Nebenwirkung eines Erkennungsproblems entfallen, nicht mehr auf einer tieferen Ebene behandelt werden müssen.

Die drei Techniken können beliebig miteinander kombiniert werden, ggf. sind unterschiedliche mread-Makros zu verwenden. Wird Backtracking auf mehreren Ebenen angewendet, ist darauf zu achten, welche Nebenwirkungen zu welcher Backtracking-Situation gehören, da bei der Notation keine Unterscheidung vorgesehen ist. Die Technik des posit-Switch kann ebenfalls geschachtelt eingesetzt werden. In diesem Fall sind mehrere posit-Variablen nötig, die den jeweiligen Zustand anzeigen.

6.6 Fallstudien

Fallstudie 6.6-1: Versandliste-6a mit Sonderseite

Aufgabenstellung wie Fallstudie 2.7-1 mit folgender Erweiterung:

Falls die Versandliste keine Artikelzeilen enthält, ist eine Sonderseite zu drucken, bei der nach der ersten Seitenüberschrift folgende Meldung geschrieben wird:

Keine Artikel zu versenden

Fallstudie 6.6-2: Online-6a vorwärts/rückwärts Blättern mit Hinweis

Aufgabenstellung wie Fallstudie 3.3-2 (Teilaufgabe "Auskunft") mit folgendem Zusatz:

Durch Eingabe der Taste VOR bzw. RÜCK kann in der Datenbank zu jeweils einer Artikelnummer "geblättert" werden. Sind in der jeweiligen "Blätter"-Richtung noch weitere Einträge zu
dieser Artikelnummer vorhanden, so erscheint der Hinweis "mehr ?", sonst "keine weiteren
Einträge". Wird über das Ende der Einträge "hinausgeblättert", so wird der letzte Bildschirm
nochmals angezeigt. Fehlerhafte Eingaben sollen nicht berücksichtigt werden. Es wird vorausgesetzt, daß auf die Datenbank in beiden Richtungen, z.B. mit GET-NEXT und GET-PRIOR,
zugegriffen werden kann.

Fallstudie 6.6-3: Text-6a Text zeilenweise

Erweiterte Aufgabenstellung zu Fallstudie 2.7-3 bzw. 3.3-3:

Der Ausgabe-Text von Fallstudie 3.3-3 soll zeilenweise ausgegeben werden. Eine Zeile hat 50
Zeichen. Ein Wort darf sich nicht über eine Zeilengrenze erstrecken. Es ist sichergestellt, daß kein
Wort länger als 50 Zeichen ist. Falls ein Wort ohne das nachfolgende Leerzeichen noch in die
Zeile paßt, entfällt dieses Leerzeichen. Nicht vollständig gefüllte Zeilen werden mit Leerzeichen
aufgefüllt. Nach jedem Absatz wird eine Leerzeile ausgegeben.

Zusatz 1
Wie ist der Entwurf zu modifizieren, wenn auch Wörter mit mehr als 50 Zeichen zugelassen sind?

Zusatz 2
Welche Änderungen im Entwurf sind für eine Ausgabe der Zeilen in Blocksatz (Text links- und
rechtsbündig) erforderlich?

Fallstudie 6.6-4: Versandliste-6b Summen in letzter Artikelzeile

Aufgabenstellung wie Fallstudie 3.3-1b mit folgenden Erweiterungen:

Die Liste ist so aufgebaut, daß die jeweilige(n) Bestellsumme(n) einer Gruppe mit dem letzten
Versandsatz dieser Gruppe in die gleiche Zeile gedruckt wird (werden). Beim Entwurf des
Programms wird vorausgesetzt, daß in der Versanddatei nur auszuliefernde Bestellungen enthalten
sind. Bestellsätze, deren Versanddatum nicht mit dem aktuellen Versanddatum übereinstimmt,
sind schon (z.B. durch ein Vorprogramm) eliminiert worden.

```
Versandliste vom 10.10.1987
```

Art-Nr	Art-Name	Menge	S3-Summe	S2-Summe	S1-Summe
10 10 10	Bildschirm	150			
10 10 10	Bildschirm	100			
10 10 10	Bildschirm	200			
10 10 10	Bildschirm	300	750		
10 10 20	Farb-Bildschirm	200			
10 10 20	Farb-Bildschirm	450			
10 10 20	Farb-Bildschirm	150	800		
10 10 30	Anschlußkabel-B	110	110	1 660	
10 20 20	PC	180			
10 20 20	PC	120	300		
10 20 30	Spiralkabel	100	100		
10 20 40	Disketten	170			
10 20 40	Disketten	330	500	900	2 560
.	.	.	.	.	.
.	.	.	.	.	.
.	.	.	.	.	.

Fallstudie 6.6-5: Online-6b Auskunft/Ändern/Erfassen mit Abbruch

Aufgabenstellung wie Fallstudie 3.3-2 mit folgendem Zusatz:

An jeder beliebigen Stelle des Dialogs kann jede Anwendung mit STOP und der gesamte Dialog mit ENDE abgeschlossen werden.

Fallstudie 6.6-6: Text-6b REPLACE-Kommando

Viele Editoren verfügen über ein REPLACE-, CHANGE- oder ERSETZE-Kommando, mit dessen Hilfe eine Zeichenkette durch eine andere Zeichenkette ersetzt werden kann. Es ist eine Programmkomponente zu entwerfen, die in einem Eingabe-Text alle Zeichengruppen SS (Such-String) lokalisiert und durch eine andere Zeichengruppe ES (Ersetze-String) ersetzt. Die Zeichenketten SS und ES müssen nicht notwendigerweise die gleiche Länge haben.

Beispiel für die verschiedenen Zeichenketten

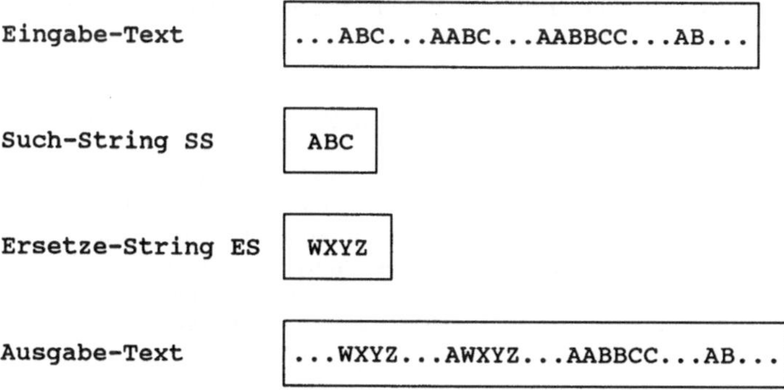

Der Entwurf soll unter der Voraussetzung erfolgen, daß komplexe Befehle zur Textverarbeitung wie etwa INSPECT in COBOL bzw. INDEX in PL/I nicht verfügbar sind.

7 Strukturkonflikte

Wie wir bereits bei der Darstellung der 1:1-Entsprechungen (vgl. Abschnitt 2.2.2) gesehen haben, gelingt es nicht immer, ein gegebenes Problem in Form eines einzigen simple program nach JSP mit den vier Entwurfsschritten zu lösen. Wenn falsche DSDs ausgeschlossen werden können, wenn es sich nicht um ein Abgleichproblem handelt und wenn das zu lösende Problem auch nicht gänzlich unstrukturiert ist, dann liegt im allg. ein "Strukturkonflikt" vor. Ein Strukturkonflikt muß unabhängig von der gewählten Methode gelöst werden und ist nicht JSP-spezifisch. Wegen der Konsequenz der Methode werden Strukturkonflikte aber durch JSP vielfach überhaupt erst erkannt. Vielleicht behaupten ja deshalb böse Zungen, mit JSP würden Techniken zur Lösung von Problemen bereitgestellt, die man sonst erst garnicht hätte. Wie wahr!

7.1 Typische Situationen für Strukturkonflikte

Ein *Strukturkonflikt* liegt vor, wenn aus den Datenstrukturen der Ein-/Ausgabe-Datenströme unter Verwendung der drei Struktur-Komponenten Sequenz, Selektion und Iteration keine gemeinsame Programmstruktur abgeleitet werden kann.

Einen Strukturkonflikt erkennt man daran, daß zwischen Komponenten der Ein-/Ausgabe-Datenströme funktionale Abhängigkeiten bestehen, aber trotzdem keine 1:1-Entsprechung zwischen diesen Komponenten eingetragen werden kann, weil die Grenzen der Komponenten nicht zur Deckung gebracht werden können oder die Reihenfolge der Komponenten nicht übereinstimmt. Dabei ist es wesentlich für einen Strukturkonflikt, daß diese fehlenden 1:1-Entsprechungen das Ableiten einer gemeinsamen Programmstruktur unmöglich machen. Es reicht aber nicht, daß man keine 1:1-Entsprechungen findet, sondern man muß auch die Gründe dafür aufzeigen, warum es trotz funktionaler Abhängigkeit keine 1:1-Entsprechungen geben kann, z.B. wegen unterschiedlicher Reihenfolge oder "überlappender" Grenzen.

Manchmal gelingt es, einen vermeintlichen Strukturkonflikt durch Anpassen der Ein-/Ausgabe-DSDs zu vermeiden (vgl. Fallbeispiel "Satzpaar als Zeile ausgeben" in Abschnitt 2.2.2). Bei unstrukturierten Problemen, bei denen zwischen den Ein- und Ausgabe-DSDs keine direkten Abhängigkeiten bestehen, gibt es, außer auf oberster Ebene, keine 1:1-Entsprechungen. Dennoch liegt kein Strukturkonflikt vor, ein gemeinsames PSD ist im allg. problemlos abzuleiten. Nur ist das PSD wenig aussagefähig, da es einen Konsumiere- und einen nachfolgenden Produziere-Teil enthält.

Wir unterscheiden drei Formen von Strukturkonflikten:

- Abgrenzungskonflikt;
- Reihenfolgekonflikt;
- Verflechtungskonflikt.

Bei einem Abgrenzungskonflikt stimmen die Grenzen der Ein-/Ausgabe-Komponenten nicht überein. Ein Reihenfolgekonflikt ist dadurch gekennzeichnet, daß die Ausgabe in einer anderen Reihenfolge als die Eingabe erfolgt. Bei einem Verflechtungskonflikt treten zusammengehörige Elemente nicht unmittelbar hintereinander auf, sondern zwischen diesen Elementen befinden sich Elemente aus anderen Gruppierungen. Die Gruppen sind miteinander "verflochten". Die einzelnen Gruppen der Eingabe, jede für sich betrachtet, ließen sich zwar auf entsprechende Ausgabe-Gruppen abbilden, aber dann würden Elemente der anderen Gruppen nicht berücksichtigt. Die verschiedenen Formen von Strukturkonflikten können bei einem Problem auch gemeinsam auftreten. Es ist dann eine sorgfältige Analyse der einzelnen Typen erforderlich.

Da bei einem Strukturkonflikt der Entwurf mit nur einem simple program nicht möglich ist, wird das gegebene Problem in Teilprobleme zerlegt, die jeweils als simple program entworfen werden können. Hierbei kann es erneut zu Strukturkonflikten kommen, die wieder durch Zerlegung gelöst werden. Zerlegungen erfolgen nicht willkürlich, sondern werden durch die Methode gestützt erarbeitet. Anhand der vorhandenen und der fehlenden Entsprechungen kann ein Strukturkonflikt klassifiziert und mit Standardtechniken von JSP gelöst werden.

Anpassen des SND und Zwischen-Datenströme

Das SND muß einer Zerlegung in Teilprobleme angepaßt werden. Jedes der Teilprobleme wird methodisch nach JSP entworfen, d.h. insbesondere die Aufgaben der Teilprogramme müssen spezifiziert werden und Beispiele für jedes simple program sind zu erstellen.

Die einzelnen Teilprogramme kommunizieren über *Zwischen-Datenströme* miteinander. Diese Zwischen-Datenströme werden eingeführt, weil simple programs nur über Datenströme verknüpft werden können. Ob diese Zwischen-Datenströme als physische Dateien oder mit Hilfe von "Programminversion" (vgl. Abschnitt 8.3.6) realisiert werden, wird erst bei der Implementierung entschieden. Bei der Klassifizierung und Lösung von Strukturkonflikten ist die spätere Implementierung ohne Bedeutung.

Die Lösung eines Strukturkonflikts wird dadurch erreicht, daß ein Zwischen-Datenstrom bei der Ausgabe unter einer anderen logischen Sicht betrachtet wird als bei der Eingabe für das nachfolgende Programm. Die jeweils geeignete Sicht und damit die Datenstruktur des Zwischen-Datenstroms hängt von der Art des Strukturkonflikts ab. Die Zergliederung eines Problems in einzelne Teilprobleme kann man auch als eine Art Vor- bzw. Nachprogramm-Technik interpretieren, wobei die einzelnen Teilprogramme jeweils Teile des Problems lösen. Die Aufgabenverteilung auf diese Teilprogramme wird durch die Techniken zur Lösung von Strukturkonflikten systematisiert.

Ergibt sich bei der Zerlegung eine Folge von Programmen, durch Zwischen-Datenströme verbunden, so beginne man mit dem Entwurf des letzten Programms, da dieses am meisten über die gewünschte Ausgabe "weiß" (nach der alten Regel: von der Ausgabe zur Eingabe), und entwerfe die Programme sukzessiv von "hinten nach vorne".

7.2 Abgrenzungskonflikt

Einen *Abgrenzungskonflikt* erkennt man daran, daß es auf einer oder mehreren Zwischenebenen keine Entsprechung gibt, aber auf den Ebenen darüber und darunter.

Typische Situation für einen Abgrenzungskonflikt

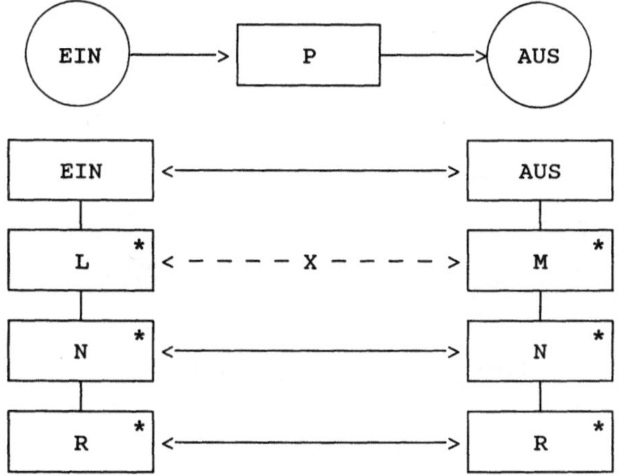

Zwischen den Komponenten L und M besteht eine funktionale Abhängigkeit, aber sie können nicht zu einer Komponente im PSD zusammengefaßt werden, weil eine Komponente L an einer beliebigen Stelle innerhalb einer Komponente M beginnen und an einer beliebigen Stelle dieser oder einer anderen Komponente M enden kann. Ebenso kann eine Komponente M an einer beliebigen Stelle innerhalb einer Komponente L beginnen und an einer beliebigen Stelle dieser oder einer anderen Komponente enden. Ein typisches Beispiel ist die seitenweise Ausgabe von gruppenweise verarbeiteten Sätzen; Gruppe und Seite können sich "überlappen".

Fallbeispiel Wochen-/Monats-Umsätze: Abgrenzungskonflikt erkennen

Eingegeben werden von der Datei WOCHE-EIN Sätze in Wochengruppen, wobei ein Wochenblock einen Wochenkennsatz und höchstens die sechs Umsätze der Tage Montag bis Samstag enthält. Die Datei WOCHE-EIN hat folgenden Aufbau:

Kennsatz	Jahr	Monat	Woche

Tagesumsatz	Umsatz	Tag

· · ·
· · ·
· · ·

Tagesumsatz	Umsatz	Tag

Kennsatz	Jahr	Monat	Woche

· · ·
· · ·
· · ·

"Woche" im Kennsatz ist die jeweilige Kalenderwoche. "Monat" bezieht sich auf den Monat, zu dem der erste Tagesumsatz nach dem Kennsatz gehört. Bei Monatswechsel innerhalb einer Woche werden die Tagesumsätze des neuen Monats unter einem falschen Monat geführt und müssen entsprechend anders behandelt werden. Monate können auch ganz fehlen, z.B. bei Betriebsferien. Der "Monatssprung" innerhalb einer Woche kann nur einen Monat betragen.

Auf der Datei MONAT-LISTE sollen die Tagesumsätze monatsweise ausgegeben werden, wobei für jeden Monat eine neue Seite angefangen wird und unter jeder Monatsseite noch der Monatsumsatz steht.

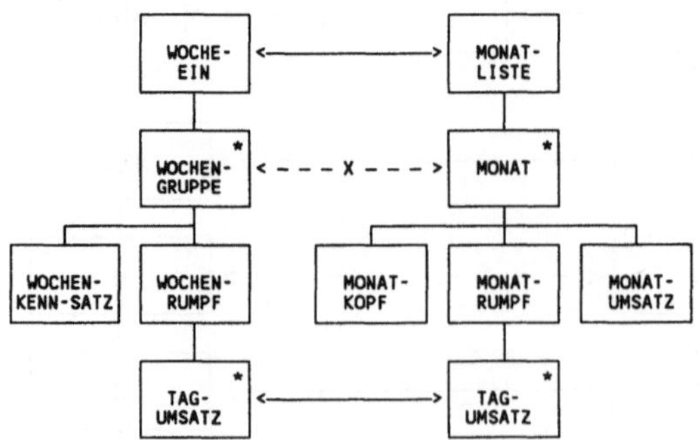

"Klassische" Lösung eines Abgrenzungskonflikts

Die "klassische" Lösung von Abgrenzungskonflikten ist recht einfach. Man entscheidet sich für eine der widersprüchlichen Gruppierungen, z.B. für L, und implementiert eine Schleife über Gruppen von L. Wenn dann zwischendrin eine M-Gruppe endet, verläßt man diese Schleife (z.B. über ein IF), erledigt eventuelle Abschlußarbeiten für die M-Gruppe und macht mit der L-Gruppe weiter.

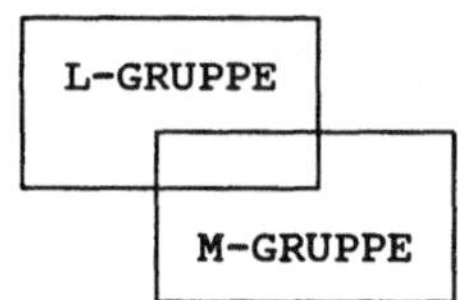

Dieses Vorgehen hat einen entscheidenden Nachteil: es ist nicht Strukturiertes Programmieren. Zwei Strukturblöcke, nämlich die Schleifen über L- bzw. M-Gruppen, überlappen sich. Da das alles so einfach geht, wird oft garnicht bemerkt, daß auf diese Weise ein Strukturkonflikt "gelöst" wurde.

Lösen des Abgrenzungskonflikts nach JSP

Zur Lösung des Abgrenzungskonflikts nach JSP wird das Programm P in zwei selbständige Teilprogramme P1 und P2 zerlegt, die über den Zwischen-Datenstrom ZWD verknüpft sind.

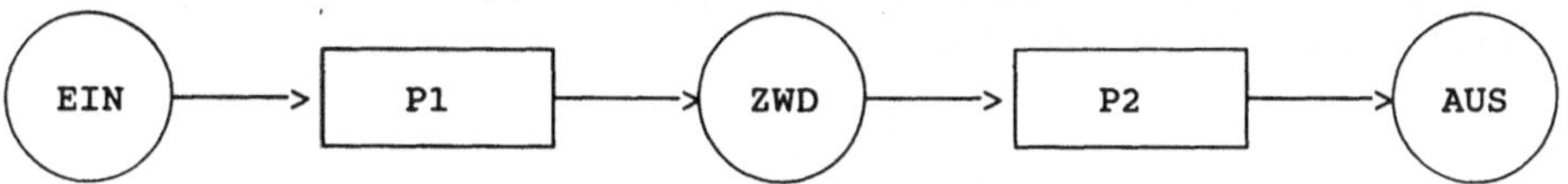

Das Programm P1 übernimmt die Funktion eines "Entblockers", erzeugt also Sätze auf dem Zwischen-Datenstrom ZWD, die nicht mehr nach L gruppiert sind. Das Programm P2 gruppiert diese Sätze neu nach Gruppen von M.

Die Struktur von ZWD ist zunächst beliebig. Da die Programmstruktur von P1 bzw. P2 mit Hilfe der Datenstruktur von ZWD, als Ausgabe- bzw. Eingabe-Datenstrom betrachtet, abgeleitet wird, entscheidet diese Datenstruktur über die Lösung des Abgrenzungskonflikts. Man ermittle dazu die oberste Ebene, auf der kein Strukturkonflikt besteht, hier die Ebene der Komponente N. Die "Entblockung" durch P1 muß bis auf diese Ebene erfolgen, d.h. die Datenstruktur von ZWD enthält diese Ebene für beide Sichten.

Lösungsschema für den Abgrenzungskonflikt

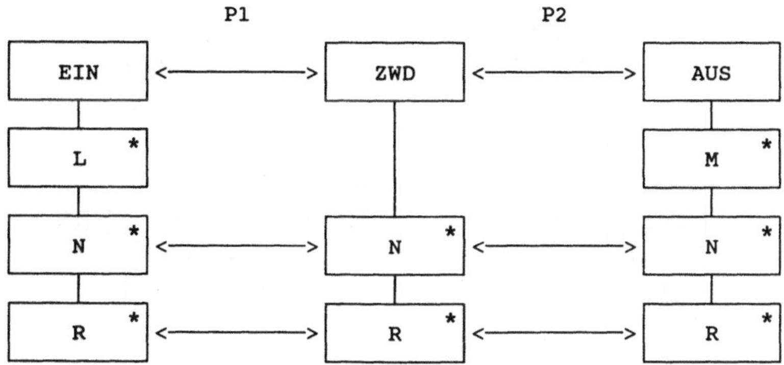

Dieses Schema soll lediglich verdeutlichen, bis auf welche Ebenen die beiden Datenstrukturen für ZWD übereinstimmen. Für den Entwurf von P1 bzw. P2 kann die Datenstruktur von ZWD die Ebene L bzw. M durchaus enthalten, nur die diesen Ebenen zugeordneten Verarbeitunsschritte werden in P1 bzw. P2 ausgeführt. Manchmal ist es auch sinnvoll, daß P1 einen Teil der Verarbeitung von P2 bereits erledigt.

P1 kann man auch als Vorprogramm für P2 interpretieren, z.B. wenn P1 eine Eingabe-Datei der Struktur von P2 anpaßt. Ebenso läßt sich P2 als Nachprogramm von P1 betrachten, z.B. wenn P2 als Druckroutine für P1 die Sätze von ZWD seitenweise aufbereitet. Bei vielen Systemen findet man eine derartige Aufteilung in Verarbeitungsprogramme und Ein-/Ausgabe-Routinen. Daß sich das äußerst günstig bei Wartungsarbeiten an den Programmen auswirkt, ist selbstverständlich.

Fallbeispiel Wochen-/Monats-Umsätze: Abgrenzungskonflikt lösen

Das Ausgangs-SND wird entsprechend der Zerlegung verändert.

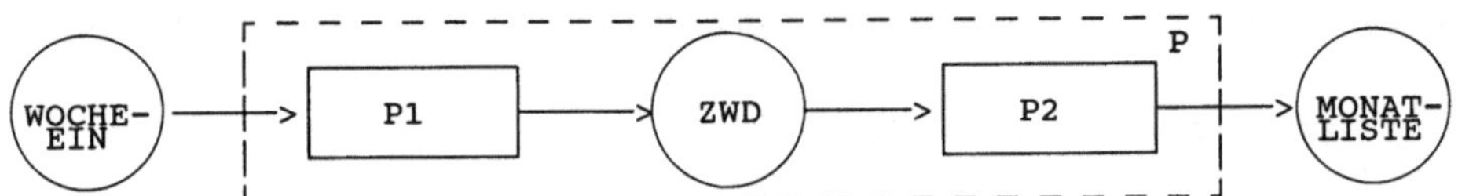

Das Programm P1 löst die Gruppierung nach Wochen auf. Es überträgt die Information "Monat" aus dem Kennsatz in den Tagessatz.

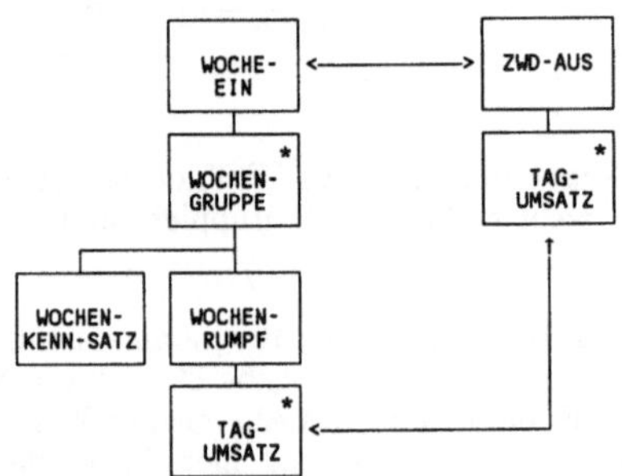

Das Programm P2 gruppiert die Sätze von ZWD zu Monatsgruppen. Dabei muß berücksichtigt werden, daß u.U. die ersten Sätze des Monats (bei Monatswechsel innerhalb einer Woche) noch einen falschen Monat enthalten. Für diese Sätze muß als Monat der Folgemonat eingesetzt werden.

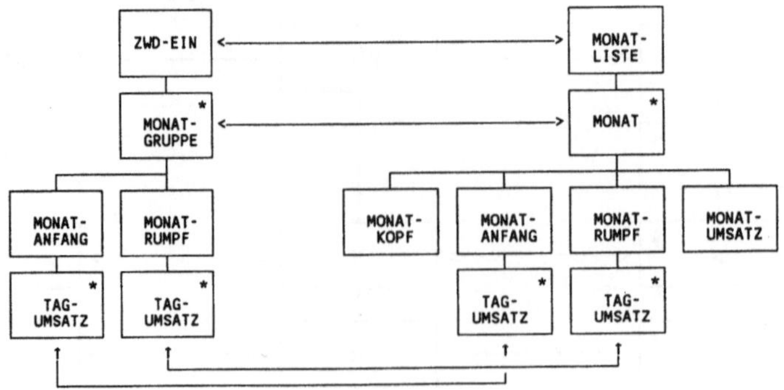

Daß die Datenstruktur von MONAT-LISTE als Ausgabe von P2 etwas anders aussieht als die Datenstruktur als Ausgabe von P ist nichts Ungewöhnliches. P und P2 lösen ja unterschiedliche Aufgaben.

Das Problem Monatswechsel innerhalb einer Woche hätte auch vom Programm P1 behandelt werden können, indem bei der Eingabe zwischen Wochen mit Monatswechsel und Wochen ohne Wechsel unterschieden worden wäre. Das ergibt zwar ein Erkennungsproblem, aber mit einer einfachen Lösung.

7.3 Reihenfolgekonflikt

Ein *Reihenfolgekonflikt* ist dadurch gekennzeichnet, daß es auf der oder den untersten Ebene(n) keine Entsprechung gibt. Im Unterschied zu unstrukturierten Problemen besteht aber zwischen den Komponenten, die sich nicht entsprechen, eine funktionale Abhängigkeit, auch die Anzahl stimmt überein. Die Ein-/Ausgabe-Komponenten treten nur in unterschiedlicher Reihenfolge auf.

Typische Situation für einen Reihenfolgekonflikt

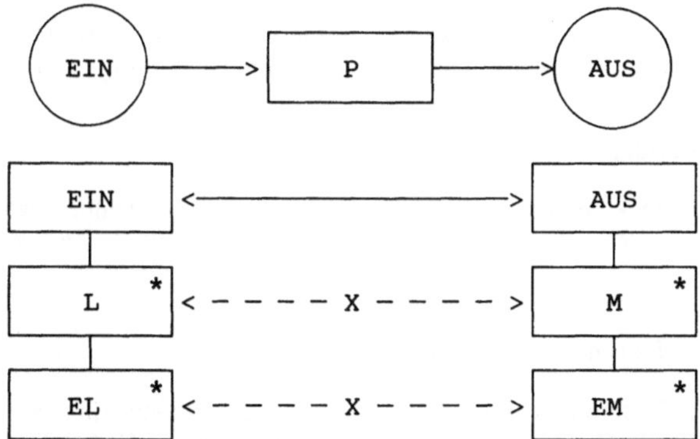

Die Komponenten L und M bzw. EL und EM sind logisch und inhaltlich voneinander abhängig. Auch die Anzahl stimmt überein. Aber sie treten in unterschiedlicher Reihenfolge auf. Also besteht keine 1:1-Entsprechung, z.B. bei spaltenweiser Eingabe und zeilenweiser Ausgabe einer Tabelle. EIN wird nach dem Schlüssel L (oder gar nicht) sortiert eingegeben, während AUS nach dem Schlüssel M sortiert ausgegeben werden soll.

Fallbeispiel Auskunft nach Datum sortiert: Reihenfolgekonflikt

Im Dialog kann Information aus der Versand-Datenbank eingeholt werden. Nach Eingabe der Artikelnummer werden die ersten Einträge zu dieser Artikelnummer, nach Datum sortiert, angezeigt. Nach Drücken der WEITER-Taste wird der nächste Bildschirm mit Einträgen gefüllt, wieder nach Datum sortiert, bis mit STOP die Auskunft für diese Artikelnummer abgebrochen wird. Durch Eingabe einer weiteren Artikelnummer kann die Auskunft fortgesetzt oder mit ENDE der Dialog beendet werden. Die Einträge in der Datenbank sind nicht nach Datum innerhalb einer Artikelnummer sortiert.

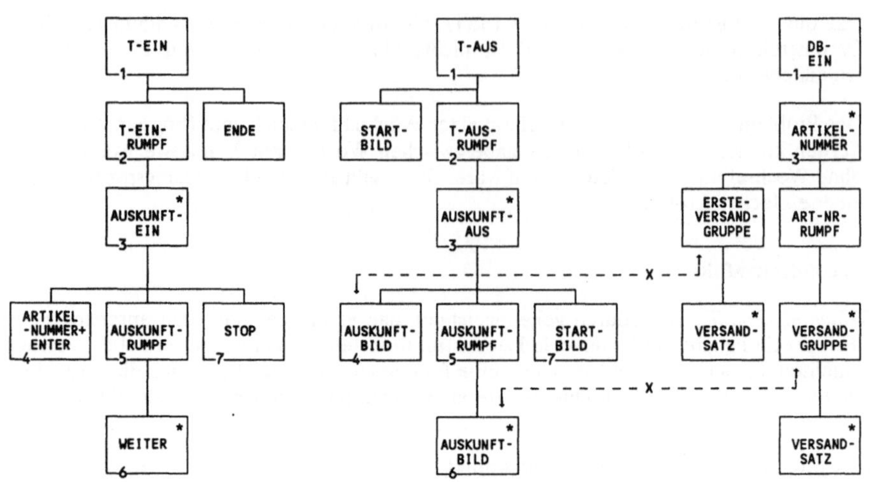

Die Reihenfolge der Versandsätze auf der Datenbank stimmt nicht mit der Reihenfolge der gewünschten Ausgabe am Bildschirm überein. Es liegt ein Reihenfolgekonflikt vor.

Lösen des Reihenfolgekonflikts

Zur Lösung des Reihenfolgekonflikts wird das Programm P in zwei Teilprogramme P1 und P2 zerlegt, die über einen Zwischen-Datenstrom verknüpft sind. Für diese Zerlegung gibt es zwei Möglichkeiten.

Lösen des Reihenfolgekonflikts mit einem Sortierprogramm

Das Programm P1 ist ein Sortierprogramm SORT und erzeugt aus dem Eingabe-Datenstrom EIN einen nach dem Schlüssel M sortierten Zwischen-Datenstrom EIN-SORT. Die fehlenden 1:1-Entsprechungen zu den Komponenten von AUS können nun zu den Komponenten von EIN-SORT eingetragen werden.

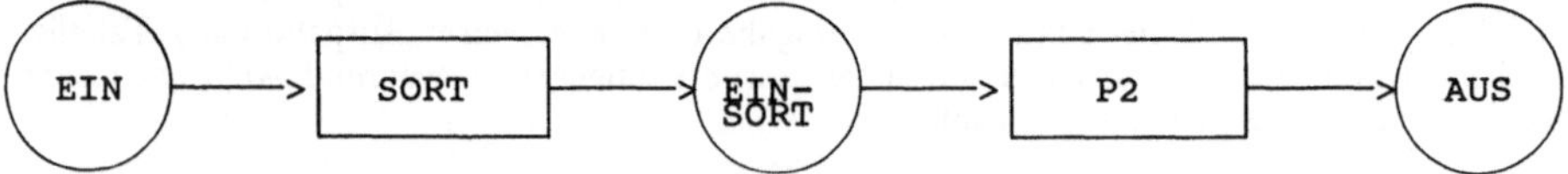

Lösen des Reihenfolgekonflikts mit einem Direktzugriffs-Speicher

Das Programm P1 schreibt die Sätze von EIN gemäß der Sortierfolge L in einen Direktzugriffs-Speicher DZS. Das Programm P2 liest die Sätze von DZS gemäß der Zugriffsfolge M.

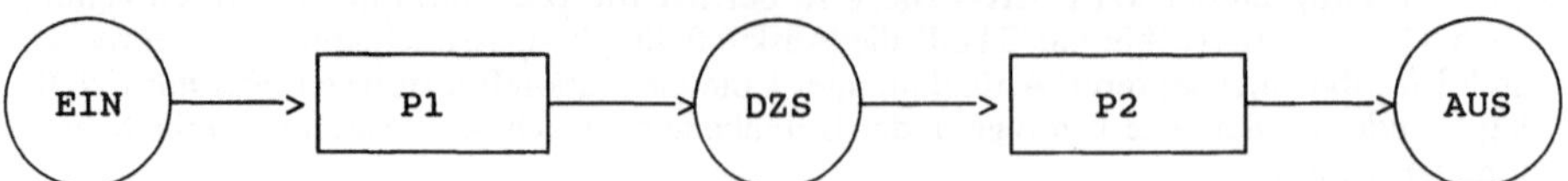

Die Datenstruktur von DZS als Ausgabe von P1 enthält die Gruppierung nach L, als Eingabe von P2 aber die Gruppierung nach M. Die Datenstruktur eines Direktzugriffs-Speichers wird durch die Zugriffspfade definiert.

Beide Lösungsvarianten für den Reihenfolgekonflikt sind durchaus nichts Neues. Auch bei konventionellem Vorgehen würde man die Eingabe entweder entsprechend sortieren oder in einen Direktzugriffs-Speicher schreiben. Durch JSP wird dieses Vorgehen im Rahmen der Lösung von Strukturkonflikten systematisiert.

Lösen eines Reihenfolgekonflikts mit einer internen Tabelle

In einfachen Fällen kann ein Reihenfolgekonflikt mit Hilfe einer internen Tabelle gelöst werden. Die Eingabe wird in eine Tabelle eingelesen. Die einzelnen Elemente werden der Reihenfolge der Verarbeitung entsprechend dieser Tabelle entnommen. Die explizite Zerlegung in zwei getrennte Programme entfällt. Das Programm P1 wird durch eine Anweisung, nämlich das Lesen in die Tabelle, realisiert. Ähnlich könnte auch das Sortierprogramm P1 als internes Sortieren über eine Anweisung oder den Aufruf eines SORT-Programms dargestellt werden.

Fallbeispiel Auskunft nach Datum sortiert: Reihenfolgekonflikt lösen

Die für die Lösung von Reihenfolgekonflikten angegebene Standardzerlegung ist hier nicht sinnvoll, da das Programm zur Steuerung der Dialog-Ein-/Ausgaben von den Strukturen von T-EIN und T-AUS abgeleitet wird und somit beide Datenströme als Ein- bzw. Ausgabe-Datenströme benötigt. Wird das Sortieren der Datenbank-Einträge zu den einzelnen Artikelnummern nicht als Inline-Prozedur realisiert, so wird ein Programm P2 aufgerufen, das zu den Artikelnummern die Einträge der Datenbank liest und nach Datum sortiert an P1 zurückgibt. Zur Lösung des Reihenfolgekonflikts in P2 wird P2 standardmäßig in eine Leseroutine P3 und ein nachfolgendes Sortierprogramm SORT zerlegt. Bei der späteren Implementierung erfolgt die Rückgabe von DB-SORT aber nicht unmittelbar von SORT an P1, sondern über P3.

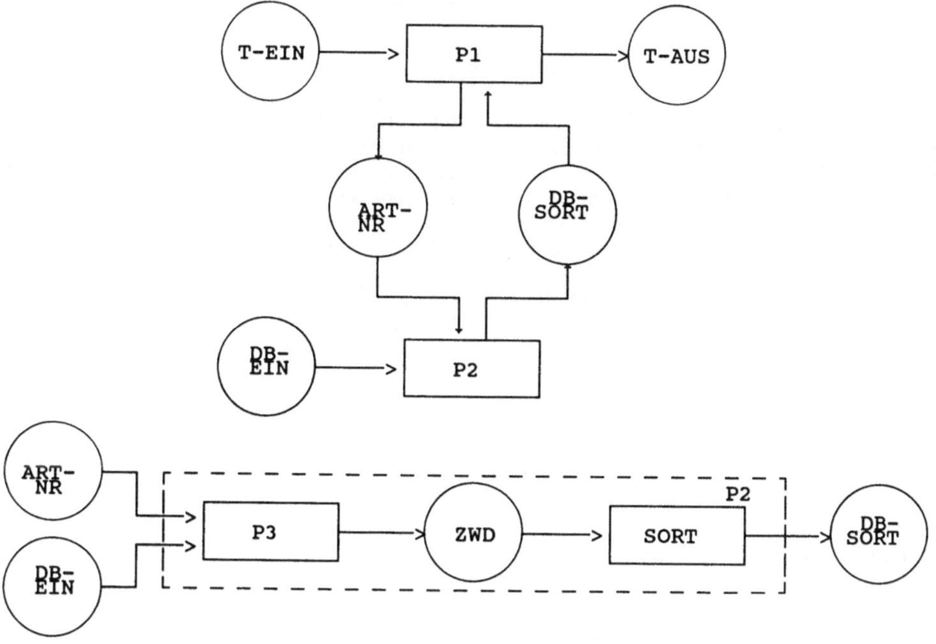

7.4 Verflechtungskonflikt

Ein *Verflechtungskonflikt* liegt vor, wenn zwischen den Komponenten EL des Eingabe-Datenstroms EIN und den Komponenten EM des Ausgabe-Datenstroms AUS 1:1-Entsprechungen bestehen bis auf die Tatsache, daß

- in AUS die Komponenten EM innerhalb der Komponenten M geordnet sind;

- in EIN die Komponenten EL verschiedener L-Gruppen gemischt ("verflochten") sind. Bezogen auf die einzelnen Komponenten L treten sie in der richtigen Reihenfolge auf.

Typische Situation für einen Verflechtungskonflikt

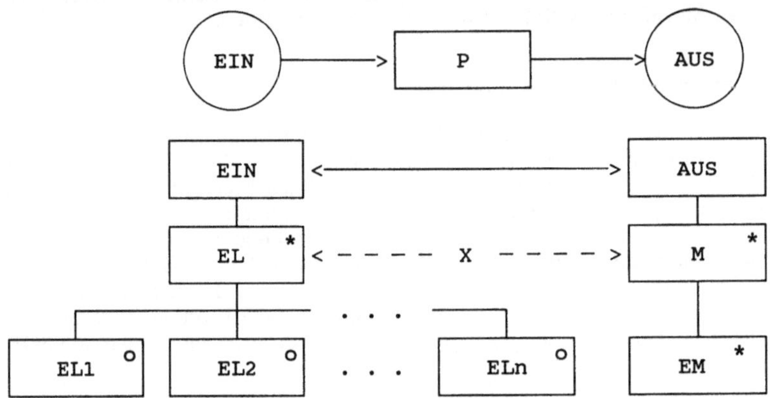

Fallbeispiel Familienbibel: Verflechtungskonflikt erkennen

In einer alten Familienbibel wurden in chronologischer Reihenfolge alle wichtigen Familienereignisse, wie Geburt, Heirat und Tod, über viele Generationen hinweg dokumentiert. Bei jedem Eintrag wurde das Jahr, die Art des Ereignisses und der Name des Familienmitglieds vermerkt. Da das Erfassen dieser Familienereignisse nicht in allen Generationen mit der gleichen Sorgfalt erfolgt ist, sind nicht alle Familienmitglieder vollständig erfaßt worden. Es kann z.B. sein, daß der Tod eines Familienmitglieds, aber nicht seine Geburt belegt ist.

Der heutige Besitzer der Bibel ist sehr an der Erforschung seiner Familiengeschichte interessiert. Er möchte gerne eine Familienchronik erstellen, die für jedes Familienmitglied einen Eintrag mit Namen und den dokumentierten Ereignissen nebst Jahreszahlen enthält.

Beispiel für die Einträge in der Familienbibel

```
1604    Heirat    Wilhelm   Ahnenforscher
1605    Tod       Otto      Ahnenforscher
1606    Geburt    Klara     Ahnenforscher
1608    Geburt    Gotthilf  Ahnenforscher
1612    Heirat    Wilhelm   Ahnenforscher
1613    Tod       Auguste   Ahnenforscher
1627    Heirat    Klara     Ahnenforscher
  .
  .
  .
1987    Geburt    Boris     Ahnenforscher
```

Beispiel für die gewünschte Familienchronik

```
Wilhelm    Ahnenforscher                             Heirat   1604
                                                     Heirat   1612
Otto       Ahnenforscher                                              Tod    1605
Klara      Ahnenforscher      Geburt   1606
                                                     Heirat   1627
Gotthilf   Ahnenforscher      Geburt   1608
Auguste    Ahnenforscher                                              Tod    1613
   .            .
   .            .
   .            .
Boris      Ahnenforscher      Geburt   1987
```

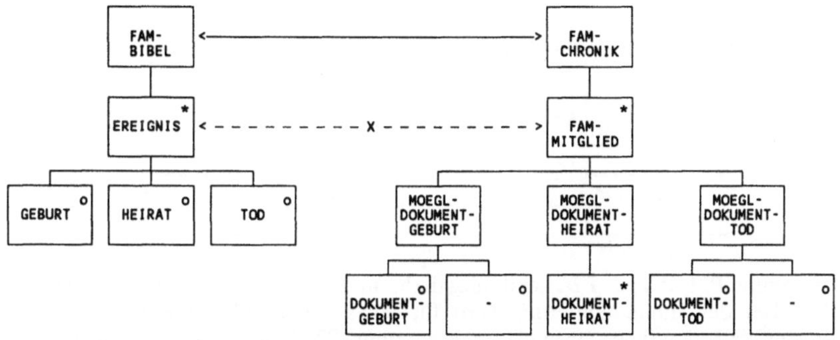

Zwischen den Komponenten GEBURT und DOKUMENT-GEBURT, HEIRAT und DOKUMENT-HEIRAT sowie TOD und DOKUMENT-TOD besteht eine 1:1-Entsprechung bis auf die Tatsache, daß in FAM-CHRONIK die Komponenten DOKUMENT-GEBURT, DOKUMENT-HEIRAT und DOKUMENT-TOD innerhalb der Komponente FAM-MITGLIED geordnet sind, während diese Ordnung in FAM-BIBEL nicht dargestellt werden kann, weil die einzelnen Familienmitglieder miteinander verflochten sind. Bezogen auf ein einzelnes Familienmitglied treten die Ereignisse in FAM-BIBEL jedoch in der richtigen Reihenfolge auf. Es liegt ein Struktur-konflikt vor. Da die unterschiedlichen Ereignisse Geburt, Heirat und Tod in der chronologischen Reihenfolge der Familienmitglieder miteinander verflochten sind, handelt es sich um einen Verflechtungskonflikt.

Lösen des Verflechtungskonflikts

Zur Lösung des Verflechtungskonflikts wird das Programm P in ein Programm P1 - den sog. "Entflechter" - und eine Folge von Programmen P21, P22, ..., P2n zerlegt. Der Entflechter P1 trennt die verflochtenen Komponenten L aus EIN, indem er für jede Gruppe Li (für i = 1, ..., n) einen Zwischen-Datenstrom ZDi schreibt. Die Komponenten EL1, EL2, ..., ELn einer Gruppe Li treten in der gewünschten Reihenfolge und Anzahl auf, so daß sie von dem jeweiligen Programm P2i auf den Datenstrom AUSi abgebildet werden können. Die Datenströme AUS1, AUS2, ..., AUSn können durch ein Ausgabeprogramm P3 zu dem gemeinsamen Ausgabe-Datenstrom AUS zusammengeführt werden.

Lösungsschema für den Verflechtungskonflikt

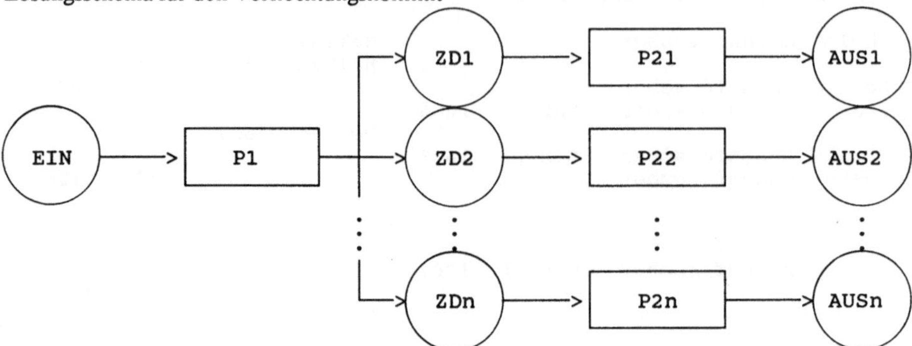

Die Programme P2i werden als simple program nach JSP entworfen.

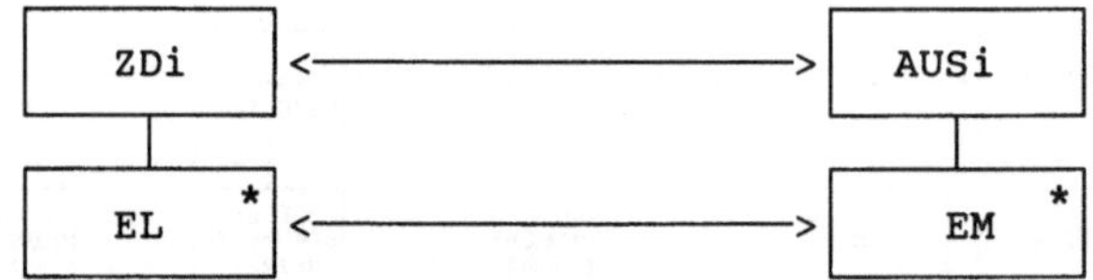

Die Programme P21, P22, ..., P2n sind identisch, und es wird nur ein Prototyp-Programm P2
entworfen. Bei der Implementierung wird für jedes Programm P2i ein "Zustandsvektor" ZVi
angelegt, der den aktuellen Zustand des Programms P2i beschreibt. Anstelle von P2i wird das
Programm P2 mit dem Zustandsvektor ZVi ausgeführt (vgl. Abschnitt 8.3.6). Die Zwischen-Datenströme ZDi werden nicht physisch angelegt, vielmehr wird P1 mit den P2i durch Programminversion (vgl. Abschnitt 8.3) verknüpft.

Fallbeispiel Familienbibel: Verflechtungskonflikt lösen

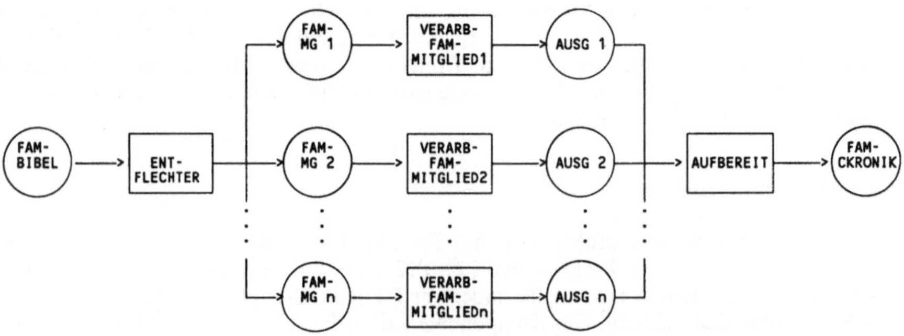

Die Programme VERARB-FAM-MITGLIEDi können durch ein Programm VERARB-FAM-
MITGLIED und Auslagern der "Zustandsvektoren" (vgl. Abschnitt 8.3.6) realisiert werden.

Varianten zur Lösung des Verflechtungskonflikts

Ein Verflechtungskonflikt zeigt ähnliche Merkmal wie ein Reihenfolgekonflikt und kann prinzipiell
auch wie ein solcher gelöst werden. Der Unterschied besteht ja nur darin, daß die Elemente der
einzelnen L-Gruppen richtig geordnet sind. Die Lösung eines Verflechtungskonflikts durch
Sortieren wäre nur sinnvoll, wenn es sich bei dem Eingabe-Datenstrom EIN um eine abge-

schlossene, vollständige Datei handelt. Andernfalls muß für jeden Satz des Datenstroms eine erneute Sortierung erfolgen, was in der Praxis sicher nicht zu vertreten ist.

Eine andere Variante ist viel naheliegender, nämlich die Verwendung einer Datenbank. Die Zwischen-Datenströme ZDi werden physisch als Segmente einer Datenbank angelegt, die von den Programmen P2i verarbeitet werden. Welche Variante zur Lösung des Verflechtungskonflikts vorzuziehen ist, muß im Einzelfall entschieden werden.

7.5 Fallstudien

Fallstudie 7.5-1: Versandliste-7 Gruppen mit Seitenwechsel

Aufgabenstellung wie Fallstudie 3.3-1b mit folgender Erweiterung:

Die Versandliste besteht aus Seiten mit jeweils 60 Zeilen. Jede Seite beginnt mit einer Kopfzeile (mit Datum und Seitennummer), gefolgt von einer Leerzeile und einer Überschriftszeile.

```
Versandliste vom 10.10.1987                                      Seite  1

Art-Nr          Art-Name           Menge     S3-Summe   S2-Summe   S1-Summe
10 10 10        Bildschirm          150
10 10 10        Bildschirm          100
10 10 10        Bildschirm          200
10 10 10        Bildschirm          300
********        S3-Summe                        750
10 10 20        Farb-Bildschirm     200
10 10 20        Farb-Bildschirm     450
10 10 20        Farb-Bildschirm     150
********        S3-Summe                        800
10 10 30        Anschlußkabel-B     110
********        S3-Summe                        110
********        S2-Summe                                 1 660
   .               .                 .           .          .          .
   .               .                 .           .          .          .
   .               .                 .           .          .          .
```

Fallstudie 7.5-2: Online-7 Anzeigen von Teilen einer Stückliste

Durch Eingabe des Names eines Teils einer Stückliste sollen alle Unterteile dieses Teils am Bildschirm angezeigt werden. Umfaßt die Information mehr als einen Bildschirm, so kann mit der WEITER-Taste vorwärts geblättert werden. Sind alle Teile angezeigt, so wird auf ein erneutes WEITER der letzte Bildschirm ausgegeben. Das Blättern zu einem Teil wird mit STOP abgeschlossen. Der Dialog wird mit ENDE beendet.

Fallstudie 7.5-3: Text-7 Text zweispaltig

Aufgabenstellung wie Fallstudie 6.6-3 mit dem Zusatz, daß der Text zweispaltig auszugeben ist.

Zusatz
Was muß am Entwurf geändert werden, wenn auf der letzten Seite, die im allg. zwei unterschiedlich weit gefüllte Spalten enthält, die beiden Spalten möglichst gleich gefüllt sein sollen.

8 Implementierung von Programmsystemen

Während des Entwurfs wurden Implementierungsaspekte bewußt außerachtgelassen. Die einzelnen Programm-Komponenten eines Systems sind als simple program entworfen und sollen nun als lauffähiges System implementiert werden. Jetzt muß über die Aufrufhierarchie der einzelnen System-Komponenten entschieden werden. Ebenso ist zu klären, welche Datenströme als physische Datei und welche als logische Verknüpfung realisiert werden sollen. Für diese Aspekte verwenden wir die "System-Implementierungs-Diagramme" als Beschreibungsmittel.

8.1 Darstellung der Implementierung

8.1.1 System-Implementierungs-Diagramme

Die logische Kopplung von Programmen wird im System-Netzwerk-Diagramm festgelegt. Dem SND ist zu entnehmen, über welche Datenströme die einzelnen Programme eines Systems verknüpft sind, und welche Eingabe- oder Ausgabe-Datenströme die Programme konsumieren bzw. produzieren.

Die physische Kopplung, d.h. wie die logische Verknüpfung implementiert ist, wird im *System-Implementierungs-Diagramm* (SID) beschrieben. Im SID wird dargestellt, ob ein Datenstrom als physische Datei oder durch "Invertieren" von Programmen implementiert ist. Bei "invertierten" Programmen ist außerdem die Aufrufhierarchie dem SID zu entnehmen. Die Richtung des Datenflusses wird im SID nicht dargestellt.

Ein Programm heißt *invertiert* (bzgl. eines Eingabe- bzw. Ausgabe-Datenstroms zu einem anderem Programm), wenn die Eingabe- oder Ausgabe-Zugriffe auf Sätze eines Datenstroms durch einen Übergabe- oder Rücksprung-Mechanismus mit einem anderen Programm, das diesen Datenstrom produziert bzw. konsumiert, parallel koordiniert werden.

Darstellung der Inversion

Ein bzgl. eines Datenstroms invertiertes Programm P wird im SID dargestellt als

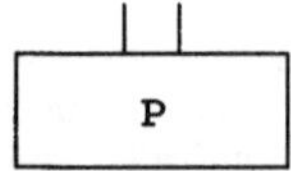

Ein bzgl. zweier Datenströme invertiertes Programm P wird im SID dargestellt als

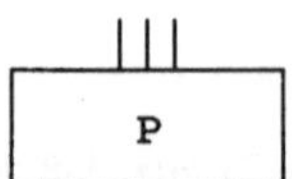

Das Programm P kommuniziert mit seinem übergeordneten Programm über einen sog. "channel" (bei zwei eliminierten Datenströmen dargestellt durch "| | |"). Bei Inversion bzgl. mehr als zwei Datenströmen wird zwischen den verknüpften Programmen ein channel eingetragen, mit einem Strich mehr als Datenströme durch das Invertieren eliminiert werden.

Beispiel: Inversion bzgl. eines Datenstroms

Die Programme P1 und P2 sind über den Zwischen-Datenstrom ZWD logisch verknüpft.

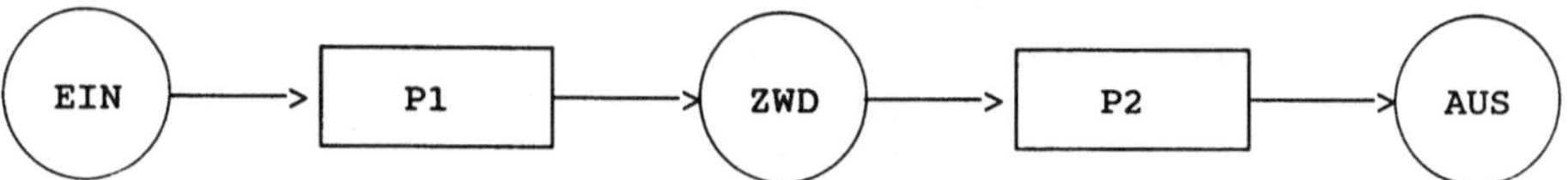

Für die Inversion gibt es zwei Möglichkeiten.

1. P2 wird bzgl. der Eingabe ZWD zu P1 invertiert. P1 ist das übergeordnete Programm und übergibt die ZWD-Sätze einzeln an das Unterprogramm P2.

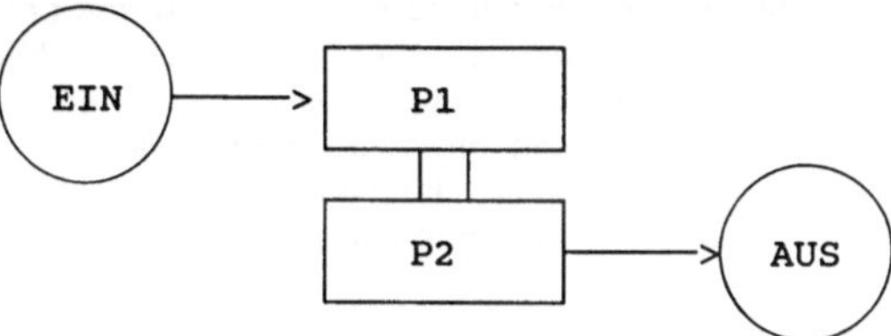

2. P1 ist bzgl. der Ausgabe ZWD zu P2 invertiert. P2 ist das übergeordnete Programm und fordert ZWD-Sätze einzeln von dem Unterprogramm P1 an.

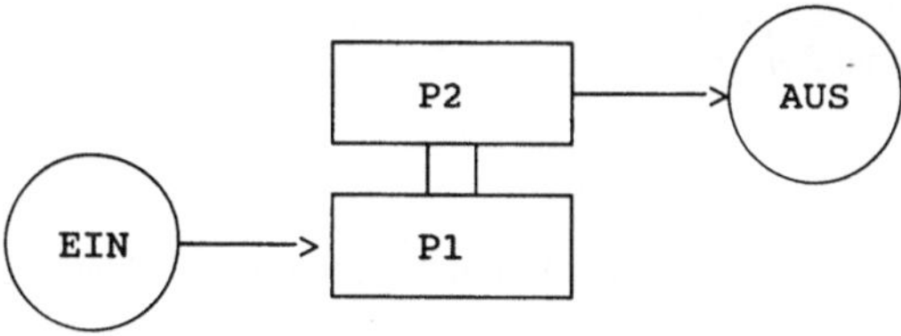

Beispiel: Inversion bzgl. zweier Datenströme

Die Programme P1 und P2 sind über die Zwischen-Datenströme ZD1 und ZD2 logisch verknüpft.

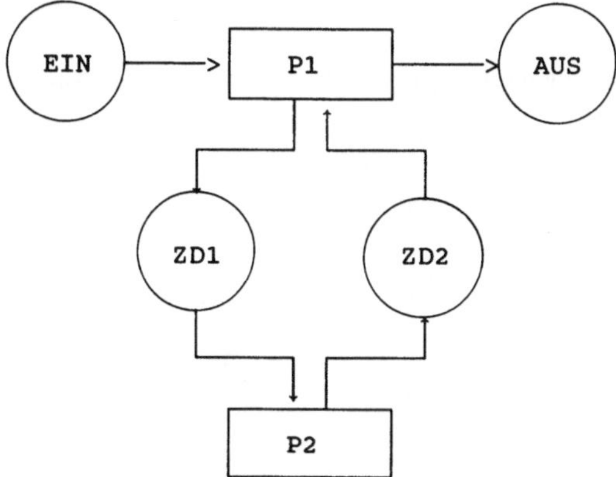

P2 ist bzgl. der Eingabe ZD1 und der Ausgabe ZD2 zu P1 invertiert. P1 übergibt die ZD1-Sätze an P2 und fordert ZD2-Sätze von P2 an.

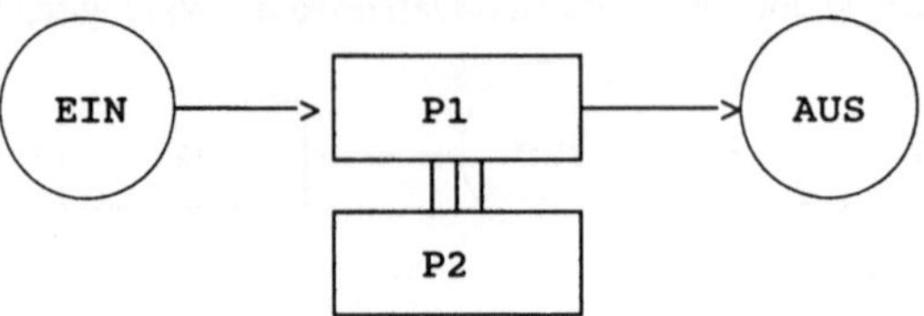

8.1.2 Umformung von SNDs

In einem SND wird die Verknüpfung der Programme über Datenströme beschrieben. Aus diesen Verknüpfungen ergeben sich Abhängigkeiten, aber noch keine Hierarchien. Bei der Implementierung muß aber entschieden werden, welches Programm eines Systems die Verarbeitung beginnt und wie die Programme physisch kommunizieren. Vor der Umwandlung eines SND in ein SID ist es manchmal sinnvoll, das SND zunächst geeignet umzuformen. Für "lineare" und "baumartige" SNDs kann die Umwandlung in ein SID nach festen Regeln erfolgen.

Wir unterscheiden vier Formen von SNDs:

- lineares SND;
- baumartiges SND;
- SND mit Maschen ohne Zyklen;
- SND mit Maschen und Zyklen.

Lineares SND

Jedes Programm hat höchstens einen Vorgänger und höchstens einen Nachfolger.

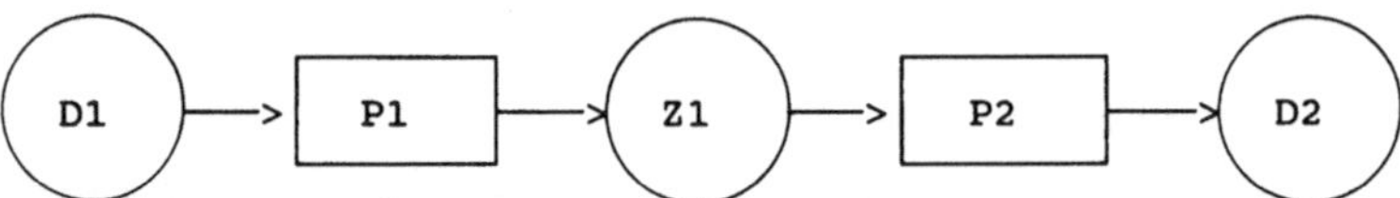

Baumartiges SND

Jedes Programm hat verschiedene Vorgänger und höchstens einen Nachfolger oder höchstens einen Vorgänger und verschiedene Nachfolger.

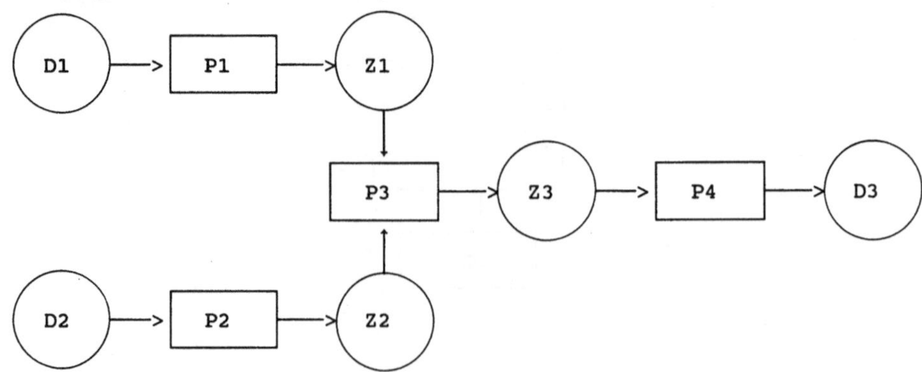

SND mit Maschen ohne Zyklen

Manche Programme haben verschiedene Vorgänger oder verschiedene Nachfolger. Gewisse Programme können auf verschiedenen Pfaden im SND erreicht werden.

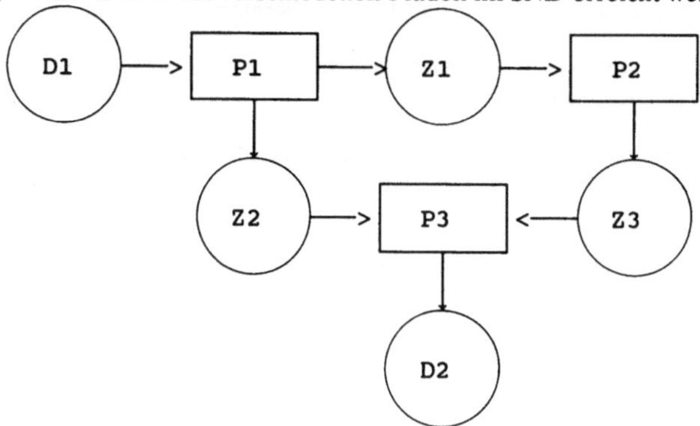

SND mit Maschen und Zyklen

Pfade des SND können mehrfach durchlaufen werden.

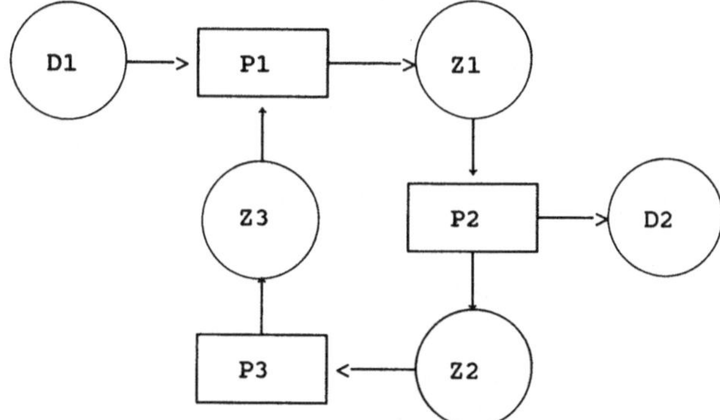

Die Kommunikation zwischen einem Haupt- und einem Unterprogramm ist ein typischer Spezialfall für ein SND mit Maschen und Zyklen.

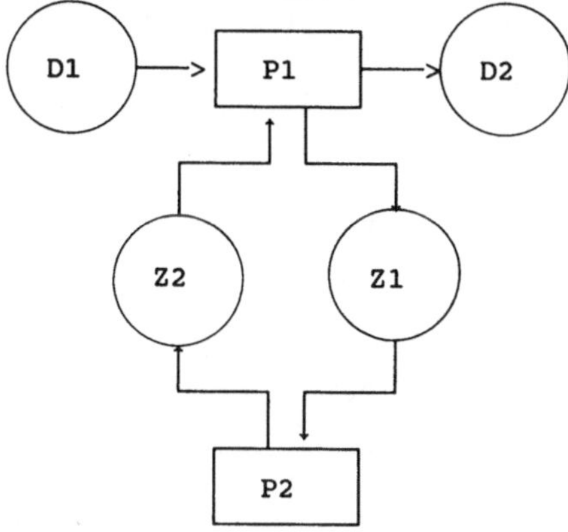

Implementierung von Systemen ohne Maschen oder Zyklen

Systeme ohne Maschen oder Zyklen lassen sich nach festen Regeln implementieren.

1. Man wähle ein beliebiges Programm des Systems als Hauptprogramm.

2. Man forme das SND so um, daß das Hauptprogramm an der Spitze steht, die mit ihm verbundenen Programme darunter, usw.

3. Man ordne jeden Zwischen-Datenstrom dem darunterliegenden Programm zu und invertiere dieses Programm bzgl. dieses Zwischen-Datenstroms.

Welches Programm eines Programmsystems als Hauptprogramm implementiert wird, ist im Einzelfall zu entscheiden.

Beispiel: Umwandlung des SND in ein SID

1. Man wähle P1 als Hauptprogramm.

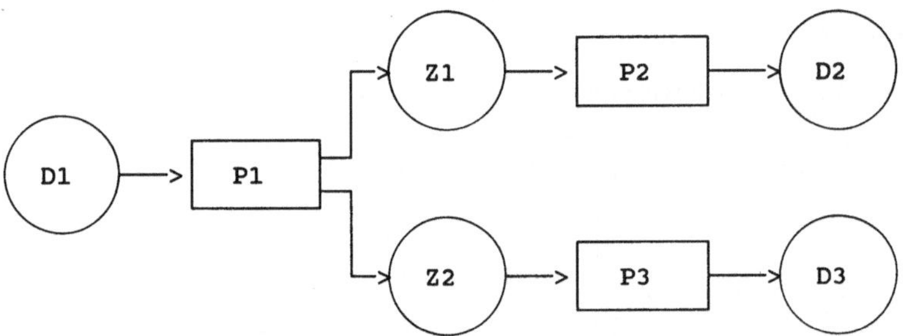

2. Man stelle P1 an die Spitze des SND.

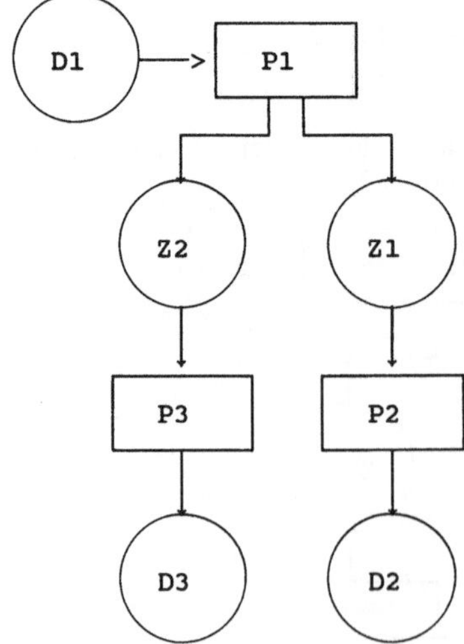

3. Die Zwischen-Datenströme werden den darunterliegenden Programmen zugeordnet, und diese bzgl. der Zwischen-Datenströme invertiert.

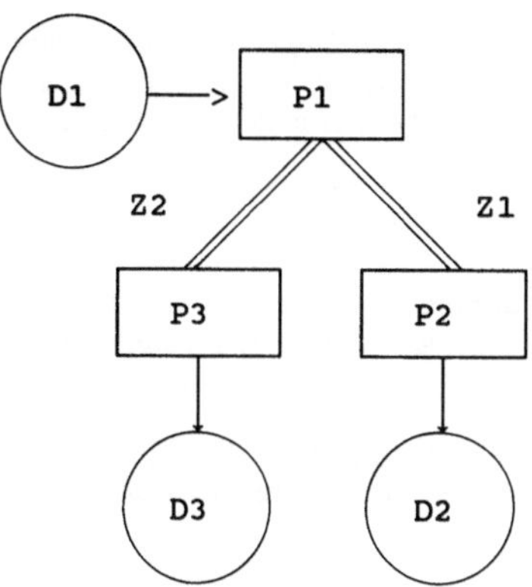

Übung 8.1.2-1: Eliminieren Sie alle Zwischen-Datenströme.

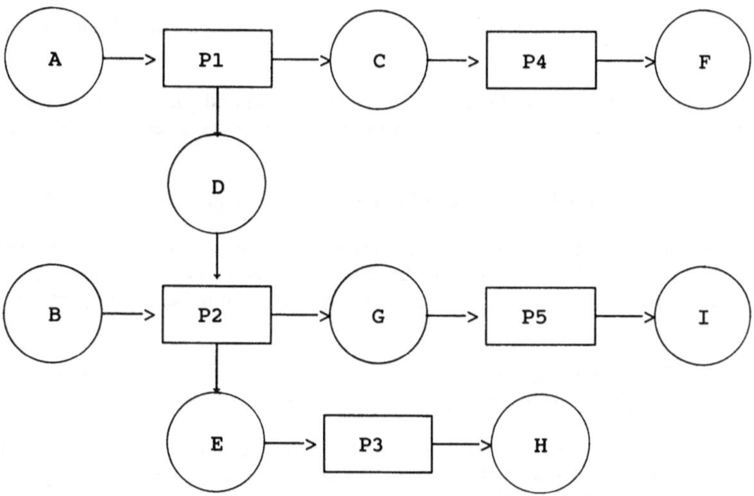

Übung 8.1.2-2: Können in dem folgenden SND alle Zwischen-Datenströme eliminiert werden?

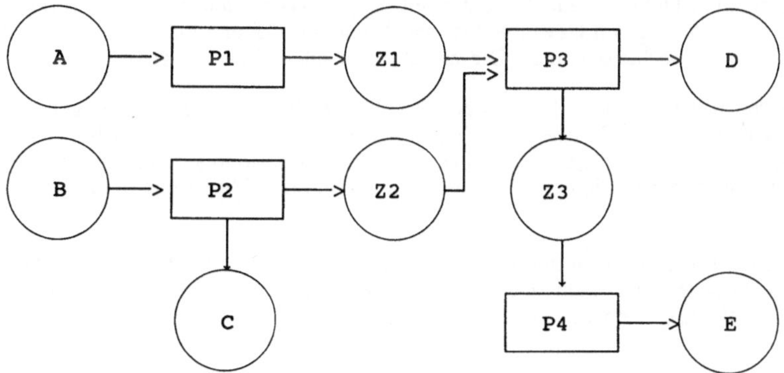

Übung 8.1.2-3: Die Geschichte vom Weinhändler Vigno, dem Weinhändler Rebius und dem introvertierten Gehilfen Gustav

Es war einmal ein Weinhändler Vigno. In der ganzen Gegend war er bekannt für seine trockenen Weißweine. Regelmäßig wurden ihm große Kartons mit edlen Flaschen geliefert. Diese mußten dann sorgfältig in die langen Regale des tiefen Gewölbes einsortiert werden.

Früher, als er noch jünger war, machte er alles selbst.

1. Er schloß den Keller auf, öffnete mit einem kurzen Ruck den Karton, nahm sich eine Lage Flaschen und brachte sie zum entsprechenden Regal. Den leeren Karton faltete er zusammen und schloß den Keller wieder ab.

Später bereitete ihm diese Arbeit große Mühe und deshalb stellte er einen jungen Gehilfen, Gustav, ein, der ihm die Lauferei zu den Regalen abnehmen sollte. Und so arbeiteten sie zusammen:

2. Vigno öffnete wieder den Karton, gab Gustav den Schlüssel für den Keller, griff die erste Lage, sagte Gustav, wohin er sie stellen sollte, und dieser brachte sie in das gewünschte Regal. Vigno faltete den leeren Karton, Gustav schloß den Keller ab.

Aber das Bücken machte Vigno doch mehr zu schaffen als erwartet, und so tauschten sie bei der nächsten Lieferung die Rollen.

3. Jetzt schloß Vigno den Keller auf, Gustav öffnete den Karton und gab Vigno die Flaschen, dieser brachte sie zum Regal. Der leere Karton wurde von Gustav gefaltet, Vigno schloß den Keller ab.

Einmal, beim Auspacken einer besonders wichtigen Lieferung, wurde Vigno ins Büro gerufen.

4. Da packte Gustav den ganzen Karton aus und legte alle Flaschen schon mal auf den großen Tisch. Aber als Vigno zurückkam, wetterte er fürchterlich. Das sei ja völlig unnötige Arbeit gewesen und außerdem wolle er die teuren Flaschen lieber einzeln haben. Und beinahe wäre auch eine vom Tisch gerollt.

Ein anderes Mal wurde sehr viel Wein geliefert. Da holte sich Vigno zur Unterstützung noch einen weiteren Gehilfen, Hubert, und zu dritt benötigten sie nur einen Tag.

5. Gustav öffnete den riesigen Karton, Hubert schloß den Keller auf. Gustav gab Vigno die Flaschen, dieser las das Etikett und sagte Hubert, in welches Regal er sie legen solle. Hubert brachte die Flaschen einzeln weg. Als der Karton endlich leer war, wurde er von Gustav gefaltet, und Hubert schloß müde den Keller ab.

Das klappte ganz gut, aber Hubert brauchte immer sehr lange, bis er von den Regalen zurückkam, und außerdem sang er unterwegs im Gewölbe. Das war Vigno auf Dauer zu laut, und er versuchte wieder, mit Gustav allein zurechtzukommen. Dieser hatte jetzt alle Hände voll zu tun.

6. Er mußte den Karton öffnen, den Keller aufschließen, Vigno das Etikett zeigen (dieser sagte lässig, wohin) und die Flasche wegbringen. Am Ende mußte er auch noch den Karton falten und den Keller abschließen. Nach einigen Kartons waren sie so aufeinander eingespielt, daß Gustav nur noch jeweils die erste Flasche einer neuen Sorte Vigno zeigte, und dann ging alles noch viel rascher.

7. Bei den letzten Kartons waren immer wieder mal Flaschen beschädigt, so daß Vigno jetzt die kaputten Flaschen auf dem Lieferschein ankreuzte und anschließend von seiner Sekretärin die Reklamationen schreiben ließ.

Im Laufe der Jahre hatte Gustav alles über die verschiedenen Weinsorten gelernt. Auch konnte er sofort erkennen, wann eine Flasche nicht in Ordnung war, und die Reklamation hätte er auch selbst schreiben können. Und sein größter Wunsch war es, einmal alles ganz alleine machen zu dürfen. Doch Vigno machte keine Anstalten sich zurückzuziehen, und da Gustav ein eher introvertierter Typ war, konnte er nicht mit Vigno über sein Anliegen reden.

Eines Tages hielt er es nicht mehr aus und bewarb sich bei Rebius, einem anderen Weinhändler. Er erzählte ihm, was er alles bei Vigno gelernt hatte und wie selbständig er arbeiten konnte. Da wiegte Rebius nachdenklich den Kopf. Rebius ist nämlich der wichtigste Händler für schweren Burgunder weit und breit.

Doch Rebius war von Gustavs Fähigkeiten sehr angetan, und so einigten sie sich darauf, daß Gustav so selbständig wie möglich arbeiten konnte. Nur die Entscheidung, in welchem Regal der Wein abgelegt werden sollte, die wollte Rebius selbst treffen.

8. Und so öffnet Gustav den Karton mit den Rotweinflaschen, schließt den Keller auf, nimmt die erste Flasche heraus. Beschädigte Flaschen kreuzt er auf dem Lieferschein an und wirft sie in den Mülleimer. Von den unbeschädigten liest er Rebius das Etikett vor und bringt sie in das von Rebius bestimmte Regal. Am Ende faltet er den Karton und schließt stolz den Keller ab. Oben im Büro schreibt er die Reklamationen. Rebius ist sehr zufrieden mit seinem neuen Gehilfen.

Und bestimmt wird Gustav auch mal ein großer Weinhändler.

Frage: Wie kann man die einzelnen Situationen mit SNDs bzw. SIDs beschreiben?

8.2 Kommunikation zwischen Programmen

Vor der Umwandlung eines SND in ein SID werden alternative Mechanismen zur Koordination von Programm-Komponenten P1 und P2 erörtert. Es ist zu entscheiden, ob die Programme P1 und P2 voneinander unabhängig arbeiten und die Koordination über einen physischen Datenstrom erfolgt, oder ob die beiden Programme parallel koordiniert werden.

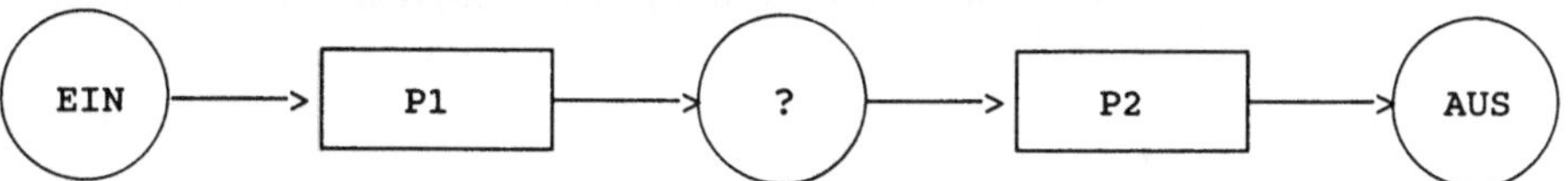

Sequentielle Koordination

Bei der sequentiellen Koordination ist die Zwischendatei ein unendlich großer Puffer. Die Programme P1 und P2 werden als selbständige Programme implementiert.

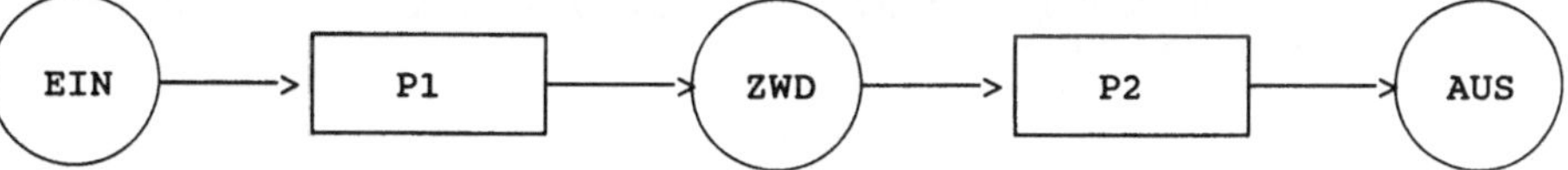

Die Programme P1 und P2 arbeiten unabhängig voneinander. Erst wenn P1 die Ausgabe der Zwischendatei abgeschlossen hat, beginnt P2 mit der Verarbeitung.

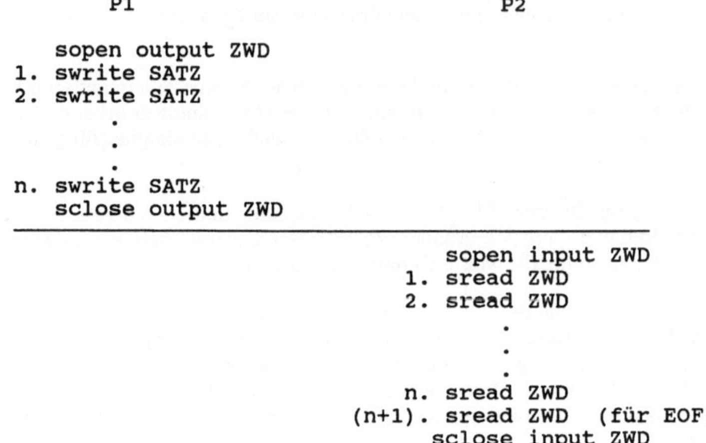

Die Implementierung des Zwischen-Datenstroms als physische Datei ist wenig effizient, wenn diese nicht explizit benötigt wird. Die Folge ist eine Erhöhung der Ein-/Ausgabe-Zugriffe, da P2 jeden Satz lesen muß, den P1 schreibt, und auch eine längere Verweilzeit der Programme P1 und P2.

Parallele Koordination

Bei der parallelen Koordination wird kein beliebig großer Zwischenspeicher verwendet. Die Sätze werden zwischen P1 und P2 unmittelbar übergeben. Für die Implementierung gibt es zwei Möglichkeiten.

1. P1 ist das übergeordnete Programm und P2 wird bzgl. ZWD invertiert. P1 übergibt seine Ausgabesätze jeweils unmittelbar an P2.

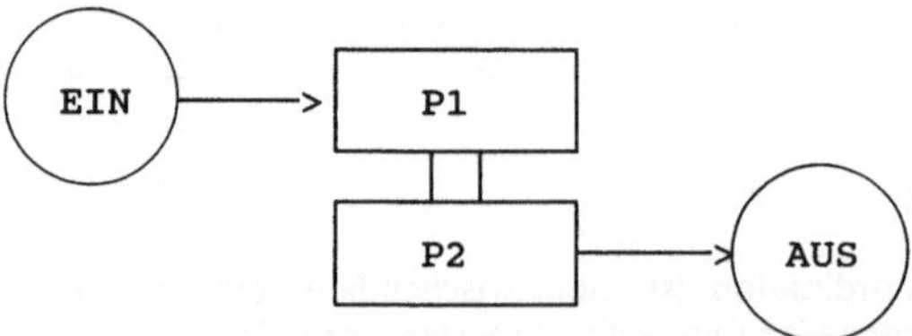

2. P2 ist das übergeordnete Programm und P1 wird bzgl. ZWD invertiert. P2 fordert seine Eingabesätze einzeln von P1 an.

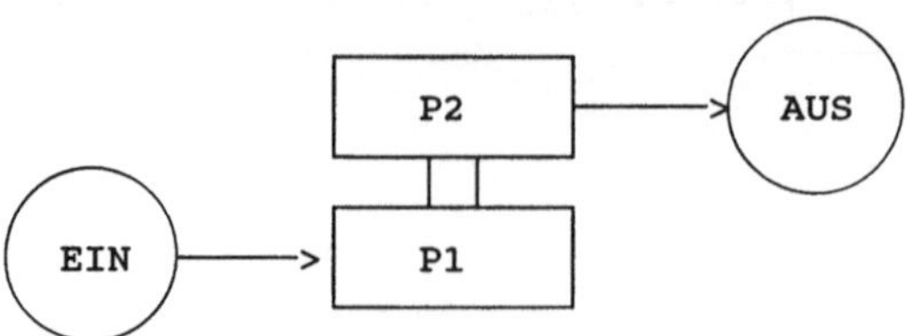

Parallele Koordination durch das Betriebssystem

Für die Steuerung der Programmkoordination durch das Betriebssystem ist ein Mehrprogramm-Betriebssystem (z.B. UNIX) erforderlich.

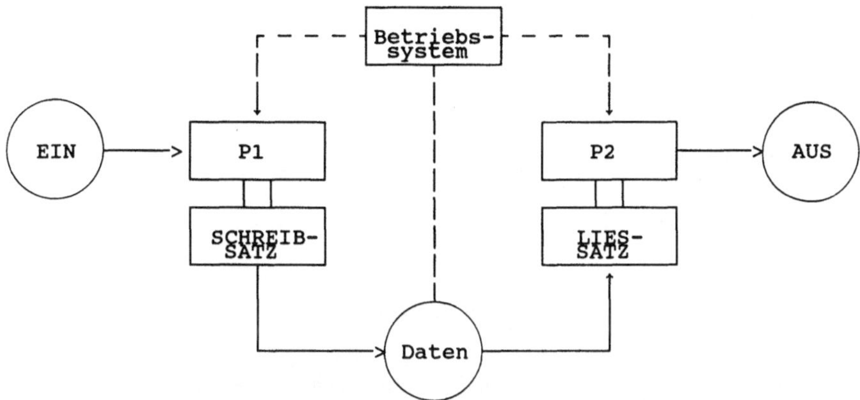

Die Steuerung erfolgt durch das Betriebssystem und die beiden Prozeduren "SCHREIB-SATZ" und "LIES-SATZ".

```
SCHREIB-SATZ  seq
              WAIT while (Puffer-Flag = voll)
              Puffer := Ausgabe-Satz
              SET Puffer-Flag := voll
SCHREIB-SATZ  end

LIES-SATZ     seq
              WAIT while (Puffer-Flag = leer)
              Eingabe-Satz := Puffer
              SET Puffer-Flag := leer
LIES-SATZ     end
```

Parallele Koordination mittels Koroutinen

Eine Implementierung der Programme als Koroutinen gestaltet eine parallele Koordination besonders einfach, da Koroutinen genau in der für die Invertierung gewünschten Form zusammenarbeiten. Das Konzept der Koroutinen ist aber nur in wenigen Sprachen (z.B. Simula) verwirklicht.

Die Koroutine P1 beginnt die Verarbeitung und übergibt die Kontrolle an die Koroutine P2. Diese erledigt einen Teil ihrer Verarbeitung und gibt die Kontrolle an P1 zurück. Die Koroutine P1 führt ihre Verarbeitung an der Aussprungstelle fort. Erhält P2 wieder die Kontrolle, so wird auch hier die Verarbeitung an der Stelle wiederaufgenommen, an der sie zuletzt unterbrochen wurde, usw. Bei Koroutinen ist für die parallele Koordination kein zusätzlicher Aufwand erforderlich.

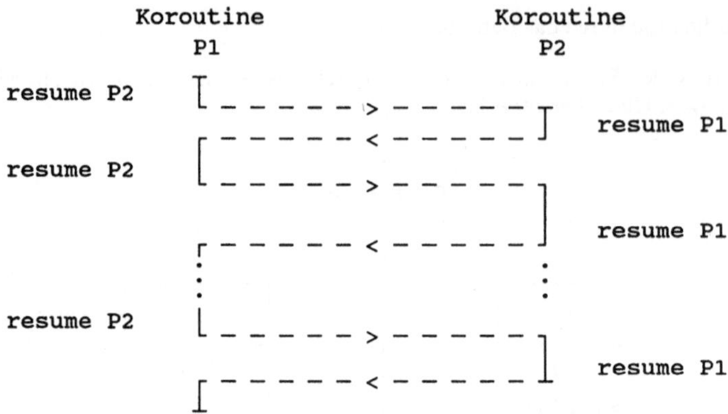

Hierarchische Koordination mit Haupt- und Unterprogramm

Das Konzept von Haupt- und Unterroutinen ist für eine parallele Koordination in der ursprünglichen Form nicht anwendbar. Wird ein Unterprogramm P2 von einem Hauptprogramm P1 aufgerufen, beginnt die Ausführung von P2 stets an der gleichen Stelle am Anfang von P2.

Das Hauptprogramm P1 ruft das Unterprogramm P2 von drei verschiedenen Stellen aus auf. Bei jedem Aufruf beginnt P2 seine Verarbeitung am Programmanfang.

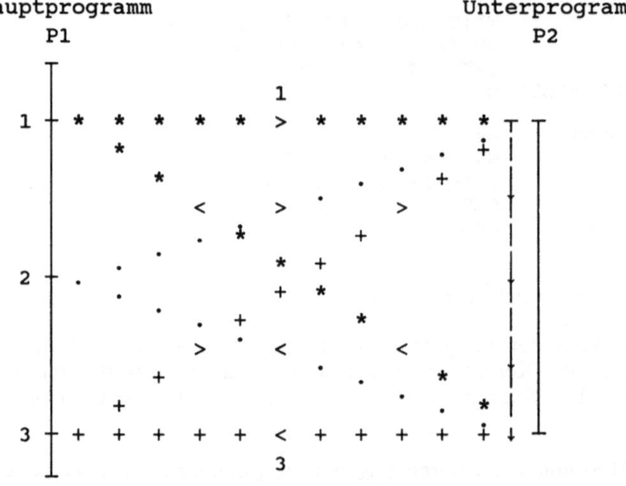

Mit Haupt- und Unterroutinen kann man aber - nach geeigneter Modifikation - das Konzept von Koroutinen simulieren. Die Einzelheiten dieser Modifikation werden im folgenden Abschnitt erläutert.

8.3 Programminversion

8.3.1 Technik der Programminversion

Die Technik der *Programminversion* besteht darin, zwei Koroutinen durch ein Haupt- und ein Unterprogramm zu simulieren. Ein-/Ausgabe-Operationen zwischen zwei Programmen, die durch eine logische Zwischendatei verbunden sind, werden nicht physisch, sondern durch einen Rücksprung ins Hauptprogramm bzw. durch einen Unterprogrammaufruf implementiert.

Ein-/Ausgabe-Sätze werden im Hauptprogramm nicht physisch gelesen oder geschrieben, sondern mit einem Aufruf des Unterprogramms durch P2 von P1 angefordert bzw. von P1 an P2 übergeben. Im Unterprogramm wird vor jedem Rücksprung die Wiedereinsprungstelle markiert und auf einer Zustandsvariablen QS gespeichert. Zu Beginn des Unterprogramms wird ein Verteiler eingefügt, der, durch den Wert von QS gesteuert, zur entsprechenden Stelle für die Wiederaufnahme der Verarbeitung verzweigt. Die Definition der Übergabeparameter wird aus der Satzbeschreibung für den Zugriff auf den Zwischen-Datenstrom entnommen. Die Kodierung der Programminversion hängt von der konkreten Zielsprache ab.

Ist beim Entwurf nach JSP ein Strukturkonflikt zu lösen, so ist eine Zergliederung in einzelne Programm-Komponenten erforderlich, die bei der ursprünglichen Modularisierung nicht vorgesehen war. Die Implementierung dieser Teilprogramme erfolgt üblicherweise mit Programminversion, so daß aus Sicht des Gesamtsystems bei der Implementierung keine zusätzlichen Komponenten auftreten. Das ist zwar eine typische, aber nicht die einzig mögliche Anwendung von Programminversion.

Programminversion wird angewendet bei der Implementierung von

- Vorprogrammen zur Lösung von Erkennungsproblemen;
- Strukturkonflikten;
- Unterprogrammen;
- großen Programmen, die für den Entwurf in Teilmodule zerlegt wurden;
- Online-Anwendungen.

Durch Anwendung der Programminversion wird erreicht, daß

- über die hierarchische Struktur eines Programmsystems erst bei der Implementierung entschieden werden muß;
- Zwischen-Datenströme nicht physisch implementiert werden müssen;
- der Entwurf von Haupt- und Unterprogrammen äquivalent ist;
- es genügt, einheitlich eine Entwurfsmethode für Hauptprogramme anzuwenden;
- Probleme der Schnittstellen und der Implementierung nach festen Regeln gelöst werden können.

Programminversion von P2 bzgl. der Eingabe

Bei Inversion von P2 bzgl. der Eingabe ZWD wird das lesende Programm P2 als Unterprogramm, das schreibende Programm P1 als Hauptprogramm implementiert.

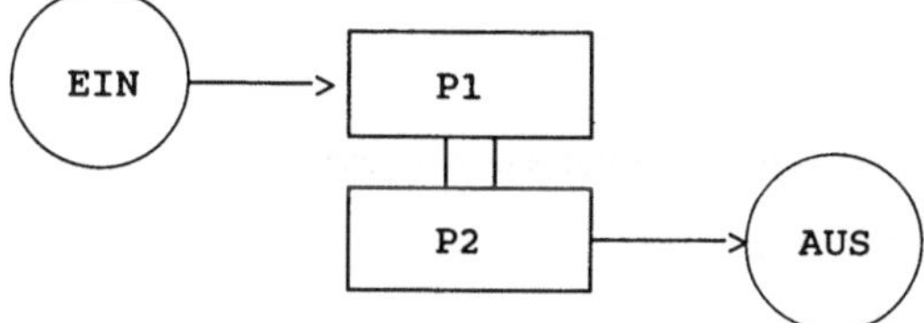

P1 beginnt die Verarbeitung und übergibt eine Startmitteilung (z.B. "OPEN ZWD o.K.") an P2. P2 startet nun seine Verarbeitung. Für die Anforderung des ersten Satzes merkt sich P2 die aktuelle Stelle im Programm mit QS := 2 und gibt die Kontrolle an P1 zurück. P1 führt seine Verarbeitung weiter und übergibt den ersten Satz an P2. P2 prüft, ob dies der EOF-Satz war. Da noch nicht EOF erreicht wurde, führt P2 nun seine Verarbeitung weiter. Vor der Anforderung des nächsten Satzes merkt sich P2 wieder die Rücksprungstelle auf QS, usw. Ist EOF erreicht, führt P2 seine Abschlußarbeiten durch und setzt mit QS := 1 den Rücksprungzeiger wieder auf den Anfangswert.

Die parallele Koordination von P1 mit P2 wird in folgendem Diagramm veranschaulicht.

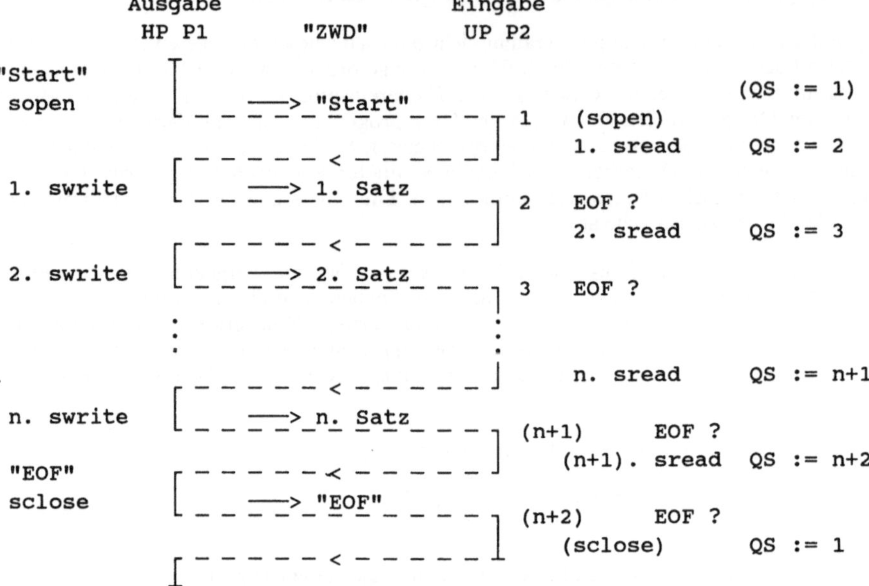

Änderungen des COBOL-Quellkodes im invertierten Programm P2

 - SELECT, FD, OPEN und CLOSE für ZWD entfallen.

 - Initialisieren von QS:

```
WORKING-STORAGE SECTION.
01  QS  PIC  S99  COMP VALUE +01.
```

 - Die Definition von SATZ erfolgt in der LINKAGE SECTION.

 - PROCEDURE DIVISION USING SATZ, KOMM-BEREICH.

```
Q.  GO TO Q1, Q2, Q3, ... , QN DEPENDING ON QS.
```

 - READ wird ersetzt durch:

```
    MOVE i TO QS. GO TO QX.
Qi.
```

 - Nach dem CLOSE wird QS auf den Anfangswert 1 gesetzt.

 - STOP RUN wird ersetzt durch:

```
QX. EXIT PROGRAM.       (oder GOBACK)
```

Änderungen des COBOL-Quellkodes im rufenden Programm P1

 - SELECT und FD für ZWD entfallen.

 - Die Definition von SATZ erfolgt in der WORKING-STORAGE SECTION.

- OPEN, WRITE und CLOSE werden ersetzt durch einen Aufruf von P2:

    CALL "P2" USING SATZ, KOMM-BEREICH.

- Bei CLOSE wird EOF gesetzt.

Mit dem Parameter KOMM-BEREICH können Zusatzinformationen, wie z.B. Dateistatus o.ä., übergeben werden.

Programminversion von P1 bzgl. der Ausgabe

Bei der Inversion von P1 bzgl. der Ausgabe ZWD wird das lesende P2 als Hauptprogramm, das schreibende P1 als Unterprogramm implementiert.

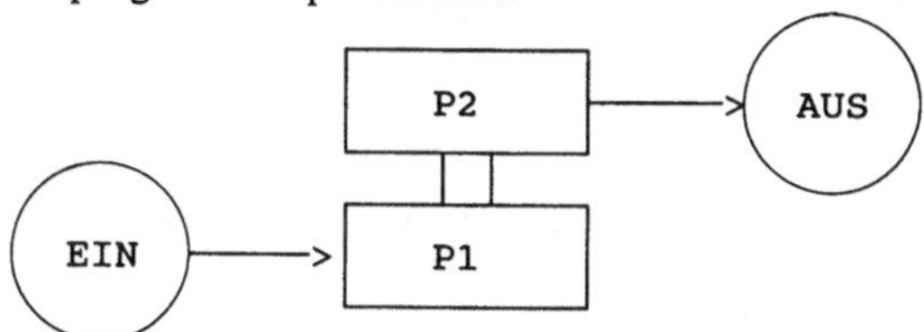

P2 beginnt die Verarbeitung und ruft P1 auf. P1 übergibt eine Startmitteilung (z.B. "OPEN ZWD o.K.") an P2. P2 führt seine Verarbeitung weiter. Für die Anforderung des ersten Satzes wird P1 von P2 aufgerufen. P1 führt seine Verarbeitung fort. Für die Rückgabe des ersten Satzes merkt sich P1 die aktuelle Stelle im Programm mit QS := 3 und gibt die Kontrolle an P2 zurück. P2 prüft, ob dies der EOF-Satz war. Da noch nicht EOF erreicht wurde, führt P2 nun seine Verarbeitung fort usw. Ist EOF erreicht, wird P1 ein letztes Mal von P2 aufgerufen. P1 führt seine Abschlußarbeiten durch und setzt mit QS := 1 den Rücksprungzeiger wieder auf den Anfangswert. Dann erhält P2 zum letzten Mal die Kontrolle.

Das Zusammenwirken der beiden Programme wird in folgendem Diagramm veranschaulicht.

```
                    Ausgabe                Eingabe
                    UP P1          "ZWD"   HP P2
(QS := 1)
                                               ┐
             "Start"    1 ┬ - - - - - < - - - - - ┘   sopen
QS := 2;     sopen        └ _ _ ──>_"Start" _ _ _ _
                                                      ┐
                                                      ┘   1. sread
                        2 ┌ - - - - - < - - - - - ┘
QS := 3;     1. swrite    └ _ _ ──>_1. Satz _ _ _ _
                                                      ┐  EOF ?
                                                      ┘  2. sread
                        3 ┌ - - - - - < - - - - - ┘
QS := 4;     2. swrite    └ _ _ ──> 2. Satz _ _ _ _
                                                      ┐  EOF ?
                          .                           ┆
                                                      ┘  n. sread
                      n+1 ┌ - - - - - < - - - - - ┘
QS := n+2; n. swrite      └ _ _ ──> n. Satz _ _ _ _
                                                      ┐  EOF ?
             "EOF"    n+2 ┌ - - - - - < - - - - - ┘  (n+1). sread
QS := n+3; sclose         └ _ _ ──> "EOF" _ _ _ _
                                                      ┐  EOF ?
                                                      ┘  sclose
                      n+3 ┌ - - - - - < - - - - - ┘
QS := 1                   └ _ _ _ _ _ > - - - - - ┐
                                                  ┘
```

Änderungen im COBOL-Quellkode des invertierten Programms P1

- SELECT und FD für ZWD entfallen.

- Initialisieren von QS:

```
WORKING-STORAGE SECTION.
01  QS  PIC  S99  COMP VALUE +01.
```

- Die Definition von SATZ erfolgt in der LINKAGE SECTION.

- PROCEDURE DIVISION USING SATZ, KOMM-BEREICH.
```
Q.  GO TO Q1, Q2, Q3, ... , QN DEPENDING ON QS.
```

- OPEN, WRITE und CLOSE werden ersetzt durch:

```
    MOVE i TO QS. GO TO QX.
Qi.
```

- Bei CLOSE wird EOF gesetzt. Nach dem CLOSE wird QS auf den Anfangswert 1 gesetzt.

- STOP RUN wird ersetzt durch:

```
QX. EXIT PROGRAM.        (oder GOBACK.)
```

Änderungen im COBOL-Quellkode des rufenden Programms P2

- SELECT und FD für ZWD entfallen.

- Die Definition von SATZ erfolgt in der WORKING-STORAGE SECTION.

- OPEN, READ und CLOSE werden ersetzt durch einen Aufruf von P1:

```
    CALL "P1" USING SATZ, KOMM-BEREICH.
```

Für das Einfügen des Inversionskodes muß das Quellprogramm schachtelungsfrei kodiert sein. Falls z.B. ein READ in einer Schleife vorkommt, würde ein Rücksprung in diese Schleife erforderlich sein. Manche Compiler verbieten das, z.B. wird in COBOL die PERFORM-Rücksprung-Adresse nur intern gespeichert. Deshalb müssen Schleifen explizit kodiert werden, d.h. ohne Verwendung eines Strukturblocks für Schleifen bzw. ohne Auslagerung wie etwa mit einem PERFORM in COBOL. Da besonders bei der Programminversion sopen- bzw. sclose-Anweisungen für die einzelnen Datenströme unterschiedlich behandelt werden, manche sogar ganz entfallen, sollen sopen und sclose für jeden Datenstrom als separate Elementaranweisung (mit einer eigenen Nummer) angegeben werden.

Zustandsvariables Unterprogramm

Bei der Kodierung der CALL-Anweisungen wird davon ausgegangen, daß die lokalen Variablen für den Wiedereinsprung erhalten bleiben. Dies trifft zu z.B. in COBOL bei statisch gelinkten Unterprogrammen. Andernfalls müssen alle lokalen Variablen, die für eine Wiederaufnahme der Verarbeitung erforderlich sind, also insbesondere die Rücksprungstelle QS, als Parameter, dem sog. "Zustandsvektor", bei jedem Aufruf und bei jedem Rücksprung übergeben werden. Deshalb nennt man ein Unterprogramm, das mit Inversionskode versehen ist, auch *zustandsvariables* Unterprogramm.

8.3.2 Standard-Programminversion

Die angegebenen Änderungen des Quellkodes können automatisch (per Generator) durchgeführt werden, vorausgesetzt, die Inversion bezieht sich nur auf einen Ein- oder Ausgabe-Datenstrom. Diese Form der Programminversion nennen wir *Standard-Programminversion*.

Die Implementierung der logischen Ein-/Ausgabe-Zugriffe auf die Zwischendatei kann man wie folgt zusammenfassen.

Programminversion bzgl. der Eingabe

```
         Hauptprogramm                            Unterprogramm

sopen      EOF-KZ := NICHT-EOF,        sopen     entfällt
         * CALL UP
1.swrite CALL UP                       1.sread *     QS := 2, GOBACK
                                               * Q2.
swrite   CALL UP                       sread         QS := i, GOBACK
                                               Qi.
sclose   EOF-KZ := EOF,                sclose    entfällt
         CALL UP                              *     QS := 1
```

Programminversion bzgl. der Ausgabe

```
         Unterprogramm                            Hauptprogramm

sopen      EOF-KZ := NICHT-EOF,        sopen   * CALL UP
         *     QS := 2, GOBACK.
         * Q2.
swrite         QS := i, GOBACK.        sread     CALL UP
         Qi.
sclose     EOF-KZ := EOF,              sclose    CALL UP
               QS := m, GOBACK.
         Qm.
         *     QS := 1
```

Die mit "*" gekennzeichneten Anweisungen können bei der "vereinfachten" Form der Programminversion entfallen.

Vereinfachte Form der Programminversion

Alle nach dem erläuterten Schema invertierten Programme sind beliebig oft "von vorne" ausführbar, ohne neu geladen zu werden. Ist dies nicht erforderlich und soll das invertierte Programm jeweils nur einmal ausgeführt werden, ergeben sich zwei Vereinfachungen, in obiger Tabelle mit "*" gekennzeichnet:

1. Die letzte Anweisung QS := 1 entfällt.

2. a) Inversion bzgl. der Eingabe: Der Rücksprung statt des ersten sread entfällt;

   b) Inversion bzgl. der Ausgabe: Der Rücksprung statt des sopen entfällt.

Der Aufruf CALL UP an der Stelle des sopen im rufenden Programm entfällt ebenfalls.

Programminversion zwischen Inline-Prozeduren

Die angegebenen Regeln für die Inversion beziehen sich auf Unterprogramme, die getrennt übersetzt werden und mit CALL aufzurufen sind. Analog können auch Inline-Prozeduren (z.B. in COBOL: SECTION und PARAGRAPH, die mit PERFORM aufgerufen werden) durch Programminversion miteinander verknüpft werden. Es ist aber sorgfältig zu beachten, daß die lokalen Daten der invertierten Programmteile außerhalb nicht verändert werden.

Schnittstellen

Bei der Verknüpfung von Programmen treten gelegentlich Fehler auf, weil die Schnittstellen nicht aufeinanderpassen. Probleme dieser Art werden bei Anwendung der Programminversion vermieden. Die Sätze eines Zwischen-Datenstroms werden aus der Sicht des lesenden und des schreibenden Programms im Entwurf spezifiziert. Diese Spezifikation wird unverändert in die Beschreibung der Ein-/Ausgabe-Parameter übernommen. Somit ist die Schnittstelle zwischen den invertierten Programmen durch die Satzbeschreibungen für den Zwischen-Datenstrom definiert.

8.3.3 Programminversion bzgl. mehrerer Datenströme

Bei der Standard-Programminversion wird immer nur bzgl. eines Datenstroms invertiert. Unabhängig davon, welches von beiden Programmen invertiert wird, bleibt die Richtung des Datenflusses zwischen rufendem und invertiertem Programm erhalten. Auch wenn mehrere Programme, durch jeweils einen Zwischen-Datenstrom verknüpft, hintereinander geschaltet sind, wird jedes Programme nur bzgl. einer Datei invertiert.

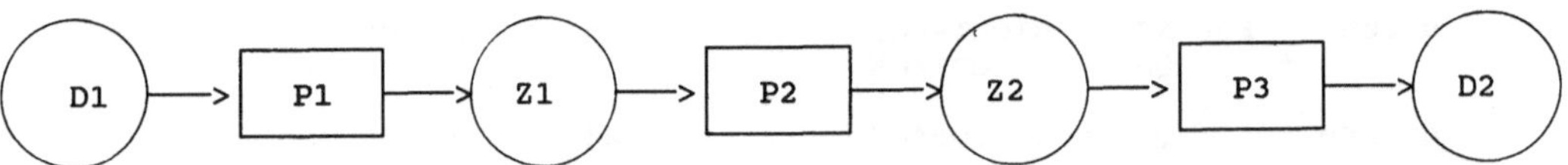

P2 ist aus der Sicht von P1 ein (invertiertes) Unterprogramm, aus der Sicht von P3 das rufende Programm. Die Invertierung zwischen P1 und P2 sowie zwischen P2 und P3 erfolgt nach den üblichen Regeln.

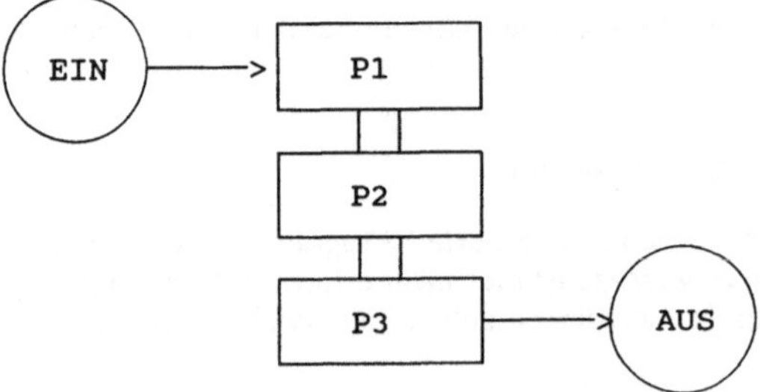

Sind zwei Programme P1 und P2 sowohl über einen Eingabe- als auch über einen Ausgabe-Datenstrom verknüpft, können die Regeln der Standard-Programminversion in der ursprünglichen Form nicht angewendet werden. Derartige Situationen treten auf bei der Implementierung von Unterprogrammen, die nach JSP als äquivalente Hauptprogramme entworfen wurden, und bei der Implementierung von Online-Programmen.

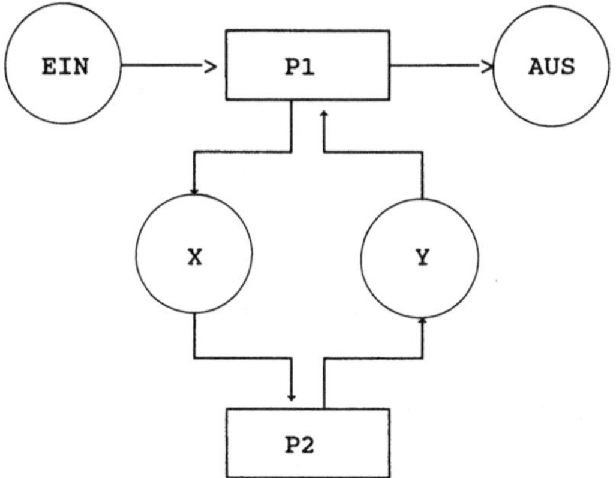

Beim SID ist die Richtung des Datenflusses nicht dargestellt.

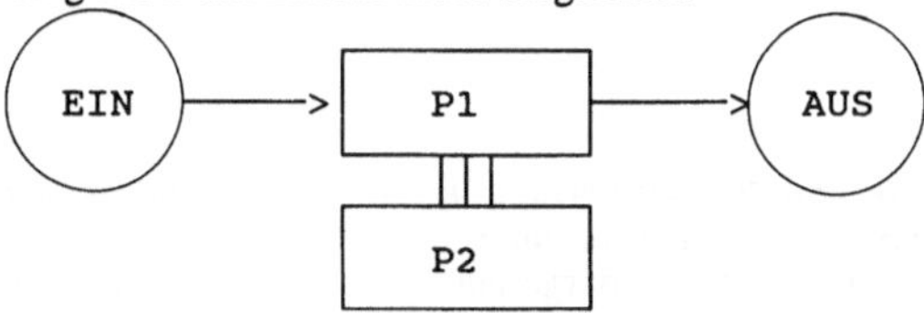

Bei der Inversion bzgl. beider Datenströme müßte dem Hauptprogramm der Grund für einen Rücksprung mitgeteilt werden, ob z.B. ein Resultat Y zurückgegeben wird, ob ein neuer Eingabesatz X angefordert wird oder ob beides zutrifft. Gelingt es aber, die Ein-/Ausgabe-Operationen - mit Ausnahme des ersten sread und des letzten swrite - als Paare swrite/sread anzuordnen, so ist eine Implementierung als einfacher Rücksprung, ohne zusätzlichen Kode, möglich. Die Regeln für die Programminversion bzgl. eines Datenstroms können somit angewendet werden.

Beispiel: Implementierung in COBOL

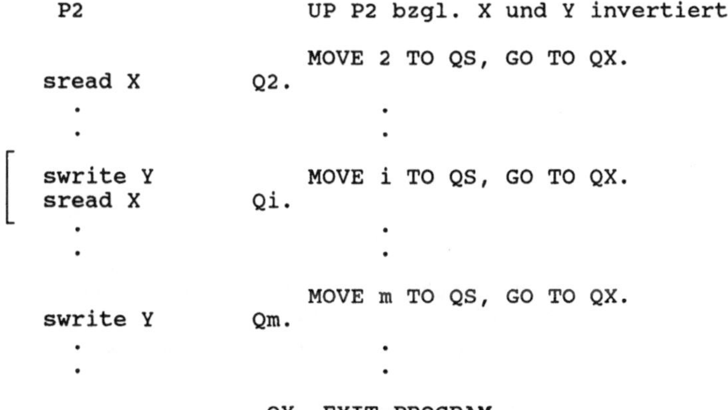

Ist diese Gruppierung nicht möglich, muß dem rufenden Programm eine zusätzliche Information, im folgenden Beispiel die Variable KODE, für den jeweiligen Grund des Rücksprungs übergeben werden. Das rufende Programm ist entsprechend zu erweitern. Mit diesen Zusätzen sind wieder die Regeln der Programminversion anwendbar.

Beispiel: Implementierung in COBOL

```
P2                          UP P2 bzgl. X und Y invertiert

                            MOVE 1 TO KODE.
swrite Y                    MOVE i TO QS, GO TO QX.
sread X           Qi.
      .                           .
      .                           .

                            MOVE 2 TO KODE.
swrite Y                    MOVE j TO QS, GO TO QX.
                  Qj.
      .                           .
      .                           .

sread X                     MOVE 3 TO KODE.
      .                     MOVE k TO QS, GO TO QX.
      .           Qk.
```

8.3.4 JSP-Unterprogramme

Unterprogramme werden mit Daten X aufgerufen. Beim Rücksprung werden die Resultate Y an
das Hauptprogramm übergeben. Betrachtet man die Folge aller Daten X, die während der
Verarbeitung an das Unterprogramm übergeben werden, und die Folge der zugehörigen
Rückgabewerte, so wird dadurch ein Eingabe-Datenstrom X und ein Ausgabe-Datenstrom Y
definiert. Für den Entwurf werden beide Datenströme als Zwischen-Datenströme benötigt.
Anstelle des Unterprogramms UP wird ein *äquivalentes Hauptprogramm* ÄHP entworfen, das über
die beiden Zwischen-Datenströme mit dem rufenden Hauptprogramm HP kommuniziert.

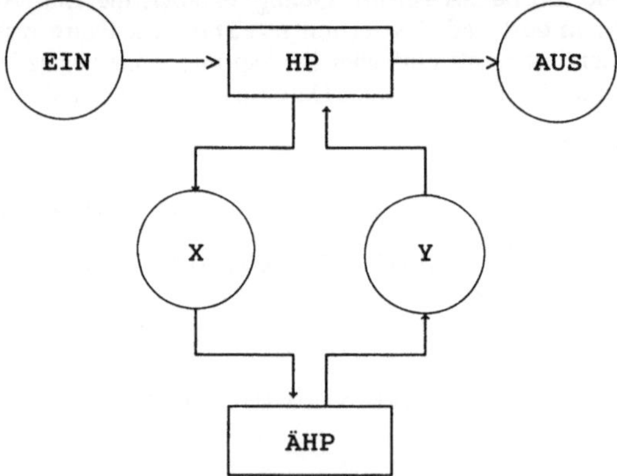

Diese Zwischen-Datenströme werden nicht als physische Dateien implementiert, sondern mittels
Programminversion bzgl. beider Datenströme eliminiert. Ein Unterprogramm im Sinne von JSP ist
ein Programm, das als selbständiges Hauptprogramm entworfen wurde und bzgl. des Eingabe- und
Ausgabe-Datenstroms invertiert wurde.

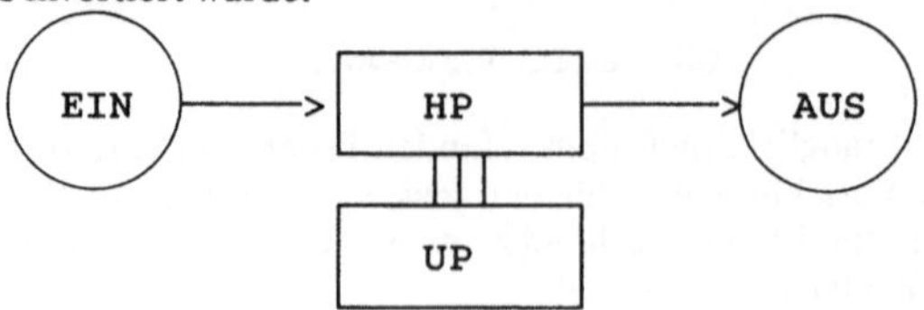

Hauptprogramm und Unterprogramm sind aus Sicht des JSP-Entwurfs äquivalent. Der Unterschied zwischen einem "klassischen" (zustandsinvarianten) Unterprogramm und einem nach JSP als äquivalentes Hauptprogramm entworfenen (zustandsvariablen) Unterprogramm besteht darin, daß ein klassisches Unterprogramm jeweils nur einen Satz verarbeitet, beim JSP-Entwurf aber alle Sätze der Verarbeitung berücksichtigt werden.

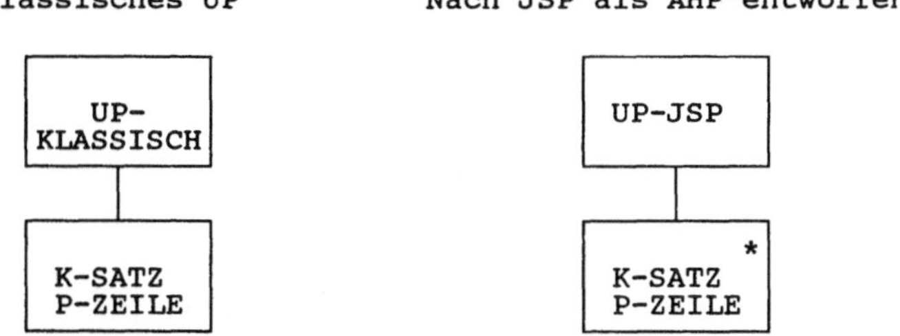

Klassische Unterprogramm werden auch in einem JSP-Entwurf verwendet, aber nur als Elementaranweisung, als sog. "Bottom-Up-Komponente", z.B. zur Prüfung von Eingabe-Sätzen auf formale Fehler. Bei derartigen Prüfungen hängt die Verarbeitung eines Satzes nicht von den anderen Sätzen des Datenstroms ab. Für Unterprogramme, die immer nur einen Satz verarbeiten, ist ein Entwurf nach JSP nicht sinnvoll, da aus einem Datenstrom mit nur einem einzigen Satz keine aussagefähige Datenstruktur abgeleitet werden kann.

8.3.5 Varianten der Implementierung

Für die Implementierung der Ein-/Ausgabe-Datenströme eines Programms P gibt es neun Möglichkeiten. Die Eingabe kann als physische Datei EIN erfolgen, P kann bzgl. seiner Eingabe EIN invertiert sein und wird als Unterprogramm von einem übergeordneten Programm aufgerufen oder P ruft als Hauptprogramm ein Eingabe-Unterprogramm auf, das bzgl. seiner Ausgabe EIN invertiert ist. Ebenso kann die Ausgabe AUS als physische oder logische Verknüpfung realisiert sein. Es wird angenommen, daß die Eingabe EIN von einem Programm P-EIN erzeugt wird, und die Ausgabe AUS von einem Programm P-AUS weiterverarbeitet wird. Die neun Möglichkeiten sind in der folgenden Tabelle zusammengestellt. "H" oder "U" bedeutet, Implementierung als rufendes bzw. aufgerufenes Programm, das "P" in der Tabelle heißt Verknüpfung als physische Datei.

	AUS	U–AUS	H–AUS
EIN	1 PP	2 PH	3 PU
U–EIN	4 HP	5 HH	6 HU
H–EIN	7 UP	8 UH	9 UU

Die Kodierung dieser neun Fälle in COBOL wollen wir an einem sehr einfachen Kopierprogramm verdeutlichen.

Fallbeispiel Kopieren: neun Varianten der Implementierung

Die Sätze der Eingabe EIN (Ausgabe von P-EIN) werden vom Programm P zeilenweise auf die Ausgabe AUS (Eingabe von P-AUS) kopiert.

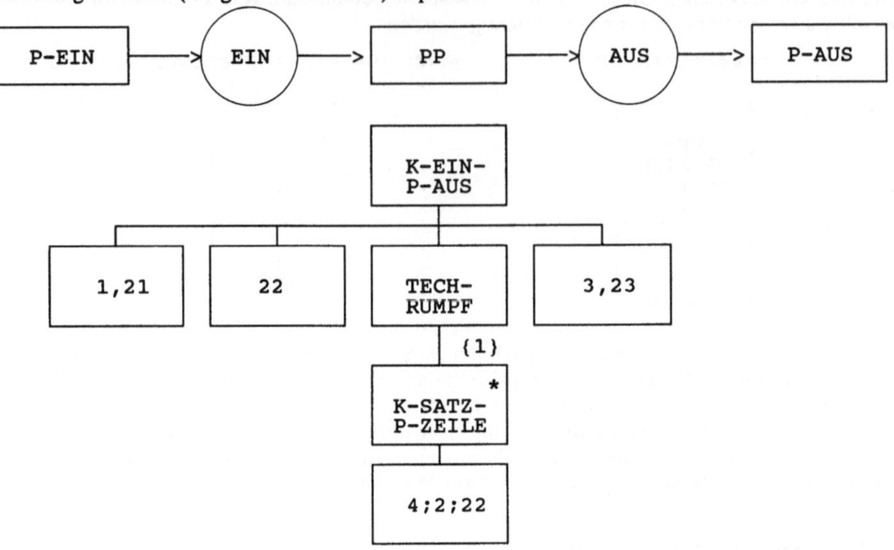


```
                    Kodierung in COBOL

 1. sopen output AUS        OPEN OUTPUT AUS.
 2. swrite ZEILE            WRITE ZEILE.
 3. sclose output AUS       CLOSE AUS.
 4. aufbereiten ZEILE       MOVE SATZ TO ZEILE.

21. sopen input EIN         OPEN INPUT EIN.
22. sread EIN               READ EIN AT END MOVE "E" TO EOF-KZ-EIN.
23. sclose input EIN        CLOSE EIN.

{1} (nicht EIN-EOF)         (NOT EIN-EOF)
```

Die Programminversion wird in der vollständigen Standardform kodiert. Bei den Unterprogramm-Aufrufen wurde auf die Angabe eines KOMM-Bereiches verzichtet.

1. P als Hauptprogramm PP.

```
        PROCEDURE DIVISION.
        K-EIN-P-AUS-SEQ.
            OPEN OUTPUT AUS.
            OPEN INPUT EIN.
            READ EIN AT END MOVE "E" TO EOF-KZ-EIN.
        TECH-RUMPF-ITR.      IF (EIN-EOF) GO TO TECH-RUMPF-END.
        K-SATZ-P-ZEILE-SEQ.  MOVE SATZ TO ZEILE.
            WRITE ZEILE.
            READ EIN AT END MOVE "E" TO EOF-KZ-EIN.
        K-SATZ-P-ZEILE-END.  GO TO TECH-RUMPF-ITR.
        TECH-RUMPF-END.
            CLOSE AUS.
            CLOSE EIN.
        K-EIN-P-AUS-END.
            STOP RUN.
```

2. P als Hauptprogramm PH, U-AUS invertiert bzgl. AUS.

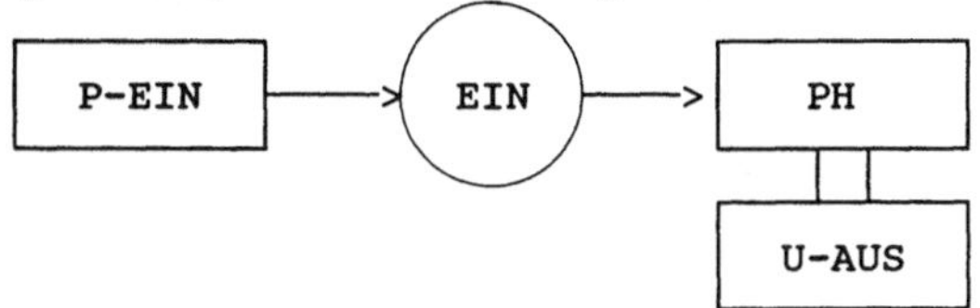


```
PROCEDURE DIVISION.
K-EIN-P-AUS-SEQ.
    MOVE SPACE TO EOF-KZ-AUS, CALL "U-AUS " USING ZEILE.
    OPEN INPUT EIN.
    READ EIN AT END MOVE "E" TO EOF-KZ-EIN.
TECH-RUMPF-ITR.      IF (EIN-EOF) GO TO TECH-RUMPF-END.
K-SATZ-P-ZEILE-SEQ. MOVE SATZ TO ZEILE.
    CALL "U-AUS " USING ZEILE.
    READ EIN AT END MOVE "E" TO EOF-KZ-EIN.
K-SATZ-P-ZEILE-END. GO TO TECH-RUMPF-ITR.
TECH-RUMPF-END.
    MOVE "E" TO EOF-KZ-AUS, CALL "U-AUS " USING ZEILE.
    CLOSE EIN.
K-EIN-P-AUS-END.
    STOP RUN.
```

3. P invertiert zu PU bzgl. AUS.

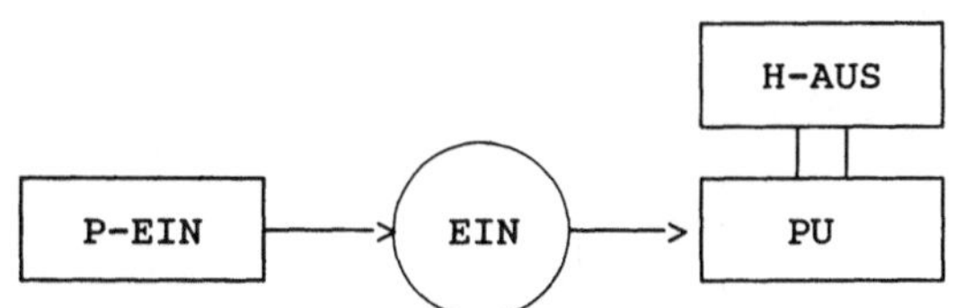


```
PROCEDURE DIVISION USING ZEILE.
Q.  GO TO Q1, Q2, Q3, Q4 DEPENDING ON QS.
Q1.
K-EIN-P-AUS-SEQ.
    MOVE SPACE TO EOF-KZ-AUS, MOVE 2 TO QS, GO TO QX.
Q2.
    OPEN INPUT EIN.
    READ EIN AT END MOVE "E" TO EOF-KZ-EIN.
TECH-RUMPF-ITR.      IF (EIN-EOF) GO TO TECH-RUMPF-END.
K-SATZ-P-ZEILE-SEQ. MOVE SATZ TO ZEILE.
    MOVE 3 TO QS, GO TO QX.
Q3.
    READ EIN AT END MOVE "E" TO EOF-KZ-EIN.
K-SATZ-P-ZEILE-END. GO TO TECH-RUMPF-ITR.
TECH-RUMPF-END.
    MOVE "E" TO EOF-KZ-AUS, MOVE 4 TO QS, GO TO QX.
Q4. MOVE 1 TO QS.
    CLOSE EIN.
K-EIN-P-AUS-END.
QX. EXIT PROGRAM.
```

4. vgl. Übung 8.3.5-1

5. P als Hauptprogramm HH, U-EIN invertiert bzgl. EIN, U-AUS bzgl. AUS.

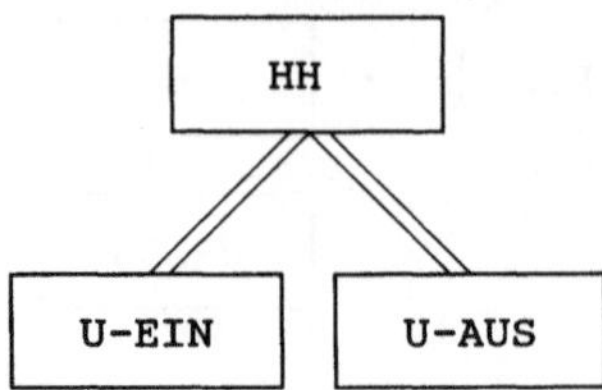


```
PROCEDURE DIVISION.
K-EIN-P-AUS-SEQ.
    MOVE SPACE TO EOF-KZ-AUS, CALL "U-AUS " USING ZEILE.
    CALL "U-EIN " USING SATZ.
    CALL "U-EIN " USING SATZ.
TECH-RUMPF-ITR.       IF (EIN-EOF) GO TO TECH-RUMPF-END.
K-SATZ-P-ZEILE-SEQ. MOVE SATZ TO ZEILE.
    CALL "U-AUS " USING ZEILE.
    CALL "U-EIN " USING SATZ.
K-SATZ-P-ZEILE-END. GO TO TECH-RUMPF-ITR.
TECH-RUMPF-END.
    MOVE "E" TO EOF-KZ-AUS, CALL "U-AUS " USING ZEILE.
    CALL "U-EIN " USING SATZ.
K-EIN-P-AUS-END.
    STOP RUN.
```

6. und 7. vgl. Übung 8.3.5-1

8. P invertiert zu UH bzgl. EIN, U-AUS invertiert bzgl. AUS.

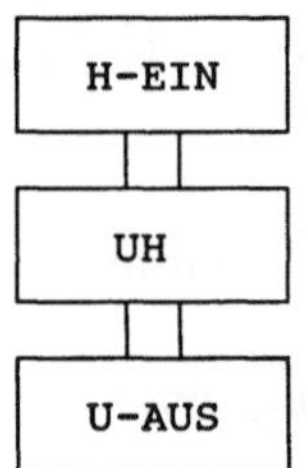

Die Änderungen des Prozedurteils für die Programminversion kann man auch auf PSD-Ebene in Verbindung mit den Elementaranweisungen darstellen.

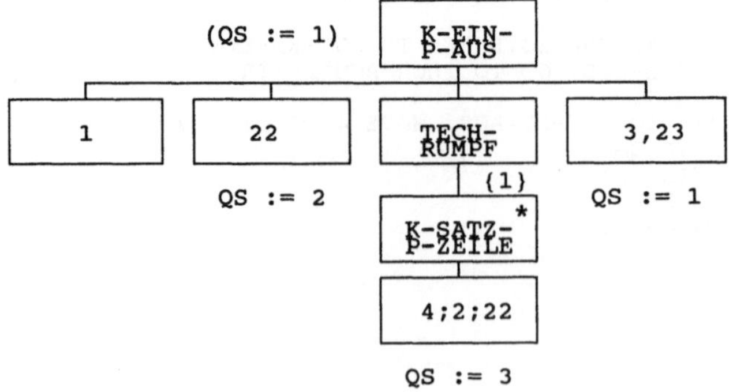

```
 1. sopen output AUS          MOVE SPACE TO EOF-KZ-AUS,
                              CALL "U-AUS " USING ZEILE.
 2. swrite ZEILE              CALL "U-AUS " USING ZEILE.
 3. sclose output AUS         MOVE "E" TO EOF-KZ-AUS,
                              CALL "U-AUS " USING ZEILE.
 4. aufbereiten ZEILE         MOVE SATZ TO ZEILE.
21. sopen input EIN           entfällt
22. sread EIN                 MOVE i TO QS, GO TO QX.
                    Qi.
23. sclose input EIN          QS := 1
```

9. P invertiert zu Unterprogramm UU bzgl. Ein- und Ausgabe.

Nicht dargestellt ist eine Steuerung der "Hauptprogramme" H-EIN und H-AUS.

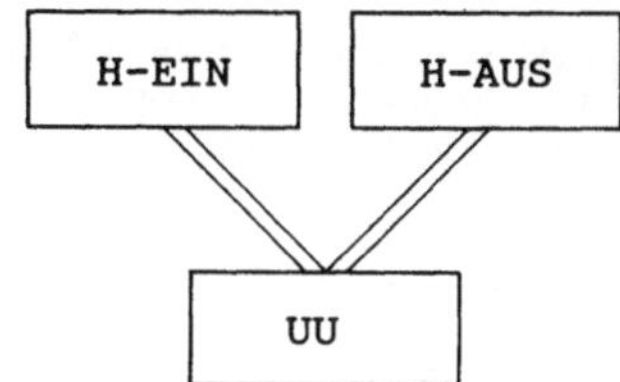

Als Spezialfall: H-EIN und H-AUS sind dasselbe Hauptprogramm.

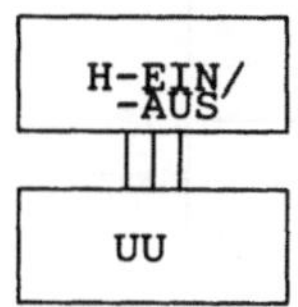


```
PROCEDURE DIVISION USING SATZ, ZEILE.
Q.   GO TO Q1, Q2, Q3, Q4 DEPENDING ON QS.
Q1.
K-EIN-P-AUS-SEQ.
     MOVE SPACE TO EOF-KZ-AUS.
     MOVE 2 TO QS, GO TO QX.
   Q2.
*****OPEN INPUT EIN.
     MOVE 2 TO QS, GO TO QX.
   Q2.
TECH-RUMPF-ITR.        IF (EIN-EOF) GO TO TECH-RUMPF-END.
K-SATZ-P-ZEILE-SEQ. MOVE SATZ TO ZEILE.
     MOVE 3 TO QS, GO TO QX.
   Q3.
     MOVE 3 TO QS, GO TO QX.
   Q3.
K-SATZ-P-ZEILE-END. GO TO TECH-RUMPF-ITR.
TECH-RUMPF-END.
     MOVE "E" TO EOF-KZ-AUS, MOVE 4 TO QS, GO TO QX.
   Q4.
     MOVE 1 TO QS.
     MOVE 1 TO QS.
K-EIN-P-AUS-END.
QX. EXIT PROGRAM.
```

Die Inversionsregeln sind zunächst formal übertragen. Rücksprungpaare werden
zusammengefaßt. Identische Paragraphen und Anweisungen werden nur einmal kodiert.

Übung 8.3.5-1: Invertieren Sie das Programm P aus Fallbeispiel "Kopieren" für die Fälle 4, 6 und 7.

8.3.6 Implementierung bei Strukturkonflikten

Bei der Lösung von Strukturkonflikten wird eine Zerlegung von Programmen in Teilprogramme erforderlich, die ursprünglich im Entwurf eines Systems nicht vorgesehen war. Es ist daher naheliegend, diese zusätzlichen Programm-Komponenten derart zu implementieren, daß sie wieder wie ein Programm behandelt werden können. Dazu gehört insbesondere, daß Zwischen-Datenströme nicht physisch realisiert werden. Deshalb werden Teilprogramme aus der Lösung von Strukturkonflikten im allg. durch Programminversion verknüpft.

Implementierung bei einem Abgrenzungskonflikt

Für die Implementierung eines Abgrenzungskonflikts gibt es zwei Möglichkeiten, und es ist im Einzelfall zu entscheiden, welche der beiden Programm-Komponenten P1 oder P2 als rufendes Programm und welche als Unterprogramm implementiert wird.

Fallbeispiel Wochen-/Monats-Umsätze (vgl. Abschnitt 7.2): Implementierung

Beide Implementierungs-Varianten sind gleichwertig.

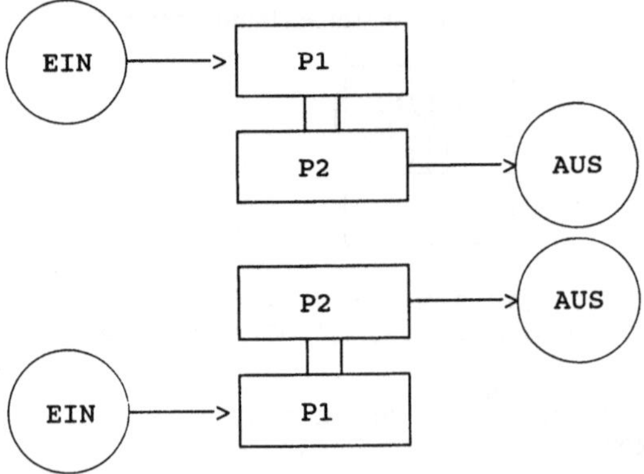

Implementierung bei einem Reihenfolgekonflikt

Wird ein Reihenfolgekonflikt mit Hilfe eines Sortierprogramms SORT gelöst, so wird dieses im allg. als Unterprogramm implementiert.

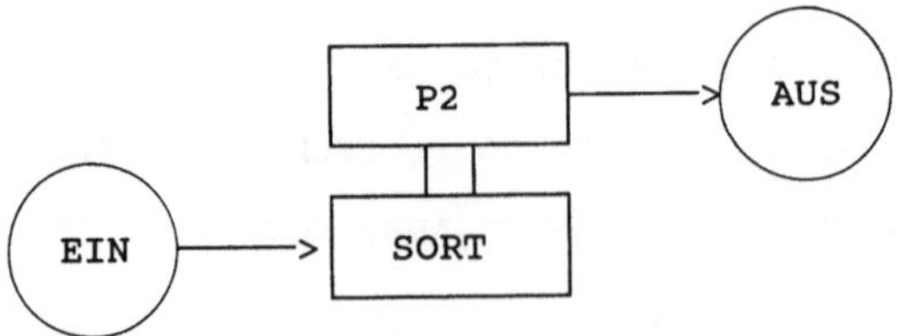

Wird zur Lösung ein direkt-adressierbarer Zwischenspeicher benutzt, sind wieder beide Varianten der Implementierung äquivalent.

Fallbeispiel Auskunft nach Datum sortiert (vgl. Abschnitt 7.3): Implementierung

Das Programm SORT gibt die sortierten Versandsätze nicht an P1, sondern an P3 zurück.

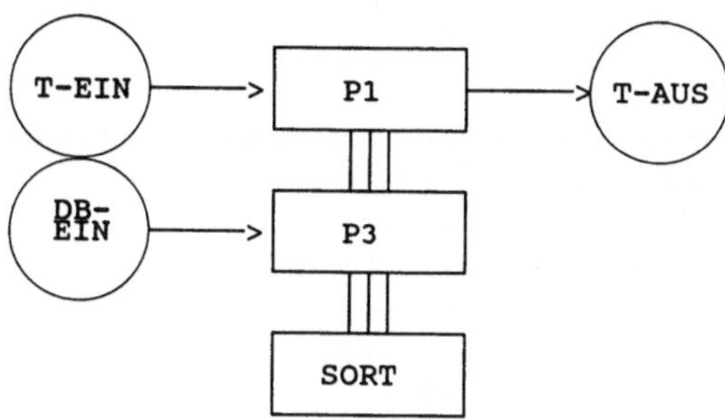

Implementierung bei einem Verflechtungskonflikt

Zur Lösung eines Verflechtungskonflikts werden viele Programme P21, ..., P2n eingeführt. Diese Programme P2i werden bzgl. der Eingabe ZDi zu P1 invertiert.

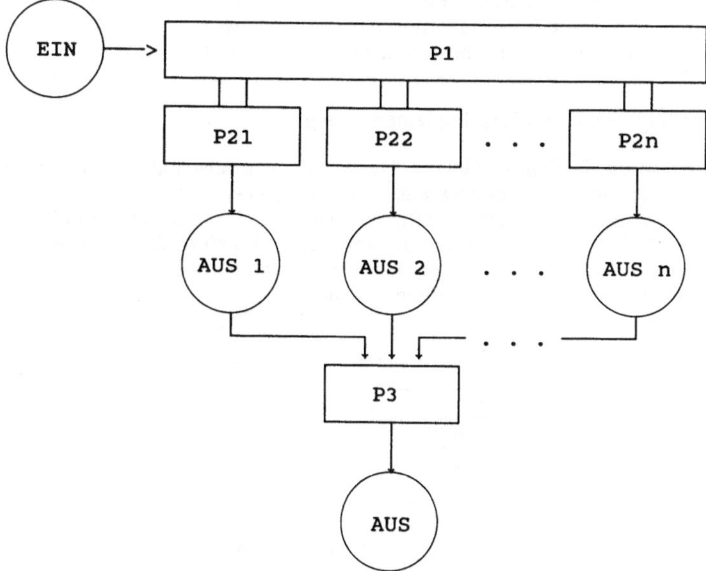

Im Prinzip leisten die Programme P2i eine identische Verarbeitung. Deshalb wird nur ein einziges Programm P2 als eine Art Prototyp implementiert. Dieses Programm P2 wird um einen Zusatz erweitert, der anzeigt, für welche Ausprägung P2i der P21, ..., P2n die Verarbeitung konkret abläuft. Außerdem werden alle Informationen benötigt, die den aktuellen Zustand dieser Programme beschreiben, um bei jedem Aufruf für jede Ausprägung die Verarbeitung korrekt fortführen zu können. Diese Informationen werden für jedes Programm P2i in einem Zustandsvektor ZVi zusammengefaßt. Diese Zustandsvektoren werden in einer Direktzugriffs-Datei ZV-DATEI gespeichert. Die Verwaltung dieser Datei und die Steuerung der Aufrufe der einzelnen Programme P2i wird zusätzlich von dem Programm P1 verwaltet, dem sog. "Entflechter" oder "Scheduler".

Ein *Scheduler* wird im SID durch ein Rechteck mit einem zusätzlichen senkrechten Strich dargestellt.

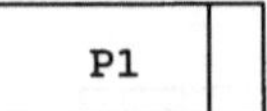

Außerdem wird das Ausgabeprogramm P3 für die Ausgaben AUSi der Programme P2i bzgl. aller AUSi invertiert und erzeugt die Ausgabe AUS.

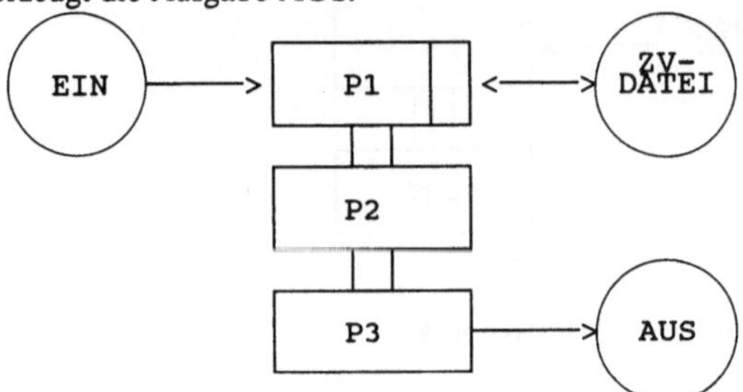

Die Handhabung der Zustandsvektoren kann man weitgehend standardisieren. Für praktische Anwendungen ist es daher sinnvoll, diesen Teil aus dem Scheduler herauszulösen und als eigenständige Programm-Komponente zu installieren, die das Initialisieren, Zugreifen, Löschen und wieder Freigeben von Einträgen der Zustandsvektor-Datei übernimmt.

Fallbeispiel Familienbibel (vgl. Abschnitt 7.4): Implementierung

> Im Zustandsvektor sind die Ereignisse Geburt, Heirat und Tod abgelegt. Der Direktzugriff erfolgt über den Namen des Familienmitglieds. Die Zwischen-Datenströme ZDi zwischen ENTFLECHTER und VERARB-FAM-MITGLIED sowie AUSi zwischen VERARB-FAM-MITGLIED und AUFBEREIT sind durch Programminversion eliminiert. Der Entflechter muß außerdem dafür sorgen, daß am Ende der Familienbibel die Dateien aller Familienmitglieder abgeschlossen werden, für die kein Tod dokumentiert ist.

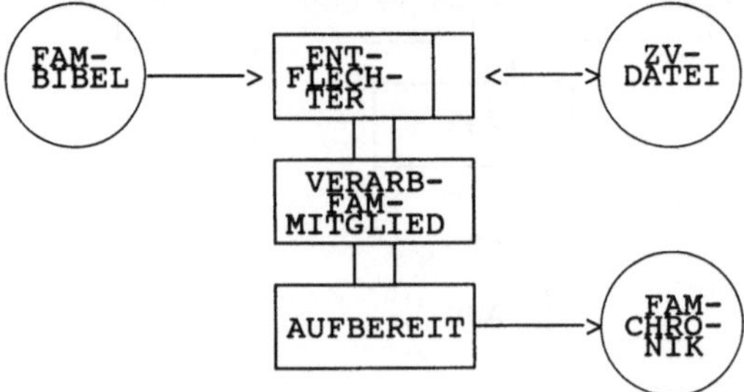

8.4 Implementierung von Online-Programmen

8.4.1 Task oder Transaktion

Beim Entwurf von Online-Programmen gibt es grundsätzlich zwei Vorgehensweisen.

Transaktionsorientiert
Die Grundlage des Entwurfs ist die Verarbeitung und Abfolge einzelner Transaktionen. Das Ergebnis ist ein Entwurf, der sich an einzelnen Masken orientiert.

Taskorientiert
Für den Entwurf wird die gesamte Task, also die Abfolge aller Transaktionen, berücksichtigt. Der Entwurf ist am ganzen Dialog orientiert.

Da ein Entwurf nach JSP stets die Verarbeitung des gesamten Ein-/Ausgabe-Datenstroms modelliert, werden Online-Programme nach JSP nur taskorientiert entworfen.

Beispiel: Transaktions-/Masken-orientiert

Logische Abhängigkeiten zwischen den Masken sind nicht berücksichtigt.

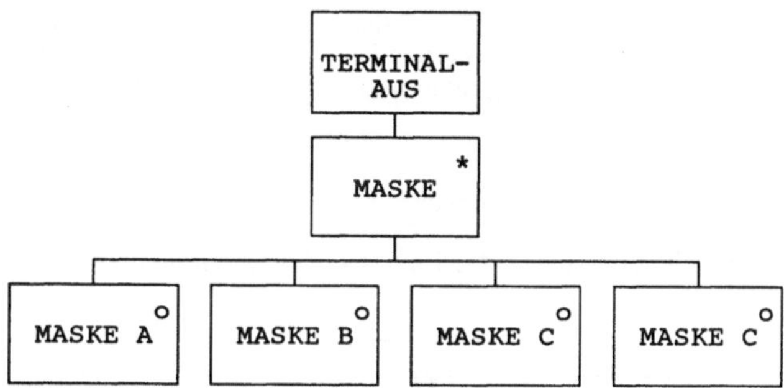

Beispiel: Task-/Dialog-orientiert

Die Abhängigkeit der Masken ist im Entwurf verbindlich festgelegt.

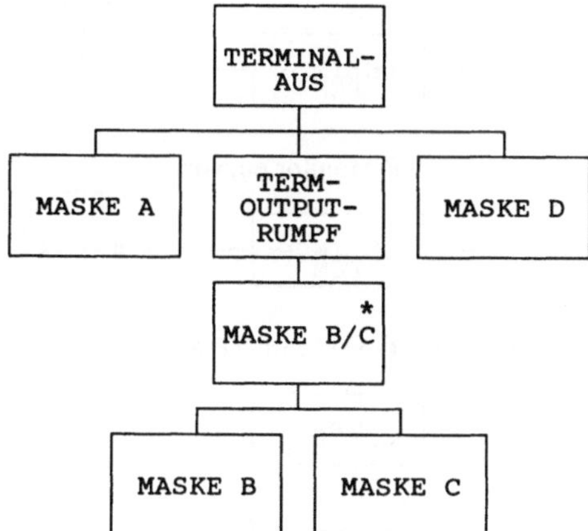

Ein taskorientiertes Vorgehen hat einige günstige Eigenschaften:

- Die Darstellung der Dialogstruktur in Form eines Baumes ist klar und übersichtlich.
- Die Zuordnung der auszuführenden Funktionen innerhalb der Strukturen bereitet keine Schwierigkeiten.
- Die Übersicht über das zu entwickelnde Gesamtsystem bleibt stets erhalten.
- Die Übereinstimmung von Anforderung und Ergebnis wird von Anfang an gewährleistet
- Die Entwurfsergebnisse sind leicht modifizierbar und die Auswirkungen von Änderungen bleiben transparent.

Die heutigen technischen Umgebungen (z.B. CICS, IMS/DC o.ä.) zwingen häufig zu einer transaktionsorientierten Implementierung.

Transaktionsorientierte Systeme weisen einige Besonderheiten auf:

> - bei jeder Eingabe wird die Steuerung an den TP-Monitor abgegeben;
> - beschränkte Programmgröße ("Transaktions-Programme");
> - Zwang zur Zerlegung;
> - reentrant Programmierung;
> - starke technische Einflüsse beim Entwurf;
> - konventioneller Entwurf, an Funktionen und Bildschirm-Ein/Ausgabe orientiert.

Um die Vorteile eines JSP-Entwurfs zu nutzen und den technischen Notwendigkeiten Rechnung zu tragen, wird ein Online-Programm taskorientiert entworfen und transaktionsorientiert implementiert. Dazu wird das Online-Programm bzgl. seines Eingabe- und Ausgabe-Datenstroms zum TP-Monitor invertiert.

8.4.2 Programminversion bei Online-Programmen

Die Eingabe T-EIN und die Ausgabe T-AUS eines Online-Programms werden von einem TP-Monitor verwaltet.

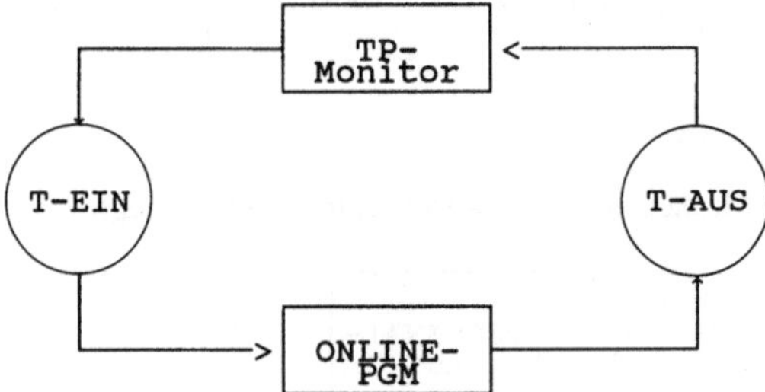

Das `ONLINE-PGM` wird unabhängig vom TP-Monitor entworfen.

Dann wird `ONLINE-PGM` bzgl. T-EIN und T-AUS zum TP-Monitor invertiert.

Bei einem vollständigen Dialog treten die `swrite`- und `sread`-Anweisungen stets als Paare auf. Gelegentlich gibt es auch ein erstes `sread`, wenn das Dialogprogramm nicht mit einer Startmaske beginnt. Wenn das Dialogprogramm das Ende der Verarbeitung bestätigt, gibt es auch ein letztes `swrite`. Bei der Invertierung wird beim ersten `sread`, bei jedem `swrite`/`sread`-Paar und beim letzten `swrite` die Kontrolle an das rufende Programm zurückgegeben. Das folgende Beispiel `ONLINE-PGM` hat höchstens fünf Rücksprungstellen, sog. "Inversionspunkte" (R = `sread` T-EIN, W = `swrite` T-AUS).

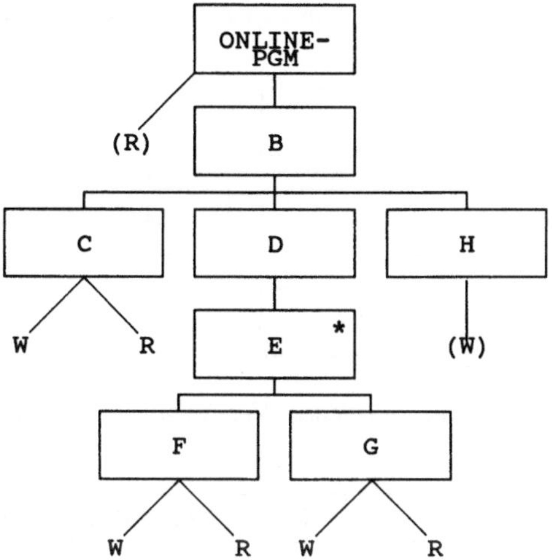

Wenn sich T-EIN und T-AUS nicht vollständig entsprechen, können die sread- und swrite-Operationen nicht immer zu Paaren angesetzt werden, und es muß ein zusätzlicher Kode übergeben werden. Bei einem "normalen" Dialog kommt das aber nicht vor.

8.4.3 Zerlegung von Online-Programmen

Die Programme einer Online-Anwendung, die unter einem TP-Monitor aktiv sind, sind im allg. in ihrer Größe beschränkt. Als Vorbereitung für die Implementierung unter einem transaktions-orientierten TP-Monitor wird das vollständige PSD eines Online-Programms in einzelne Module ("Transaktions-Programm") zerlegt. Es werden "Äste abgesägt". Die logische Struktur des Gesamtentwurfs bleibt erhalten, jedes Blatt entspricht einem Bildschirm (oder einer Zeile). Zusätzlich wird die modulare Struktur der Implementierung dargestellt.

Logische Struktur: PGM, modulare Struktur: M1, ..., M5

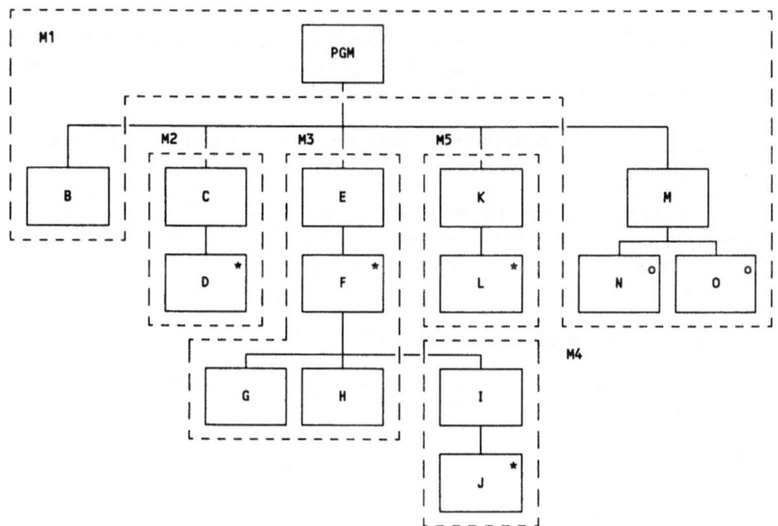

Die Abhängigkeit der einzelnen Module wird in einem Diagramm beschrieben, das die Aufrufhierarchie darstellt.

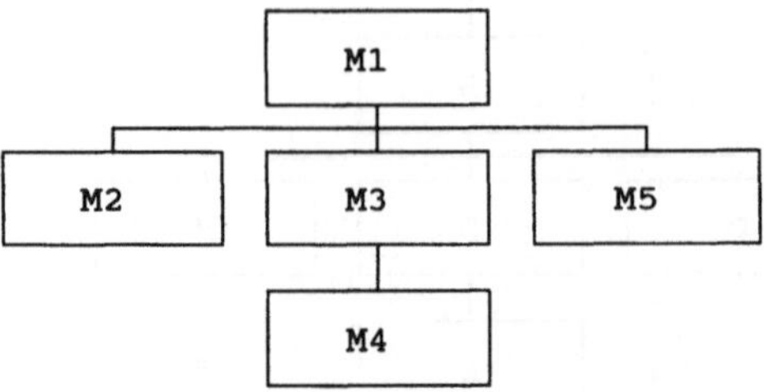

Für die Implementierung können die möglichen Verzweigungen in einer Tabelle gespeichert
werden.

	ACTIVE PROGRAM	NEXT ENTRY POINT
1	M1	2, 3 oder 5
2	M2	1
3	M3	4 oder 1
4	M4	3
5	M5	1

Ein erster Ansatz für eine Zerlegung des Online-Programms ist der, daß man den Kode zwischen je
zwei Inversionpunkten als Transaktions-Programm definiert. Auf diese Weise erhält man im allg.
kleine, aber u.U. viele einzelne Module, die man wieder geeignet zusammenfassen könnte. Eine
systematische Zerlegung des PSD in einzelne Module erfolgt mit Hilfe der "Online-Dismemberment-Regel".

Online-Dismemberment-Regel

    1. Man stelle für jeden Inversionspunkt fest, welche Komponente(n) nach Rückkehr in das
       Programm als nächste zur Verarbeitung kommen können. Man erstelle dazu für jeden
       Inversionspunkt eine Liste der möglichen Komponenten.

    2. Man zergliedere die Programmstruktur so, daß die Komponenten, die für jeweils einen
       Inversionspunkt gemeinsam auftreten, zu einem Modul zusammengefaßt werden.

Dabei ist darauf zu achten, daß die Iteration mit dem iterierten Teil in einem Modul
zusammengefaßt wird. Wenn über eine Selektion iteriert wird, so ist die Iteration mit derjenigen
Selektions-Komponente in einem Modul zusammenzufassen, die voraussichtlich am häufigsten
auftritt.

Die so gewonnene Zerlegung kann noch vereinfacht werden.

    - Sind zwei Module, abgesehen von ihrem Namen, identisch, so wird nur einer der beiden
      Module verwendet.

    - Ist ein Modul in einem anderen enthalten, wird nur der übergeordnete Modul imple-
      mentiert.

    - Stimmen mehrere Module in einem großen Teil überein, so wird ein Modul erzeugt, der
      alle diese Module umfaßt.

Die so erhaltene Zerlegung ist in den meisten Fällen ausreichend. Falls die derartig definierten Transaktions-Programme immer noch zu groß sind, ist eine weitere Zerlegung anwendungsbezogen durchzuführen.

Beispiel: Online-Dismemberment-Regel

Die Inversionspunkte (Blätter des PSD) werden in der Ausgangsstruktur nach den Werten von QS numeriert. QS:=1 ist der Startpunkt.

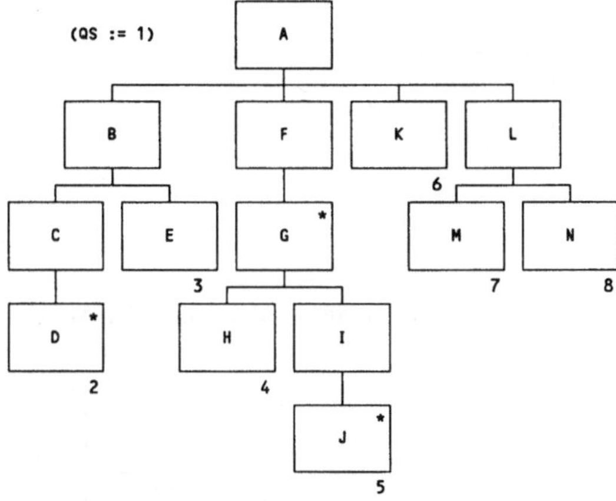

Für die Inversionspunkte sind folgende Komponenten erreichbar:

```
1:   D, E      3:   H, K       6:   M
2:   D, E      4:   J, K       7:   N
              5:   H, J, K     8:   -
```

Die Bereiche 1 und 2 sind identisch und ergeben den Modul M1. 3 und 4 sind in 5 enthalten und werden als Modul M2 implementiert. 6, 7 und 8 werden zum Modul M3 zusammengefaßt.

```
M1:   B, C, D, E
M2:   A, F, G, H, I, J, K
M3:   L, M, N
```

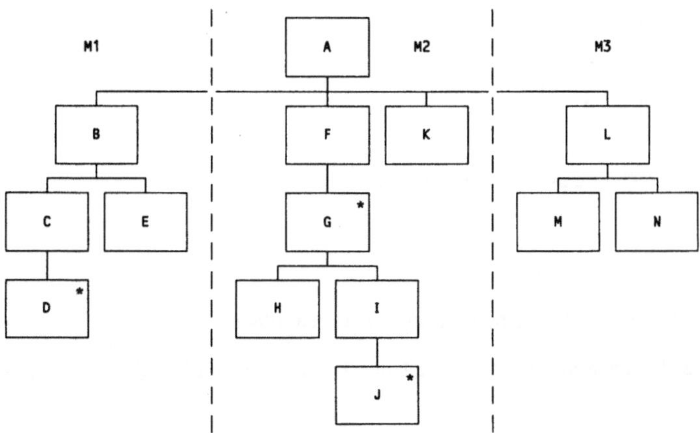

Übung 8.4.3-1: Man zerlege die folgende Struktur in drei Module.

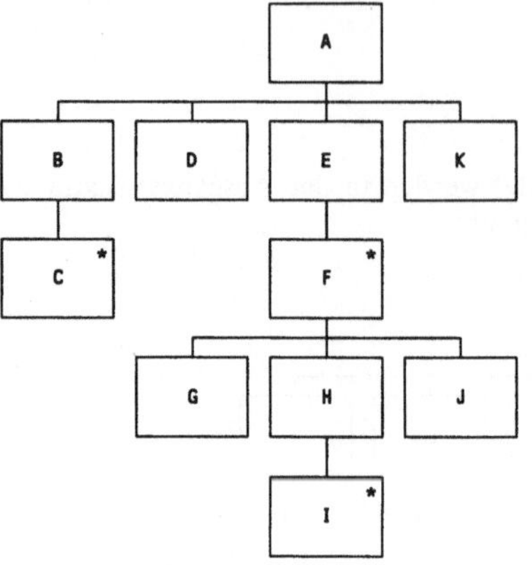

Übung 8.4.3-2: Man zerlege die folgende Struktur in fünf Module unter der Annahme, daß kein Backtracking vorliegt.

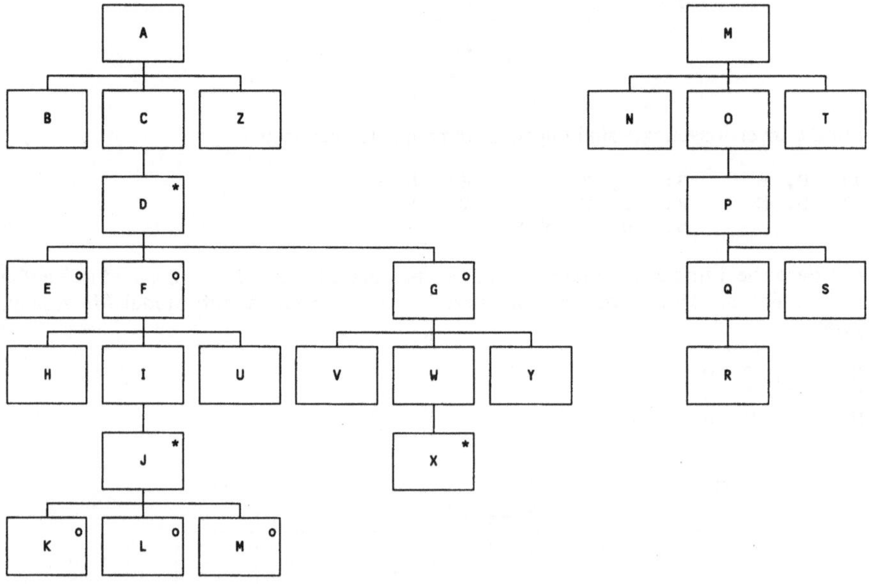

Was ist zu ändern, wenn C eine positer-Komponente ist?

8.5 Fallstudien

Fallstudie 8.5-1: Versandliste-8 Implementierung von Versandliste-7

Man implementiere die Programme P1 und P2 der Lösung von Fallstudie 7.5-1 als Haupt bzw. Unterprogramm.

Fallstudie 8.5-2: Online-8 Implementierung von Online-7

Man implementiere die Programme zur Lösung des Verflechtungskonflikts aus Fallstudie 7.5-2 als ein Programm. Die entsprechenden Zustandsvektoren sollen über einen Scheduler verwaltet werden.

Fallstudie 8.5-3: Text-8 Implementierung von Text-7

Man implementiere die Programme P1, P2 und P3 der Lösung von Fallstudie 7.5-3 als Haupt bzw. Unterprogramm. Die Direktzugriffs-Datei zwischen P2 und P3 soll bei der Implementierung lediglich die Größe einer vollen Ausgabeseite erhalten.

9 Werkzeuge für JSP

Zur Unterstützung der Methode JSP sind eine ganze Reihe von Werkzeugen auf dem Markt. In einer Studie (vgl. [25]) werden zwölf Werkzeuge genannt, die JSP direkt unterstützen. Es würde sicher zuweit führen, alle verfügbaren Werkzeuge im einzelnen hier vorzustellen, aber zumindest sollen einige Namen (ohne Anspruch auf Vollständigkeit) aufgelistet werden:

1 JSP-TOOL
  PDF
	2 DIPROTOR
	  JSP-COBOL

3 CASE
  CISS-BAUM
  MOSES
  SOURCEMANAGER
	4 DELTA
	  SOFTORG

Die Werkzeuge kann man charakterisieren nach solchen, die ausschließlich die Methode JSP bzw. JSD (1 und 2) unterstützen, und die, die auch auf andere Methoden (3) anwendbar sind oder als Software-Entwicklungsumgebung auch andere Methoden (4) enthalten. Ein weiterer Unterschied besteht darin, ob sie unmittelbar im Dialog (1) eingesetzt oder nur mittelbar über einen Editor angesprochen werden können und als Batchwerkzeug (2) im Hintergrund ablaufen.

Welche Unterstützung kann man von einem Werkzeug bei der Anwendung von JSP erwarten? Ganz allgemein: eine Automatisierung von manuellen Arbeiten bei den einzelnen Methodenschritten. Ein komfortabler Baum-Editor ist für den Datenschritt unerläßlich. Das Eintragen der Entsprechungen könnte man durch eine geeignete Notation erleichtern. Das Ableiten der Programmstruktur kann nicht automatisch erfolgen, wie wir gesehen haben. Die Konsistenzprüfung könnte aber von einem Werkzeug übernommen werden. Beim Auflisten und Zuordnen der Elementaranweisungen und Bedingungen kann ein Werkzeug eine große Hilfe sein. Das Generieren des Quellkodes für den Prozedurteil kann vollständig von einem Werkzeug erledigt werden. Wünschenswert wäre hier eine Unterstützung bei der Zuordnung von Kompiler- oder Laufzeit-Fehlermeldungen zur Programmstruktur.

Gemäß des heutigen Standes der Technik erwartet man von einem Software-Entwicklungswerkzeug, daß es dialogfähig ist mit einer komfortablen Benutzeroberfläche und eine sinnvolle Schnittstelle zu Werkzeugen für andere Projektphasen bietet.

Die beiden Dialog-Werkzeuge JSP-TOOL (vgl. [15]) und PDF (vgl. [18]) sind in ihrem Leistungsumfang sehr ähnlich und unterscheiden sich nur geringfügig in der Darstellung der Entwurfsergebnisse. Der wesentliche Unterschied besteht darin, daß PDF ausschließlich mit Kommandos und Funktionstasten gesteuert wird, wogegen JSP-TOOL überwiegend auf die Bedienung durch eine Maus ausgelegt ist. Beide Werkzeuge sind zunächst für den Einsatz auf einem PC konzipiert. Mittels Filetransfer können die Entwurfsergebnisse auf einem Großrechner weiterverarbeitet werden. Für PDF ist auch eine Großrechnerversion verfügbar. Beide Werkzeuge bestehen aus zwei Komponenten, einem Editor für Baumstrukturen und einem Kode-Generator. Unterstützt werden die Sprachen: Ada (nur PDF), C, COBOL, FORTRAN (nur PDF), Pascal, PL/I und RPG III (nur JSP-TOOL). Auf Wunsch kann auch eine besondere Form des Strukturtextes ausgegeben werden, der als Eingabe für den JSP-COBOL-Generator verwendet werden kann. Der Baum-Editor gestattet das Erstellen und Ändern von Strukturdiagrammen ("JSP-Bäumen"). Unzulässige Mischkonstrukte werden nicht akzeptiert. Die Bäume können Daten- oder Programm-Strukturdiagramme sein. Der Entsprechungsschritt und das Ableiten der Programmstruktur werden nicht unterstützt. Zum Aufstellen der Elementaranweisungen und Bedingungen sowie zum Formulieren der Datenerklärungen wird der jeweilige System-Texteditor benutzt. Die Zuordnung der Elementaranweisungen erfolgt über zusätzliche Sequenz-Komponenten mit Anweisungsnummern als Namen. Die Bedingungen werden den bedingten Komponenten als verdeckter Textfile (PDF) oder über einen Bedingungszeiger (JSP-TOOL) zugeordnet. Alle Bäume im Text dieses Buches und alle Lösungen der Fallstudien sind (bis auf kleinere kosmetische Änderungen) mit PDF (Version 1.5) erstellt. Insgesamt wird die Methode JSP durch jedes dieser beiden Werkzeuge wirkungsvoll unterstützt, insbesondere das teilweise recht mühsame manuelle Erstellen und Ändern von Strukturdiagrammen wird erheblich vereinfacht. Die Generierung des Kodes des Prozedurteils beschleunigt die Implementierung beträchtlich.

Die beiden bereits etwas betagten (Erstinstallation 1977) Batchwerkzeuge DIPROTOR (vgl. [6]) und JSP-COBOL (vgl. [15]) unterstützen im wesentlichen nur die Generierung des COBOL-Kodes. Eingegeben wird ein Strukturtext mit Elementaranweisungen und Datenerklärungen in COBOL. Als Ausgabe erhält man den vollständigen COBOL-Kode und auf Wunsch auch (nachträglich) das Programm-Strukturdiagramm. Indirekt wird also auch das Erstellen von Strukturdiagrammen erleichtert, aber eben nur über den Umweg des Strukturtextes. JSP-COBOL kann außerdem die Programminversion bzgl. einer Ein- oder Ausgabe-Datei auf Wunsch automatisch durchführen. Daneben bietet JSP-COBOL noch eine Reihe von Möglichkeiten, verschiedene Details der Implementierung zu steuern.

Der Einsatz dieser Werkzeuge unterstützt die Phasen Feinentwurf, Implementierung und Betrieb. Zusätzlich wird ein übergeordnetes Werkzeug zur Verwaltung der Entwurfsdokumente (Daten- und Programm-Strukturdiagramme, Quellkode und Testdaten, Versionskontrolle etc.) benötigt. Wird ein manueller Eingriff in den generierten Kode vom System unterbunden, bleibt die Integrität und Verfügbarkeit einer aktuellen Dokumentation stets gewährleistet.

Lösungen

Lösungen / 2.2.1 Ableiten der Daten-Strukturdiagramme

Lösung 2.2.1-1a

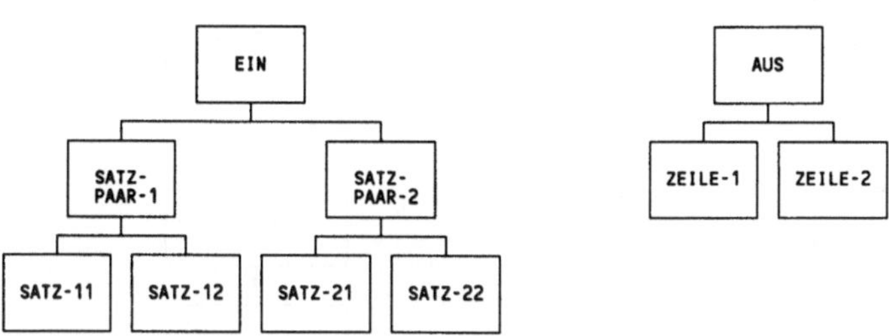

Lösung 2.2.1-1b

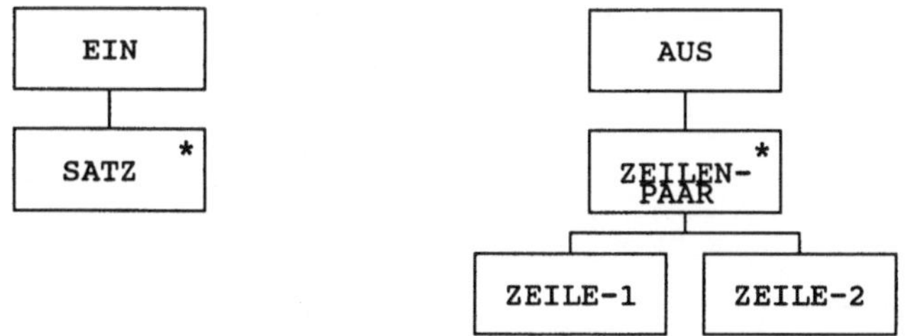

Lösung 2.2.1-1c

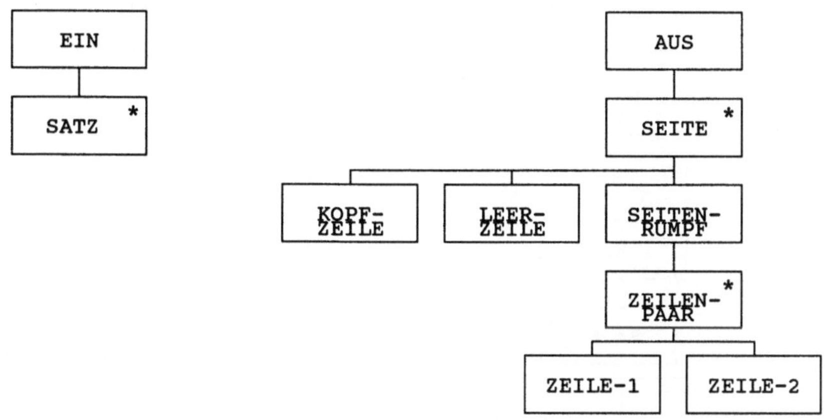

Lösung 2.2.1-1d

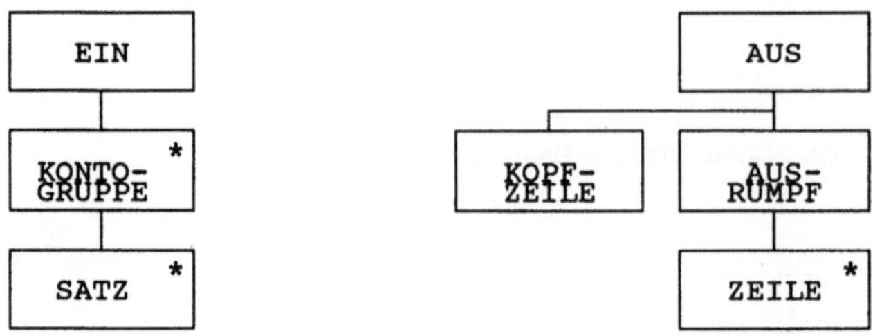

Lösung 2.2.1-1e

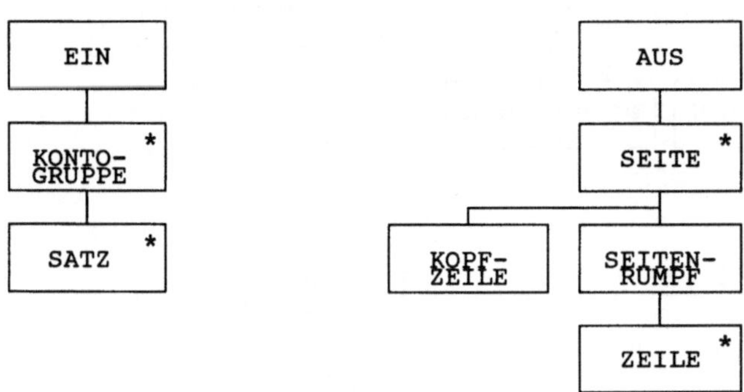

Lösung 2.2.1-1f

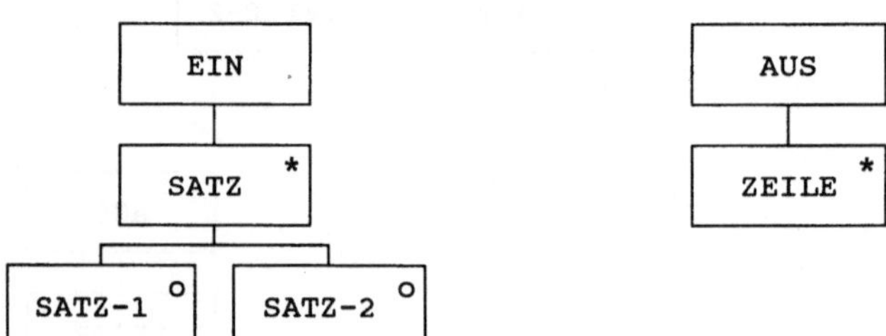

Lösung 2.2.1-1g

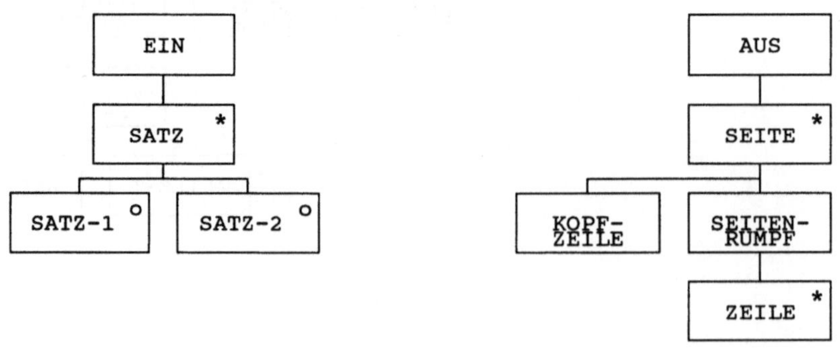

Lösung 2.2.1-1h

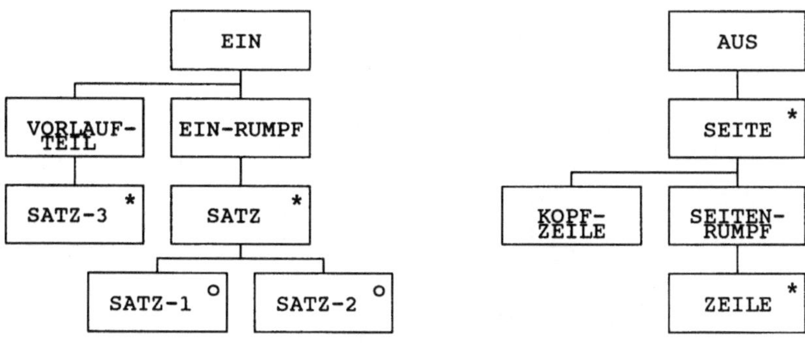

Lösung 2.2.1-1i

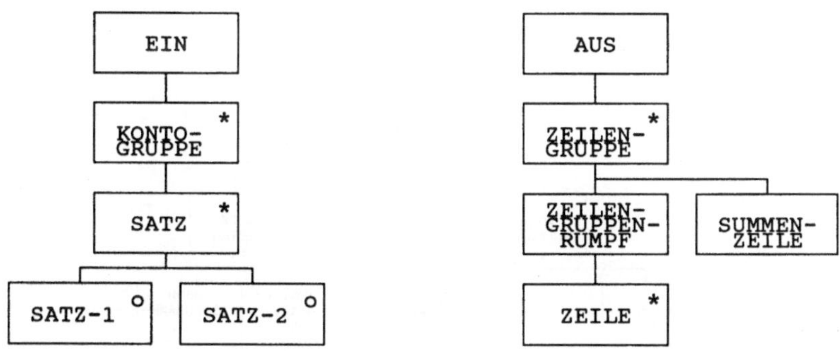

Lösung 2.2.1-2

Nehmen Sie bitte eine Vorspeise. Wählen Sie dann unter den drei delikaten Suppen, zu denen Brot und Butter gereicht wird. Nehmen Sie dann beliebig viele Portionen von unserem kalten Buffet. Schließen Sie Ihr Essen mit Kaffe oder Tee. Ich bedauere, daß ich Sie wegen der Kaviarpreise bitten muß, keine Suppe zu nehmen, falls Sie Kaviar als Vorspeise hatten.

Lösung 2.2.1-3: a) Aufbau eines Güterzuges

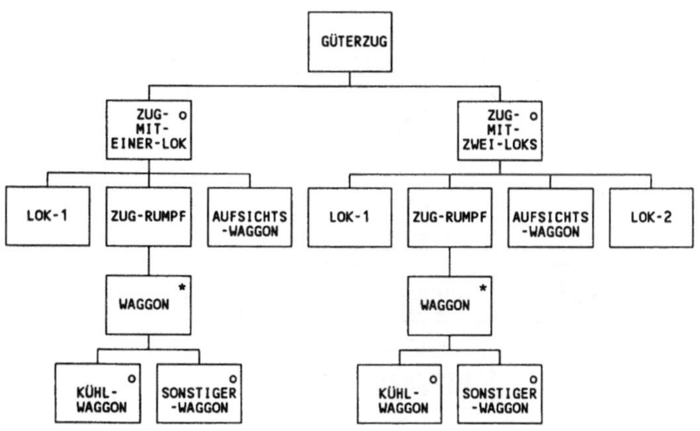

Datenstruktur von Güterzug mit Nullkomponente

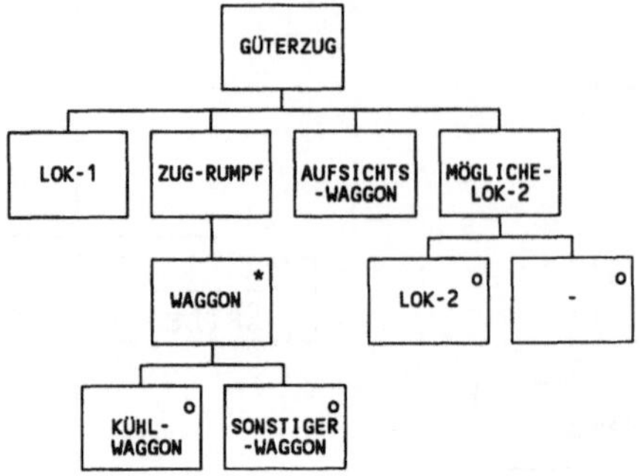

Lösung 2.2.1-3: b) Programmierertag

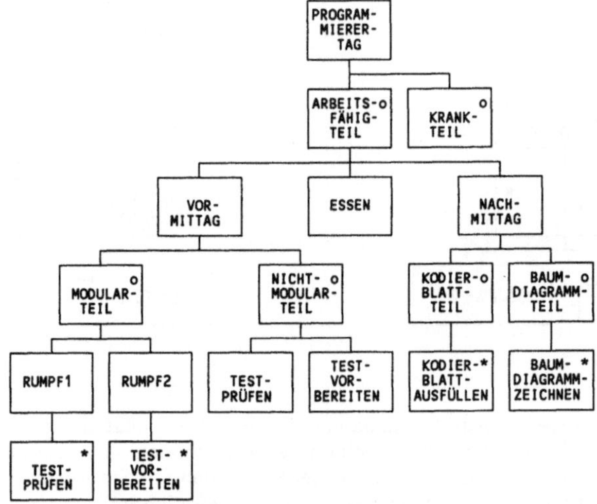

Lösung 2.2.1-3: c) Aufbau eines Auskunftsystems

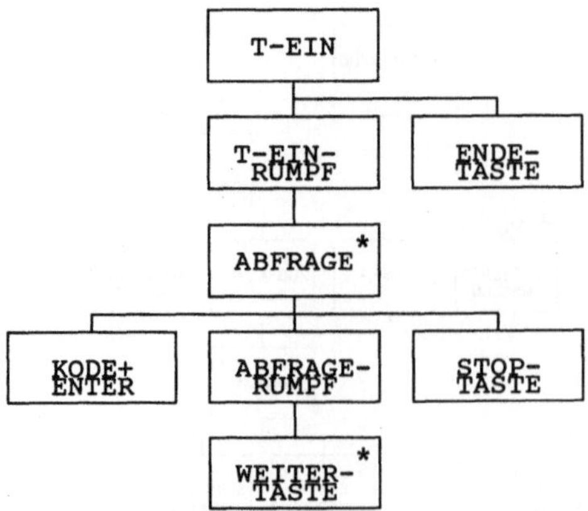

Lösung 2.2.1-3: d) Aufbau eines Textes

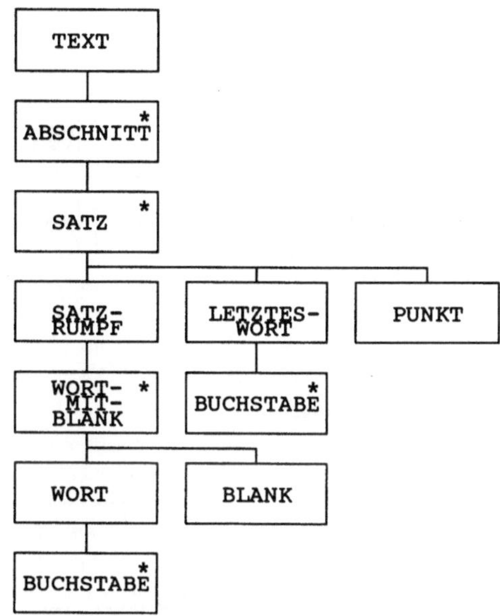

Lösung 2.2.1-3: e) Aufbau einer Signalfolge

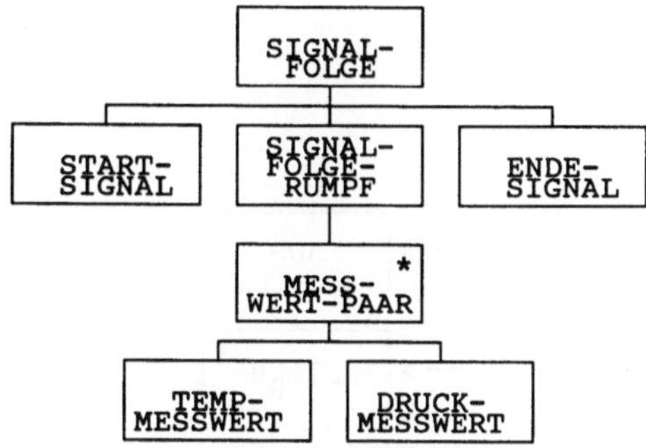

Lösung 2.2.1-3: f) Aufbau einer Datenbank

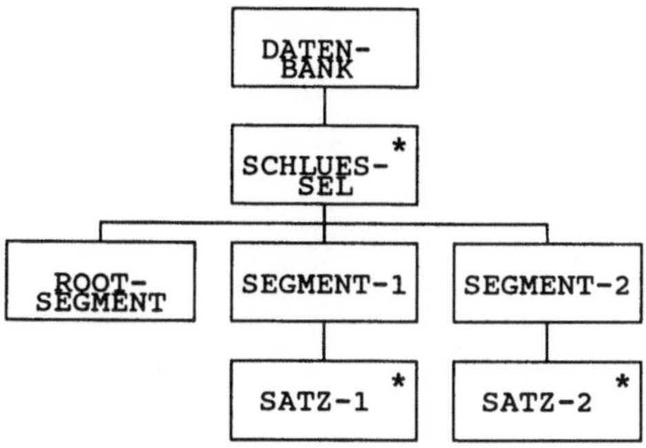

Lösung 2.2.1-3: g) Arithmetischer Ausdruck

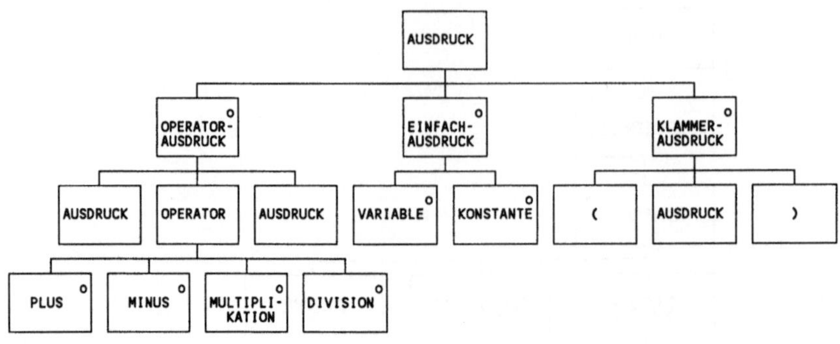

Lösungen / 2.2.2 Eintragen der 1:1-Entsprechungen

Lösung 2.2.2-1a

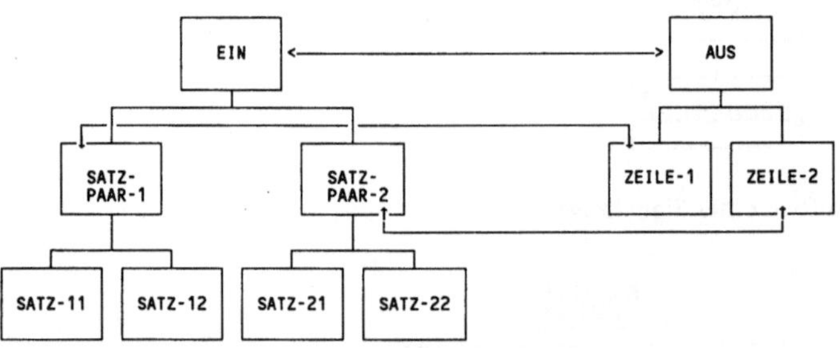

Lösung 2.2.2-1b

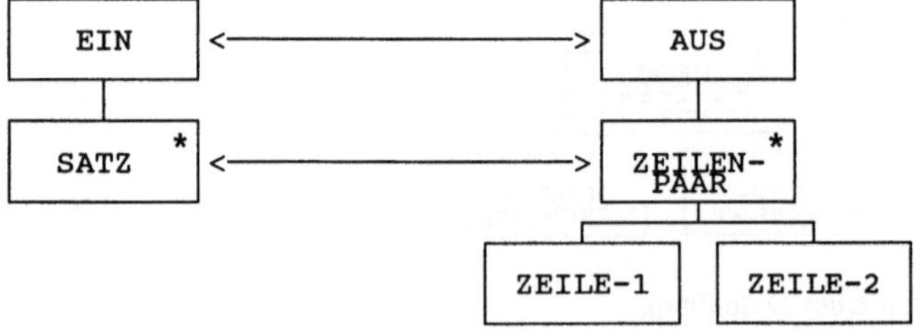

Lösung 2.2.2-1c

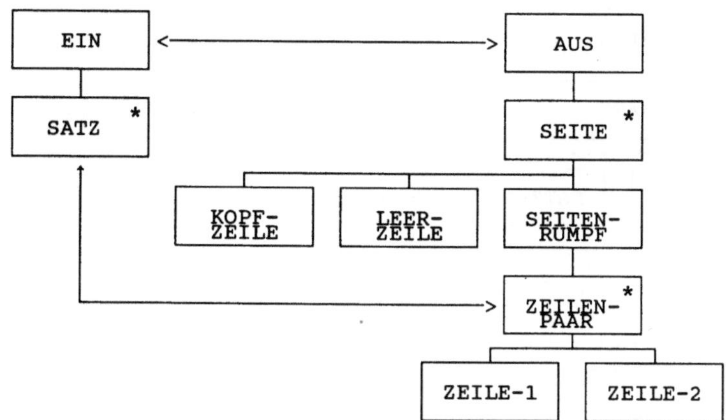

Lösung 2.2.2-1d

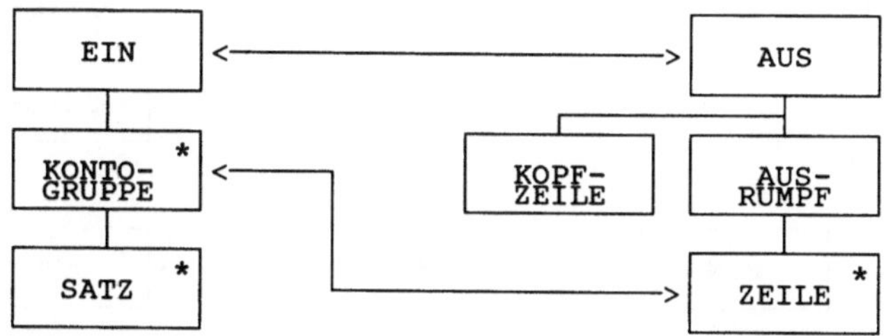

Lösung 2.2.2-1e

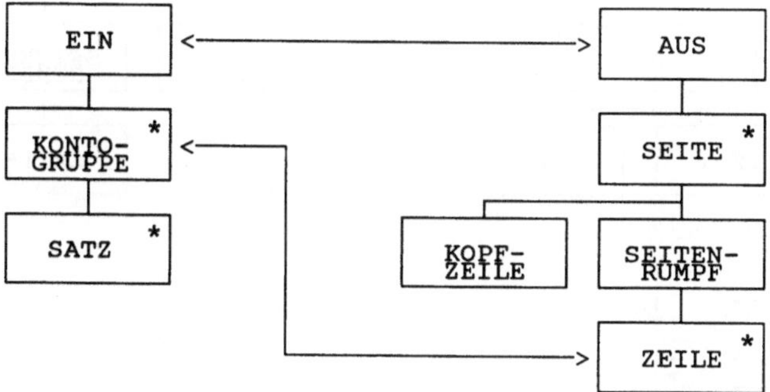

Lösung 2.2.2-1f

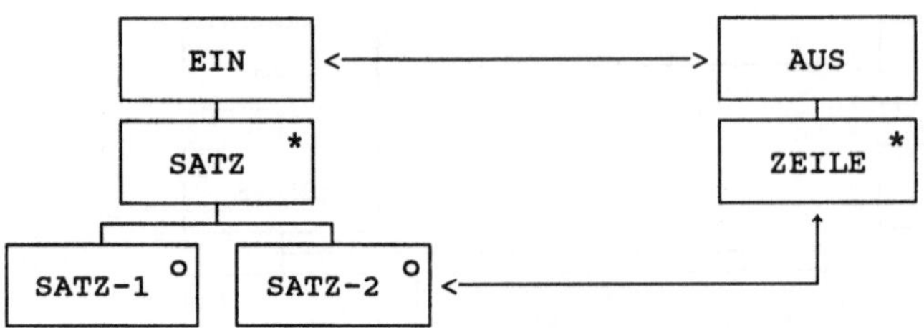

Lösung 2.2.2-1g

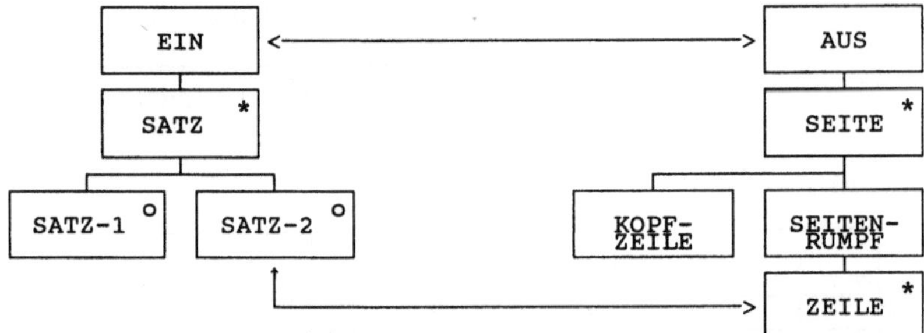

Lösung 2.2.2-1h

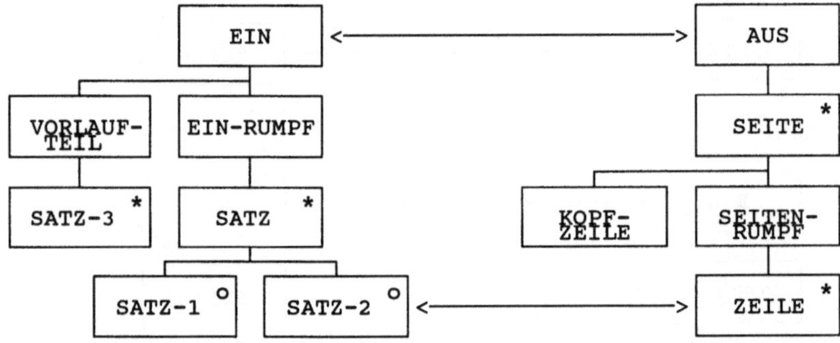

Lösung 2.2.2-1i

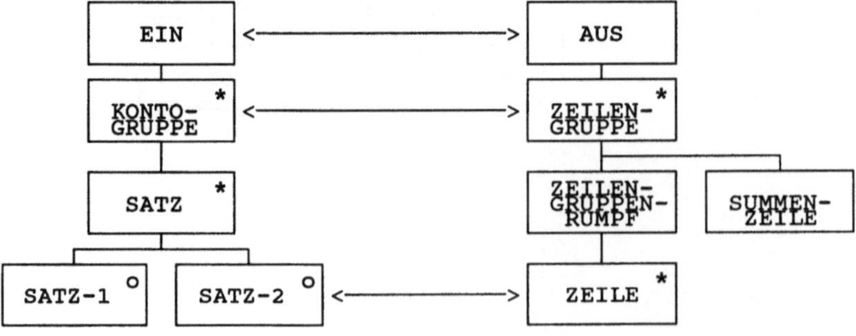

Lösungen / 2.3.1 Ableiten des Programm-Strukturdiagramms

Lösung 2.3.1-1a

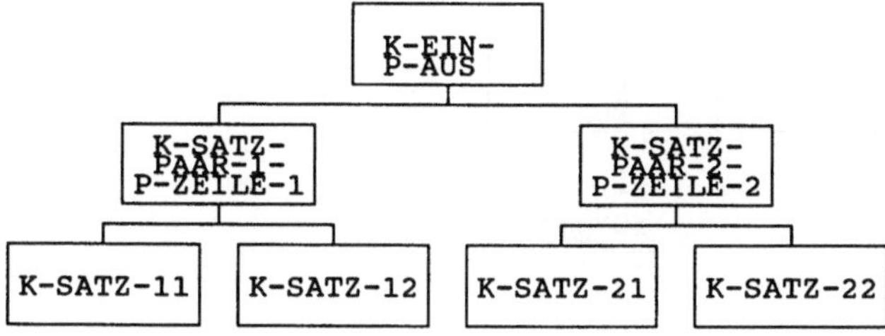

Lösung 2.3.1-1b

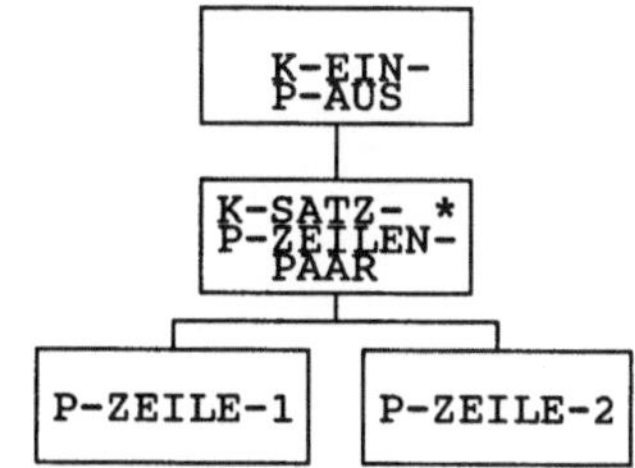

Lösung 2.3.1-1c

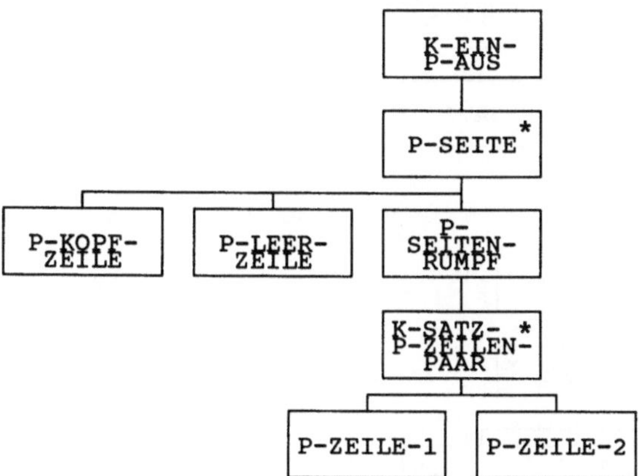

Lösung 2.3.1-1d

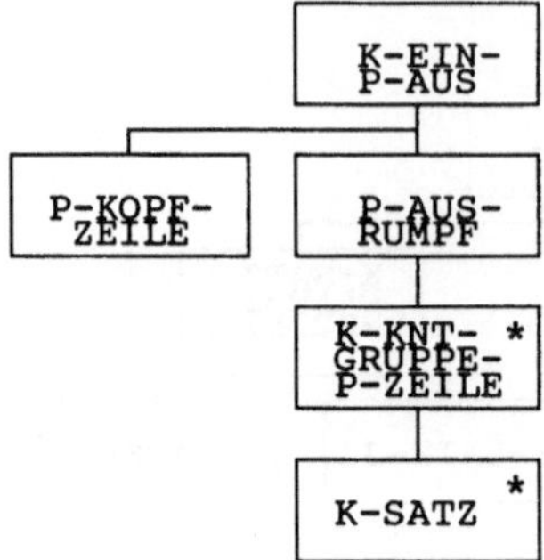

Lösung 2.3.1-1e

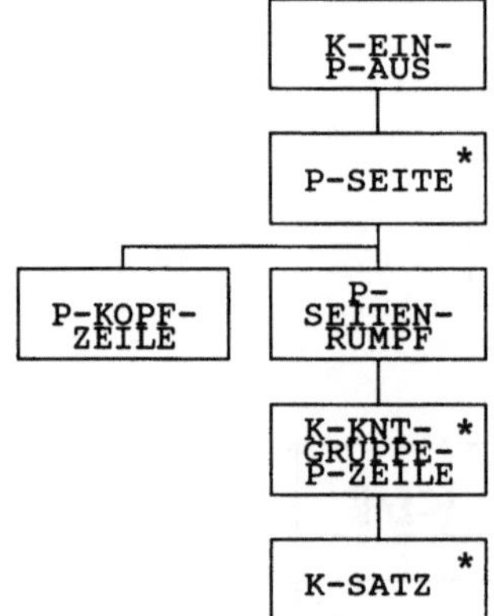

Lösung 2.3.1-1f

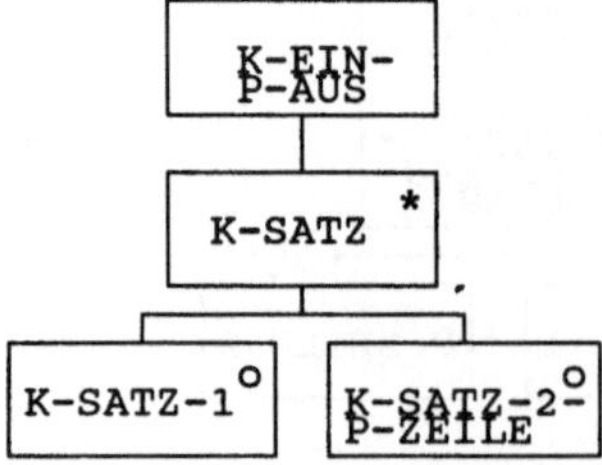

Lösung 2.3.1-1g

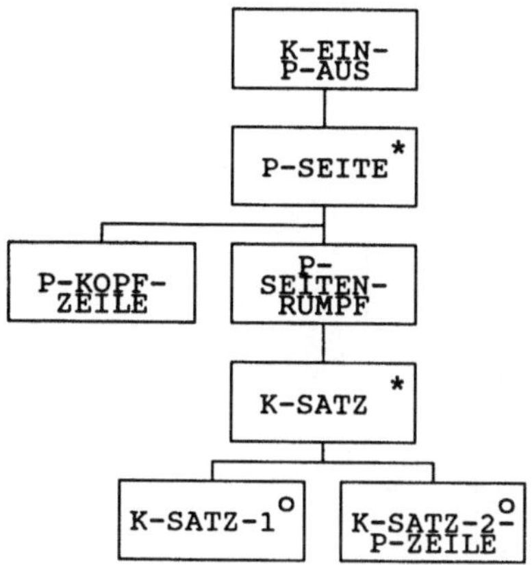

Lösung 2.3.1-1h

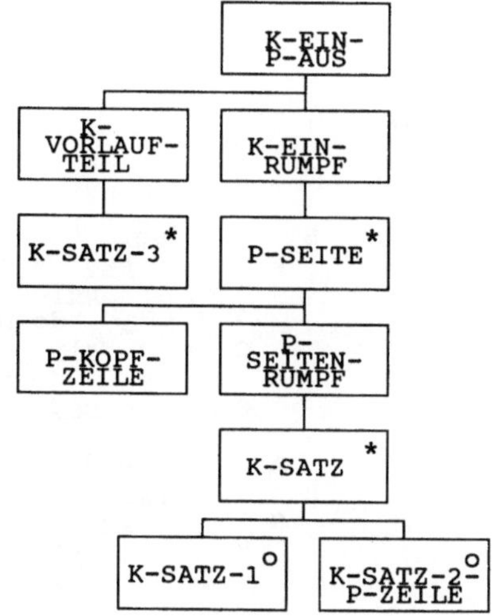

Lösung 2.3.1-1i

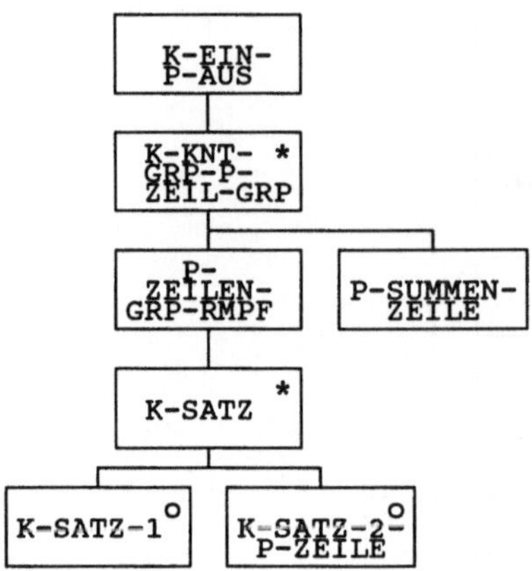

Lösungen / 2.3.2 Konsistenzprüfung

Lösung 2.3.2-1: DSDs vgl. Lösung 2.2.1-1

Lösungen / 2.5.2 Ableiten des Strukturtextes

Lösung 2.5.2-1: a)   b)

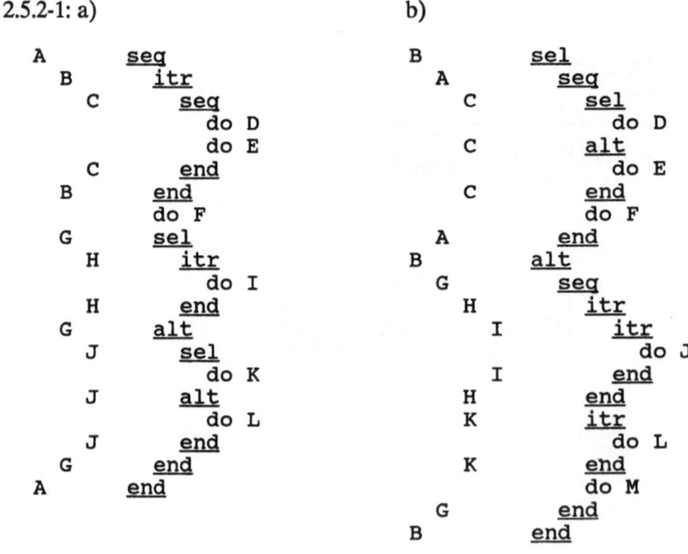

Lösung 2.5.2-2a

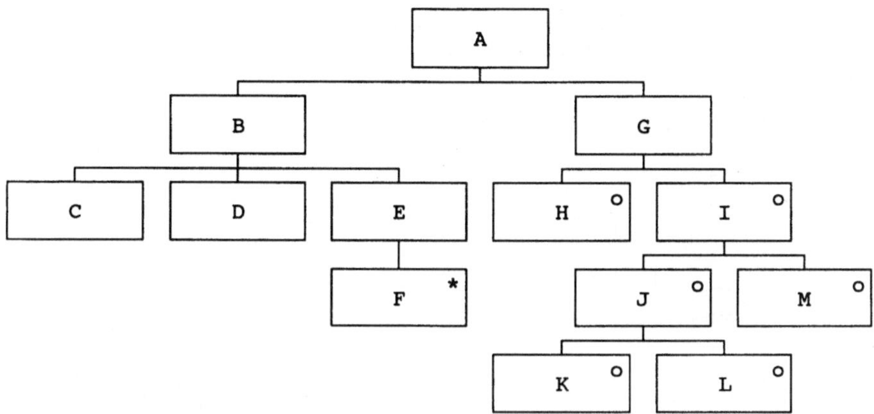

Lösung 2.5.2-2b

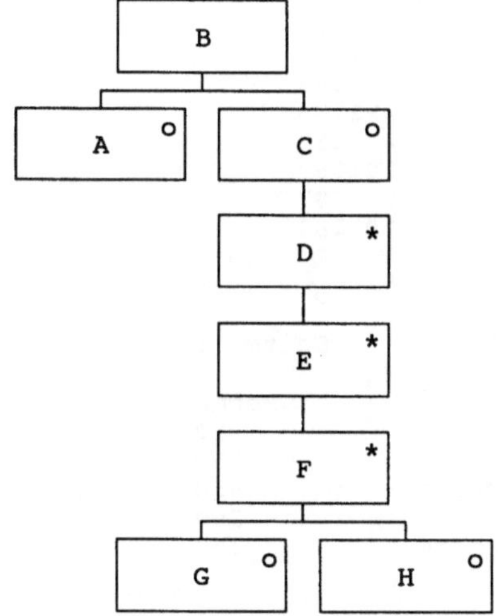

Lösungen / 2.7 Fallstudien

Aus Platzgründen wurden bei den Lösungen der Fallstudien einige Schritte zusammengefaßt, die DSDs werden mit den 1:1-Entsprechungen angegeben, im PSD sind Elementaranweisungen und Bedingungen bereits eingetragen.

Lösung 2.7-1: Versandliste-1 Auszug aus der Versanddatei

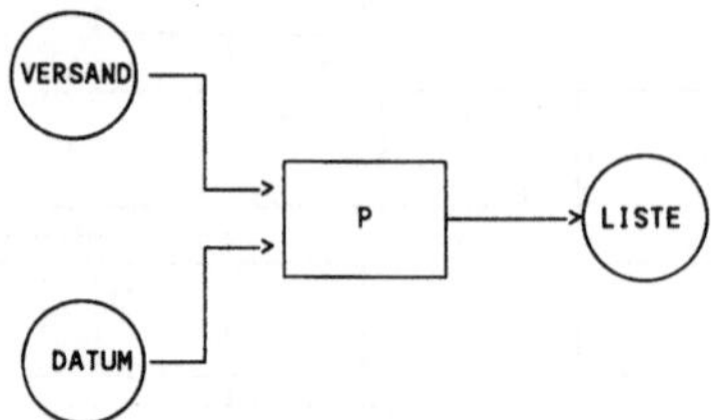

DATUM wird entweder als Parameter übergeben oder explizit als Datei eingelesen. Es wird davon ausgegangen, daß diese Datei nicht leer ist (also keine EOF-Behandlung für DATUM).

```
    Eingabe VERSAND                                    Eingabe DATUM

    202030 Drucker              220 101087             101087
    202030 Drucker              150 101087
    101020 Farb-Bildschirm      450 101087
    101020 Farb-Bildschirm       23 231188
    202020 Plattenlaufwerk       29 291188
    102020 PC                    27 271188
    101010 Bildschirm           300 101087
    101020 Farb-Bildschirm      150 101087
    303030 Zentraleinheit        30 301188
```

Ausgabe LISTE

```
    Versandliste vom 10.10.1987       Seite  1

    Art-Nr          Art-Name              Menge
    20 20 30        Drucker                 220
    20 20 30        Drucker                 150
    10 10 20        Farb-Bildschirm         450
    10 10 10        Bildschirm              300
    10 10 20        Farb-Bildschirm         150
```

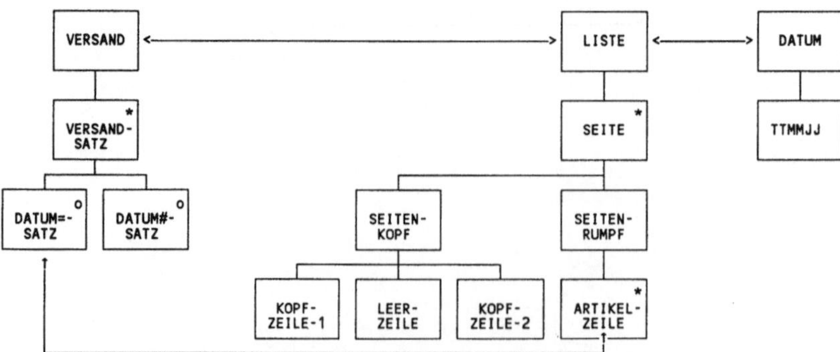

Zwischen TTMMJJ und KOPF-ZEILE-1 besteht keine Entsprechung (Anzahl!).

Elementaranweisungen

```
 1. sopen output LISTE
 2. swrite ZEILE
 3. sclose output LISTE
 4. aufbereiten KOPF-ZEILE-1
 5. aufbereiten LEER-ZEILE
 6. aufbereiten KOPF-ZEILE-2
 7. aufbereiten ARTIKEL-ZEILE

14. Seiten-Zähler := 1
15. Seiten-Zähler := Seiten-Zähler + 1
16. Zeilen-Zähler := 4
17. Zeilen-Zähler := Zeilen-Zähler + 1

21. sopen input VERSAND
22. sread VERSAND
23. sclose input VERSAND

31. sopen input DATUM
32. sread DATUM
33. sclose input DATUM
```

Bedingungen

```
{1} (nicht VERSAND-EOF)
{2} (nicht VERSAND-EOF und Zeilen-Zähler <= Zeilen-Max)
{3} (gültiges Datum)
{4} (ungültiges Datum)
```

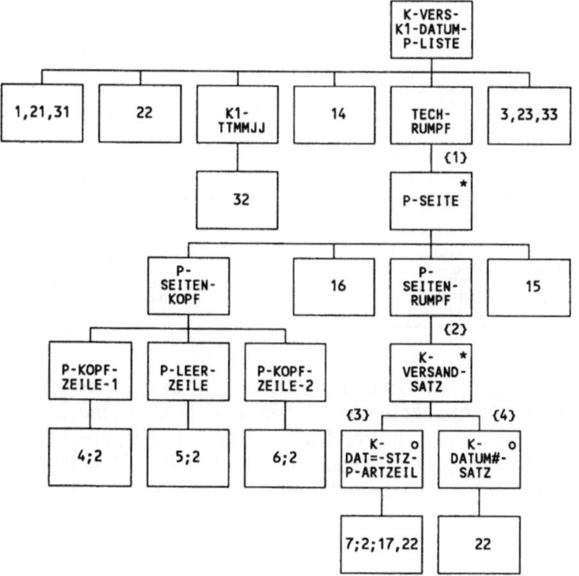

Lösung 2.7-2: Online-1 Flugbuchung

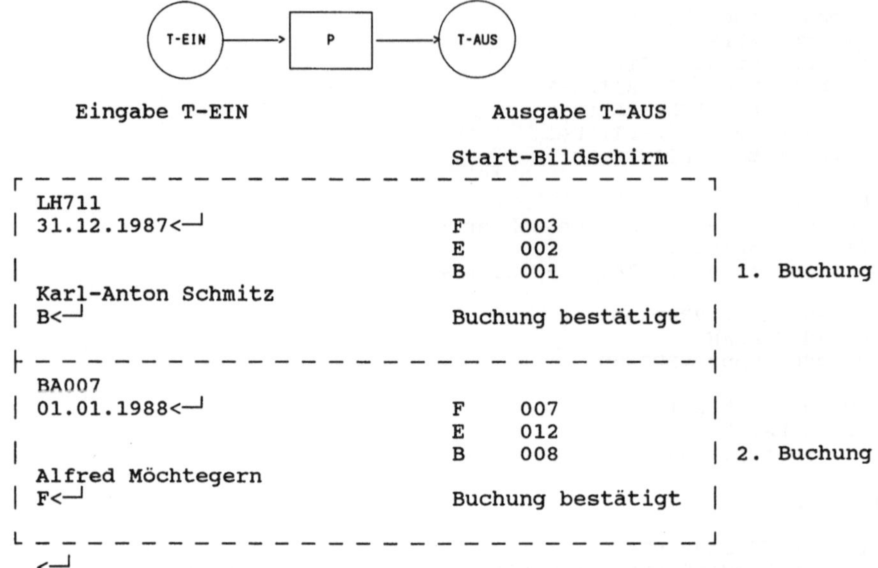


```
        Eingabe T-EIN                        Ausgabe T-AUS

                                        Start-Bildschirm
┌ ─ ─ ─ ─ ─ ─ ─ ─ ─ ─ ─ ─ ─ ─ ─ ─ ─ ─ ─ ─ ─ ─ ┐
    LH711
│   31.12.1987<┘                F     003       │
                               E     002
│                              B     001       │  1. Buchung
    Karl-Anton Schmitz
│   B<┘                        Buchung bestätigt │

├ ─ ─ ─ ─ ─ ─ ─ ─ ─ ─ ─ ─ ─ ─ ─ ─ ─ ─ ─ ─ ─ ─ ┤
    BA007
│   01.01.1988<┘                F     007       │
                               E     012
│                              B     008       │  2. Buchung
    Alfred Möchtegern
│   F<┘                        Buchung bestätigt │

└ ─ ─ ─ ─ ─ ─ ─ ─ ─ ─ ─ ─ ─ ─ ─ ─ ─ ─ ─ ─ ─ ─ ┘
    <┘
```

Jede Buchung besteht aus einem Paar von zwei Eingabe- und zwei Ausgabe-Bildschirmen.

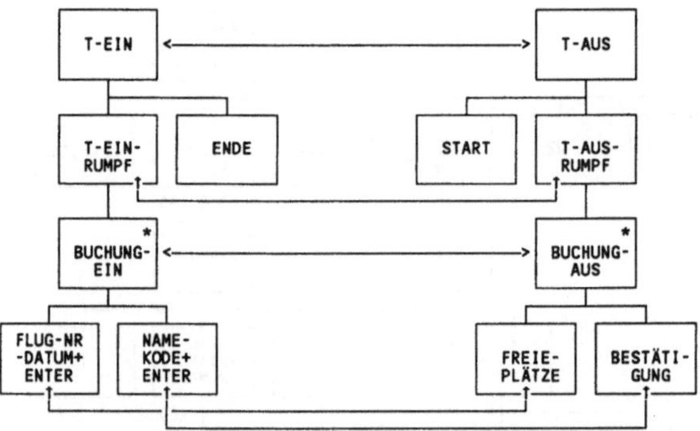

Abgesehen von der ersten Ausgabe-Komponente START und der letzten Eingabe-Komponente ENDE besteht zwischen allen Komponenten von T-EIN und T-AUS eine Entsprechung. Das ist typisch für Online-Entwürfe, sog. "vollständiger Dialog" (für jede Eingabe genau eine Ausgabe). Das Programm beginnt den Dialog, der Benutzer beendet ihn. Der Aufruf des Buchungs-programms ist nicht Bestandteil der Verarbeitung dieses Dialogprogramms und wird im Entwurf nicht dargestellt.

Elementaranweisungen

```
1. sopen output T-AUS              21. sopen input T-EIN
2. swrite BILDSCHIRM               22. sread T-EIN
3. sclose output T-AUS             23. sclose input T-EIN
4. aufbereiten START-BILDSCHIRM
5. aufbereiten FREIE-PLÄTZE
6. aufbereiten BESTÄTIGUNG
```

Bedingung: `{1}` `(nicht leere Flugnummer)`

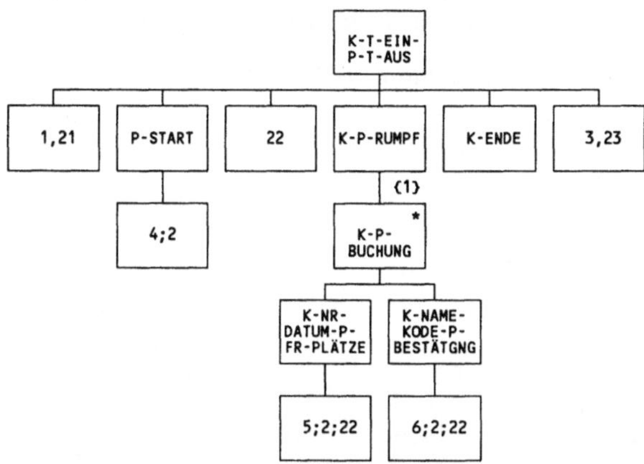

Die Komponente K-ENDE trägt keine Elementaranweisung. Durch Vorlesen/Nachlesen ist das zugehörige sread nach vorne verschoben worden. Die swrite/sread-Anweisungen können als Paare angeordnet werden.

Lösung 2.7-3: Text-1 Reduzieren von Blanks

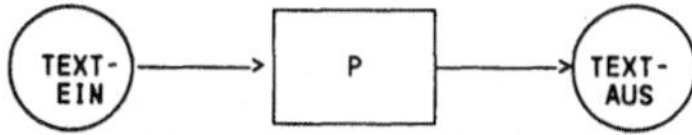

Eingabe TEXT-EIN

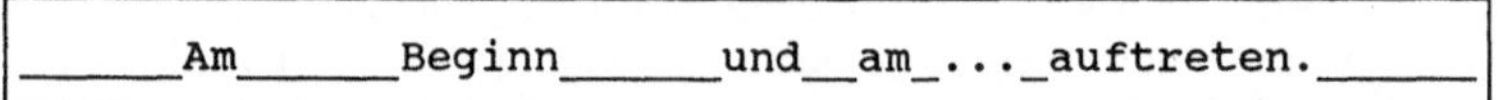

Ausgabe TEXT-AUS

Am_Beginn_und_am_Ende_der_Zeichenkette_..._auftreten._

Falsche Eingabe-Datenstruktur

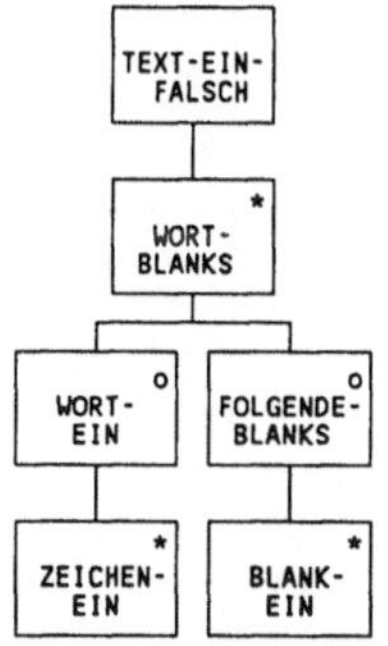

Diese "chaotische" Datenstruktur ist sehr einfach, aber formal falsch, da sie z.B. auch zweimal WORT unmittelbar hintereinander zuläßt. Dies ist zwar auf Grund der Definition von WORT nicht möglich, wird aber beim Entwurf erst durch die Bedingungen ausgedrückt.

Korrekte, aber überspezifizierte Datenstruktur für TEXT-EIN

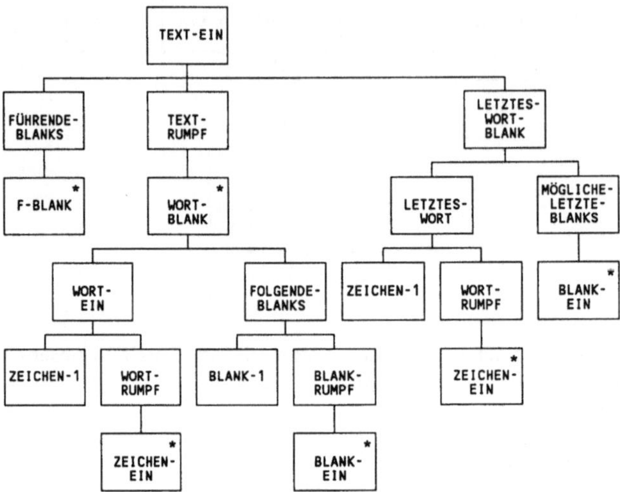

Die Spezifikation des jeweils ersten Zeichens eines Wortes und des ersten Blanks nach jedem Wort (außer dem letzten) ist nicht nötig, da diese genau so behandelt werden wie die jeweils folgenden Zeichen bzw. Blanks. Ebenso ist die Unterscheidung zwischen normalem Wort-Blank-Paar und dem letzten Paar nicht erforderlich, da hinter allen Wörtern, auch hinter dem letztem, ein Blank ausgegeben wird. Wird aber das erste Blank extra dargestellt, muß auch das letzte Wort getrennt behandelt werden, da hinter diesem ja kein Blank folgen muß. Die Verwendung dieser Datenstruktur führt auf ein Erkennungsproblem: wenn ein Wort-Blank-Paar verarbeitet wird, ist es das letzte Paar?

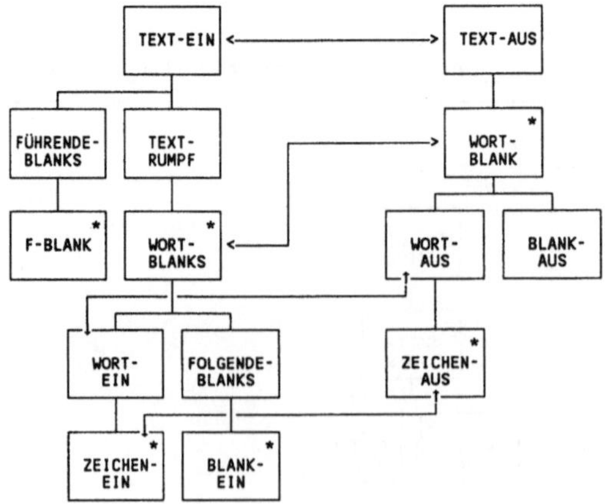

Zwischen FOLGENDE-BLANKS und BLANK-AUS wurde keine Entsprechung eingetragen, Begründung: das Blank hinter einem Wort wird immer geschrieben, unabhängig von einem eventuellen Eingabe-Blank.

Auf die Darstellung des jeweils ersten Blanks nach einem Wort und des jeweils ersten Zeichens eines Wortes wurde verzichtet (Argumentation s.o.: überspezifizierte Struktur). Wir sind uns aber dessen bewußt, daß wir hier die Iteration "null bis n mal" recht großzügig anwenden, und die Argumente gegenüber der chaotischen Datenstruktur nicht ganz stichhaltig sind. JSP-Puristen würden deshalb die überspezifizierte Struktur vorziehen.

Elementaranweisungen

```
 1. sopen output TEXT-AUS
 2. swrite ZEICHEN-AUS
 3. sclose output TEXT-AUS

 4. übertragen ZEICHEN-EIN nach ZEICHEN-AUS
 5. übertragen BLANK nach ZEICHEN-AUS

21. sopen input TEXT-EIN
22. sread TEXT-EIN
23. sclose input TEXT-EIN
```

Bedingungen

```
{1} (nicht TEXT-EIN-EOF und ZEICHEN-EIN = BLANK)
{2} (nicht TEXT-EIN-EOF)
{3} (nicht TEXT-EIN-EOF und ZEICHEN-EIN # BLANK)
{4} (nicht TEXT-EIN-EOF und ZEICHEN-EIN = BLANK)
```

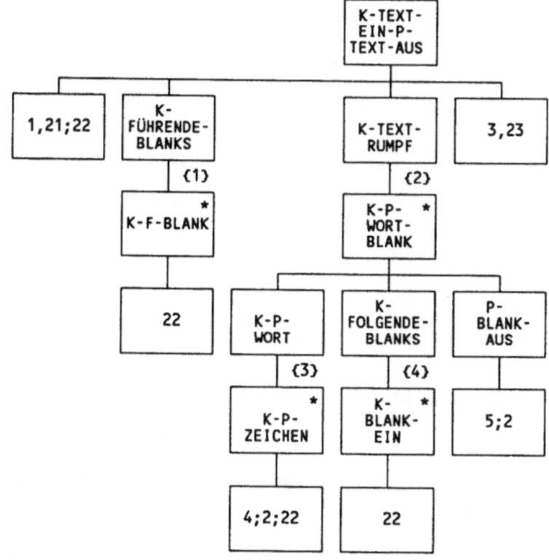

Die beiden Komponenten K-FOLGENDE-BLANKS und P-BLANK könnten auch vertauscht werden, da die Ein-/Ausgabe dieser Leerzeichen voneinander unabhängig ist.

Zusatz

Soll hinter dem letzten Wort kein Blank ausgegeben werden, so muß zwischen fdzWORT und LETZTES-WORT in den Datenstrukturen unterschieden werden. Dies führt uns auf ein "Erkennungsproblem": wenn die Verarbeitung für ein Wort beginnt, weiß man noch nicht, ob es das letzte ist.

Lösung 2.7-4: Versandliste-2 ohne leere letzte Seite

SND: vgl. Lösung 2.7-1

```
    Eingabe VERSAND                                    Eingabe DATUM

    202030 Drucker              220 101087                 101087
    202030 Drucker              150 101087
    101020 Farb-Bildschirm      450 101087
    101020 Farb-Bildschirm       23 231188
    202020 Plattenlaufwerk       29 291188
    102020 PC                    27 271188
    101010 Bildschirm           300 101087
       .         .               .   .
       .         .               .   .
       .         .               .   .
    505050 Bandeinheit          300 101087
    505050 Bandeinheit          100 101087
    505050 Bandeinheit           30 301188
```

Ausgabe LISTE

```
    Versandliste vom 10.10.1987      Seite  1

    Art-Nr        Art-Name              Menge
    20 20 30      Drucker                 220
    20 20 30      Drucker                 150
    10 10 20      Farb-Bildschirm         450
    10 10 10      Bildschirm              300
       .             .                     .
       .             .                     .
       .             .                     .


    Versandliste vom 10.10.1987      Seite 12

    Art-Nr        Art-Name              Menge
       .             .                     .
       .             .                     .
       .             .                     .
    50 50 50      Bandeinheit             300
    50 50 50      Bandeinheit             100
```

Falls bereits gefüllte Seiten geschrieben wurden, läßt sich eine letzte leere Seite unterdrücken durch Ändern der Bedingung 2:

> nach dem Schreiben der letzten Zeile einer Seite wird solange gelesen, bis wieder ein Satz mit gültigem Datum oder VERSAND-EOF folgt.

Hierdurch wird aber eine eventuelle erste leere Seite, falls die Versanddatei leer ist oder nur Sätze mit ungültigem Datum enthält, nicht vermieden! Um auch diesen Fall zu erfassen, müssen zusätzliche Änderungen an der Eingabe-Datenstruktur vorgenommen werden, nämlich die Erweiterung um den Vorlaufteil DATUM#-RUMPF.

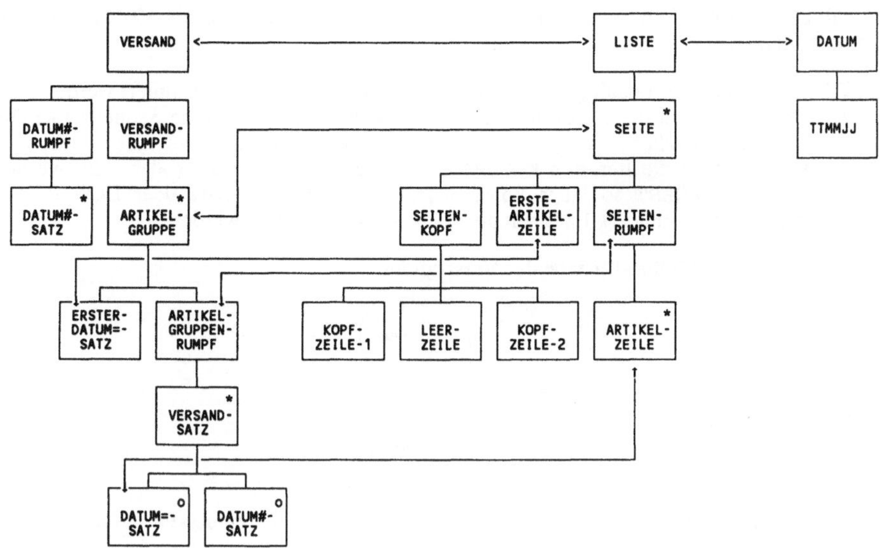

Elementaranweisungen: vgl. Lösung 2.7-1

Bedingungen: 1, 3 und 4 vgl. Lösung 2.7-1

```
{2}  (nicht VERSAND-EOF und
      (Zeilen-Zähler <= Zeilen-Max oder ungültiges Datum))
{5}  (nicht VERSAND-EOF und ungültiges Datum)
```

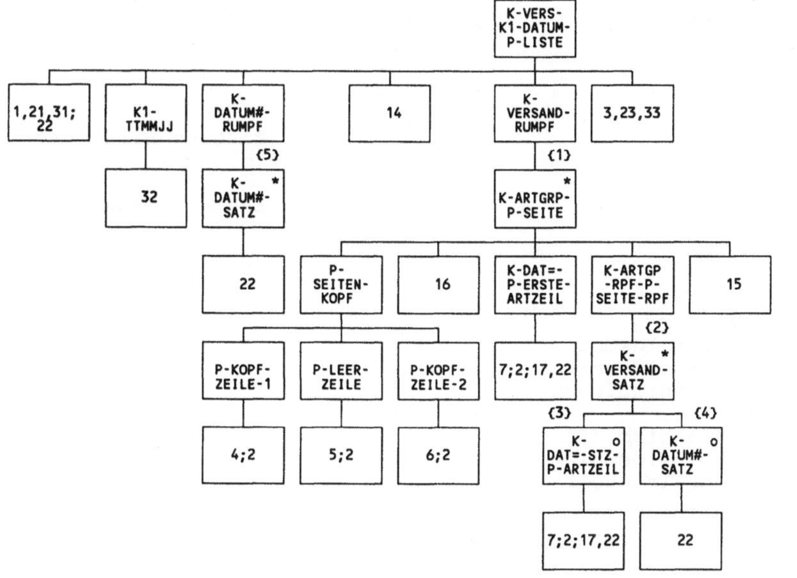

Die Komponenten K-DAT=-P-ERSTE-ARTZEIL und K-DAT=-SATZ-P-ARTZEIL tragen die gleichen Operationen: 7;2;17,22. Es wäre also nicht nötig gewesen, die Komponente für den jeweils ersten gültigen Satz pro Seite einzuführen. Für die Dokumentation wird die Verarbeitung durch diese Komponente aber wesentlich besser verdeutlicht.

Das Problem der Sätze mit ungültigem Datum, die bei voller Seite nur konsumiert werden, könnte man auch durch Erweitern der Datenstruktur von VERSAND lösen. An die Sequenz ARTIKEL-GRUPPE wird eine zusätzliche Komponente GRUPPEN-REST angefügt, die eine Iteration über DATUM#-SATZ ist. Wird die Iteration K-VERSAND-SATZ bei voller Seite (oder EOF) verlassen, wird dieser GRUPPEN-REST so lange konsumiert, bis ein gültiger Satz oder EOF folgt. Die Bedingungen 1 - 4 aus Lösung 2.7-1 können unverändert übernommen werden.

Lösung 2.7-5: Online-2 Online-Eingabe der Versanddatei

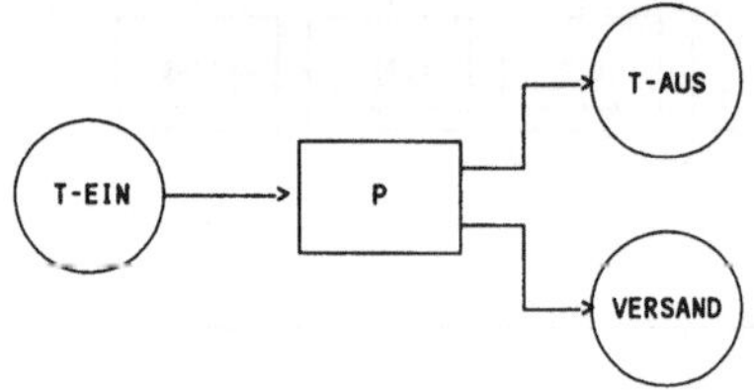


```
        Eingabe T-EIN                              Ausgabe T-AUS

                                                 Start-Bildschirm
 _ _ _ _ _ _ _ _ _ _ _ _ _ _ _ _ _ _ _ _ _ _ _ _ _ _ _ _ _ _ _ _
    202030 Drucker            220 101087
    202030 Drucker            150 101087
    101020 Farb-Bildschirm    450 101087<⌐
                                                 Eingabe-Bildschirm
 _ _ _ _ _ _ _ _ _ _ _ _ _ _ _ _ _ _ _ _ _ _ _ _ _ _ _ _ _ _ _ _
    101020 Farb-Bildschirm     23 231188<⌐
                                                 Eingabe-Bildschirm
 _ _ _ _ _ _ _ _ _ _ _ _ _ _ _ _ _ _ _ _ _ _ _ _ _ _ _ _ _ _ _ _
   ·202020 Plattenlaufwerk     29 291188
    102020 PC                  27 271188
    101010 Bildschirm         300 101087
    101020 Farb-Bildschirm    150 101087
    303030 Zentraleinheit      30 301188<⌐
                                                 Eingabe-Bildschirm
 _ _ _ _ _ _ _ _ _ _ _ _ _ _ _ _ _ _ _ _ _ _ _ _ _ _ _ _ _ _ _ _
    <⌐
                                                 Ende-Bildschirm
```

Ausgabe VERSAND

```
    202030 Drucker            220 101087
    202030 Drucker            150 101087
    101020 Farb-Bildschirm    450 101087
    101020 Farb-Bildschirm     23 231188
    202020 Plattenlaufwerk     29 291188
    102020 PC                  27 271188
    101010 Bildschirm         300 101087
    101020 Farb-Bildschirm    150 101087
    303030 Zentraleinheit      30 301188
```

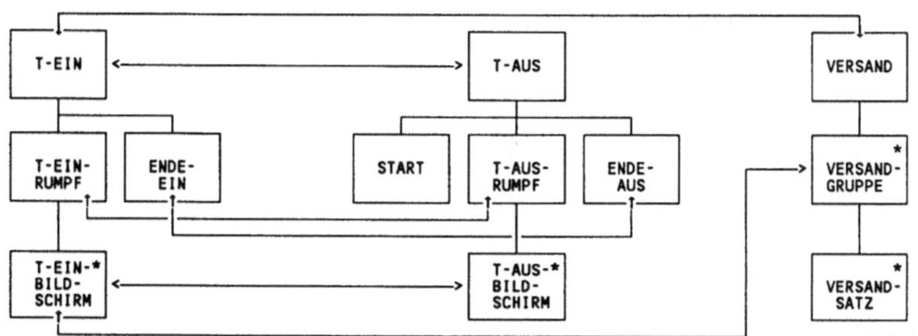

Elementaranweisungen: 1 - 4, 21 - 23 vgl. Lösung 2.7-2

```
 9. aufbereiten EINGABE-BILDSCHIRM
10. aufbereiten ENDE-BILDSCHIRM

11. sopen output VERSAND
12. swrite VERSAND-SATZ
13. sclose output VERSAND
14. Zeilen-Zähler := 1
15. Zeilen-Zähler := Zeilen-Zähler + 1
16. übertragen Eingabe-Zeile (Zeilen-Zähler) nach VERSAND-SATZ
```

Bedingungen

```
{1}  (nicht ENDE)
{14} (Zeilen-Zähler <= Zeilen-Max und
      Eingabe-Zeile (Zeilen-Zähler) nicht leer)
```

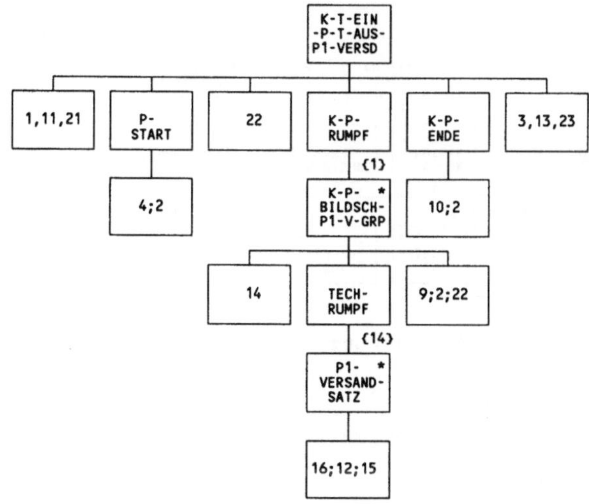

Lösung 2.7-6: Text-2 Textbausteine ersetzen

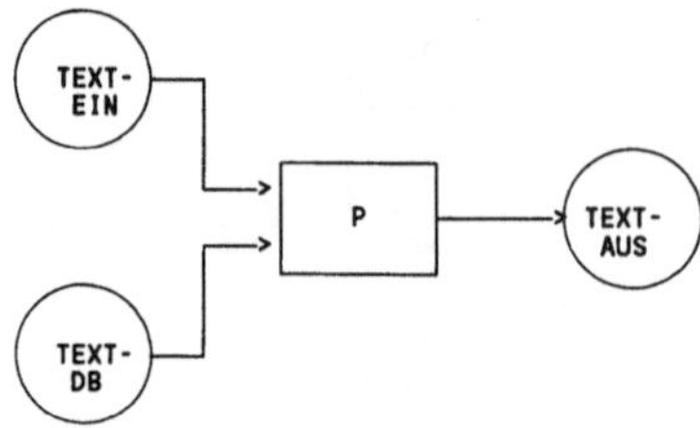

Eingabe TEXT-EIN

```
In diesem Text sind &013 &029 zu ersetzen.
```

Eingabe TEXT-DB

```
013 keine
029 Textbausteine
```

Ausgabe TEXT-AUS

```
In diesem Text sind keine Textbausteine zu ersetzen.
```

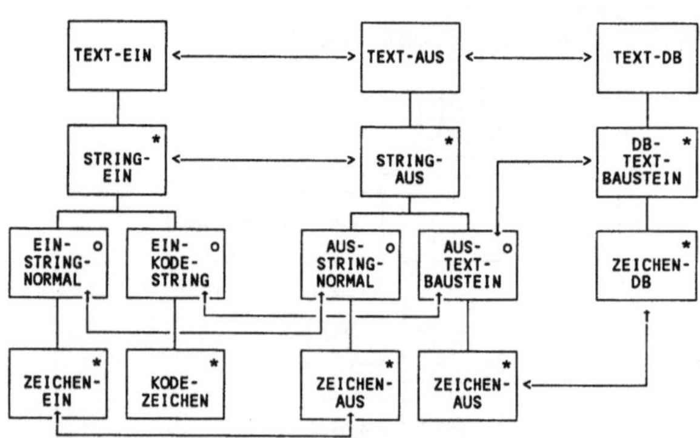

Elementaranweisungen: 1 - 4, 21, 22, 23 vgl. Lösung 2.7-3

```
 7. anfügen ZEICHEN-EIN an KODE
 8. aufbereiten KODE
 9. übertragen ZEICHEN-DB nach ZEICHEN-AUS

31. sopen input TEXT-DB
32. sread TEXT-DB
33. sclose input TEXT-DB
```

Bedingungen

```
{1}  (nicht TEXT-EIN-EOF)
{2}  (nicht KODE-ZEICHEN)
{3}  (KODE-ZEICHEN)
{4}  (nicht TEXT-EIN-EOF und ZEICHEN-EIN # KODE-ZEICHEN)
{5}  (nicht TEXT-EIN-EOF und ZEICHEN-EIN # BLANK)
{6}  (nicht TEXT-BAUSTEIN-Ende)
```

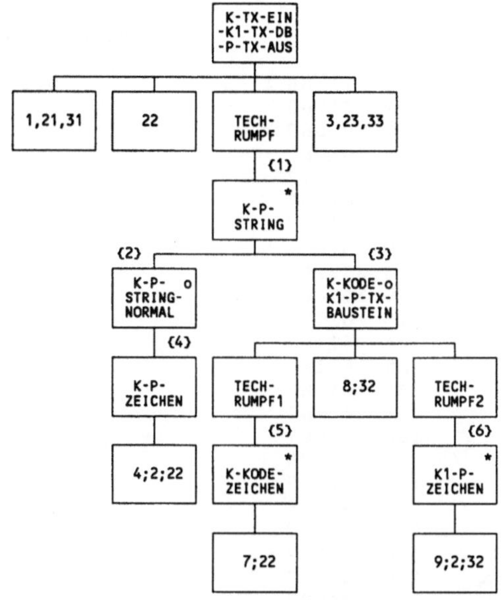

Bei der Implementierung muß die Anweisung 32 (`sread TEXT-DB`) eventuell unterschiedlich realisiert werden, und zwar als GET-UNIQUE(KODE) und GET-NEXT(ZEICHEN-DB).

Lösungen / 3.3 Fallstudien

Lösung 3.3-1a: Versandliste-3a einfacher Gruppenwechsel

SND: vgl. Lösung 2.7-1

Ausgabe LISTE: vgl. Layout

```
    Eingabe VERSAND                                    Eingabe DATUM

    101010 Bildschirm            21 211188                101087
    101010 Bildschirm            22 221188
    101010 Bildschirm           150 101087
    101010 Bildschirm           100 101087
    101010 Bildschirm           200 101087
    101010 Bildschirm           300 101087
    101020 Farb-Bildschirm      200 101087
    101020 Farb-Bildschirm      450 101087
    101020 Farb-Bildschirm       23 231188
    101020 Farb-Bildschirm      150 101087
    101030 Anschlußkabel-B      110 101087
    101040 Anschlußkabel-F       24 241188
    101040 Anschlußkabel-F       25 251188
    102020 PC                   180 101087
    102020 PC                    26 261187
    102020 PC                   120 101087
    102020 PC                    27 271188
    102030 Spiralkabel          100 101087
    102030 Spiralkabel           28 281188
    102040 Disketten            170 101087
    102040 Disketten            330 101087
    202020 Plattenlaufwerk      120 101087
    202020 Plattenlaufwerk      140 101087
    202020 Plattenlaufwerk      240 101087
    202020 Plattenlaufwerk       29 291188
    202030 Drucker              330 101087
    202030 Drucker              220 101087
    202030 Drucker              150 101087
    303030 Zentraleinheit       100 101087
    303030 Zentraleinheit        30 301188
```

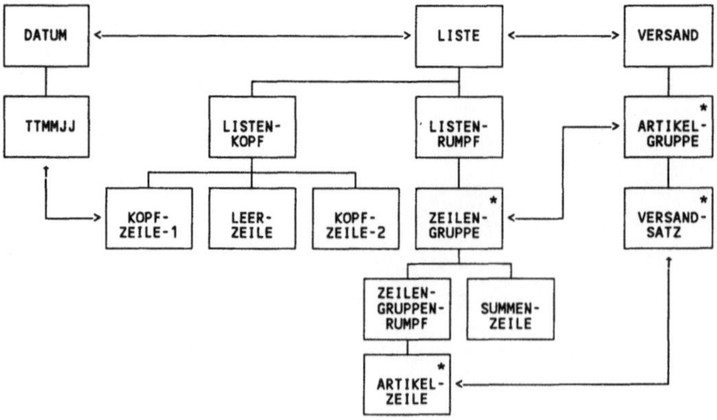

Elementaranweisungen: 1 - 7, 21 - 23, 31 - 33 vgl. Lösung 2.7-1

```
 8. aufbereiten SUMMEN-ZEILE
12. Summe := 0
13. Summe := Summe + Bestellmenge
24. setzen GW-NEU
25. GW-ALT := GW-NEU
```

Bedingungen

```
{1} (nicht VERSAND-EOF)
{2} (EGW-ALT = EGW-NEU)
```

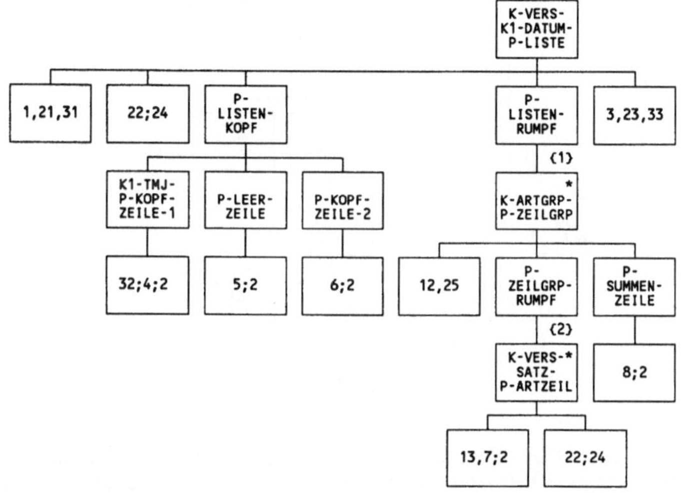

Lösung 3.3-1b: Versandliste-3b dreifacher Gruppenwechsel

SND: vgl. Lösung 2.7-1

Ausgabe LISTE: vgl. Layout

Eingabe VERSAND, DATUM: vgl. Lösung 3.3-1a

Eingabe VERSAND mit Markierung der S3-Gruppen

```
10 10 10 Bildschirm          21 211188 ]
10 10 10 Bildschirm          22 221188 ]  Vorlaufteil

10 10 10 Bildschirm         150 101087
            .                  .    .
            .                  .    .
            .                  .    .
10 10 30 Anschlußkabel-B    110 101087
10 10 40 Anschlußkabel-F     24 241188 ]
10 10 40 Anschlußkabel-F     25 251188 ]

10 20 20 PC                 180 101087
            .                  .    .
            .                  .    .
            .                  .    .
```

Diese Sätze werden als eingefügte
Sätze der S3-Gruppe 10-10-30
aufgefaßt.

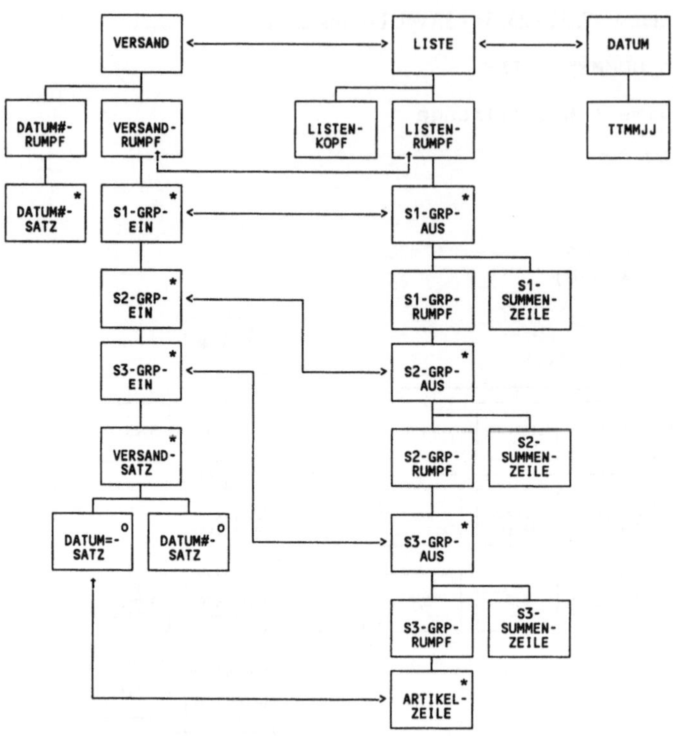

Der Vorlaufteil DATUM#-RUMPF gewährleistet, daß keine leeren Summen ausgegeben werden. Ist VERSAND leer oder enthält VERSAND keinen gültigen Satz, so wird aber der dreizeilige Listenkopf geschrieben. Die drei Zeilen des Listenkopfes wurden nicht separat dargestellt, sondern (aus Platzgründen) zu einer Komponente LISTEN-KOPF zusammengefaßt.

Elementaranweisungen: 1 - 7, 21 - 23, 31 - 33 vgl. Lösung 2.7-1

```
 8. aufbereiten S1-SUMMEN-ZEILE
 9. aufbereiten S2-SUMMEN-ZEILE
10. aufbereiten S3-SUMMEN-ZEILE

12. S1-Summe := 0
13. S1-Summe := S1-Summe + S2-Summe
14. S2-Summe := 0
15. S2-Summe := S2-Summe + S3-Summe
16. S3-Summe := 0
17. S3-Summe := S3-Summe + Bestellmenge

24. setzen GW-NEU
25. S1-ALT := S1-NEU          oder  25. GW-ALT := GW-NEU
26. S2-ALT := S2-NEU                26. wie 25
27. S3-ALT := S3-NEU                27. wie 25
```

Bedingungen

{1} (nicht VERSAND-EOF und ungültiges Datum)
{2} (nicht VERSAND-EOF)
{3} (EGW-S1-ALT = EGW-S1-NEU)
{4} (EGW-S2-ALT = EGW-S2-NEU)
{5} (EGW-S3-ALT = EGW-S3-NEU oder
     (nicht VERSAND-EOF und ungültiges Datum))
{6} (gültiges Datum)
{7} (ungültiges Datum)

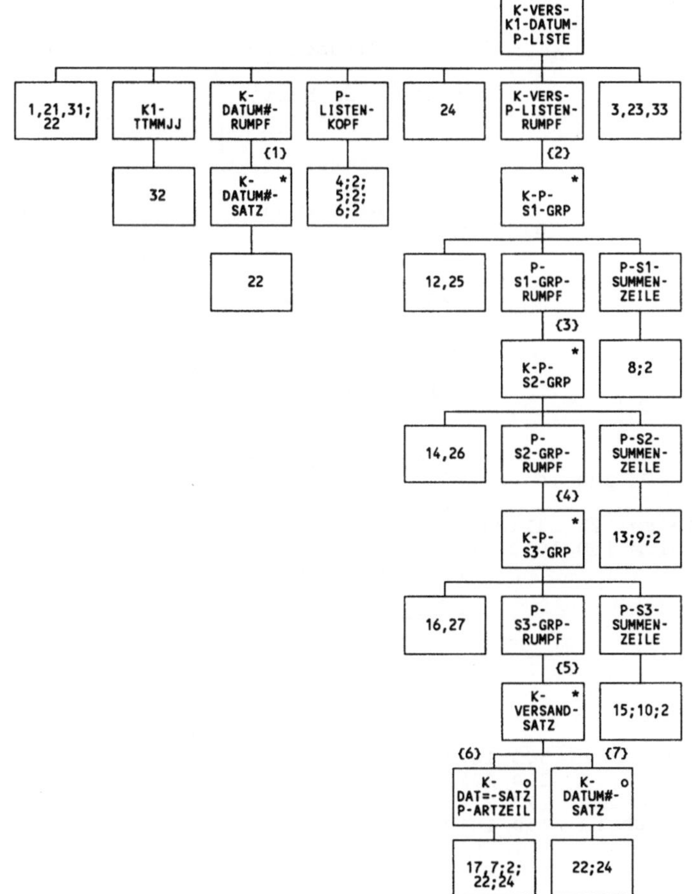

Lösung 3.3-2: Online-3 Auskunft/Ändern/Erfassen

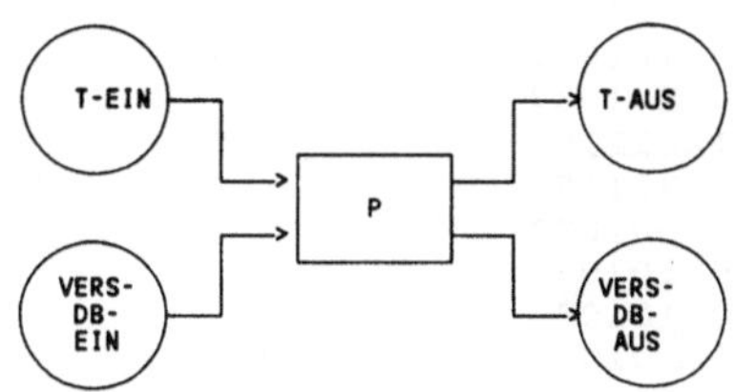

```
Eingabe T-EIN                        Ausgabe T-AUS

                                     Start-Bildschirm
_ _ _ _ _ _ _ _ _ _ _ _ _ _ _ _ _ _ _ _ _ _ _ _ _ _ _ _ _ _ _ _ _
Auskunft<─┘
                                     Auskunft-Start
101010<─┘                            101010 Bildschirm          21 21.11.88
                                            .       .            .    .
                                            .       .            .    .
                                     101010 Bildschirm         200 10.10.87
WEITER                               101010 Bildschirm          21 21.11.88
                                            .       .            .    .
                                            .       .            .    .
                                     101010 Bildschirm         200 10.10.87
STOP
                                     Start-Bildschirm
_ _ _ _ _ _ _ _ _ _ _ _ _ _ _ _ _ _ _ _ _ _ _ _ _ _ _ _ _ _ _ _ _
Ändern<─┘
                                     Ändern-Start
102040<─┘
                                     102040 Disketten         170 101087
102040 Disketten       500 101087<─┘
                                     102040 Disketten         330 101087
DELETE<─┘
                                     102040 Disketten         500 101087
STOP1
                                     Ändern-Start
STOP
                                     Start-Bildschirm
_ _ _ _ _ _ _ _ _ _ _ _ _ _ _ _ _ _ _ _ _ _ _ _ _ _ _ _ _ _ _ _ _
Erfassen<─┘
                                     Erfassen-Start
101010 Bildschirm      300 101087<─┘
                                     Erfassen-Start
101020 Farb-Bildschirm  23 231188
101020 Farb-Bildschirm 150 101087<─┘
                                     Erfassen-Start
STOP
                                     Start-Bildschirm
_ _ _ _ _ _ _ _ _ _ _ _ _ _ _ _ _ _ _ _ _ _ _ _ _ _ _ _ _ _ _ _ _
ENDE
```

Ausgabe VERSAND-DB-AUS

```
    102040 Disketten         500 101087
    101010 Bildschirm        300 101087
    101020 Farb-Bildschirm    23 231188
    101020 Farb-Bildschirm   150 101087
```

Eingabe VERSAND-DB-EIN

```
    101010 Bildschirm         21 211188
         .       .            .
         .       .            .
    101010 Bildschirm        200 101087
    102040 Disketten         170 101087
    102040 Disketten         330 101087
    101010 Bildschirm         21 211188
    101010 Bildschirm         22 221188
    101010 Bildschirm        150 101087
    101010 Bildschirm        100 101087
    101010 Bildschirm        200 101087
    101020 Farb-Bildschirm   200 101087
    101020 Farb-Bildschirm   450 101087
```

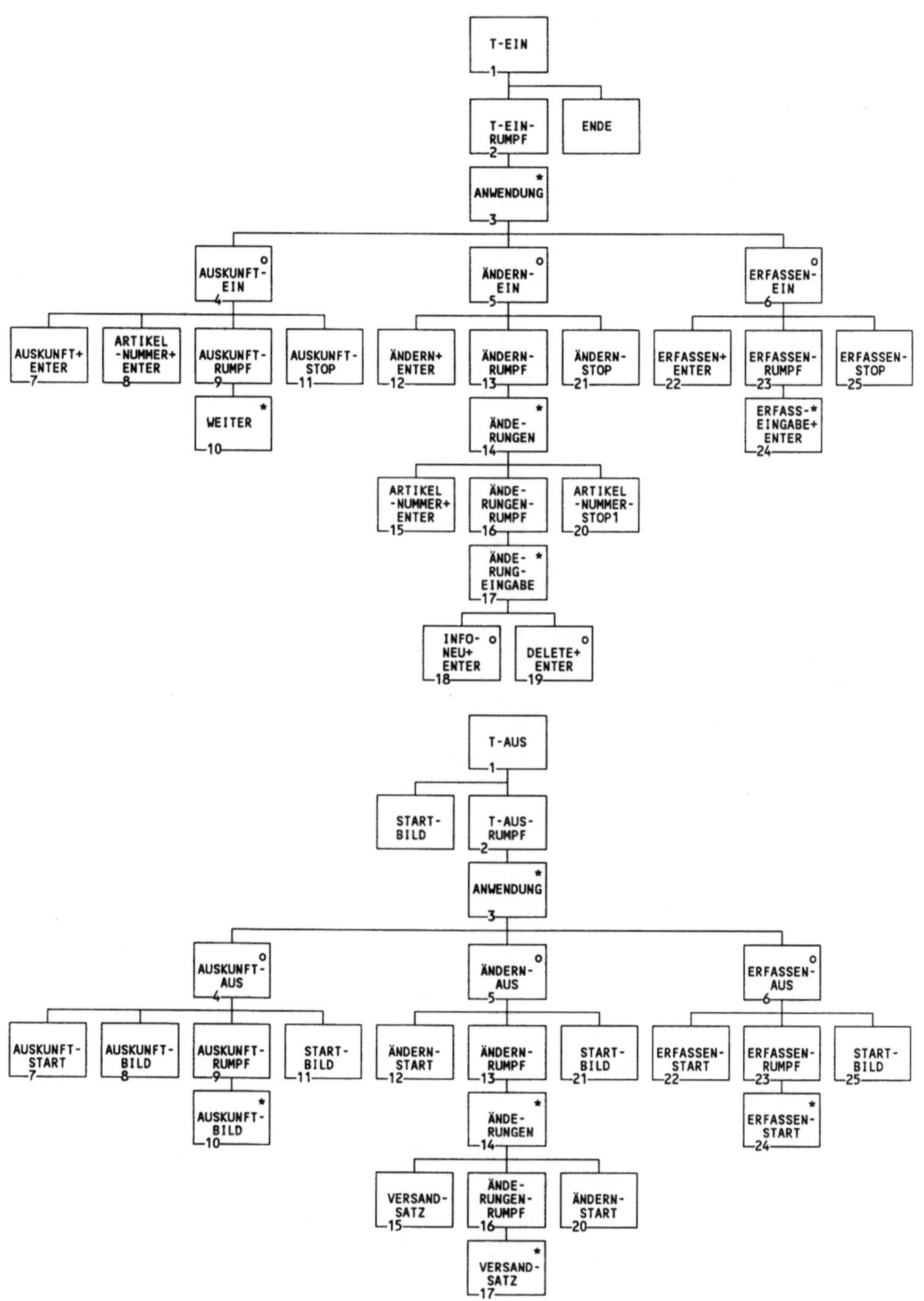

T-EIN
1
T-EIN-RUMPF
2
ANWENDUNG *
3
ENDE
AUSKUNFT-EIN °
4
ÄNDERN-EIN °
5
ERFASSEN-EIN °
6
AUSKUNFT+ENTER
7
ARTIKEL-NUMMER+ENTER
8
AUSKUNFT-RUMPF
9
AUSKUNFT-STOP
11
WEITER *
10
ÄNDERN+ENTER
12
ÄNDERN-RUMPF
13
ÄNDERN-STOP
21
ÄNDE-RUNGEN *
14
ERFASSEN+ENTER
22
ERFASSEN-RUMPF
23
ERFASSEN-STOP
25
ERFASS-* EINGABE+ENTER
24
ARTIKEL-NUMMER+ENTER
15
ÄNDE-RUNGEN-RUMPF
16
ARTIKEL-NUMMER-STOP1
20
ÄNDE-RUNG-EINGABE *
17
INFO-NEU+ENTER °
18
DELETE+ENTER °
19
T-AUS
1
START-BILD
T-AUS-RUMPF
2
ANWENDUNG *
3
AUSKUNFT-AUS °
4
ÄNDERN-AUS °
5
ERFASSEN-AUS °
6
AUSKUNFT-START
7
AUSKUNFT-BILD
8
AUSKUNFT-RUMPF
9
START-BILD
11
AUSKUNFT-BILD *
10
ÄNDERN-START
12
ÄNDERN-RUMPF
13
START-BILD
21
ERFASSEN-START
22
ERFASSEN-RUMPF
23
START-BILD
25
ÄNDE-RUNGEN *
14
ERFASSEN-START *
24
VERSAND-SATZ
15
ÄNDE-RUNGEN-RUMPF
16
ÄNDERN-START
20
VERSAND-SATZ *
17

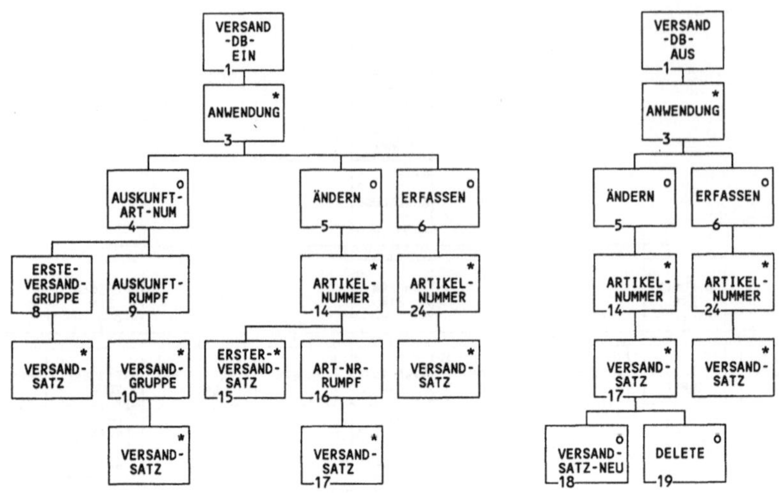

Elementaranweisungen: 1 - 4, 21 - 23 vgl. Lösung 2.7-2, 14 - 16 vgl. Lösung 2.7-5

```
 5. aufbereiten AUSKUNFT-START-BILD
 6. aufbereiten AUSKUNFT-BILD
 7. aufbereiten ÄNDERN-START-BILD
 8. aufbereiten ÄNDERN-BILD
 9. aufbereiten ERFASSEN-START-BILD

11. sopen output VERSAND-DB-AUS
12. swrite VERSAND-SATZ
13. sclose output VERSAND-DB-AUS

17. übertragen VERSAND-SATZ-DB-EIN nach Ausgabe-Zeile (Zeilen-Zähler)
18. übertragen Eingabe-Zeile nach VERSAND-SATZ
19. DELETE VERSAND-SATZ-DB-EIN
24. aufbereiten Artikel-Nummer

31. sopen input VERSAND-DB-EIN
32. sread VERSAND-DB-EIN
33. sclose input VERSAND-DB-EIN
```

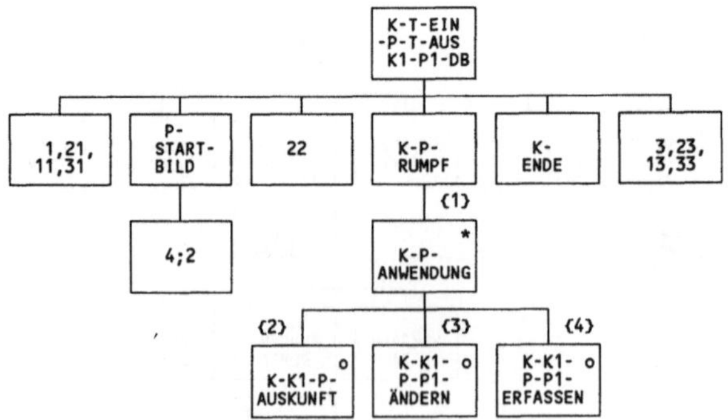

Bedingungen

{1}   (nicht ENDE)
{2}   (Auskunft)
{3}   (Ändern)
{4}   (Erfassen)
{5}   (Zeilen-Zähler <= Zeilen-Max
       und nicht SEGMENT-Ende)
{14} (Zeilen-Zähler <= Zeilen-Max und
       Eingabe-Zeile (Zeilen-Zähler) nicht leer)

{6}   (nicht STOP)
{7}   (nicht STOP1)
{10} (nicht DELETE)
{11} (DELETE)
{13} (nicht SEGMENT-Ende)

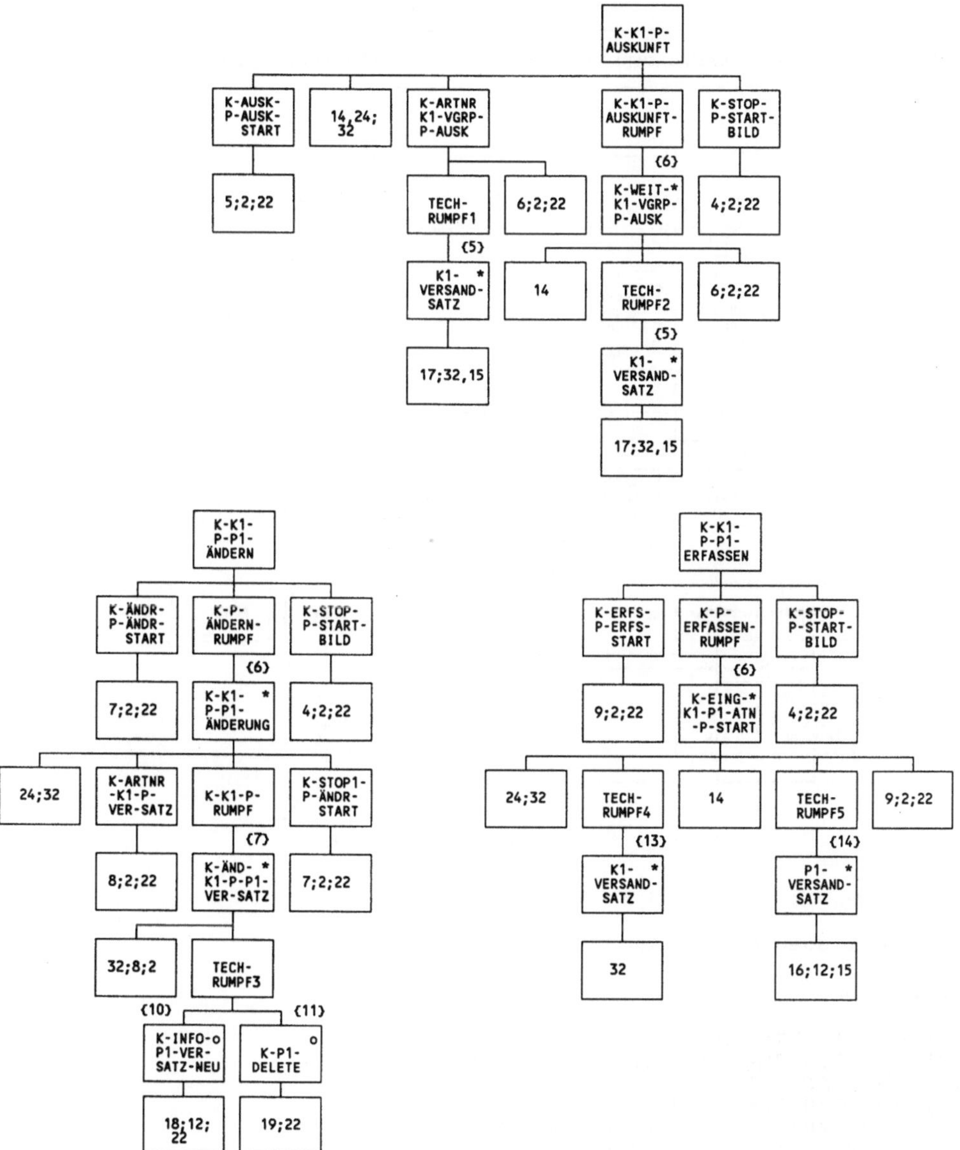

Lösung 3.3-3: Text-3 Trennzeichen ersetzen

SND: vgl. Lösung 2.7-3

Eingabe

> Dieser/Text/hat/zwei/Absätze,/zwei/Sätze/und/15/Wörter#&Das/ist/der/zweite/Absatz#&

Ausgabe

> Dieser Text hat zwei Absätze, zwei Sätze und 15 Wörter. &Das ist der zweite Absatz. &

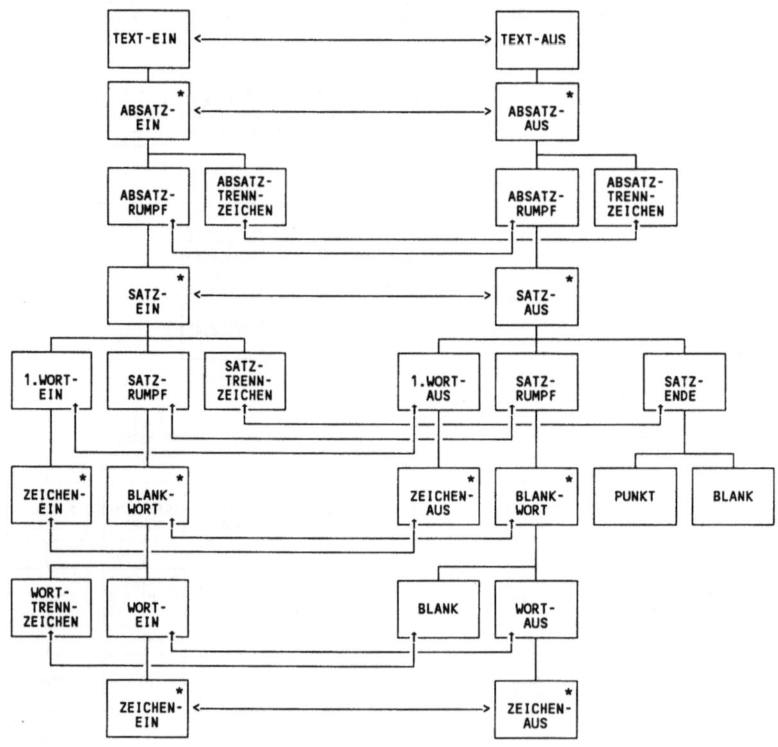

Elementaranweisungen: 1 - 5, 21, 22, 23 vgl. Lösung 2.7-3

```
 6. übertragen PUNKT nach ZEICHEN-AUS
```

Bedingungen

```
{1}  (nicht TEXT-EIN-EOF)
{2}  (ZEICHEN-EIN # ABSATZ-TRENNZEICHEN)
{3}  (ZEICHEN-EIN # SATZ-TRENNZEICHEN)
{4}  (ZEICHEN-EIN # SATZ-TRENNZEICHEN und
      ZEICHEN-EIN # WORT-TRENNZEICHEN)
{5}  (ZEICHEN-EIN # SATZ-TRENNZEICHEN und
      ZEICHEN-EIN # WORT-TRENNZEICHEN)
```

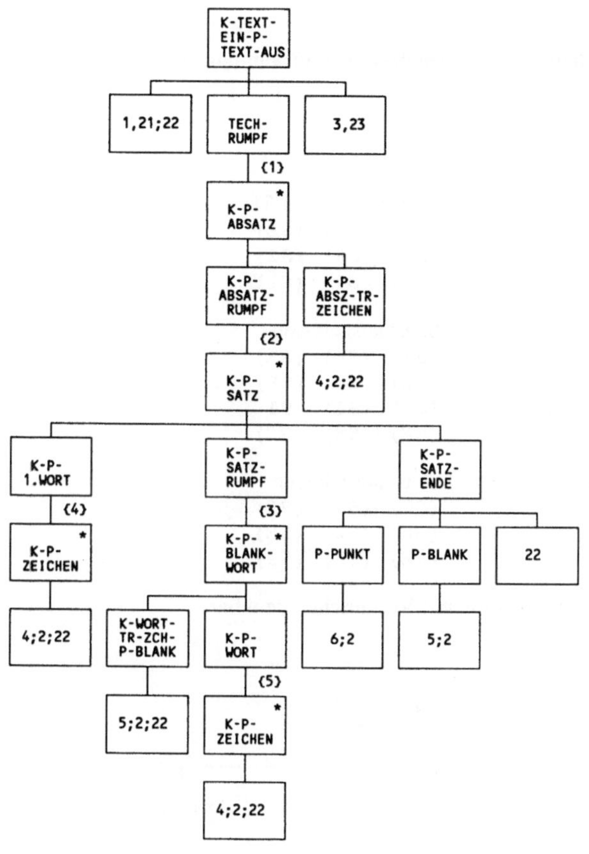
K-TEXT-
EIN-P-
TEXT-AUS

1,21;22

TECH-
RUMPF
(1)

3,23

K-P-
ABSATZ

K-P-
ABSATZ-
RUMPF
(2)

K-P-
ABSZ-TR-
ZEICHEN

4;2;22

K-P-
SATZ

K-P-
1.WORT
(4)

K-P-
SATZ-
RUMPF
(3)

K-P-
SATZ-
ENDE

K-P-
ZEICHEN

4;2;22

K-P-
BLANK-
WORT

K-WORT-
TR-ZCH-
P-BLANK

K-P-
WORT
(5)

5;2;22

K-P-
ZEICHEN

4;2;22

P-PUNKT

6;2

P-BLANK

5;2

22

Lösungen / 4.2 Fehlerbehandlung bei den drei Strukturkomponenten

Lösung 4.2-1:

SE sei ein als S1 eingefügter Satz.

Einfügen und Vertippen:

```
S2 ist vertippt zu S1
S1   (S2)  (SE)
S1   (SE)  (S2)
(SE)  S1   (S2)
```

Einfügen und Auslassen:

```
S2 ist ausgelassen
S1   (SE)  (SE)
(SE)  S1   (SE)
(SE) (SE)   S1
(SE) (SE)  (SE)
```

Einfügen, Vertippen und Auslassen:

```
S1 ist ausgelassen
(S2)  (SE)  (SE)
(SE)  (S2)  (SE)
(SE)  (SE)  (S2)
```

Es wäre auch noch eine Kombination mit Vertauschen denkbar.

Lösung 4.2-2a:

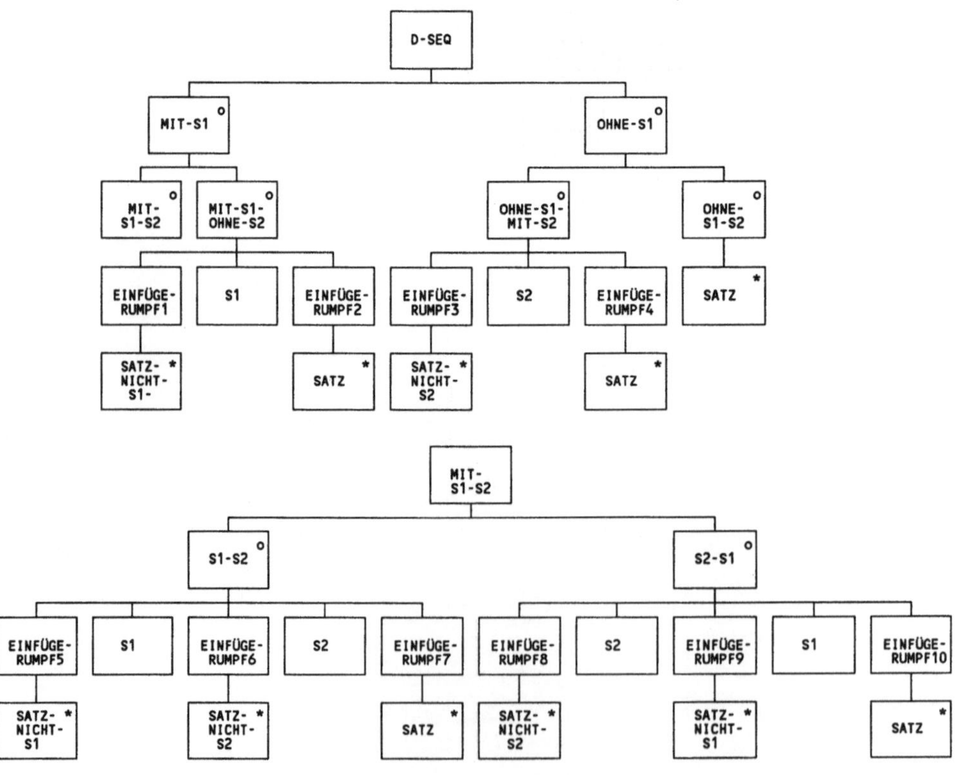

Lösung 4.2-2b: Die Struktur für "Einfügen" beschreibt bereits alle möglichen Fälle.

Lösung 4.2-2c:

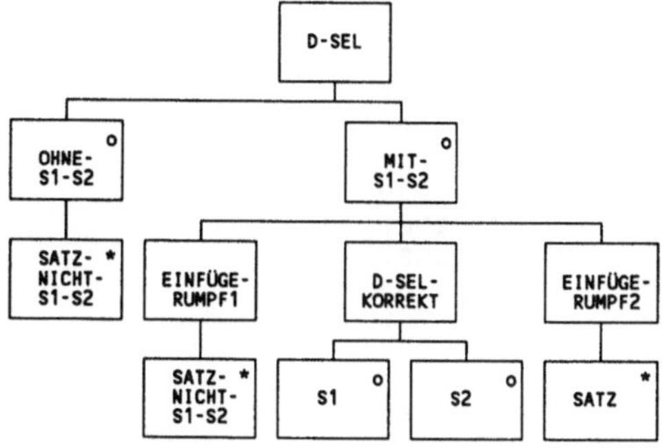

Lösungen / 4.3 Fallstudien

Lösung 4.3-1: Versandliste-4 Fehlerprüfung der Versanddatei

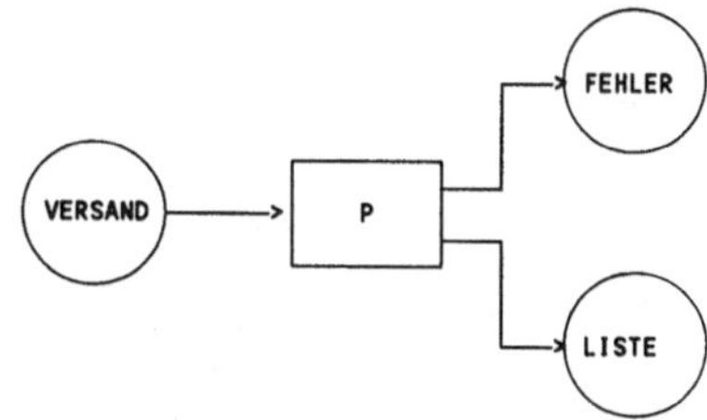

Ausgabe LISTE

```
Versandliste

Art-Nr          Art-Name              Menge        Datum
10 10 10        Bildschirm              21        21.11.88
10 10 10        Bildschirm              22        22.11.88
10 10 10        Bildschirm             150        10.10.87
10 10 10        Bildschirm             100        10.10.87
10 10 10        Bildschirm             200        10.10.87
10 10 10        Bildschirm             300        10.10.87
10 10 20        Farb-Bildschirm        150        10.10.87
10 10 30        Anschlußkabel-B        110        10.10.87
10 10 40        Anschlußkabel-F         24        24.11.88
10 10 40        Anschlußkabel-F         25        25.11.88
10 10 40        Anschlußkabel-F         24        24.11.88
10 10 40        Anschlußkabel-F         25        25.11.88
10 20 30        Spiralkabel            100        10.10.87
10 20 30        Spiralkabel             28        28.11.88
10 20 40        Disketten              170        10.10.87
10 20 40        Disketten              330        10.10.87
20 20 30        Drucker                330        10.10.87
20 20 30        Drucker                220        10.10.87
20 20 30        Drucker                150        10.10.87
```

Eingabe VERSAND

```
101010 Bildschirm            21 211188
101010 Bildschirm            22 221188
101010 Bildschirm           150 101087
101010 Bildschirm           100 101087
101010 Bildschirm           200 101087
101010 Bildschirm           300 101087
101020 Farb-Bildschirm      XXX 101087
101020 Farb-Bildschirm      450 YYYYYY
101020 Farb-Bildschirm       ZZ 999999
101020 Farb-BBBBBBBBBB      150 101087
101030 Anschlußkabel-B      110 101087
101040 Anschlußkabel-F       24 241188
101040 Anschlußkabel-F       25 251188
FEHLER PC                   180 101087
102020 PC                    26 261187
102020 PC                   120 101087
102020 PC                    27 271188
102030 Spiralkabel          100 101087
102030 Spiralkabel           28 281188
102040 Disketten            170 101087
102040 Disketten            330 101087
202020 Plattenlaufwerk      120 101087
202020 Plattenlaufwerk      140 101087
202020 Plattenlaufwerk      240 101087
202002 Plattenlaufwerk       29 291188
202030 Drucker              330 101087
202030 Drucker              220 101087
202030 Drucker              150 101087
303030 Zentraleinheit       XXX 101087
303030 Zentraleinheit        30 301388
```

Ausgabe FEHLER

```
101020 Farb-Bildschirm      XXX 101087
101020 Farb-Bildschirm      450 YYYYYY
101020 Farb-Bildschirm       ZZ 999999
FEHLER PC                   180 101087
102020 PC                    26 261187
102020 PC                   120 101087
102020 PC                    27 271188
202020 Plattenlaufwerk      120 101087
202020 Plattenlaufwerk      140 101087
202020 Plattenlaufwerk      240 101087
202002 Plattenlaufwerk       29 291188
303030 Zentraleinheit       XXX 101087
303030 Zentraleinheit        30 301388
```

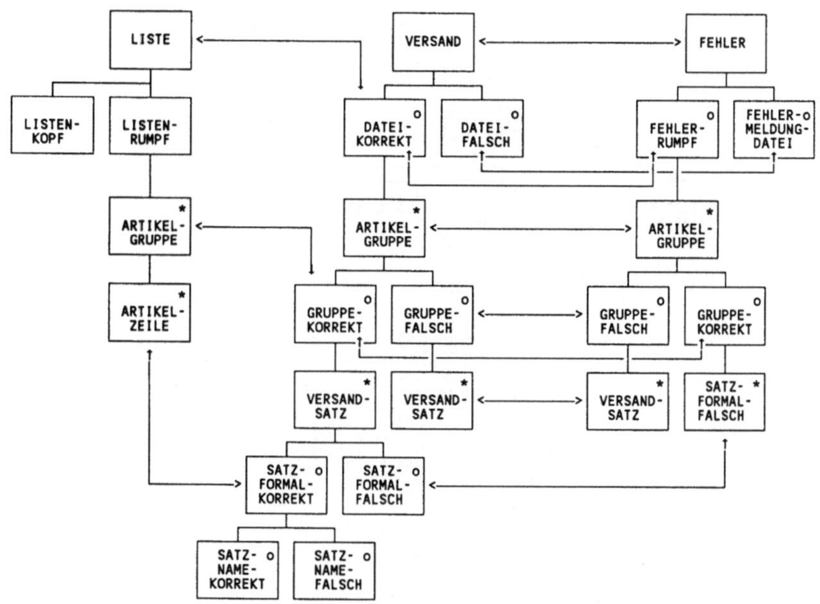

Elementaranweisungen: 1 - 7, 21 - 23 vgl. Lösung 2.7-1, 24, 25 vgl. Lösung 3.3-1a

     8. aufbereiten ARTIKEL-NAME
     9. aufrufen PLAUSI-ROUTINE

    31. sopen output FEHLER
    32. swrite FEHLER-SATZ
    33. sclose output FEHLER
    34. aufbereiten FEHLER-SATZ
    35. aufbereiten OPEN-FEHLER

Bedingungen

    {1}   (Datei korrekt)
    {2}   (Datei falsch)
    {3}   (nicht VERSAND-EOF)
    {4}   (Gruppe korrekt)
    {5}   (Gruppe falsch)
    {6}   (EGW-ALT = EGW-NEU)
    {7}   (PLAUSI-Parameter korrekt)
    {8}   (PLAUSI-Parameter falsch)
    {9}   (ARTIKEL-Name korrekt)
    {10}   (ARTIKEL-Name falsch)
    {11}   (EGW-ALT >= EGW-NEU)

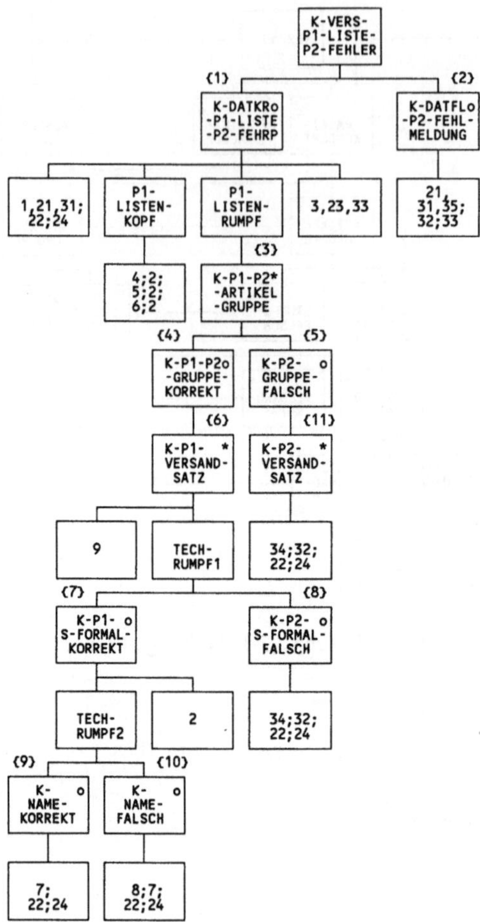

Für die Implementierung sind noch zwei Erkennungsprobleme zu lösen, da die Bedingungen 1 und 2 sowie 4 und 5 durch einfaches Vorauslesen nicht präzisiert werden können.

Lösung 4.3-2: Online-4 Flugbuchung mit Fehlerbehandlung

SND: vgl. Lösung 2.7.2

```
        Eingabe T-EIN                    Ausgabe T-AUS

                                         Start-Bildschirm
        _ _ _ _ _ _ _ _ _ _ _ _ _ _ _ _ _ _ _ _ _ _ _ _ _
        A-4711
        31.12.1985<⌐              Flugnummer falsch
        1-4711
        31.12.85<⌐               Flugnummer falsch
        LH711
        31.12.1985<⌐              F       003
                                  E       002
                                  B       001

        Karl-Anton Schmitz
        X<⌐                      Kode falsch
        Karl-Anton Schmitz
         <⌐                      Kode falsch
        Karl-Anton Schmitz
        B<⌐                      Buchung bestätigt
        _ _ _ _ _ _ _ _ _ _ _ _ _ _ _ _ _ _ _ _ _ _ _ _
        BA007
        01.01.1986<⌐             F       007
                                 E       012
                                 B       008

        Alfred Möchtegern
        F<⌐                      Buchung bestätigt
        _ _ _ _ _ _ _ _ _ _ _ _ _ _ _ _ _ _ _ _ _ _ _ _
         <⌐
```

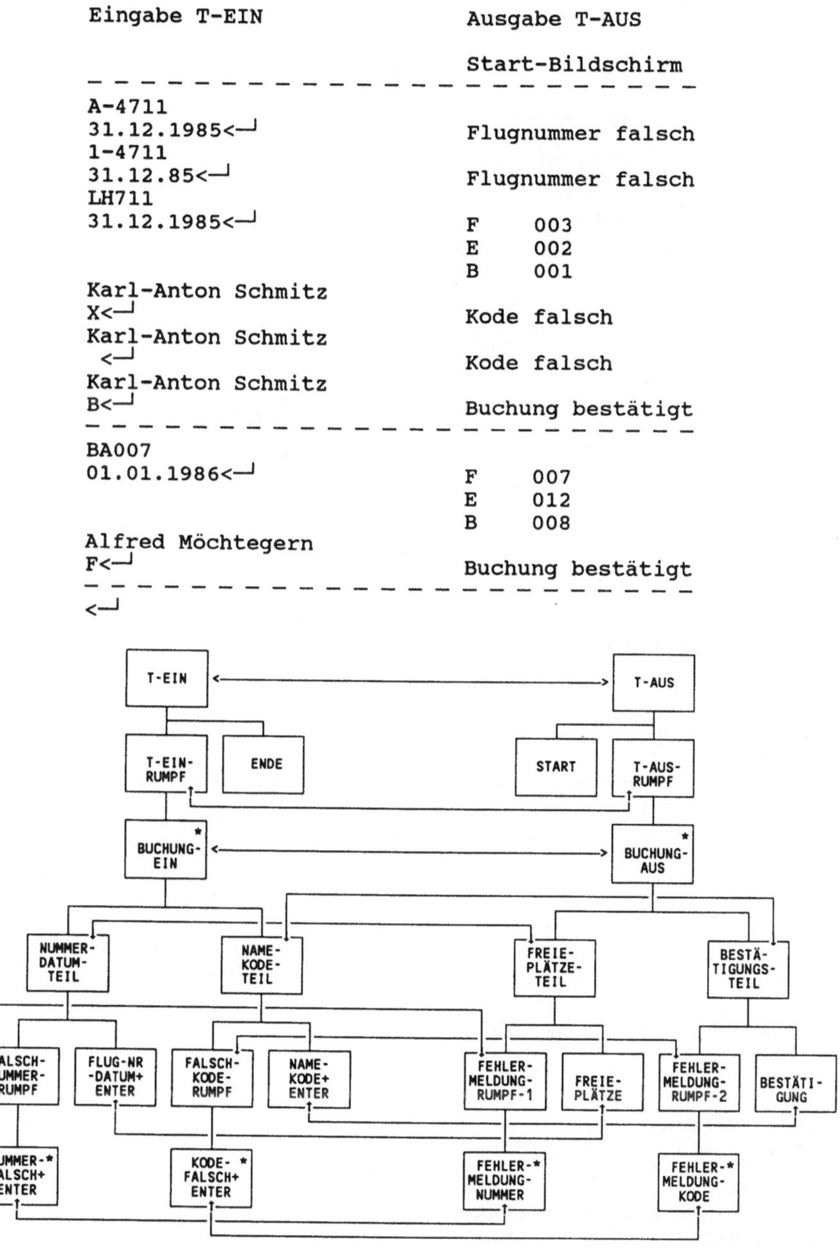

Elementaranweisungen: 1 - 6, 21 - 23 vgl. Lösung 2.7-2

```
8. aufbereiten Fehlermeldung NUMMER
9. aufbereiten Fehlermeldung KODE
```

Bedingungen

```
{1}  (nicht leere Flugnummer)
{2}  (Flugnummer falsch)
{3}  (Kode falsch)
```

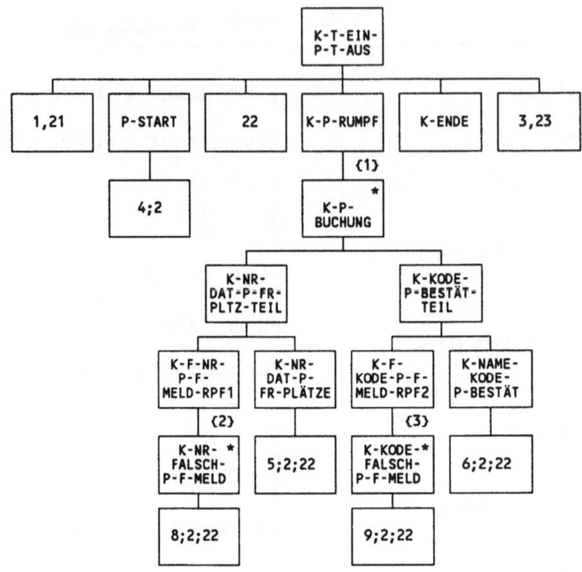

Lösung 4.3-3: Text-4 gestörter Text

SND: vgl. Lösung 2.7-3

Eingabe

```
>++% &/D-e-r ? ? ?(### Text  ///>/<iˆ/st  ätze/nd!?!.    //<</& &
```

Ausgabe

```
&Der Text ist ätzend.  &&
```

Elementaranweisungen: vgl. Lösung 3.3-3

Bedingungen

```
{1}  (nicht TEXT-EIN-EOF)
{2}  (ZEICHEN-EIN # ABSATZ-TRENNZEICHEN)
{3}  (ZEICHEN-EIN # BLANK)
{4}  (ZEICHEN-EIN # Buchstabe und
      ZEICHEN-EIN # ABSATZ-TRENNZEICHEN)
{5}  (ZEICHEN-EIN = STÖR-ZEICHEN)
{6}  (ZEICHEN-EIN # STÖR-ZEICHEN)
{7}  {4}
```

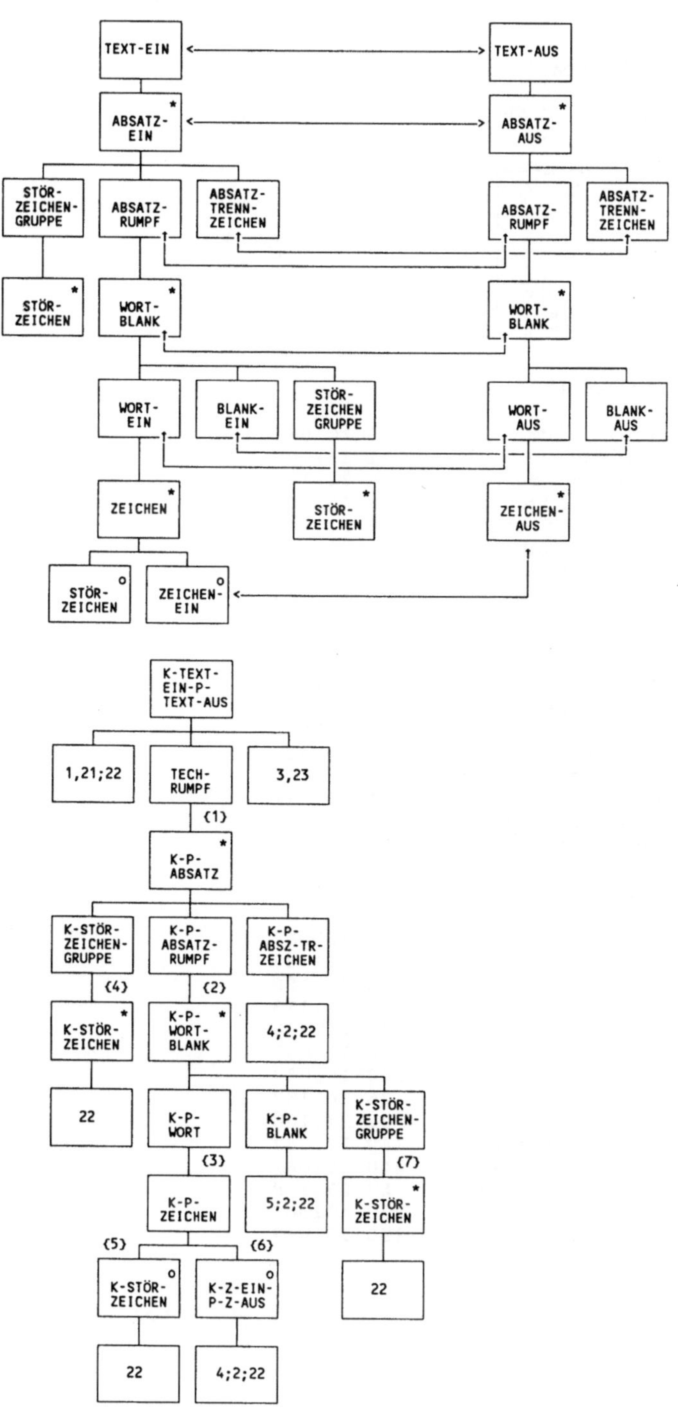

TEXT-EIN
TEXT-AUS
ABSATZ-EIN
ABSATZ-AUS
STÖR-ZEICHEN-GRUPPE
ABSATZ-RUMPF
ABSATZ-TRENN-ZEICHEN
ABSATZ-RUMPF
ABSATZ-TRENN-ZEICHEN
STÖR-ZEICHEN
WORT-BLANK
WORT-BLANK
WORT-EIN
BLANK-EIN
STÖR-ZEICHEN-GRUPPE
WORT-AUS
BLANK-AUS
ZEICHEN
STÖR-ZEICHEN
ZEICHEN-AUS
STÖR-ZEICHEN
ZEICHEN-EIN
K-TEXT-EIN-P-TEXT-AUS
1,21;22
TECH-RUMPF
3,23
(1)
K-P-ABSATZ
K-STÖR-ZEICHEN-GRUPPE
K-P-ABSATZ-RUMPF
K-P-ABSZ-TR-ZEICHEN
(4)
(2)
K-STÖR-ZEICHEN
K-P-WORT-BLANK
4;2;22
22
K-P-WORT
K-P-BLANK
K-STÖR-ZEICHEN-GRUPPE
(3)
5;2;22
(7)
K-P-ZEICHEN
K-STÖR-ZEICHEN
(5)
(6)
K-STÖR-ZEICHEN
K-Z-EIN-P-Z-AUS
22
22
4;2;22

Lösungen / 5.4 Fallstudien

Lösung 5.4-1: Versandliste-5 Aktualisieren der Versanddatei

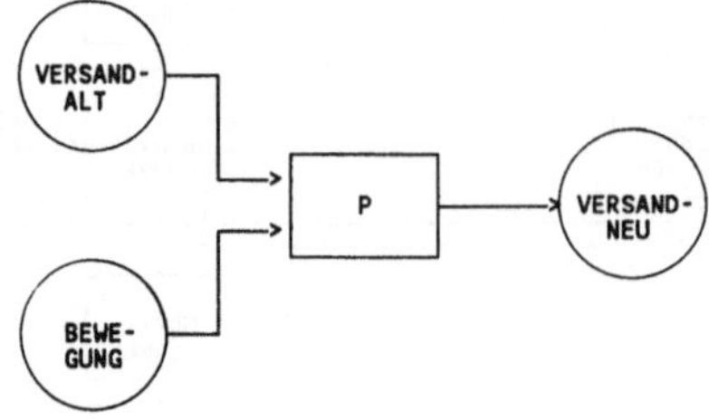

Ausgabe VERSAND-NEU

```
101010 Bildschirm           750 101087
101010 Bildschirm            21 211188
101010 Bildschirm            22 221188
101020 Farb-Bildschirm      800 101087
101020 Farb-Bildschirm       23 231188
101030 Anschlußkabel-B      110 101087
101040 Anschlußkabel-F       24 241188
101040 Anschlußkabel-F       25 251188
102020 PC                   300 101087
102020 PC                    26 261187
102020 PC                    27 271188
102030 Spiralkabel          100 101087
102030 Spiralkabel           28 281188
102040 Disketten            500 101087
202020 Plattenlaufwerk      500 101087
202020 Plattenlaufwerk       29 291188
202030 Drucker              700 101087
303030 Zentraleinheit       100 101087
303030 Zentraleinheit        30 301188
```

Eingabe BEWEGUNG

```
101010 Bildschirm           150 101087
101010 Bildschirm            21 211188
101010 Bildschirm            22 221188
101040 Anschlußkabel-F       24 241188
101040 Anschlußkabel-F       25 251188
102020 PC                   180 101087
102020 PC                   120 101087
102020 PC                    26 261187
102020 PC                    27 271188
202020 Plattenlaufwerk      140 101087
202020 Plattenlaufwerk      240 101087
202020 Plattenlaufwerk       29 291188
202030 Drucker              220 101087
202030 Drucker              150 101087
```

Eingabe VERSAND-ALT

```
101010 Bildschirm          600 101087
101020 Farb-Bildschirm     800 101087
101020 Farb-Bildschirm      23 231188
101030 Anschlußkabel-B     110 101087
102030 Spiralkabel         100 101087
102030 Spiralkabel          28 281188
102040 Disketten           500 101087
202020 Plattenlaufwerk     120 101087
202030 Drucker             330 101087
303030 Zentraleinheit      100 101087
303030 Zentraleinheit       30 301188
```

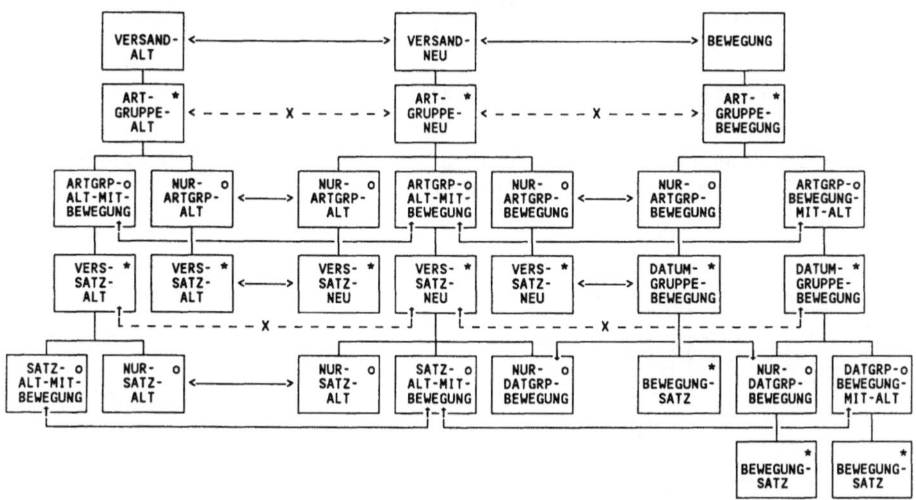

Elementaranweisungen

```
 1. sopen output VERSAND-NEU
 2. swrite VERSAND-NEU-SATZ
 3. sclose output VERSAND-NEU
 4. aufbereiten SATZ-VER-BEW
 5. aufbereiten SATZ-VERSAND
 6. aufbereiten SATZ-BEWEGUNG

10. Summe := 0
11. Summe := VER-Menge
12. Summe := Summe + BEW-Menge

21. sopen input VERSAND-ALT
22. sread VERSAND-ALT
23. sclose input VERSAND-ALT
24. setzen GW-VER-NEU
25. VER-ART-ALT := VER-ART-NEU

31. sopen input BEWEGUNG
32. sread BEWEGUNG
33. sclose input BEWEGUNG
34. setzen GW-BEW-NEU
35. BEW-ART-ALT := BEW-ART-NEU
36. BEW-DAT-ALT := BEW-DAT-NEU
```

Bedingungen

Die EOF-Kennzeichen für VERSAND und BEWEGUNG werden mit SPACE initialisiert und bei
EOF auf "E" gesetzt.

```
{1}    (nicht VERSAND-EOF oder nicht BEWEGUNG-EOF)
{2}    (EGW-VER-ART-NEU < EGW-BEW-ART-NEU)
{3}    (EGW-VER-ART-NEU = EGW-BEW-ART-NEU)
{4}    (EGW-VER-ART-NEU > EGW-BEW-ART-NEU)
{5}    (EGW-VER-ART-ALT = EGW-VER-ART-NEU)
{6}    (EGW-VER-ART-ALT = EGW-VER-ART-NEU und
        EGW-BEW-ART-ALT = EGW-BEW-ART-NEU)
{7}    (EGW-VER-DAT-NEU < EGW-BEW-DAT-NEU)
{8}    (EGW-VER-DAT-NEU = EGW-BEW-DAT-NEU)
{9}    (EGW-VER-DAT-NEU > EGW-BEW-DAT-NEU)
{10}   (EGW-BEW-DAT-ALT = EGW-BEW-DAT-NEU)
{11}   {10}
{12}   (EGW-BEW-ART-ALT = EGW-BEW-ART-NEU)
{13}   {10}
```

Zur Lösung des Abgleichproblems wird das Standard-PSD auf der Ebene ART-GRUPPE und der
Ebene VERS-SATZ bzw. DATUM-GRUPPE angewendet.

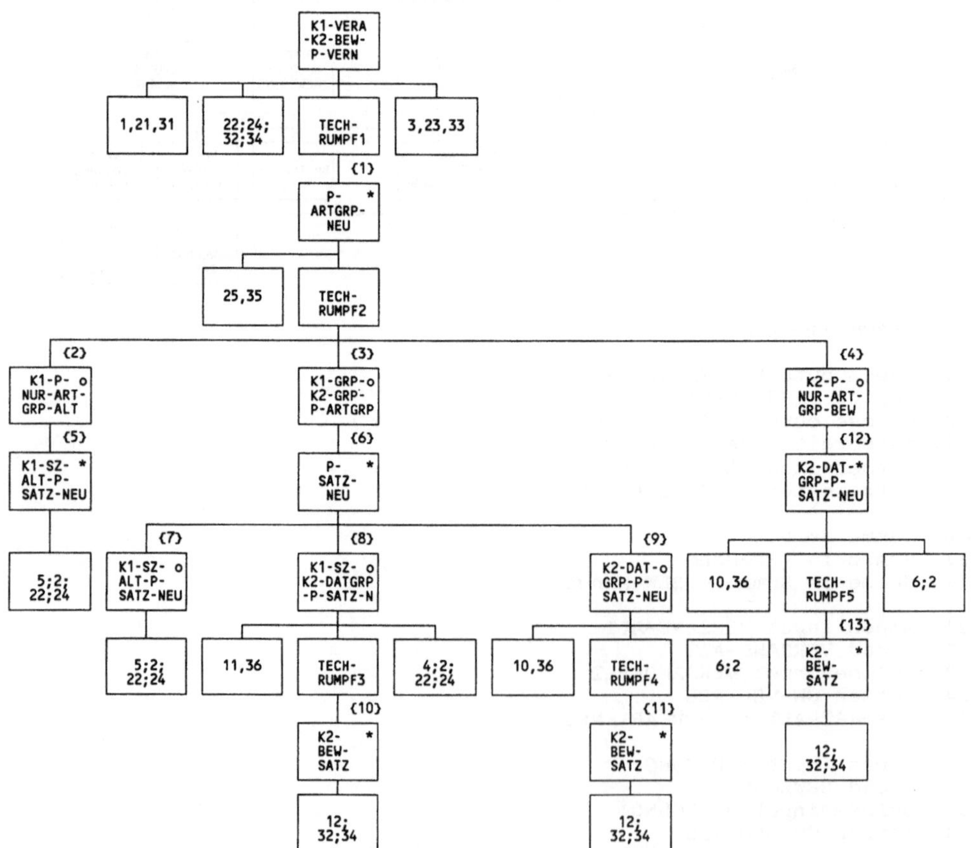

Lösung 5.4-2: Online-5 Erfassen mit neuen Artikelnummern

SND: vgl. Lösung 3.3-2

```
    Eingabe T-EIN                              Ausgabe T-AUS

                                               Start-Bildschirm
    _ _ _ _ _ _ _ _ _ _ _ _ _ _ _ _ _ _ _ _ _ _ _ _ _ _ _ _ _ _ _ _
    Erfassen<─┘
                                               Erfassen-Start
    101010 Bildschirm         300 101087<─┘
                                               Erfassen-Start
    STOP
                                               Start-Bildschirm
    _ _ _ _ _ _ _ _ _ _ _ _ _ _ _ _ _ _ _ _ _ _ _ _ _ _ _ _ _ _ _ _
    Ändern<─┘
                                               Start-Bildschirm mit Fehler
    _ _ _ _ _ _ _ _ _ _ _ _ _ _ _ _ _ _ _ _ _ _ _ _ _ _ _ _ _ _ _ _
    Erfssssn<─┘
                                               Start-Bildschirm mit Fehler
    _ _ _ _ _ _ _ _ _ _ _ _ _ _ _ _ _ _ _ _ _ _ _ _ _ _ _ _ _ _ _ _
    Erfassen<─┘
                                               Erfassen-Start
    101020 Farb-Bildschirm     23 231188
    101020 Farb-Bildschirm    150 101087<─┘
                                               Erfassen-Start
    102040 Disketten          170 101087
    102040 Disketten          330 101087<─┘
                                               Erfassen-Start
    STOP
                                               Start-Bildschirm
    _ _ _ _ _ _ _ _ _ _ _ _ _ _ _ _ _ _ _ _ _ _ _ _ _ _ _ _ _ _ _ _
    ENDE
```

Ausgabe VERSAND-DB-AUS

```
    101010 Bildschirm         150 101087
    101010 Bildschirm         100 101087
    101010 Bildschirm         200 101087
    101010 Bildschirm         300 101087
    101010 Bildschirm          21 211188
    101010 Bildschirm          22 221188
    101020 Farb-Bildschirm    200 101087
    101020 Farb-Bildschirm    450 101087
    101020 Farb-Bildschirm    150 101087
    101020 Farb-Bildschirm     23 231188
    102040 Disketten          170 101087
    102040 Disketten          330 101087
```

Eingabe VERSAND-DB-EIN

```
    101010 Bildschirm         150 101087
    101010 Bildschirm         100 101087
    101010 Bildschirm         200 101087
    101010 Bildschirm          21 211188
    101010 Bildschirm          22 221188
    101020 Farb-Bildschirm    200 101087
    101020 Farb-Bildschirm    450 101087
```

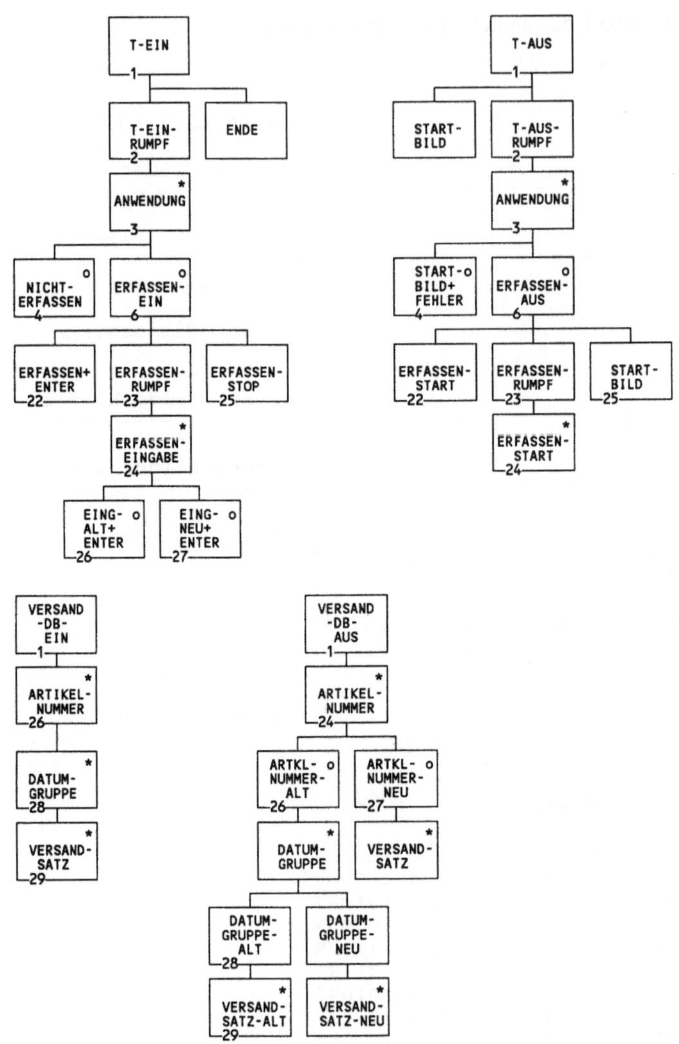

Elementaranweisungen: vgl. Lösung 3.3-2

```
10. aufbereiten FEHLER-Meldung
20. übertragen VERSAND-SATZ-DB-EIN nach VERSAND-SATZ
25. sortieren Eingabe-Zeilen aufsteigend nach DATUM
```

Bedingungen: 1, 4, 6 und 14 vgl. Lösung 3.3-2

```
{15} (nicht Erfassen)
{16} (Artikel-Nummer auf VERSAND-DB-EIN)
{17} (Artikel-Nummer nicht auf VERSAND-DB-EIN)
{18} (nicht SEGMENT-Ende und (Zeilen-Zähler <= Zeilen-Max und
      Eingabe-Zeile (Zeilen-Zähler) nicht leer))
{19} (nicht SEGMENT-Ende und DATUM-DB <= DATUM-T-EIN)
{20} ((Zeilen-Zähler <= Zeilen-Max und
      Eingabe-Zeile (Zeilen-Zähler) nicht leer) und
     DATUM-DB > DATUM-T-EIN)
```

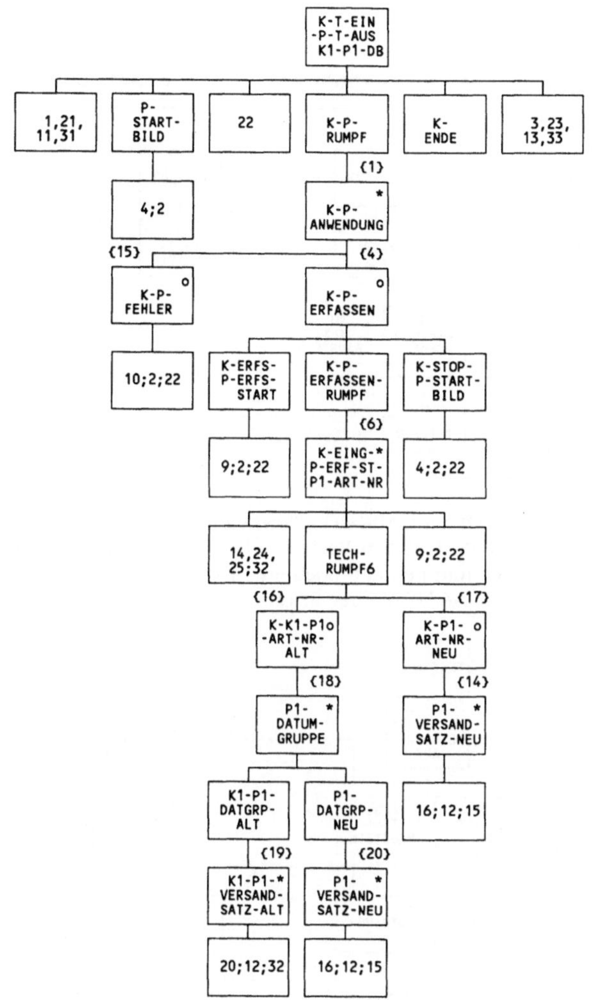

Lösung 5.4-3: Text-5 Textbausteine (mit Textbausteinen) ersetzen

SND: vgl. Lösung 2.7-6

Eingabe TEXT-EIN

```
In diesem Text &007 ersetzen.
```

Eingabe TEXT-DB

```
007  sind &011 zu
011  &013 &029
013  keine
029  Textbausteine
```

Ausgabe TEXT-AUS

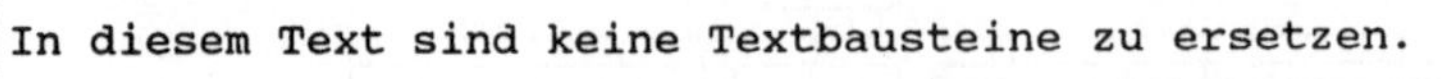

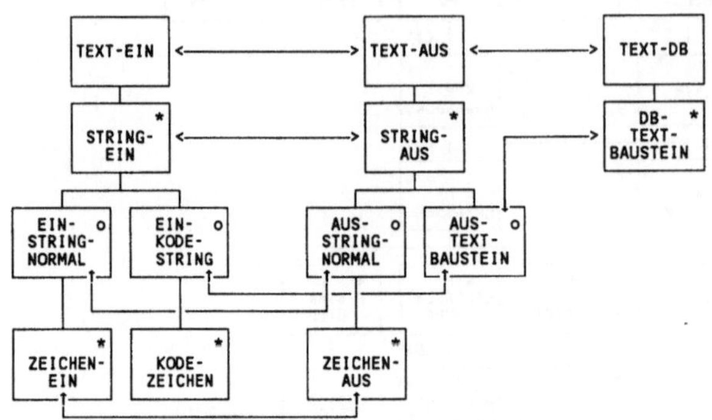

Die Textbausteine DB-TEXT-BAUSTEIN und AUS-TEXT-BAUSTEIN haben wieder denselben Aufbau wie TEXT-EIN bzw. TEXT-AUS. Um den Sachverhalt zu verdeutlichen, führen wir die Rekursion noch eine Stufe weiter durch und nehmen noch eine Kopie von TEXT-DB hinzu. Die Entsprechungen von TEXT-EIN zu TEXT-AUS bleiben unverändert.

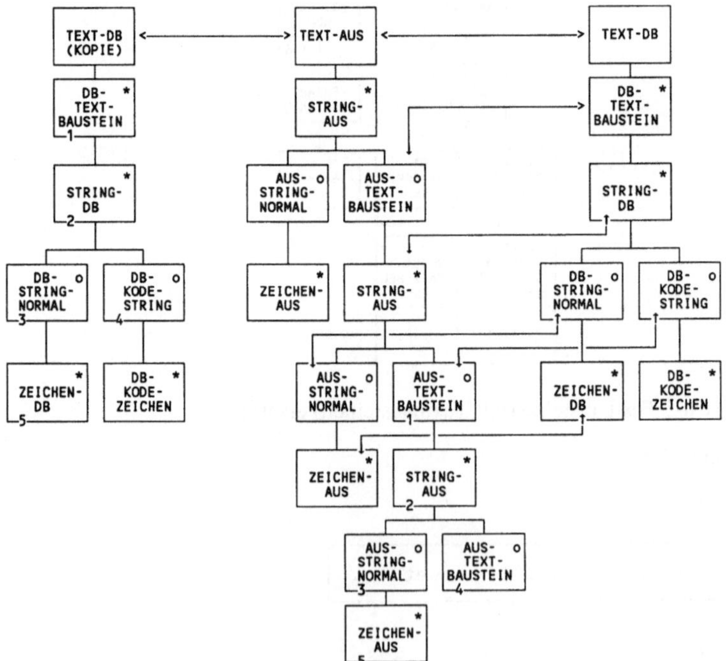

Elementaranweisungen: vgl. Lösung 2.7-3 bzw. 2.7-6

10. anfügen ZEICHEN-DB an KODE

Bedingungen: 1 - 6 vgl. Lösung 2.7-6

```
{7}  (nicht KODE-ZEICHEN)
{8}  (KODE-ZEICHEN)
{9}  (nicht TEXT-BAUSTEIN-Ende und ZEICHEN-DB # KODE-ZEICHEN)
{10} (nicht TEXT-BAUSTEIN-Ende und ZEICHEN-DB # BLANK)
{11} (nicht TEXT-BAUSTEIN-Ende)
```

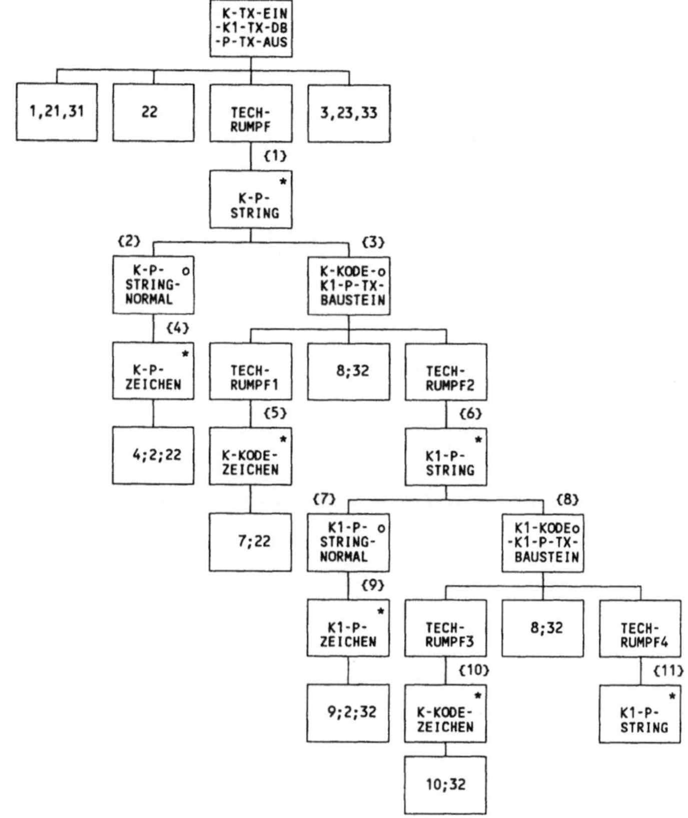

Die rekursive Struktur ist zwar schon auf der obersten Ebene erkennbar, aber da wird noch auf TEXT-EIN und TEXT-DB gemischt zugegriffen. Erst auf der untersten Ebene erhalten wir eine echte Rekursion K1-P-STRING. Wir können die Implementierung dieser Rekursion später der jeweiligen Programmiersprache überlassen (COBOL kann das nicht!) oder die Rekursion mit Hilfe eines Stacks selbst verwalten.

Elementaranweisungen

```
11. initialisieren STACK
12. speichern KODE in STACK
13. übertragen STACK nach KODE (und STACK-Eintrag löschen)
```

Bedingung: {12} (STACK nicht leer)

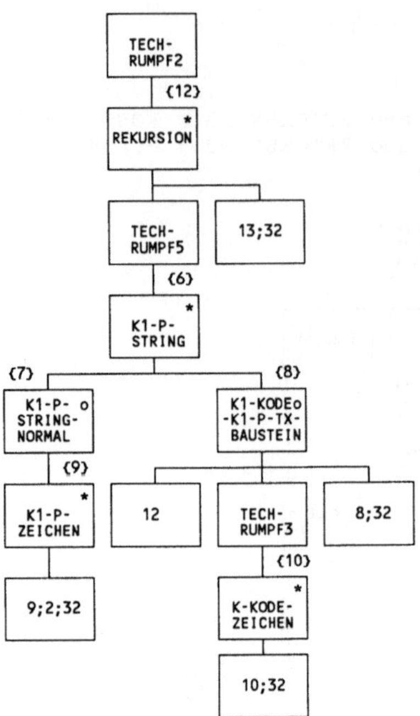

Vor der Komponente TECH-RUMPF2 ist zusätzlich der Stack zu initialisieren (Anweisung 11).

Lösungen / 6.6 Fallstudien

Lösung 6.6-1: Versandliste-6a mit Sonderseite

SND: vgl. Lösung 2.7-1

Beispiel für normale Seiten: vgl. Lösung 2.7-1

Beispiel für Sonderseite

```
Eingabe VERSAND                                      Eingabe   DATUM

202030 Drucker              220 101087                  111187
202030 Drucker              150 101087
101020 Farb-Bildschirm      450 101087
101020 Farb-Bildschirm       23 231188
202020 Plattenlaufwerk       29 291188
102020 PC                    27 271188
101010 Bildschirm           300 101087
101020 Farb-Bildschirm      150 101087
303030 Zentraleinheit        30 301188
```

Ausgabe LISTE

```
Versandliste vom 11.11.1987        Seite  1

        Keine Artikel zu versenden
```

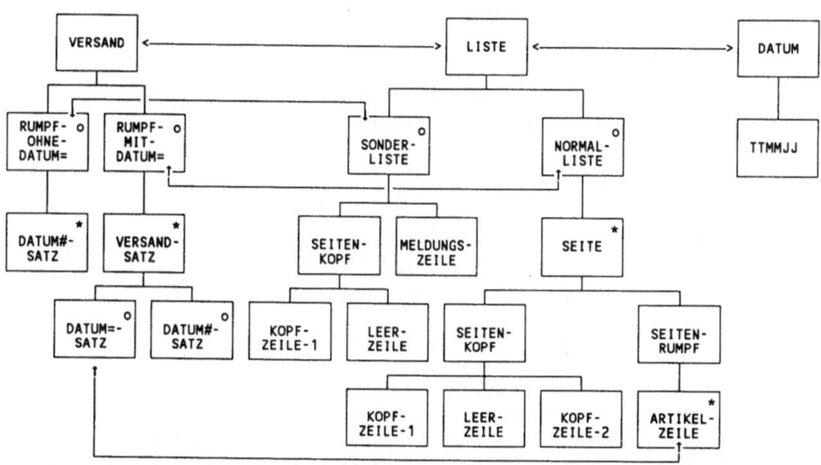

Elementaranweisungen: vgl. Lösung 2.7-1

```
8. aufbereiten MELDUNGS-ZEILE
```

Bedingungen: 1 - 4 vgl. Lösung 2.7-1

```
{5} (Versanddatei ohne Sätze mit gültigem Datum)
{6} (Versanddatei mit Sätzen mit gültigem Datum)
{7} (nicht VERSAND-EOF)
```

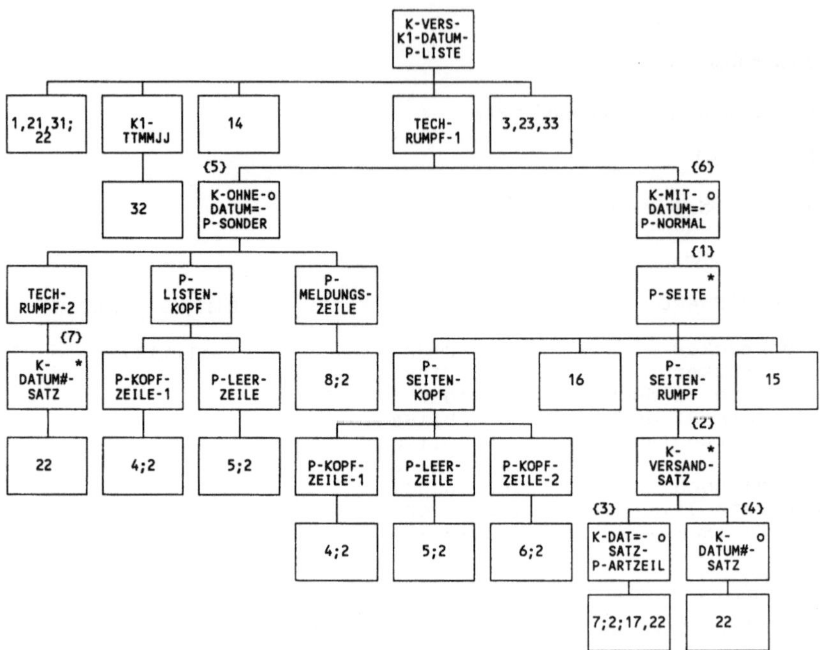

Durch einfaches Vorauslesen wird nicht erkannt, ob eine normale Liste mit Artikelzeilen oder eine Sonderliste mit einer Meldungszeile gedruckt werden soll, es liegt also ein Erkennungsproblem vor.

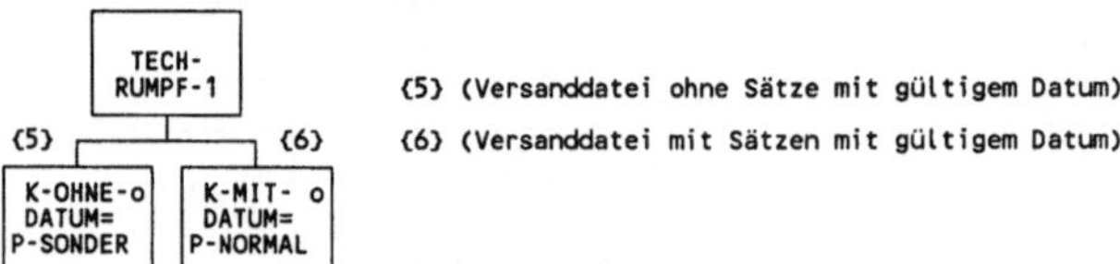

Gelöst werden kann dieses Erkennungsproblem durch Backtracking oder durch Vorprogramm-Technik. Ein mehrfaches Vorauslesen mit einer variablen Anzahl von Sätzen ist hier wenig sinnvoll, da ja unter Umständen die ganze Datei vorausgelesen werden müßte.

Lösen des Erkennungsproblems mit Vorprogramm-Technik

Mit Hilfe eines Vorprogramms kann man aus der Versanddatei eine Zwischendatei erzeugen, auf die nur solche Bestellungen übernommen werden, deren Versanddatum mit dem aktuellen Versanddatum (TTMMJJ) übereinstimmt. Enthält die Versanddatei keinen Satz mit gültigem Datum, dann ist diese Zwischendatei leer, und es könnte nach Vorauslesen des ersten Satzes der Zwischendatei entschieden werden, ob eine normale Liste oder eine Sonderliste gedruckt werden soll.

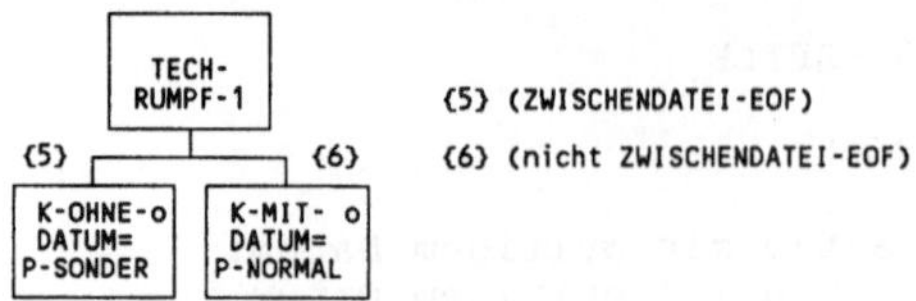

Die Komponenten K-DATUM#-SATZ im PSD entfallen.

Lösen des Erkennungsproblems mit Backtracking

Beim Backtracking macht man die Annahme (posit), daß die Versanddatei ausschließlich aus Sätzen mit Versanddatum # `TTMMJJ` besteht und eine Sonderseite erzeugt werden soll. Diese Annahme wird erst aufgegeben, wenn man einen Satz mit gültigem Datum gelesen hat. In diesem Fall kehrt das Programm zum Ausgangspunkt seiner Entscheidung zurück (quit) und setzt die Verarbeitung zu Beginn des admit-Teils fort.

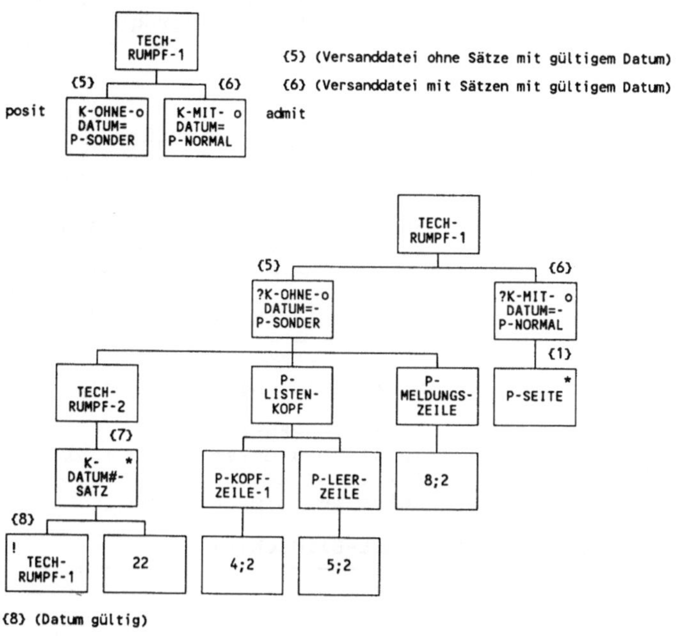

Es treten nur günstige Nebenwirkungen auf: Vorauslesen der Sätze mit ungültigem Datum. Eine Behandlung dieser Nebenwirkungen ist nicht erforderlich.

Lösung 6.6-2: Online-6a vorwärts/rückwärts Blättern mit Hinweis

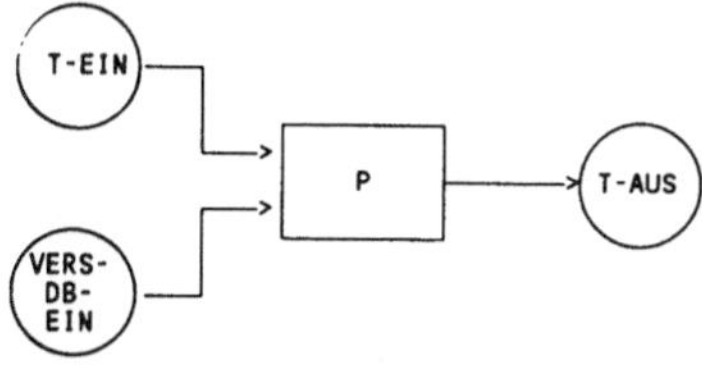

Eingabe VERSAND-DB-EIN: vgl. Lösung 3.3-1a Eingabe VERSAND

```
   Eingabe T-EIN                Ausgabe T-AUS

                                Start-Bildschirm
 - - - - - - - - - - - - - - - - - - - - - - - - - - - -
 Auskunft<⌐
                                Auskunft-Start
 101010<⌐                       101010 Bildschirm          21 21.11.88
                                   .     .                    .    .
                                101010 Bildschirm         300 10.10.87
                                keine weiteren Einträge
 - - - - - - - - - - - - - - - - - - - - - - - - - - - -
 VOR                            101010 Bildschirm          21 21.11.88
                                   .     .                    .    .
                                101010 Bildschirm         300 10.10.87
                                keine weiteren Einträge
 - - - - - - - - - - - - - - - - - - - - - - - - - - - -
 RÜCK                           101010 Bildschirm          21 21.11.88
                                   .     .                    .    .
                                101010 Bildschirm         300 10.10.87
                                keine weiteren Einträge
 - - - - - - - - - - - - - - - - - - - - - - - - - - - -
 STOP
                                Start-Bildschirm
 - - - - - - - - - - - - - - - - - - - - - - - - - - - -
 Ändern<⌐
                                Start-Bildschirm mit Fehler-Meldung
 Auskunft<⌐
                                Auskunft-Start
 102040<⌐                       102040 Disketten          170 10.10.87
                                102040 Disketten          330 10.10.87
                                keine weiteren Einträge
 STOP
                                Start-Bildschirm
 - - - - - - - - - - - - - - - - - - - - - - - - - - - -
 ENDE
```

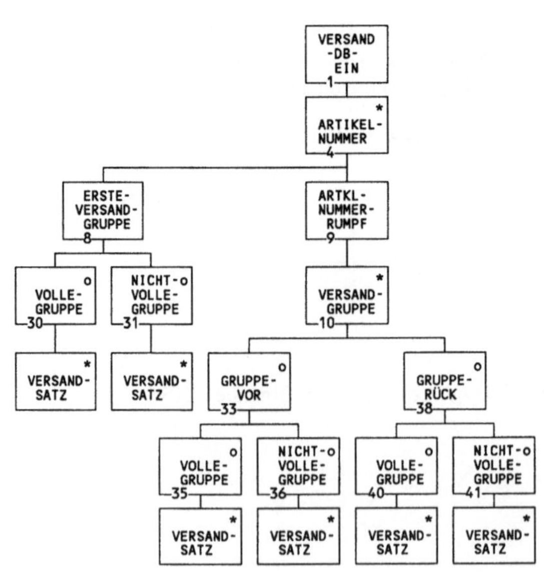

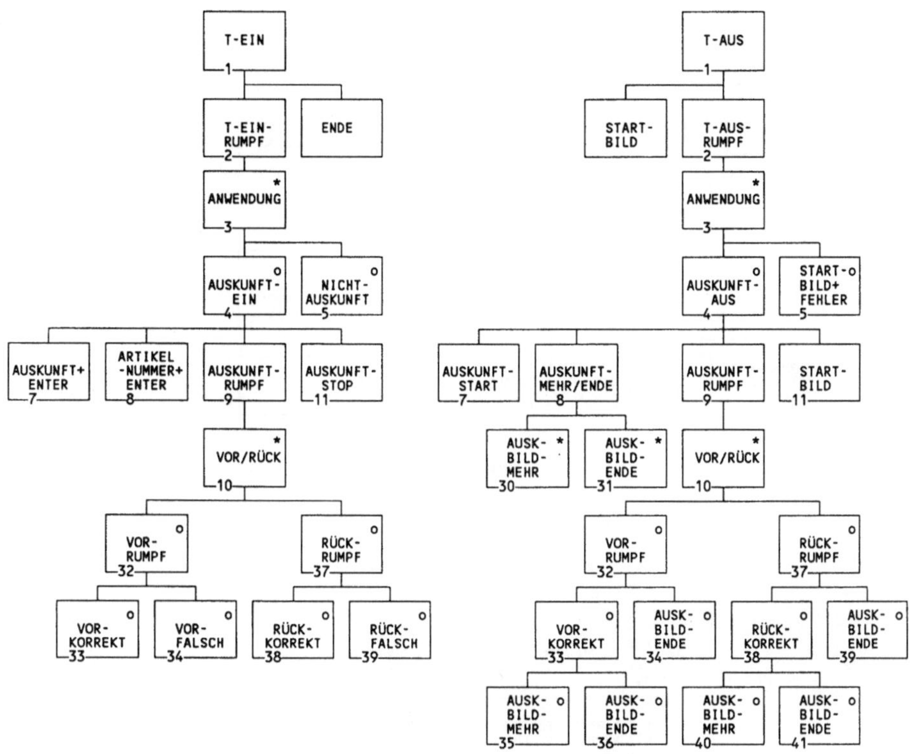

Elementaranweisungen: vgl. Lösung 3.3-2 bzw. 5.4-2

```
34. sread (rückwärts) VERSAND-DB-EIN   (z.B. GET-PRIOR)
41. aufbereiten "mehr ?"
42. aufbereiten "keine weiteren Einträge"
```

Bedingungen: 1, 2, 5, 6 und 13 vgl. Lösung 3.3-2

```
{21} (nicht Auskunft)
{22} (VOR)
{23} (RÜCK)
{24} (SEGMENT-Ende)
{25} (volle Gruppe)
{26} (nicht volle Gruppe)
{27} (Zeilen-Zähler <= Zeilen-Max)
```

Die Komponenten K-ARTNR-K1-GRP1-P-AUSK, K-P-VOR-KOR-K1-GRPVR und K-P-RÜCK-KOR-K1-GRPRK sind durch den Teilbaum MEHR-ENDE zu ersetzen. Für die ersten beiden Komponenten wird die Anweisung A zu 32, für die dritte wird A zu 34.

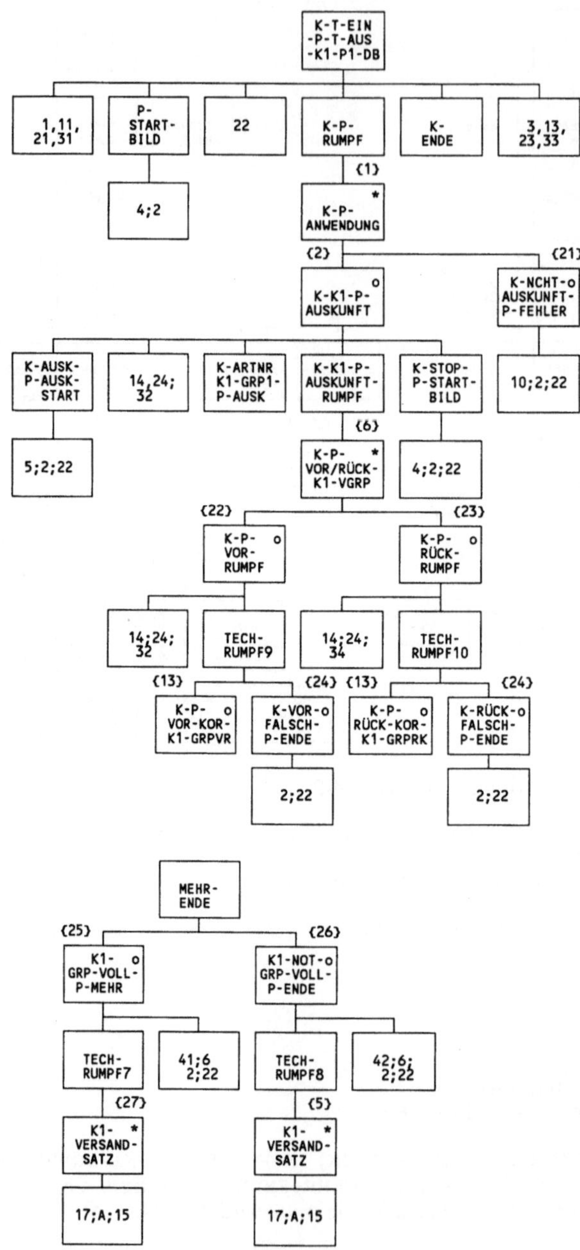

In dem Teilbaum MEHR-ENDE ist noch ein Erkennungsproblem zu lösen. Bei der Selektion MEHR-ENDE kann durch einfaches Vorlesen nicht entschieden werden, ob die Versand-Sätze mit dem Hinweis "mehr ?" auszugeben sind, oder ob alle Sätze zu dieser Artikel-Nummer bereits angezeigt sind und der Hinweis "keine weiteren Einträge" anzufügen ist. Die Lösung dieses Erkennungsproblems kann durch mehrfaches Vorauslesen (variable Anzahl von Sätzen) oder mit Backtracking erfolgen. Bei der Backtracking-Lösung wird der Pfad "volle Gruppe" zum posit-Pfad. Wird während dieser Verarbeitung SEGMENT-Ende erreicht, so wird in den Pfad "nicht volle Gruppe" quittiert. Es treten nur günstige Nebenwirkungen (Lesen der DB-Einträge) auf. Das quit wird nach dem Nachlesen plaziert.

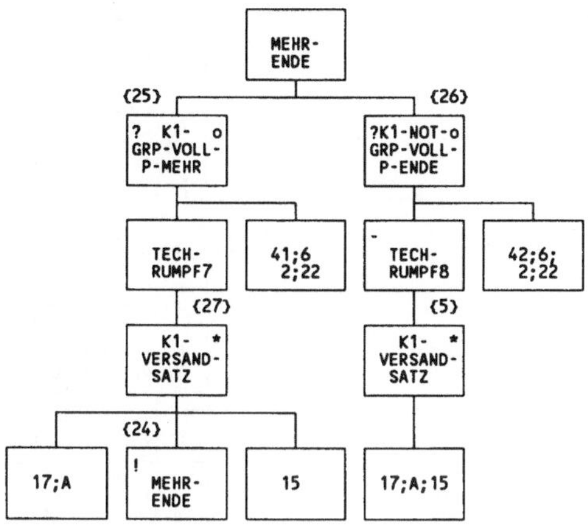

Lösung 6.6-3: Text-6a Text zeilenweise

SND: vgl. Lösung 2.7-3

Eingabe

```
Die Auswertung von empirischen Daten realer Software-Projekte ist eben
falls nicht unproblematisch. Wollte man den Effekt bestimmter Methoden
 exakt isolieren, so müßten die Projekte grundsätzlich zweimal durchge
führt werden, einmal mit und einmal ohne solche Methoden. &Da dies pra
ktisch kaum realisierbar ist, beschränken sich empirische Untersuchung
en meist auf recht globale Größen.
```

Ausgabe

```
    Die Auswertung von empirischen Daten realer
    Software-Projekte ist ebenfalls nicht
    unproblematisch. Wollte man den Effekt bestimmter
    Methoden exakt isolieren, so müßten die Projekte
    grundsätzlich zweimal durchgeführt werden, einmal
    mit und einmal ohne solche Methoden.

    Da dies praktisch kaum realisierbar ist,
    beschränken sich empirische Untersuchungen meist
    auf recht globale Größen.
```

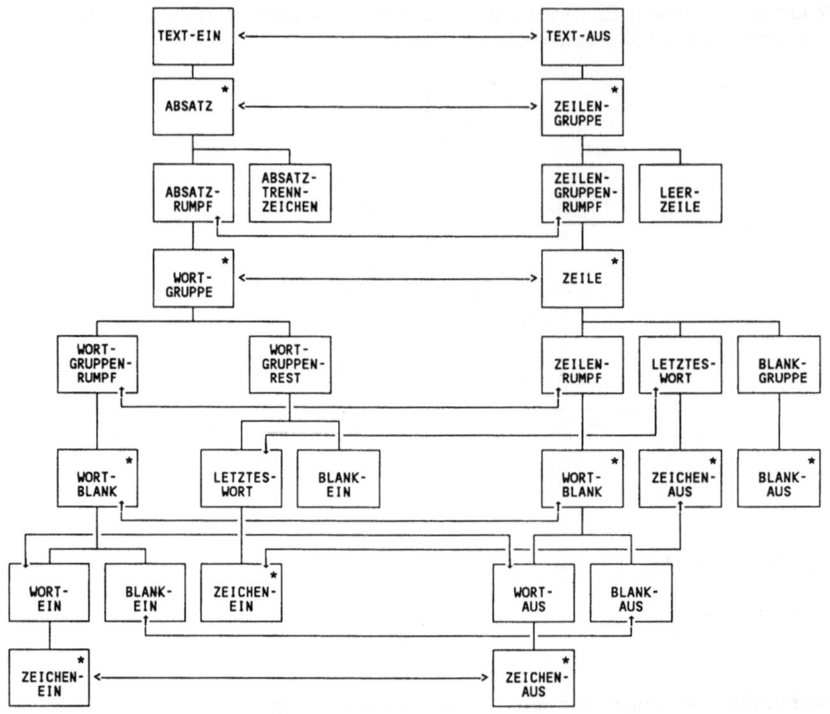

Elementaranweisungen: 1, 3, 21 - 23 vgl. Lösung 2.7-3

```
2. swrite ZEILE
4. anfügen ZEICHEN-EIN an ZEILE
5. anfügen BLANK an ZEILE
6. setzen ZEILE auf Grundwert
7. Rest-Länge := Zeilen-Länge
8. Rest-Länge := Rest-Länge - 1
```

Bedingungen

```
{1} (nicht TEXT-EIN-EOF)
{2} (ZEICHEN-EIN # ABSATZ-TRENNZEICHEN)
{3} (nicht letztes WORT in ZEILE)
{4} (ZEICHEN-EIN # BLANK)
{5} {4}
{6} (Rest-Länge > 0)
```

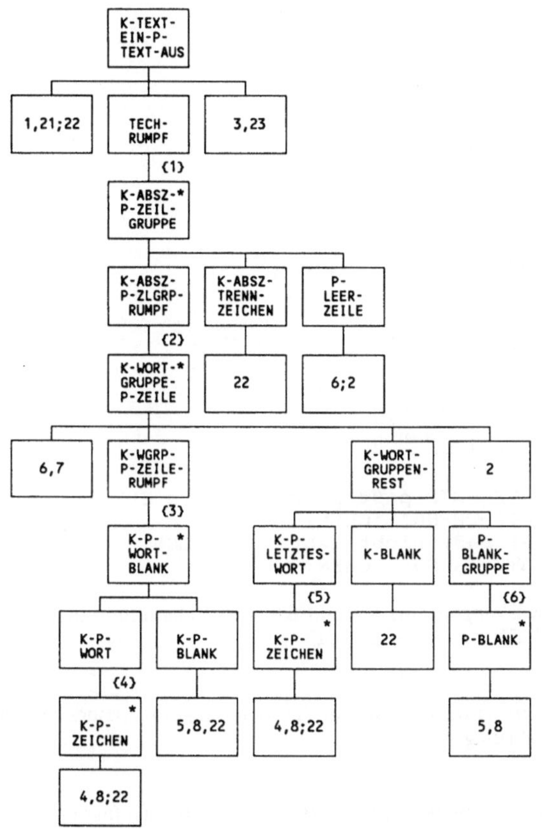

Es liegt ein Erkennungsproblem vor.

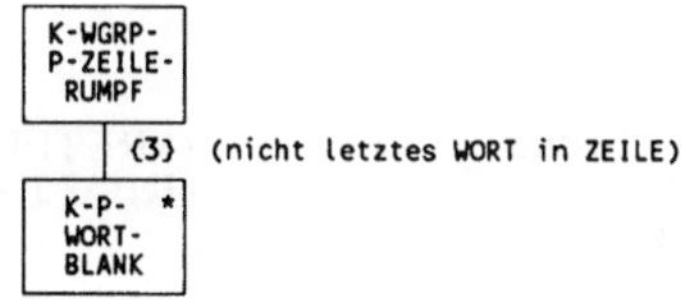

Lösungsmöglichkeiten

- Vorprogramm, das die Länge der Wörter ermittelt und übergibt
- 50-faches Vorauslesen
- Backtracking

Lösung mit Backtracking

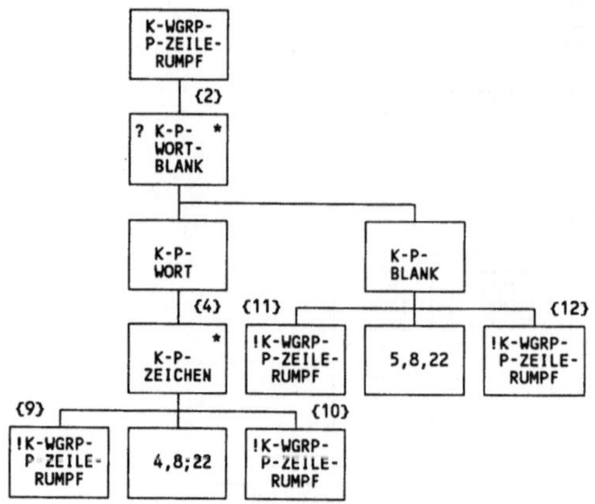


```
{ 9} (ZEICHEN-EIN paßt nicht mehr in ZEILE)
{10} (ABSATZ-TRENNZEICHEN)
{11} (BLANK paßt nicht mehr in ZEILE)
{12} (ABSATZ-TRENNZEICHEN)
```

Es treten ungünstige Nebenwirkungen auf: 6,9 und 6,8. Die Behandlung dieser Nebenwirkungen erfolgt mit der Technik PRETEND & REALLY DO.

PRETEND
Die Zeichen eines Wortes werden nicht direkt an die Zeile angefügt, sondern zunächst in einem Zwischenspeicher PRETEND abgelegt.

REALLY DO
Falls PRETEND noch in die Zeile paßt, wird PRETEND an die Zeile angefügt und danach gelöscht.

Falls PRETEND nicht mehr in die Zeile paßt, wird PRETEND nicht gelöscht, sondern als Anfang für das erste Wort der nächsten Zeile bereitgestellt.

Elementaranweisungen

```
14. anfügen ZEICHEN-EIN an PRETEND          (PRETEND)
15. anfügen PRETEND an ZEILE                (REALLY DO)
16. setzen PRETEND auf Grundwert
17. PRETEND-Länge := 1
18. PRETEND-Länge := PRETEND-Länge + 1
19. Rest-Länge := Rest-Länge - PRETEND-Länge
```

Bedingungen

```
{ 9} (Rest-Länge < PRETEND-Länge)
{11} (Rest-Länge = 0)
```

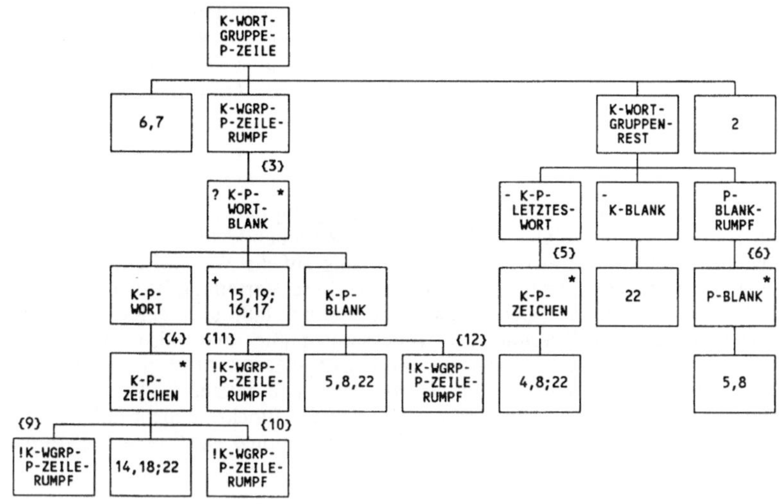

Außerdem ist zu Programmbeginn (vor der Komponente TECH-RUMPF) einmal die Anweisung 16 (setzen PRETEND auf Grundwert) und die Anweisung 17 (PRETEND-Länge initialisieren) auszuführen.

Behandlung der Nebenwirkungen mit der Technik NOTE & RESTORE

NOTE
Vor dem Anfügen des ersten Zeichens eines jeden Wortes wird die Zeile in ihrem aktuellen Zustand zwischengespeichert. Dann werden die einzelnen Zeichen des nächsten Wortes an die Zeile angefügt.

RESTORE
Falls das gerade bearbeitete Wort die Zeile überschreitet, wird der letzte Zustand der Zeile zurückgespeichert und eventuell mit Blanks aufgefüllt.

Zusätzlich müssen die nicht übertragenen Zeichen des letzten, nicht passenden Wortes für den Beginn der nächsten Zeile gespeichert werden.

Behandlung der Nebenwirkungen mit der Technik DO & UNDO

DO
Die einzelnen Zeichen eines jeden Wortes werden an die Zeile angefügt.

UNDO
Falls das gerade bearbeitete Wort die Zeile überschreitet, werden alle Zeichen dieses Wortes aus der Zeile gelöscht (und die Zeile wird eventuell mit Blanks aufgefüllt).

Diese nicht übertragenen Zeichen des letzten, nicht passenden Wortes müssen für den Beginn der nächsten Zeile gespeichert werden.

Zusatz 1

Eine mögliche Lösung wäre, daß Wörter mit mehr als 50 Zeichen abgeschnitten werden, eine andere, daß diese Wörter getrennt werden, entweder ohne Rücksicht auf Trennvorschriften genau am Zeilenende, eventuell mit besonderem Symbol gekennzeichnet, oder mit Hilfe einer korrekten Trenn-Routine.

In der Datenstruktur von TEXT-EIN müßte WORT-GRUPPE unterschieden werden in NORMALE-WORT-GRUPPE (Struktur wie bisher WORT-GRUPPE) und ÜBERLANG-WORT-GRUPPE. Der Anteil WORT-GRUPPEN-REST würde hier entfallen und WORT wird eine Sequenz aus WORT-50-ZEICHEN-TEIL und WORT-REST. Letzterer wird nicht auf LISTE ausgegeben (beim Abschneiden).

Zusatz 2

Die Ausgabe des Textes in Blocksatz betrifft nicht die Zerlegung des Textes in Zeilen, sondern lediglich die Aufbereitung der einzelnen Zeilen. Die am Zeilenende hinter dem letzten Wort eingefügten Blanks (P-BLANK-GRUPPE) werden gleichmäßig auf die Wortzwischenräume in der Zeile verteilt (außer bei der letzten Zeile eines Absatzes). Diese Verteilung ist aber ein typisches "algorithmisches" Problem, denn für "gleichmäßige Verteilung" läßt sich keine aussagefähige Datenstruktur angeben. Zur Realisierung von Blocksatz müßte man also eine geeignete Verteilungs-Routine entwerfen, die nach (oder anstelle von) P-BLANK-GRUPPE ausgeführt wird. Außerdem müßte im Entwurf zwischen erster bis vorletzter und letzter Zeile eines Absatzes unterschieden werden. Für die letzte Zeile wird die Routine für Blocksatz nicht aufgerufen. Wir hätten dann noch ein einfaches Erkennungsproblem in der Iteration K-ABSZ-P-ZLGRP-RUMPF zu lösen.

Lösung 6.6-4: Versandliste-6b Summen in letzter Artikelzeile

SND: vgl. Lösung 2.7-1

Ausgabe LISTE: vgl. Layout

Der jeweils letzte Satz einer S3-Gruppe unterscheidet sich von den anderen Zeilen dieser Gruppe.

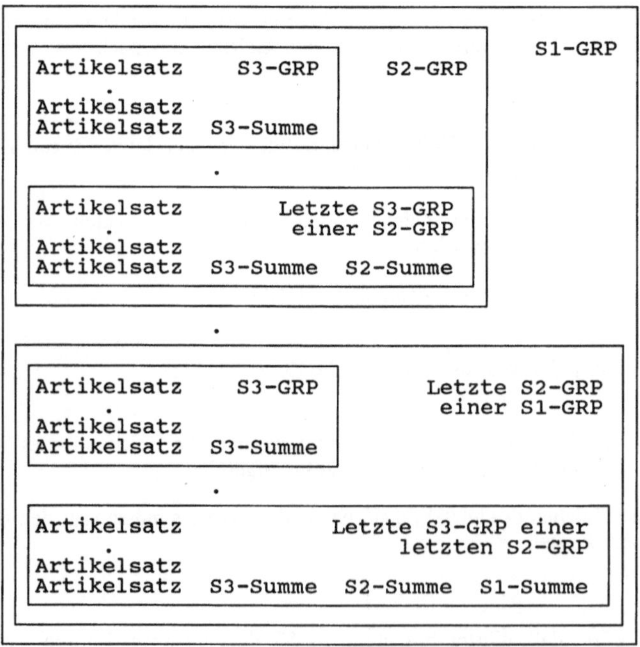

Eingabe VERSAND   Eingabe DATUM

```
101010 Bildschirm          150 101087            101087
101010 Bildschirm          100 101087
101010 Bildschirm          200 101087
101010 Bildschirm          300 101087
101020 Farb-Bildschirm     200 101087
101020 Farb-Bildschirm     450 101087
101020 Farb-Bildschirm     150 101087
101030 Anschlußkabel-B     110 101087
102020 PC                  180 101087
102020 PC                  120 101087
102030 Spiralkabel         100 101087
102040 Disketten           170 101087
102040 Disketten           330 101087
202020 Plattenlaufwerk     120 101087
202020 Plattenlaufwerk     140 101087
202020 Plattenlaufwerk     240 101087
202030 Drucker             330 101087
202030 Drucker             220 101087
202030 Drucker             150 101087
303030 Zentraleinheit      100 101087
```

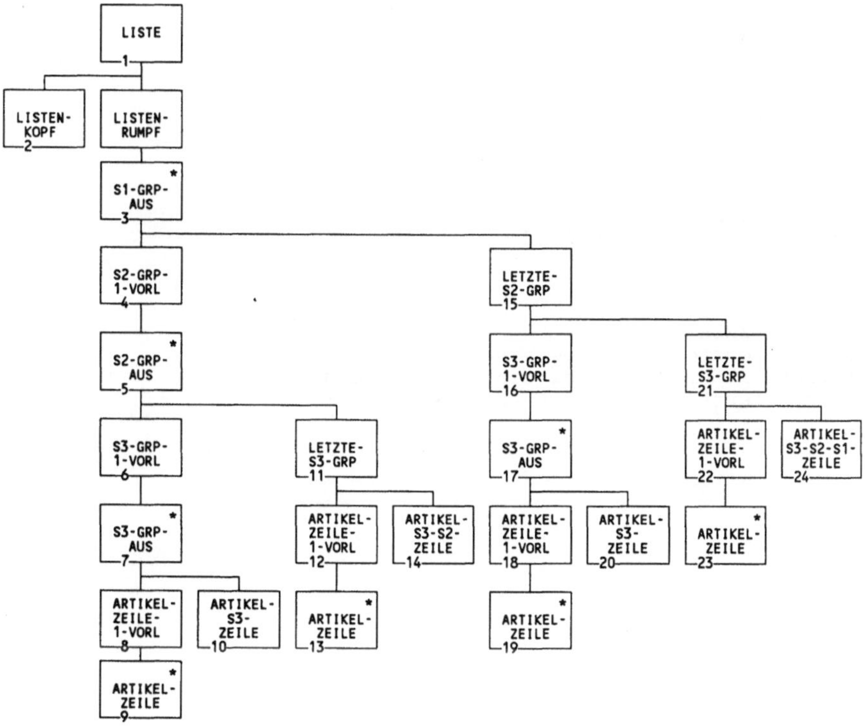

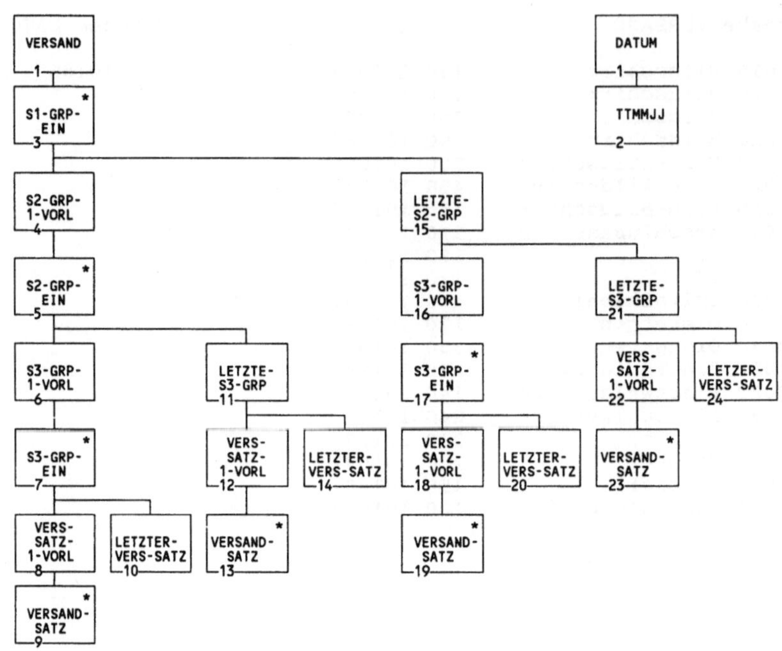

Elementaranweisungen: vgl. Lösung 3.3-1b

```
 8. aufbereiten S1-Summenfeld
 9. aufbereiten S2-Summenfeld
10. aufbereiten S3-Summenfeld
```

Bedingungen

```
{1} (nicht VERSAND-EOF)
{2} (nicht letzte S2-Gruppe einer S1-Gruppe)
{3} (nicht letzte S3-Gruppe einer S2-Gruppe)
{4} (nicht letzter Versand-Satz einer S3-Gruppe)
```

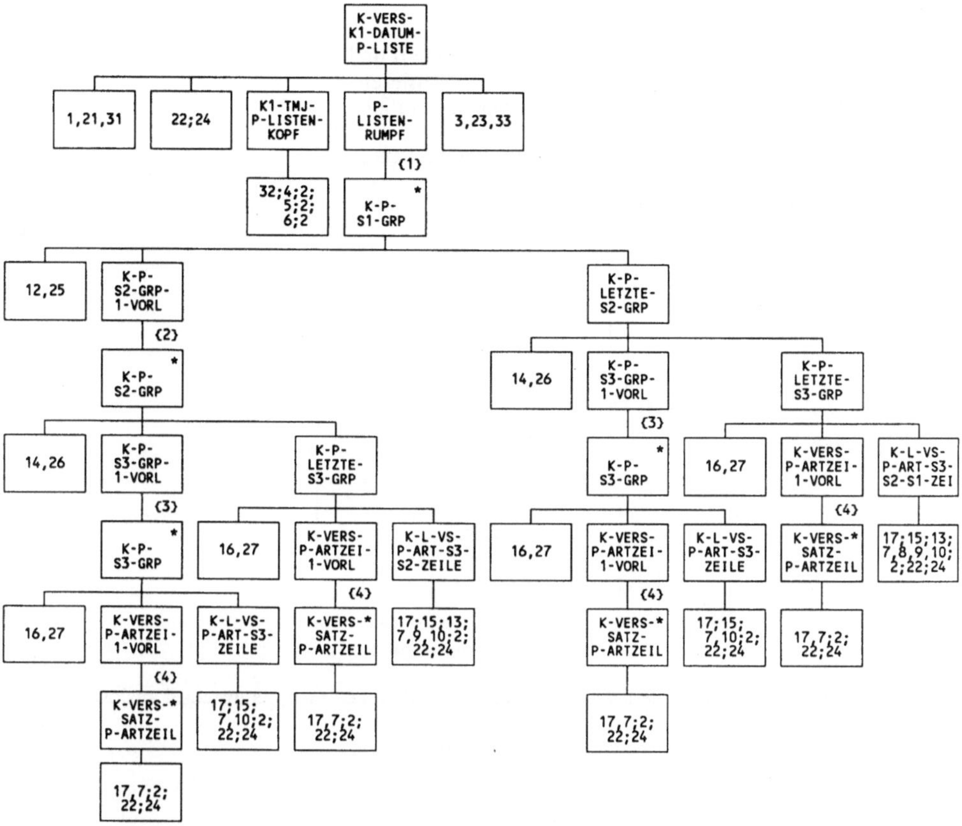

Der Entwurf enthält noch 3 verschiedene Erkennungsprobleme. Durch einfaches Vorauslesen kann nicht erkannt werden

   I. ein letzter Versandsatz einer S3-Gruppe (Bedingung {4})
  II. eine letzte S3-Gruppe einer S2-Gruppe (Bedingung {3})
 III. eine letzte S2-Gruppe einer S1-Gruppe (Bedingung {2}).

Erkennungsproblem   Erkennungsproblem   Erkennungsproblem

     I   II   III

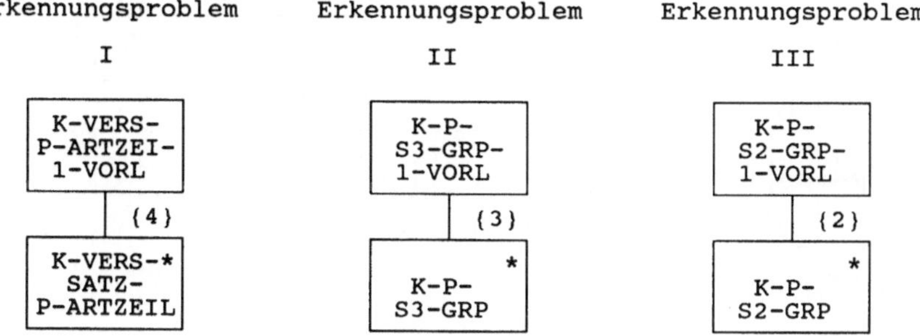

Lösungsmöglichkeiten

Erkennungsproblem I:	Erkennungsprobleme II und III:
- 2-faches Vorauslesen	- mehr-faches Vorauslesen
- Backtracking in Iteration	- Backtracking in Iteration

I) Lösung durch Backtracking in K-VERS-P-ARTZEI-1-VORL

Ein letzter Versandsatz kann erst festgestellt werden, wenn der erste Satz einer neuen Gruppe gelesen wurde. In diesem Fall hätte man schon alle Artikel-Zeilen dieser letzten Gruppe geschrieben.

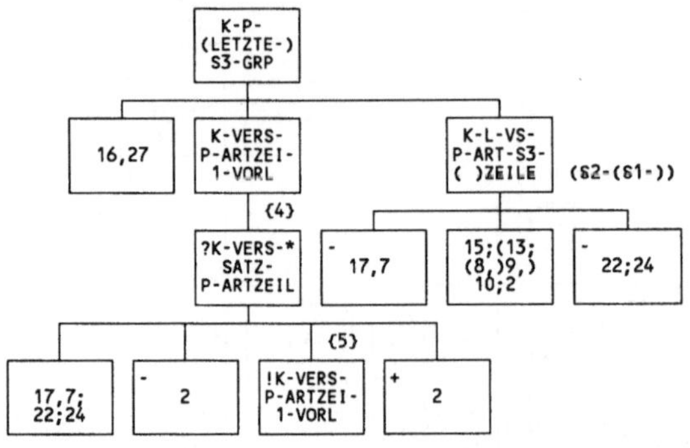

Die Iteration muß verlassen werden, wenn der gelesene Satz einen Gruppenwechsel auslöst.

II) Lösung durch Backtracking in K-P-S3-GRP-1-VORL

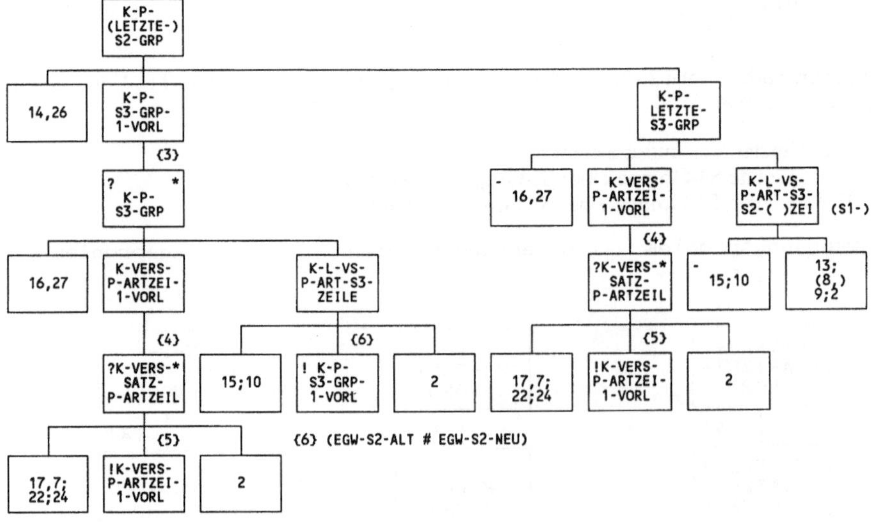

III) Lösung durch Backtracking in `K-P-S2-GRP-1-VORL`

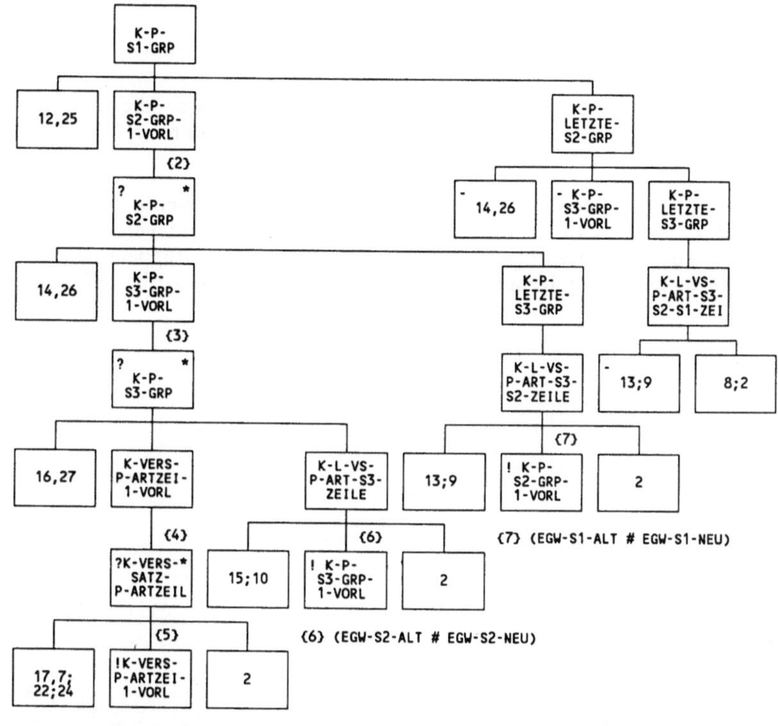

Nebenwirkungen

Die Lösung mit dreifachem Backtracking hat nur günstige Nebenwirkungen zur Folge.

I) Lösung durch zwei-faches Vorauslesen

Ein letzter Versandsatz einer S3-Gruppe kann durch zweifaches Vorauslesen erkannt werden. Zur Realisierung des zweifachen Vorauslesens müssen zwei Satzbereiche und zwei erweiterte Gruppierwörter definiert werden. In Bereich-1 steht der nächste und in Bereich-2 der übernächste Satz.

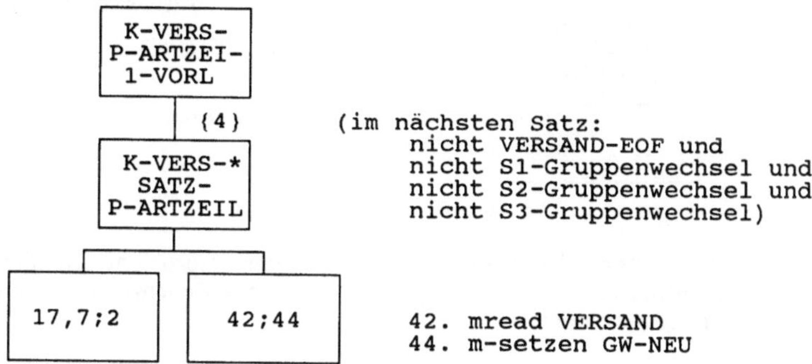

Bedingung 4 kann man mit erweiterten Gruppierwörtern formulieren als:

```
{4}  (EGW-S3(1)  =  EGW-S3(2))
```

Anstelle der sread-Anweisung wird das zugehörige mread-Makro benutzt; gleiches gilt für das Setzen von GW-NEU. Zu Beginn der Verarbeitung wird die mread-Anweisung zweimal ausgeführt, an allen anderen Stellen wird wie gewohnt einmal mread nachgelesen. Alle Operationen, die auf den ursprünglichen Satzpuffer zugreifen, beziehen sich nun auf den Bereich-1 (z.B. aufbereiten der Zeilen und aufsummieren der Bestellmenge).

Ein letzter Satz einer Gruppe wurde gefunden, wenn die Artikelnummer in Bereich-1 ungleich der Artikelnummer in Bereich-2 ist, oder bei VERSAND-EOF(2). Die Gruppierwörter EGW-...-ALT und EGW-...-NEU (vgl. Anweisungen 25, 26 und 27) werden zur Gruppensteuerung nicht mehr benötigt, da zwei aufeinander folgende Gruppierwörter in den beiden Satzbereichen vorliegen.

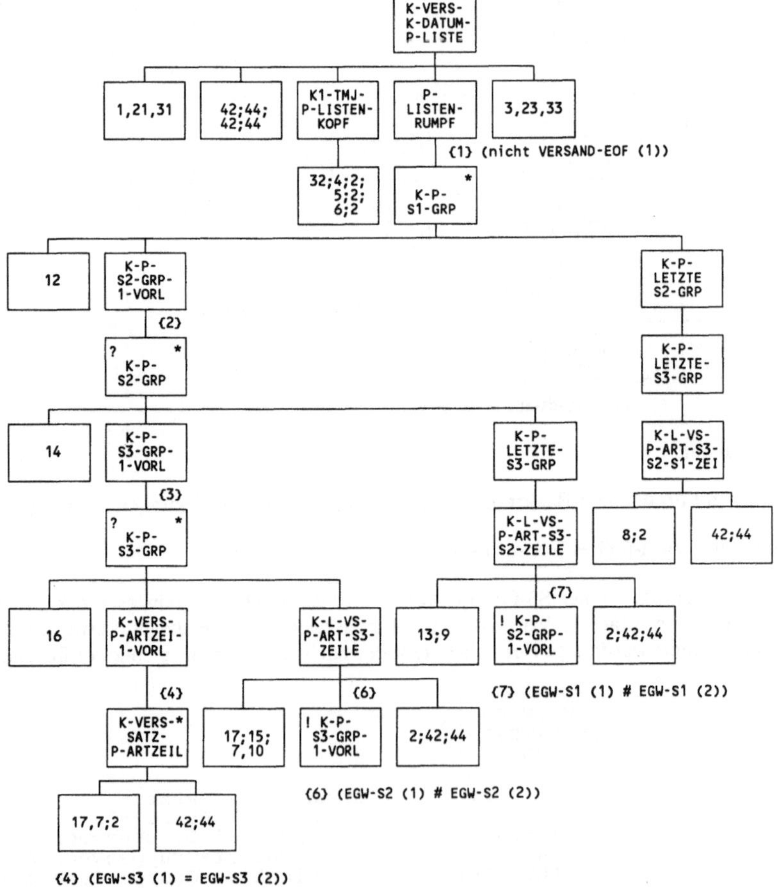

Es gäbe auch noch eine "trickreiche" Lösung der drei Erkennungsprobleme. Nämlich das Schreiben der jeweiligen Summenzeilen wie bei Lösung 3.3-1b, aber ohne Zeilenvorschub und an die richtige Stelle in der Artikelzeile positioniert.

Lösung 6.6-5: Online-6b Auskunft/Ändern/Erfassen mit Abbruch

SND und Beispiele ohne vorzeitigen Abbruch: vgl. Lösung 3.3-2

Beispiele mit vorzeitigem Abbruch

```
Eingabe T-EIN                          Ausgabe T-AUS

                                       Start-Bildschirm
_ _ _ _ _ _ _ _ _ _ _ _ _ _ _ _ _ _ _ _ _ _ _ _ _ _ _ _ _ _ _ _
Auskunft<⌐                             Auskunft-Start
STOP                                   Start-Bildschirm
_ _ _ _ _ _ _ _ _ _ _ _ _ _ _ _ _ _ _ _ _ _ _ _ _ _ _ _ _ _ _ _
Ändern<⌐                               Ändern-Start
102040<⌐                               102040 Disketten           170 101087
102040 Disketten       500 101087<⌐
                                       102040 Disketten           330 101087
STOP                                   Start-Bildschirm
_ _ _ _ _ _ _ _ _ _ _ _ _ _ _ _ _ _ _ _ _ _ _ _ _ _ _ _ _ _ _ _
Erfassen<⌐                             Erfassen-Start
_ _ _ _ _ _ _ _ _ _ _ _ _ _ _ _ _ _ _ _ _ _ _ _ _ _ _ _ _ _ _ _
ENDE
```

Zur Realisierung eines beliebigen Abbruchs mit ENDE bzw. STOP sind keine Ergänzungen an den Strukturen der Lösung 3.3-2 erforderlich. Lediglich im "Auskunft"-Teil ist eine Erweiterung nötig, wenn unmittelbar nach der Eingabe "Auskunft" ein STOP zugelassen ist.

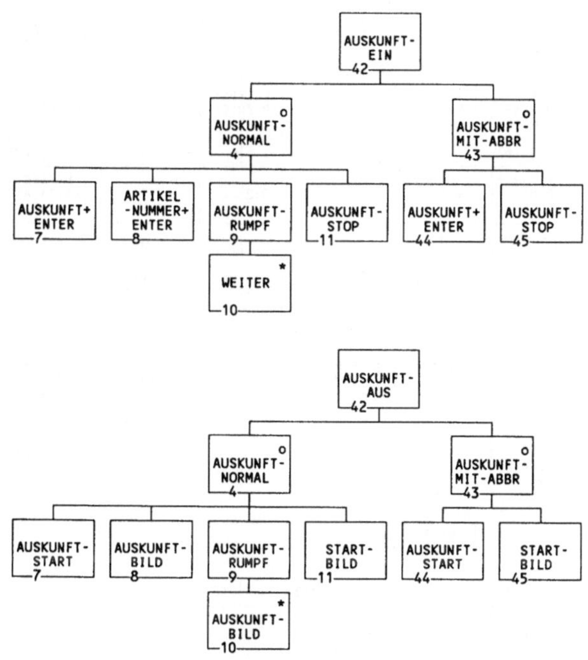

Elementaranweisungen: vgl. Lösung 3.3-2

Bedingungen: vgl. Lösung 3.3-2

```
{28} (Auskunft ohne vorzeitiges STOP)          {30} (ENDE)
{29} (Auskunft mit vorzeitigem STOP)           {31} (STOP)
```

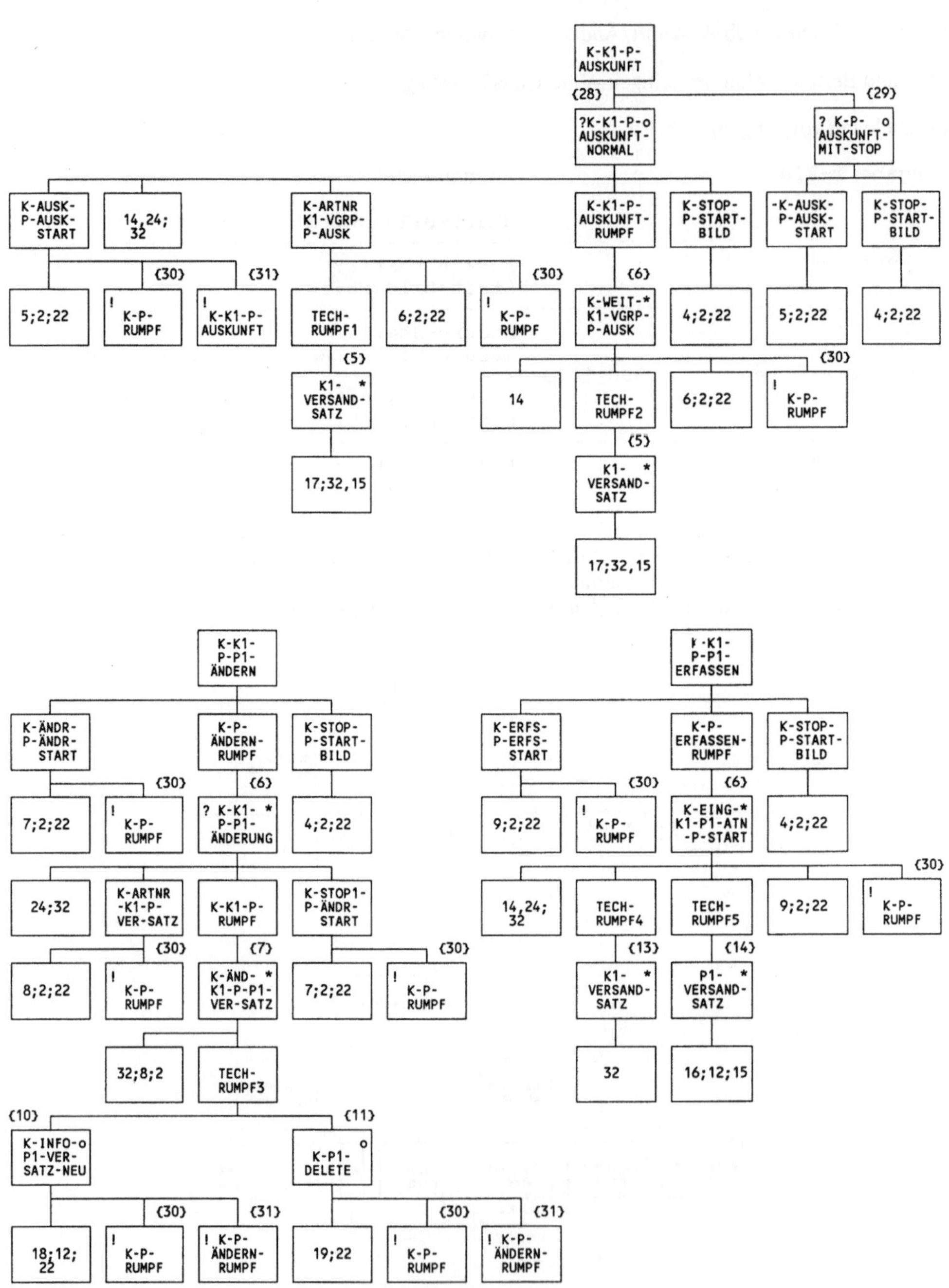

Zum beliebigen Abbruch des Dialogs mit ENDE wird hinter jedes `sread` T-EIN (außer dem jeweils letzten `sread` einer Anwendung, denn da wird ENDE über die Iteration erkannt) ein quit auf K-P-RUMPF angefügt. Es treten nur günstige Nebenwirkungen auf.

Lösung 6.6-6: Text-6b REPLACE-Kommando

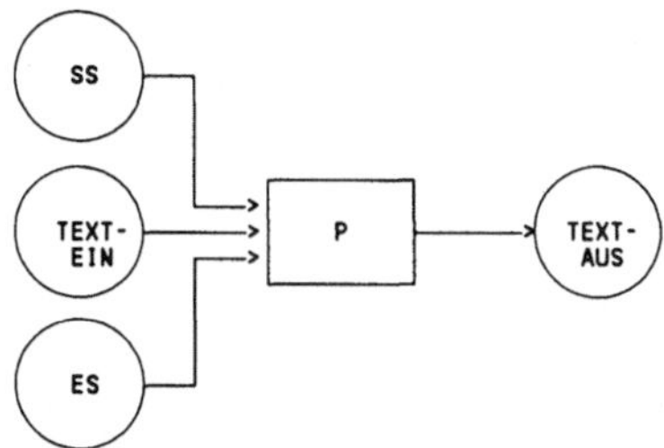

Beispiele: vgl. Aufgabenstellung

Das Problem läßt sich in zwei Teilaufgaben zerlegen.

Teil 1: Ermitteln aller Anfangspositionen des Such-Strings SS in TEXT-EIN

Teil 2: Ersetzen Such-String SS durch Ersetze-String ES an allen Anfangspositionen in TEXT-EIN

Diese Zerlegung ist willkürlich, d.h. unabhängig von JSP. Dieser Weg wurde gewählt, um die Lösung des eigentlichen Kernproblems, nämlich Teil 1, transparenter gestalten zu können. Teil 2 ` ergibt ein recht einfaches Programm und wird nicht vorgeführt.

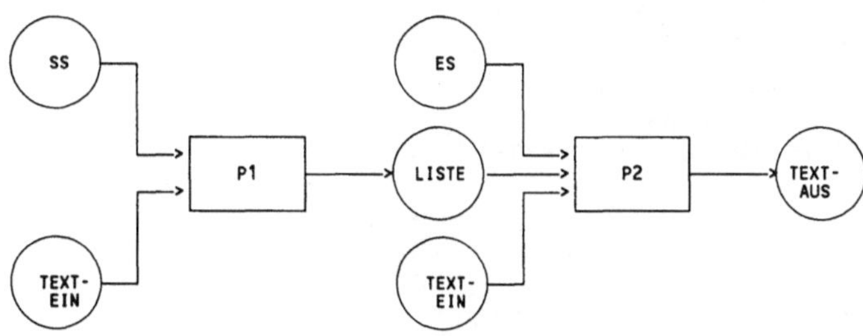

Beispiele für Programm P1

Eingabe: SS   AAAABC

Eingabe: TEXT-EIN   xxxABCdAABaAABAAAABCAAAAAAABCyyAAAABC

Zeichen-Position: 1   5   10   15   20   25   30   35
Ausgabe: LISTE   15, 24, 32

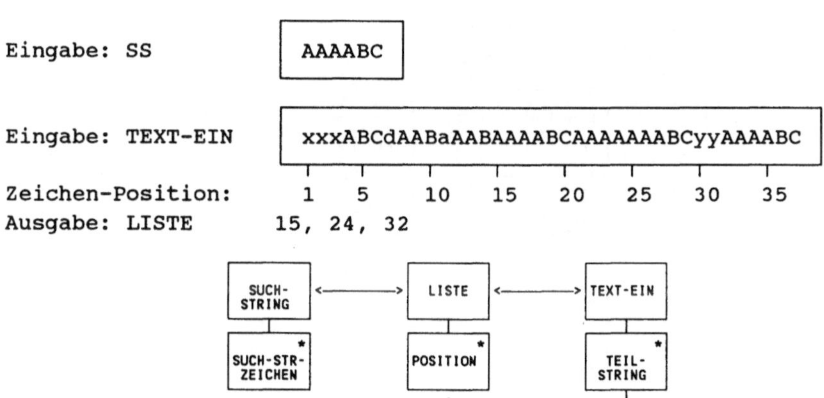

Elementaranweisungen

```
 1. sopen output LISTE
 2. swrite POSITION
 3. sclose output LISTE

12. POSITION := TEXT-Index

21. sopen input TEXT-EIN
22. sread TEXT-EIN
23. sclose input TEXT-EIN
24. TEXT-Index := 1
25. TEXT-Index := TEXT-Index + 1
28. TEXT-Index := POSITION + SS-Länge

31. sopen input SUCH-STRING
32. sread SUCH-STRING
33. sclose input SUCH-STRING
34. SS-Index := 1
35. SS-Index := SS-Index + 1
36. SS-Tabelle (SS-Index) := SS-ZEICHEN
37. SS-Länge := SS-Index - 1
```

Bedingungen

```
{1} (nicht SUCH-STRING-EOF)
{2} (nicht TEXT-EIN-EOF)
{3} (guter Teilstring)
{4} (schlechter Teilstring)
{5} (SS-Index <= SS-Länge)
{6} (nicht TEXT-EIN-EOF und TEXT-EIN-ZEICHEN # SS-Tabelle (1))
```

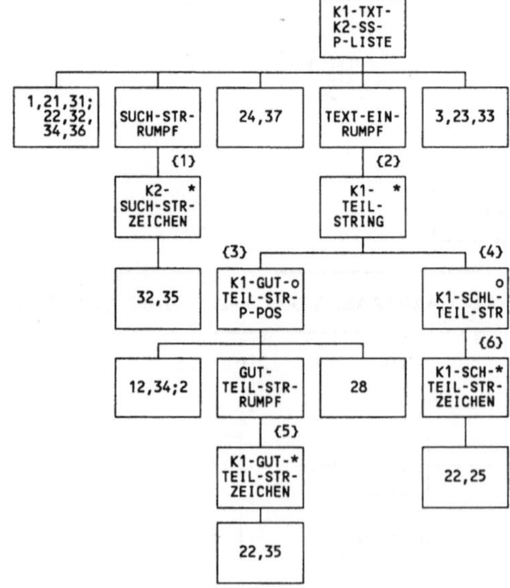

Es liegt ein Erkennungsproblem vor.

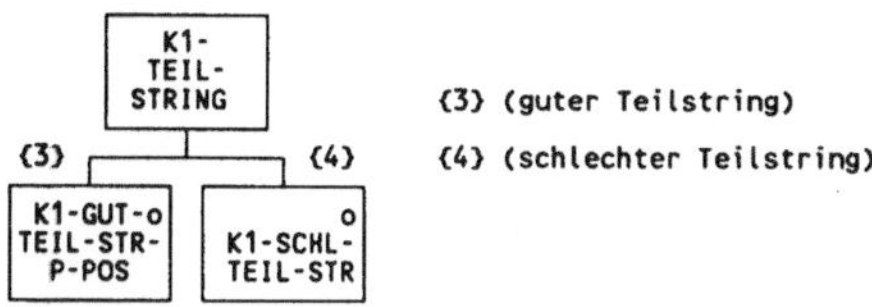

Lösungsmöglichkeiten

- mehrfaches Vorauslesen (entsprechend SS-Länge);
- Backtracking.

Lösen des Erkennungsproblems durch mehrfaches Vorauslesen

Die Anzahl der vorauszulesenden Zeichen hängt von der aktuellen (bzw. maximalen) Länge von SUCH-STRING ab.

Elementaranweisung: 22. mread TEXT-EIN

Bedingungen

```
{2} (nicht TEXT-EIN-EOF (SS-Länge))
{3} (TEXT-EIN-Tabelle (1) = SS-Tabelle (1) und
     TEXT-EIN-Tabelle (2) = SS-Tabelle (2) und
     TEXT-EIN-Tabelle (3) = SS-Tabelle (3) und
                           .
                           .
                           .
     TEXT-EIN-Tabelle (SS-Länge) = SS-Tabelle (SS-Länge))
{4} (ELSE)
{6} (nicht TEXT-EIN-EOF (SS-Länge) und
     TEXT-EIN-Tabelle (1) # SS-Tabelle (1))
{8} (TEXT-Index <= SS-Länge)
```

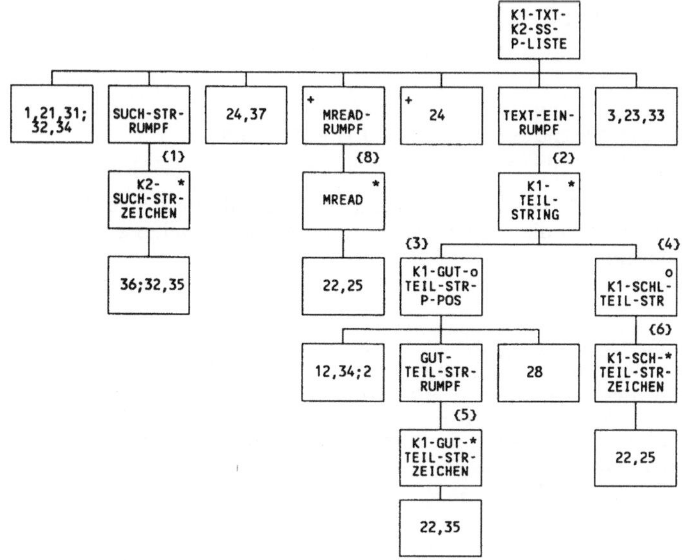

Lösen des Erkennungsproblems mit Backtracking

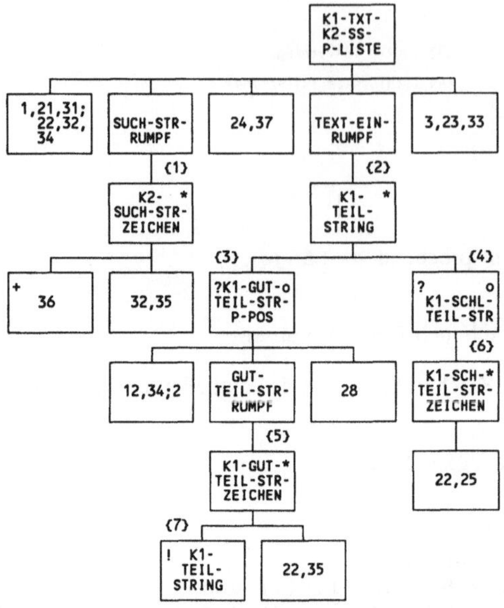

Für Bedingung {7} müssen alle SS-Zeichen in der SS-Tabelle gespeichert sein (Anweisung 36).

Behandlung der Nebenwirkungen

Die Anweisungen 12 und 34 sind neutrale Nebenwirkungen. Die Anweisungen 2, 35 und 22 können ungünstige Nebenwirkungen verursachen. Die Anweisung 2 wird (in Sinne von PRETEND & REALLY DO) verzögert, bis wirklich ein "guter Teilstring" gefunden ist. Eine naive Behandlung (für längere TEXT-EIN nicht sinnvoll) der Nebenwirkungen von 35 und 22 ist das Speichern des ganzen TEXT-EIN in einer TEXT-Tabelle.

Elementaranweisungen

```
13. TEXT-Index := POSITION + 1
26. TEXT-Tabelle (TEXT-Index) := TEXT-EIN-ZEICHEN
27. TEXT-Länge := TEXT-Index - 1
```

Anweisung 12 bewirkt das NOTE und Anweisung 13 das entsprechende RESTORE. Die Anweisung 28 wird ersetzt durch die wiederholte Ausführung der Anweisung 25 in der Iteration K1-GUT-TEIL-STR-RUMPF.

Bedingungen

```
{2} (TEXT-Index <= TEXT-Länge)
{6} (TEXT-Index <= TEXT-Länge und
     TEXT-Tabelle (TEXT-Index) # SS-Tabelle (1))
{7} (TEXT-Index > TEXT-Länge oder
     TEXT-Tabelle (TEXT-Index) # SS-Tabelle (SS-Index))
{8} (nicht TEXT-EIN-EOF)
```

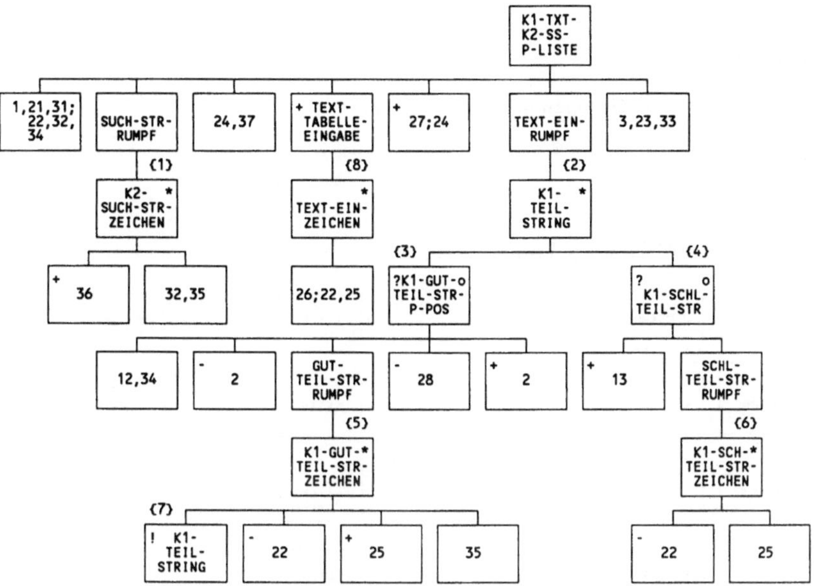

In der Praxis ist diese Form der Behandlung von unzulässigen Nebenwirkungen natürlich nicht anwendbar. Es ist nicht nötig, die ganze Eingabe TEXT-EIN in einer Tabelle zu speichern. Es müssen nur die Elemente von TEXT-EIN zwischengespeichert werden, die als Kandidaten für einen guten String bereits geprüft wurden, d.h. also höchstens so viele Zeichen, wie SUCH-STRING lang ist (es genügt sogar zwei Zeichen weniger, denn das erste und letzte muß nicht gespeichert werden). Die Implementierung erfordert eine sorgfältige Kontrolle des Zugriffs, denn bei jeder Eingabe muß geprüft werden, ob auf TEXT-EIN, die Tabelle oder den Lesepuffer zugegriffen werden muß. Das Problem, das es zu lösen gilt, ist das Rücksetzen einer Datei, die bereits zu weit gelesen wurde. Die Realisierung bringt für unsere Zwecke keine besonderen Erkenntnisse, sie sei dem Leser als Spezialübung überlassen.

Lösungen / 7.5 Fallstudien

Lösung 7.5-1: Versandliste-7 Gruppen mit Seitenwechsel

SND: vgl. Lösung 2.7-1

Ausgabe LISTE: vgl. Layout

Eingabe VERSAND, DATUM: vgl. Lösung 3.3-1a

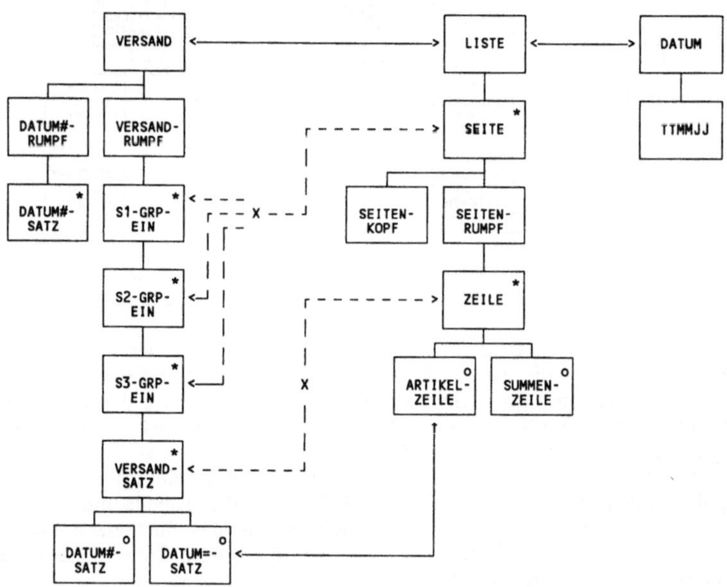

Zwischen VERSAND und LISTE besteht ein Strukturkonflikt. Die Gruppierung nach S1-, S2- und S3-Gruppen von VERSAND und nach Seiten von LISTE kann nicht aufeinander abgebildet werden. Auf unterster Ebene besteht aber die Entsprechung `DATUM=-SATZ <---> ARTIKEL-ZEILE`. Es liegt also ein Abgrenzungskonflikt vor. Die Lösung erfolgt durch zwei simple programs P1 und P2 und Einführung der Zwischendatei ZWIDAT.

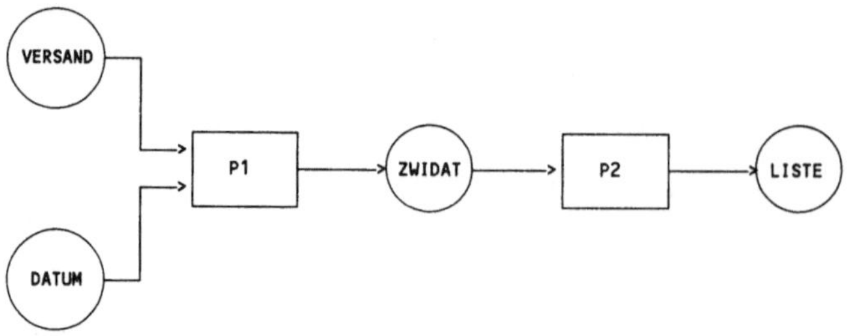

P1 löst die Gruppierung der Versandsätze nach Artikelgruppen auf und erzeugt die Artikel- und Summensätze auf der Zwischendatei. P2 gruppiert die Sätze der Zwischendatei zu Seiten.

Entwurf von P1: vgl. Lösung 3.3-1b mit ZWIDAT anstelle von LISTE und zusätzlichem Übertragen des DATUM-Satzes.

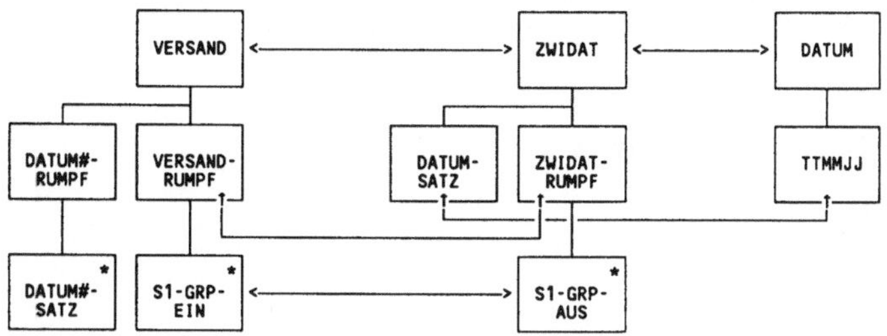

Elementaranweisungen: vgl. Lösung 3.3-1b

```
 1. sopen output ZWIDAT
 2. swrite ZWIDAT-SATZ
 3. sclose output ZWIDAT

 7. aufbereiten ARTIKEL-SATZ
 8. aufbereiten S1-SUMMEN-SATZ
 9. aufbereiten S2-SUMMEN-SATZ
10. aufbereiten S3-SUMMEN-SATZ
11. aufbereiten DATUM-SATZ
```

Bedingungen: vgl. Lösung 3.3-1b

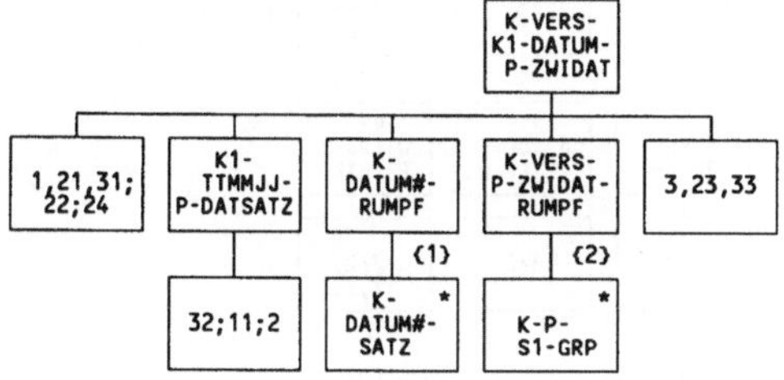

Entwurf von P2

Ausgabe LISTE: vgl. Layout

Eingabe ZWIDAT: DATUM-Satz gefolgt von vielen ZWIDAT-Sätzen

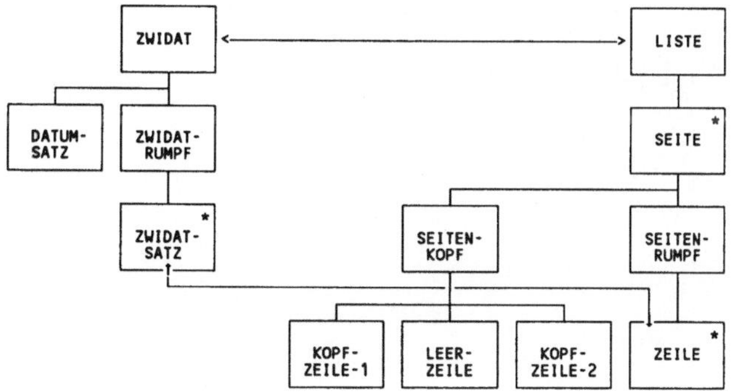

Die Unterscheidung in ARTIKEL-ZEILE und SUMMEN-ZEILE bei SEITENRUMPF ist nicht mehr erforderlich. Das Problem "keine leere letzte Seite" (vgl. Fallstudie 2.7-4) erledigt sich von selbst. Enthält ZWIDAT nämlich nur den DATUM-Satz, so wird keine Seite begonnen. Es könnte dann einfach eine Sonderseite gedruckt werden (vgl. Fallstudie 6.6-1).

Elementaranweisungen: 1 - 7, 14 - 17 vgl. Lösung 3.3-1a

```
11. aufbereiten Versanddatum
21. sopen input ZWIDAT
22. sread ZWIDAT
23. sclose input ZWIDAT
```

Bedingungen

```
(1)  (nicht ZWIDAT-EOF)
(2)  (nicht ZWIDAT-EOF und Zeilen-Zähler <= Zeilen-Max)
```

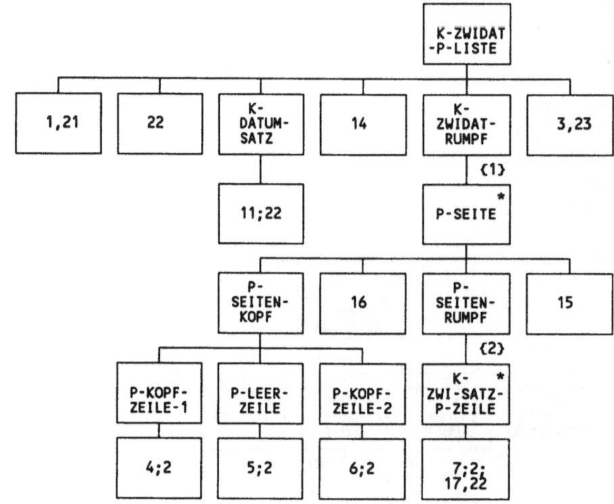

Lösung 7.5-2: Online-7 Anzeigen von Teilen einer Stückliste

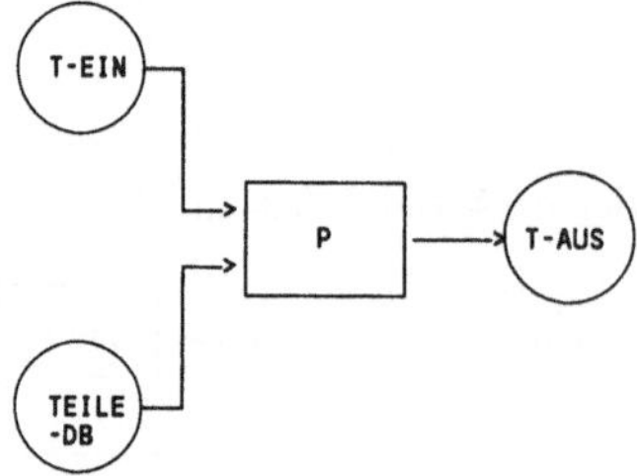

```
        Eingabe T-EIN                    Ausgabe T-AUS

                                        Start-Bildschirm
    _ _ _ _ _ _ _ _ _ _ _ _ _ _ _ _ _ _ _ _ _ _ _ _ _
        T1<┘                             T1
                                          T11
                                          T111
                                          T2
                                          T21
                                          T131
                                          T212
                                          T12
                                          T12
                                          T12
    _ _ _ _ _ _ _ _ _ _ _ _ _ _ _ _ _ _ _ _ _ _ _ _ _
        WEITER                            T13
                                          T131
                                          T132
                                          T1321
                                          T1322
                                          T133
    _ _ _ _ _ _ _ _ _ _ _ _ _ _ _ _ _ _ _ _ _ _ _ _ _
        STOP
                                        Start-Bildschirm
    _ _ _ _ _ _ _ _ _ _ _ _ _ _ _ _ _ _ _ _ _ _ _ _ _
        T2<┘                             T2
                                          T21
                                          T131
                                          T212
                                          T12
                                          T12
    _ _ _ _ _ _ _ _ _ _ _ _ _ _ _ _ _ _ _ _ _ _ _ _ _
        STOP
                                        Start-Bildschirm
    _ _ _ _ _ _ _ _ _ _ _ _ _ _ _ _ _ _ _ _ _ _ _ _ _
        ENDE
```

Eingabe TEILE-DB: vgl. Fallbeispiel Stückliste T1 aus Abschnitt 2.2.1

Wir zerlegen das Programm P in zwei Teilprogramme P1 und P2. P1 übernimmt die Dialog-steuerung, P2 liefert die Informationen aus der TEILE-DB.

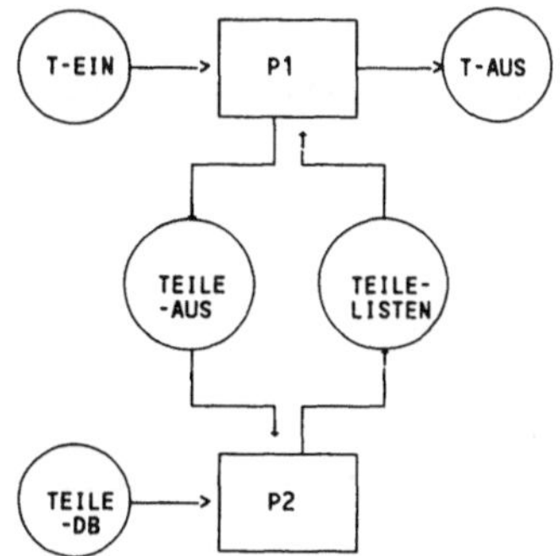

Entwurf von P1

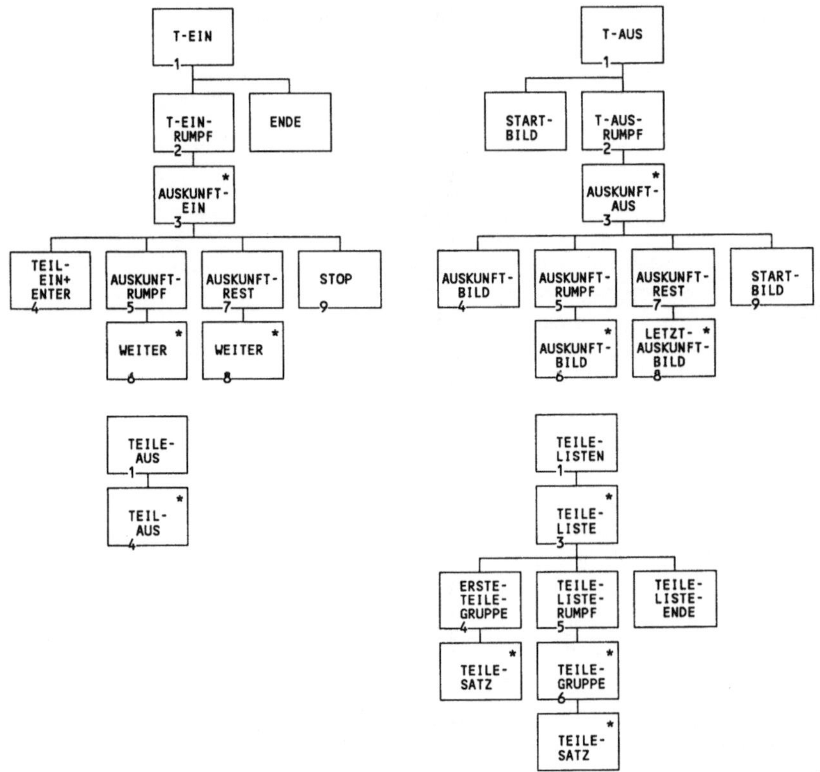

Elementaranweisungen: 1 - 4, 14, 15, 21 - 23 vgl. Lösung 2.7-5

```
 5. aufbereiten AUSKUNFT-BILD

11. sopen output TEILE-AUS
12. swrite TEIL-AUS
13. sclose output TEILE-AUS
17. übertragen TEILE-LISTEN-SATZ nach Ausgabe-Zeile (Zeilen-Zähler)
18. aufbereiten TEIL-AUS von TEIL-EIN

31. sopen input TEILE-LISTEN
32. sread TEILE-LISTEN
33. sclose input TEILE-LISTEN
```

Bedingungen

```
{1} (nicht ENDE)
{2} (nicht TEILE-LISTEN-ENDE und Zeilen-Zähler <= Zeilen-Max)
{3} (nicht TEILE-LISTEN-ENDE und nicht STOP)
{4} {2}
{5} (nicht STOP)
```

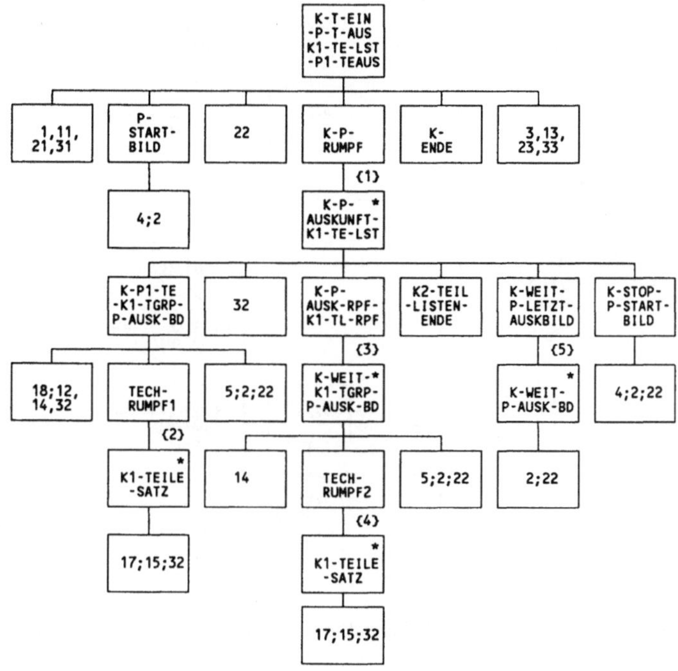

Entwurf von P2

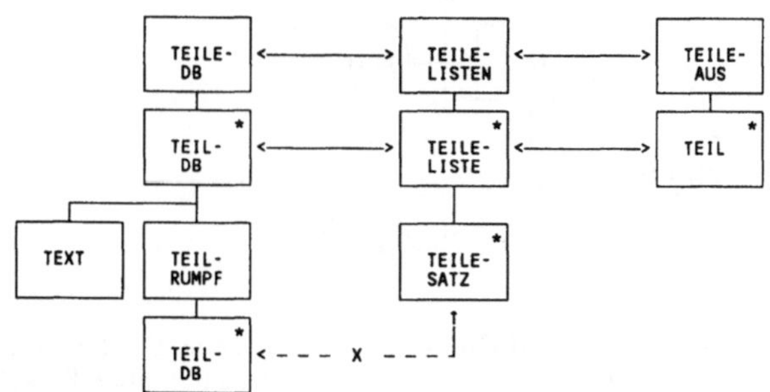

Da die Teile aus der TEILE-DB noch weitere Unterteile enthalten können, und somit eventuell noch weitere Zeilen einzufügen sind, stimmt die Reihenfolge der Elemente TEIL-DB mit den Ausgabezeilen TEILE-SATZ nicht überein. Für Teile, deren Unterteile nicht weiter zerlegt werden, wäre die Reihenfolge aber korrekt. Es liegt also ein Verflechtungskonflikt vor. Wir lösen diesen Verflechtungskonflikt nach der Standardtechnik durch Aufspalten in ein Verteilungsprogramm P21 und viele Teilprogramme P221, ..., P22n.

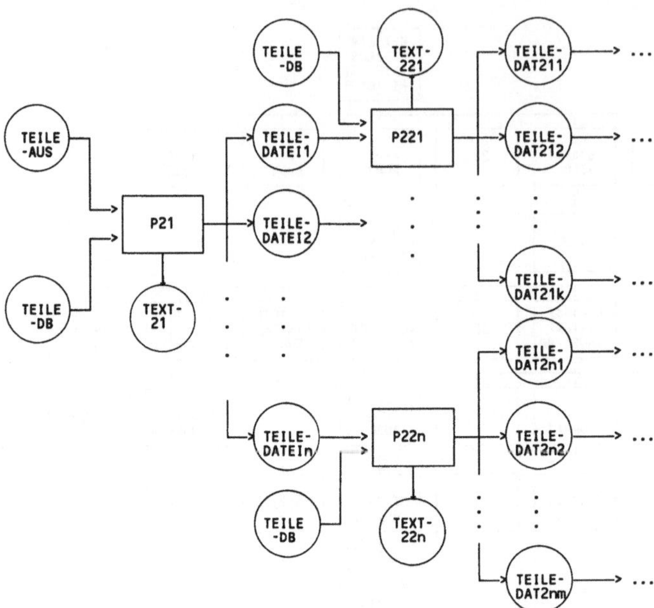

Die Aufspaltung liefert eine beliebig tiefe Schachtelung von Programmen des Typs P22.

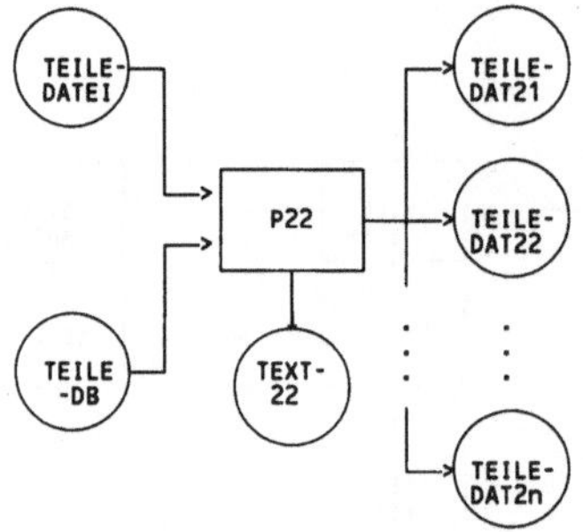

Die Dateien TEILE-DATEI und TEILE-DATx enthalten Teile, für die die jeweiligen Unterteile zu bestimmen sind. In den Dateien TEXT-x sind die Textzeilen aller Eingabe-Teile zusammengefaßt. In dieser Form ergibt sich aber ein erneuter Verflechtungskonflikt zwischen diesen Textdateien. Zur Handhabung der Rekursion wollen wir ein Programm REKURSION einführen. Außerdem zerlegen wir die Textdateien und fügen die Textzeilen einzeln als ersten Satz in die jeweilige Datei TEILE-DATx an. Diese Dateien wollen wir UNTER-TEILE-LISTE nennen. Die Gesamtheit dieser Unterteilelisten für jede Eingabe-Datei TEILE-DATEI ergibt die Rückgabe-Datei UNTER-TEILE-LISTEN. Das Rekursionsprogramm gibt den jeweils ersten Satz einer Unterteileliste an das Dialogprogramm weiter und speichert die Unterteile in einem Kellerspeicher REKUR-DATEI.

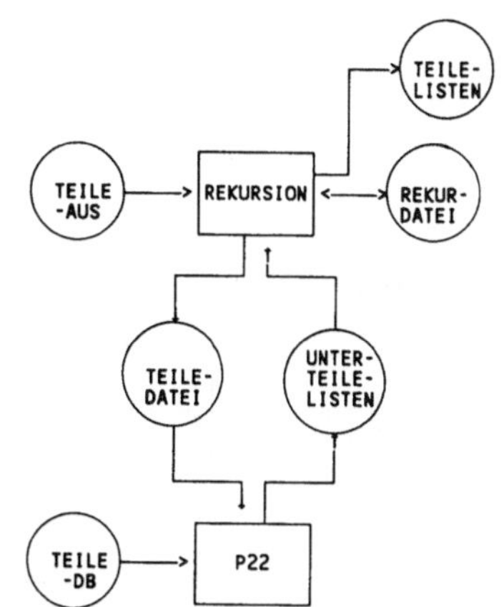

Entwurf von REKURSION

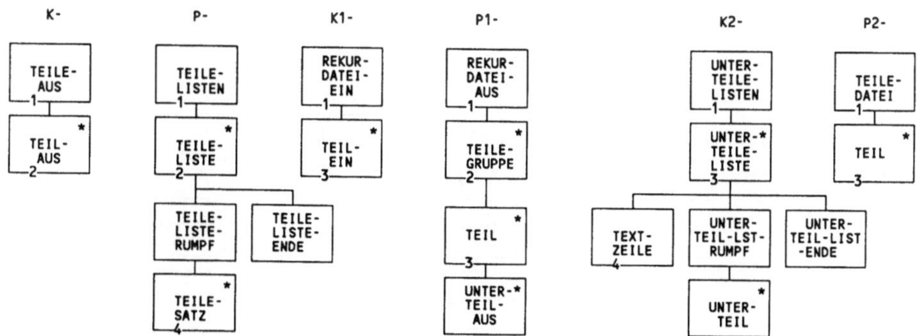

Elementaranweisungen

1. sopen output TEILE-LISTEN
2. swrite TEILE-SATZ
3. sclose output TEILE-LISTEN
4. aufbereiten TEILE-SATZ
5. übertragen Ende auf TEILE-SATZ

11. sopen output REKUR-DATEI-AUS
12. swrite UNTER-TEIL-AUS
13. sclose output REKUR-DATEI-AUS
14. aufbereiten UNTER-TEIL-AUS von TEIL-AUS
15. aufbereiten UNTER-TEIL-AUS von TAB (Zeilen-Zähler)

21. sopen output TEILE-DATEI
22. swrite TEIL
23. sclose output TEILE-DATEI
24. aufbereiten TEIL

31. sopen input TEILE-AUS
32. sread TEILE-AUS
33. sclose input TEILE-AUS

41. sopen input REKUR-DATEI-EIN
42. sread REKUR-DATEI-EIN
43. sclose input REKUR-DATEI-EIN

51. sopen input UNTER-TEILE-LISTEN
52. sread UNTER-TEILE-LISTEN
53. sclose input UNTER-TEILE-LISTEN
54. Zeilen-Zähler := 1
55. Zeilen-Zähler := Zeilen-Zähler + 1
56. TAB (Zeilen-Zähler) := UNTER-TEIL
57. Zeilen-Zähler := Zeilen-Zähler - 1

Bedingungen

```
{1}  (nicht TEILE-AUS-EOF)
{2}  (nicht REKUR-DATEN-EIN-EOF)
{3}  (nicht UNTER-TEILE-LISTE-ENDE)
{4}  (Zeilen-Zähler > 0)
```

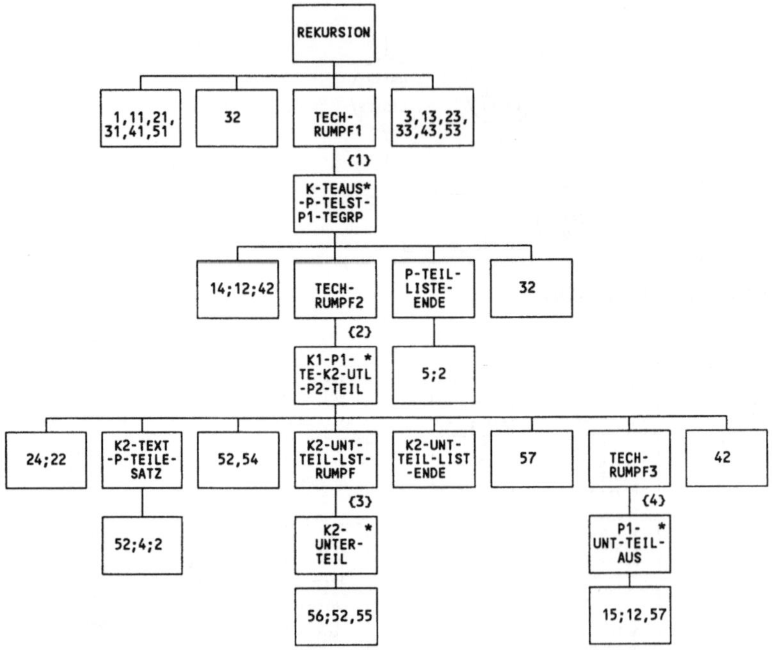

Sollen auch die Schachtelungsebenen der Teile dargestellt werden, so müssen für jedes Teil die Grenzen der Zerlegung in Unterteile zusätzlich gespeichert werden.

Entwurf von P22

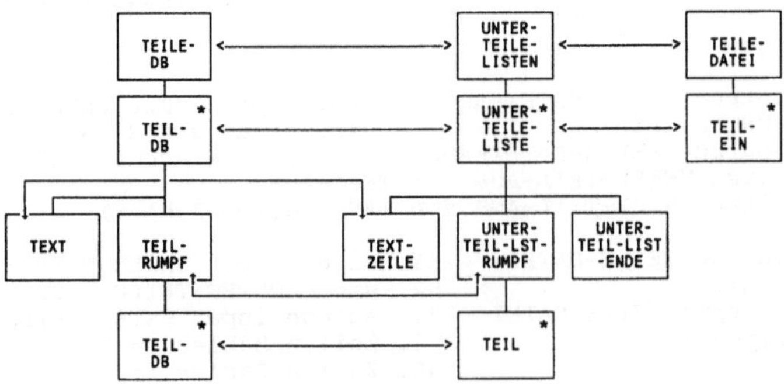

Elementaranweisungen

```
1. sopen output UNTER-TEILE-LISTEN
2. swrite TEILE-SATZ
3. sclose output UNTER-TEILE-LISTEN
4. aufbereiten TEXT-ZEILE
5. aufbereiten TEIL
6. übertragen ENDE auf TEILE-SATZ

21. sopen input TEILE-DATEI          31. sopen input TEILE-DB
22. sread TEILE-DATEI                32. sread TEILE-DB
23. sclose input TEILE-DATEI         33. sclose input TEILE-DB
                                     34. aufbereiten TEIL-DB
```

Bedingungen

```
{1} (nicht TEILE-DATEI-EOF)
{2} (nicht TEIL-DB-EOF)
```

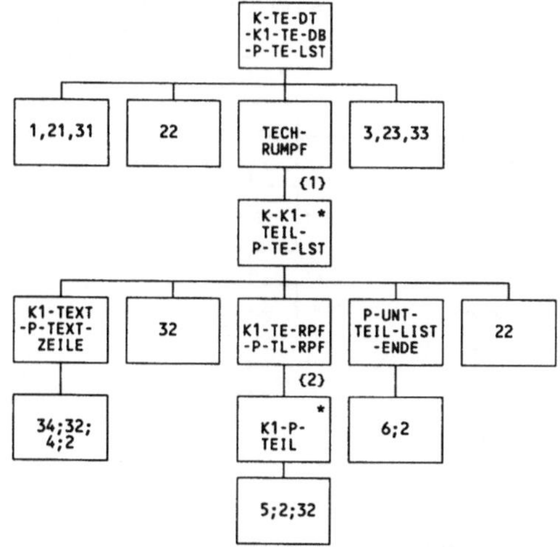

Es wäre auch ein Entwurf von P22 ohne die obere Iterationsebene denkbar. Die Verwaltung der Iteration würde dann von REKURSION zusätzlich übernommen. Dann würde P22 zu jeweils einem eingegebenen Teil den Text und alle Unterteile bestimmen. Es wäre dann aber nicht mehr der volle Ein-/Ausgabe-Datenstrom dargestellt.

Lösung 7.5-3: Text-7 Text zweispaltig

SND: vgl. Lösung 2.7-3

Eingabe TEXT-EIN

```
Der Eingabetext soll zweispaltig ausgegeben werden. Beim Entwurf trete
n zwei Strukturkonflikte auf, nämlich die Absätze passen nicht zu den
Seiten und die Wörter können sich über eine Zeilengrenze erstrecken. &
Außerdem stimmt die Reihenfolge der eingegebenen Wörter mit der der Wö
rter in den Zeilen nicht überein. &Die Lösung erfolgt mit Hilfe von 3
simple programs. &
```

Ausgabe TEXT-AUS (7 Zeilen pro Seite)

```
Der Eingabetext soll zweispaltig      Außerdem stimmt die Reihenfolge
ausgegeben werden. Beim Entwurf        der eingegebenen Wörter mit der
treten zwei Strukturkonflikte          der Wörter in den Zeilen nicht
auf, nämlich die Absätze passen        überein.
nicht zu den Seiten und die Wörter     - - - - - - - - - - - - - - - - -
können sich über eine Zeilengrenze
erstrecken.                            Die Lösung erfolgt mit Hilfe von 3
                                       simple programs.
```

Ausgabe TEXT-AUS (9 Zeilen pro Seite)

```
Der Eingabetext soll zweispaltig      Außerdem stimmt die Reihenfolge
ausgegeben werden. Beim Entwurf        der eingegebenen Wörter mit der
treten zwei Strukturkonflikte          der Wörter in den Zeilen nicht
auf, nämlich die Absätze passen        überein.
nicht zu den Seiten und die Wörter     - - - - - - - - - - - - - - - - -
können sich über eine Zeilengrenze
erstrecken.                            Die Lösung erfolgt mit Hilfe von 3
- - - - - - - - - - - - - - - - -      simple programs.
- - - - - - - - - - - - - - - - -      - - - - - - - - - - - - - - - - -
```

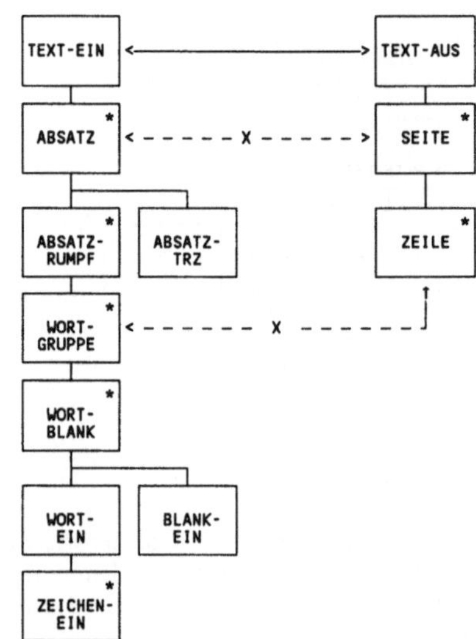

Es liegen zwei Formen von Strukturkonflikten vor.

Reihenfolgekonflikt
Die Wortgruppen pro Halbzeilen werden spaltenweise (ohne Leerzeile am Spaltenende) eingegeben und zu jeweils höchstens zwei benachbarten Elementen pro voller Zeile ausgegeben. Das bedeutet, daß die Reihenfolge der Ein- und Ausgabe-Wortgruppen nicht übereinstimmt.

Abgrenzungskonflikt
Die Eingabe-Wörter sind nach Abschnitten gruppiert. Bei der Ausgabe werden die Abschnitte in Spalten angeordnet. Ein Abschnitt muß weder ganz in einer Spalte enthalten sein, noch umfaßt jeder Abschnitt mindestens eine Spalte. Das heißt, die "Abgrenzung" zwischen Abschnitt und Spalte auf Ein- und Ausgabe-Seite kann nicht zur Deckung gebracht werden. Außerdem kann sich ein Wort über die Grenze einer Halbzeile erstrecken.

Für die Lösung der Strukturkonflikte nach JSP wird das Programm P in drei Einzelprogramme P1, P2 und P3 zerlegt.

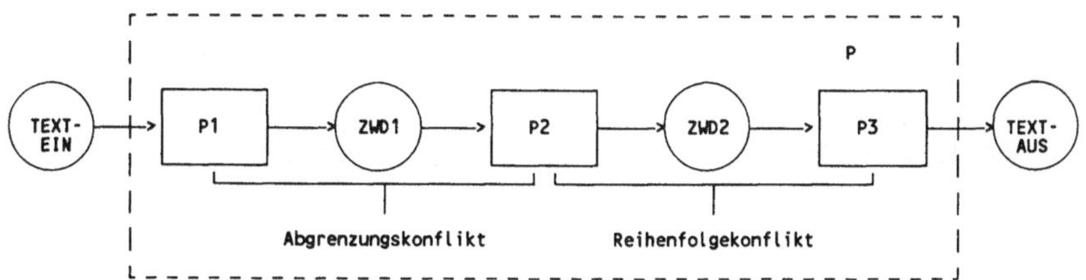

ZWD2 ist auf einem Direktzugriffs-Speicher implementiert. ZWD2 wird von P2 spaltenweise geschrieben und von P3 zeilenweise gelesen. Die Programme P1, P2 und P3 lösen unterschiedliche Teilprobleme.

P1
Zeilenweise Aufbereiten des Eingabe-Textes und Einfügen einer Leerzeile bei Abschnitt-Wechsel.

P2 (löst den Abgrenzungskonflikt)
Aufbereiten der Spalten; eine Leerzeile nach Spaltenende wird unterdrückt. Abschnitte mit mehr als einer Zeile beginnen nicht auf der letzten Zeile einer Spalte.

P3 (löst den Reihenfolgekonflikt)
Seitenweise Ausgabe von jeweils höchstens zwei Spalten-Elementen pro voller Zeile.

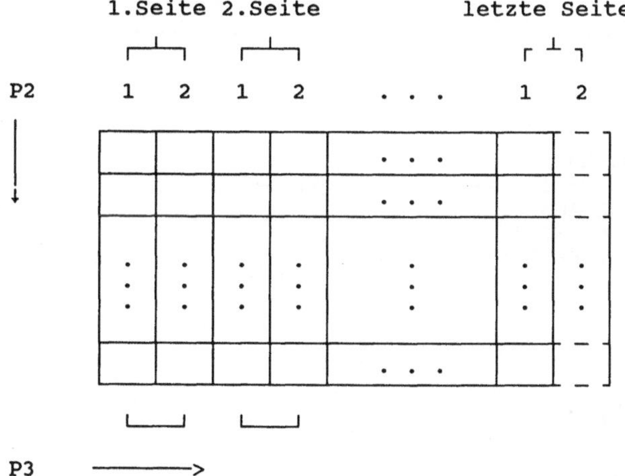

Entwurf von P1: vgl. Lösung 6.6-3 mit ZWD1-AUS statt TEXT-AUS

Entwurf von P2

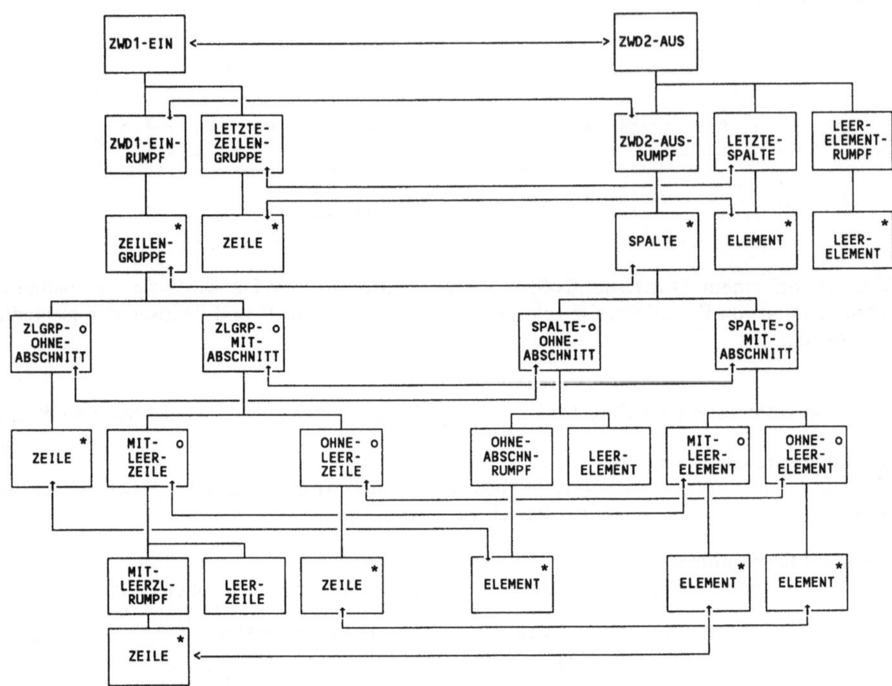

Elementaranweisungen

```
 1. sopen output ZWD2-AUS
 2. swrite ZWD2-AUS-SATZ in TAB (Zeile, Spalte)
 3. sclose output ZWD2-AUS
 4. ZWD2-AUS-SATZ := ELEMENT
 5. ZWD2-AUS-SATZ := LEER-ELEMENT

16. Zeile := 1
17. Zeile := Zeile + 1
18. Spalte := 1
19. Spalte := Spalte + 1

21. sopen input ZWD1-EIN
22. sread ZWD1-EIN
23. sclose input ZWD1-EIN
```

Bedingungen

```
{1}    (nicht letzte Spalte)
{2}    (ohne Abschnitt)
{3}    (mit Abschnitt)
{4}    (Zeile <= Zeilen-Max - 1)
{5}    (mit letzter Leer-Zeile)
{6}    (ohne letzte Leer-Zeile)
{7}    (Zeile <= Zeilen-Max)
{8}    {7}
{9}    (nicht ZWD1-EIN-EOF)
{10}   {7}
```

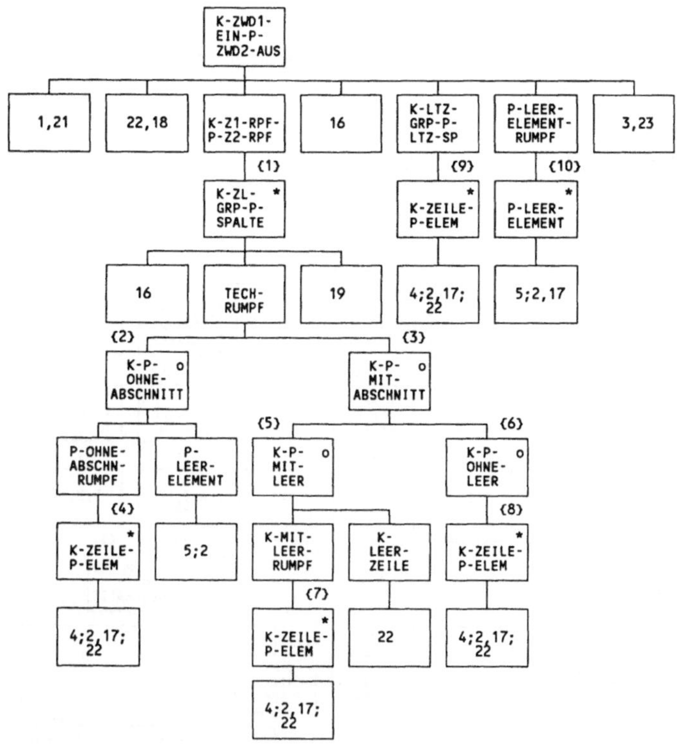

Es sind drei Erkennungsprobleme zu lösen

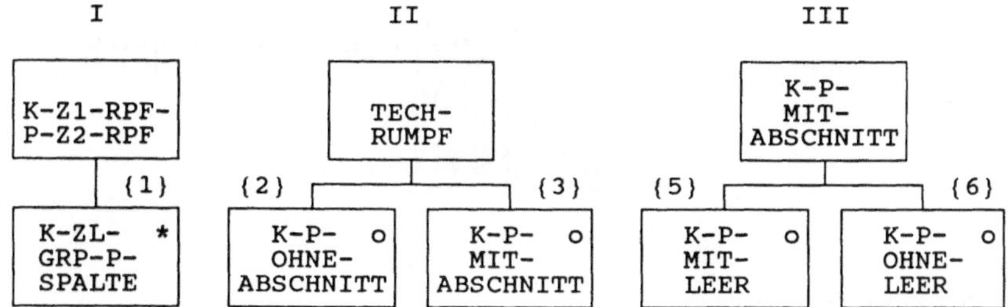

I) Lösung mit Backtracking

Zu Beginn des positer-Teils und nach jedem Lesen wird auf ZWD1-EIN-EOF geprüft. Die Anweisung 16 und `K-LTZ-GRP-P-LTZ-SP` sind günstige Nebenwirkungen.

II) Lösung mit Backtracking

Vor dem Schreiben einer Leerzeile (`P-LEER-ELEMENT`) wird geprüft, ob die vorletzte Zeile eine Leerzeile ist. Wenn nein, dann kann auch kein Abschnitt unterdrückt werden. Falls ja, so wird der Abschnitt noch auf diese Spalte ausgegeben, wenn die übernächste Zeile wieder eine Leerzeile ist. Die aktuell gelesene Zeile ist nicht ZWD1-EIN-EOF. Da nach jedem Abschnitt stets eine Leerzeile folgt, kann die übernächste Zeile nicht EOF sein.

III) Lösung durch zweifaches Vorauslesen

Die `sread`-Anweisung wird zum `mread` und die Bedingungen lauten

```
22. mread ZWD1-EIN
```

```
{5} (Satz-2 = leer)
{6} (Satz-2 # leer)
```

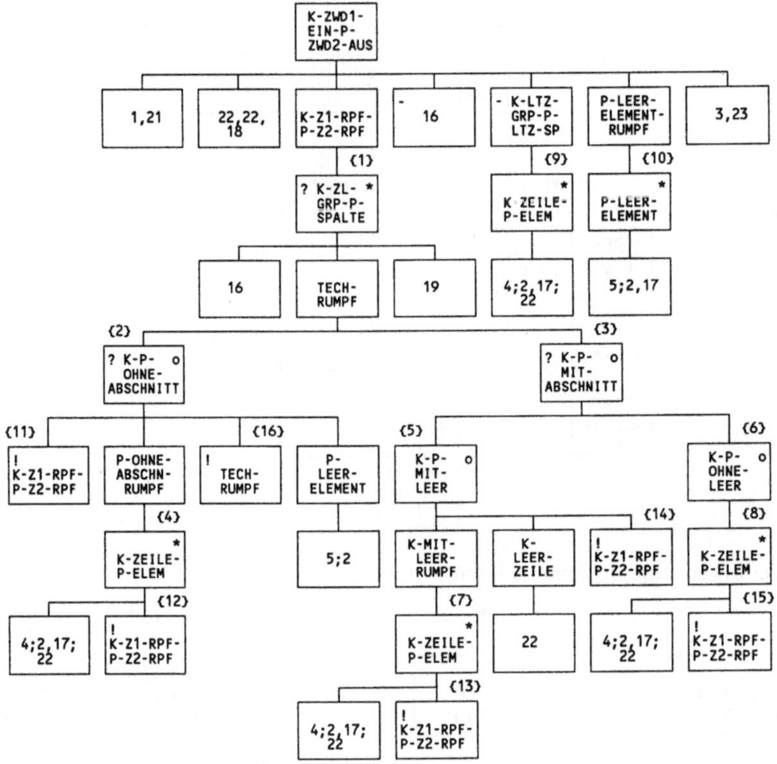

Bedingungen

```
{9}   (nicht ZDW1-EIN-EOF-1)
{11} - {15} (ZDW1-EIN-EOF-1)
{16} (ZWD2-AUS-SATZ # LEER-ELEMENT oder
      (ZWD2-AUS-SATZ = LEER-ELEMENT und
       ZWD1-EIN-SATZ-2 = LEER-ELEMENT))
```

Entwurf von P3

Der Entwurf von P3 wird allgemein für eine beliebige (aber feste) Anzahl von Spalten durch-geführt, hier speziell `Anzahl:=2`. Bei den Datenstrukturen muß zwischen einer vollen und einer letzten, eventuell nicht vollen Seite unterschieden werden, da die Aufbereitung der Ausgabe-Zeilen dann etwas anders erfolgt. Wir haben hier eine "optimierte" Struktur mit Nullkomponente (!) verwendet. Zum einen aus Platzgründen, zum anderen um zu zeigen, daß das durchaus geht, man muß nur sauber vorgehen.

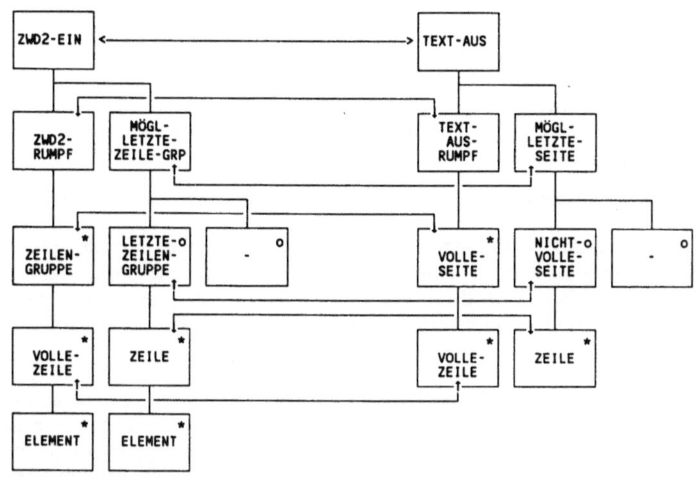

Elementaranweisungen: 16 - 19 vgl. Entwurf von P2

1. sopen output TEXT-AUS
2. swrite ZEILE
3. sclose output TEXT-AUS
4. setzen ZEILE auf Grundwert   14. Seite := 1
5. aufbereiten ZEILE   15. Seite := Seite + 1

21. sopen input ZWD2-EIN
22. ZEILEN-ELEMENT (Spalte) :=
    TAB (Zeile, (Seite - 1) * Anzahl + Spalte)
23. sclose input ZWD2-EIN

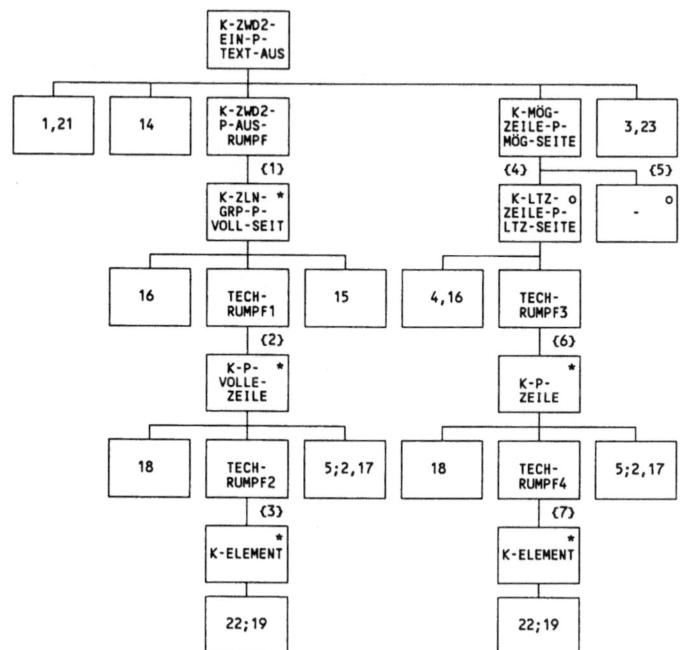

Bedingungen

```
{1}  (Seite * Anzahl <= Länge der Tabellen-Zeile)
{2}  (Zeile <= Zeilen-Max)
{3}  (Spalte <= Anzahl)
{4}  ((Seite - 1) * Anzahl < Länge der Tabellen-Zeile)
{5}  (ELSE)
{6}  {2}
{7}  ((Seite - 1) * Anzahl + Spalte <= Länge der Tabellen-Zeile)
```

Bei der Implementierung wird man natürlich keine Tabelle mit so vielen Spalten wie
Seiten * Anzahl verwenden, sondern eine Tabelle, die genau so viele Spalten enthält wie die Seite
Textspalten. Und diese Tabelle wird für jede auszugebende Seize neu gefüllt. Dafür ist aber eine
parallele Koordination von P2 und P3 erforderlich.

Zusatz
Sollen die Spalten der letzten Seite gleichmäßig gefüllt werden, ist zusätzlich ein "kleiner"
Reihenfolgekonflikt zu lösen, da die Halbzeilen nicht so ausgegeben werden, wie sie in den beiden
Spalten der letzten Seite stehen. Außerdem ist noch ein Erkennungsproblem für die Anzahl der zu
füllenden Zeilen zu lösen. Und da ist noch ein kleiner Haken, nämlich wenn mit der zweiten Spalte
ein Absatz beginnt, ist die vorausgegangene Leerzeile weg, die jetzt aber wieder nötig wäre. Um
diese letzte Leerzeile nicht zu verlieren, muß zusätzliche Information gespeichert werden. Die
Details seien dem Leser überlassen.

Lösungen / 8.1.2 Umformumg von SNDs

Lösung 8.1.2-1

1. Schritt: Man wähle P2 als Hauptprogramm.

2. Schritt

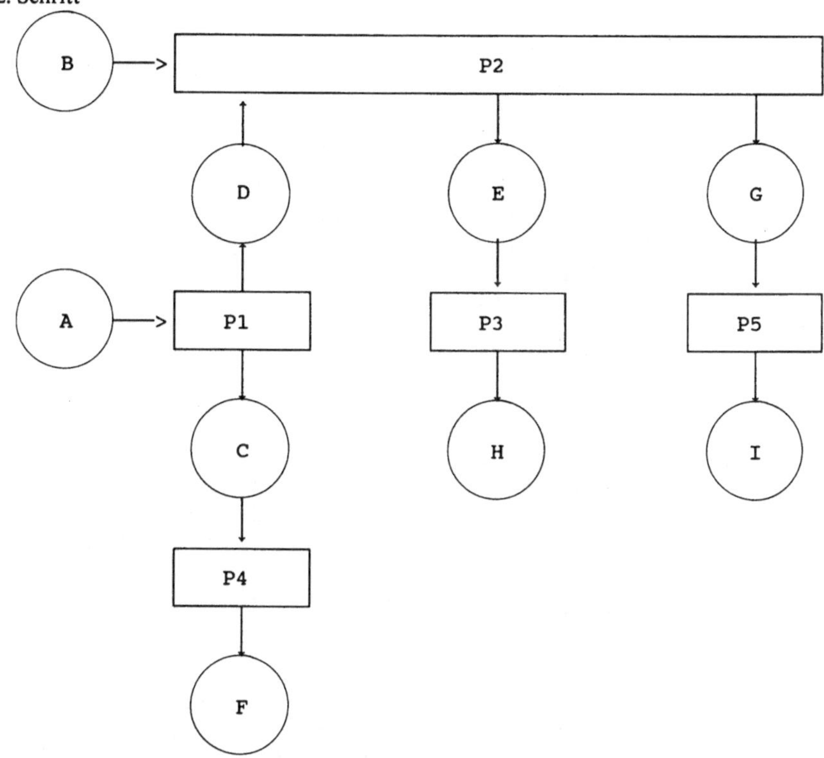

3. Schritt

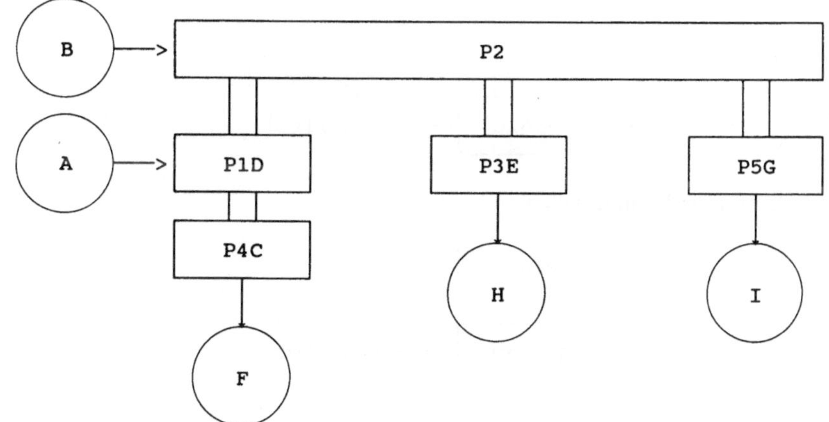

Lösung 8.1.2-2: Antwort: Ja.

1. Schritt: Man wähle P3 als Hauptprogramm.

2. Schritt

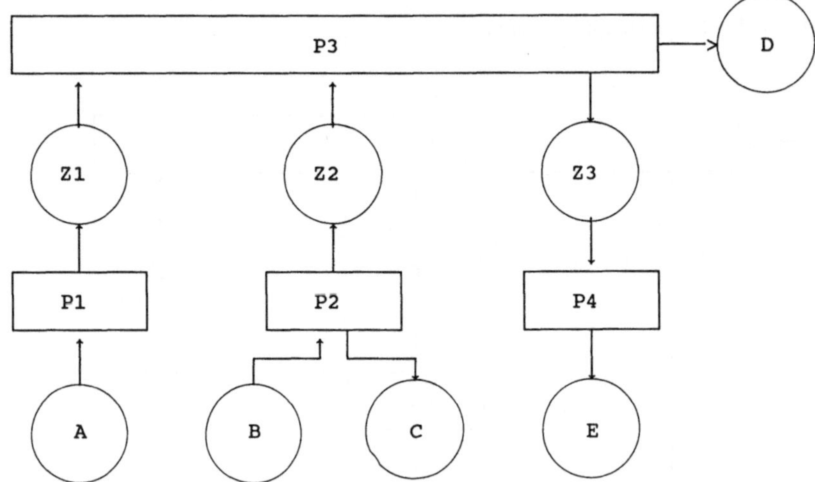

3. Schritt

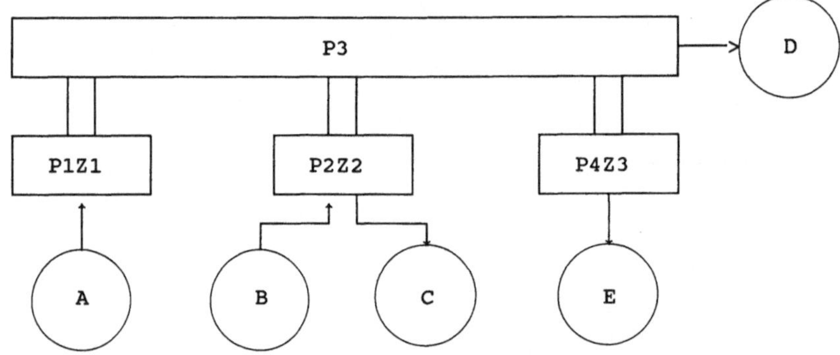

Lösung 8.1.2-3

1. Am Anfang war Vigno allein.

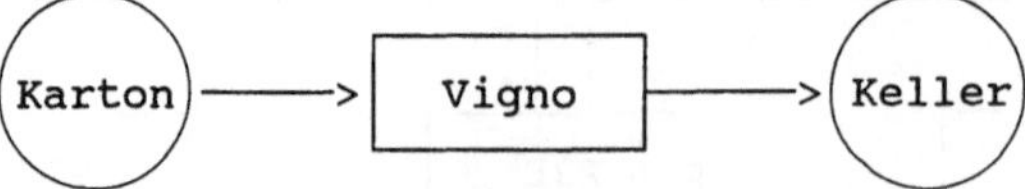

2. Gustav konnte als Ausgabe-Routine helfen.

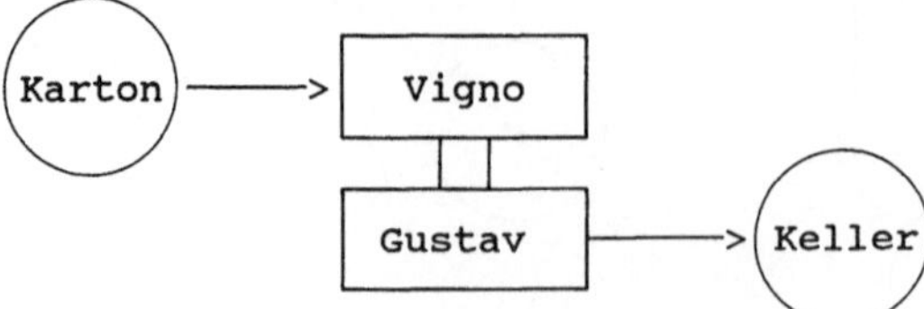

3. Gustav konnte als Eingabe-Routine helfen.

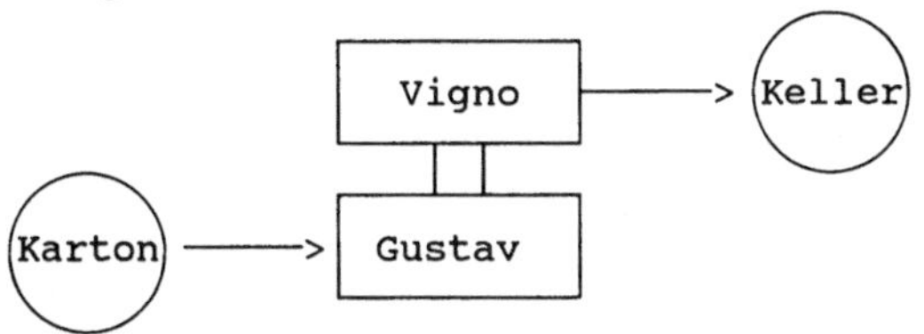

4. Der Tisch diente als physische Zwischendatei.

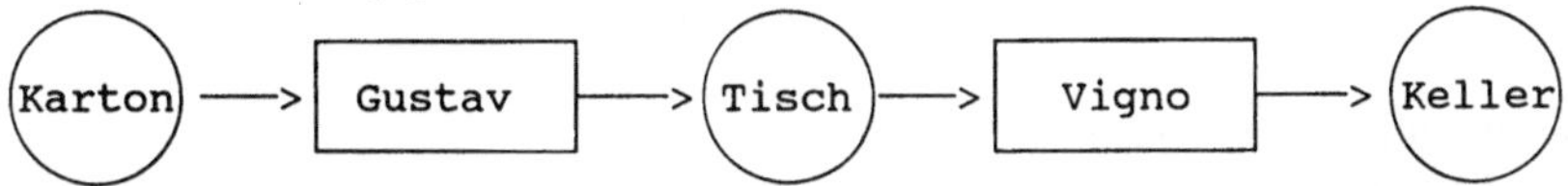

5. Vigno hatte mit seinen zwei Gehilfen zwei Unter-Routinen.

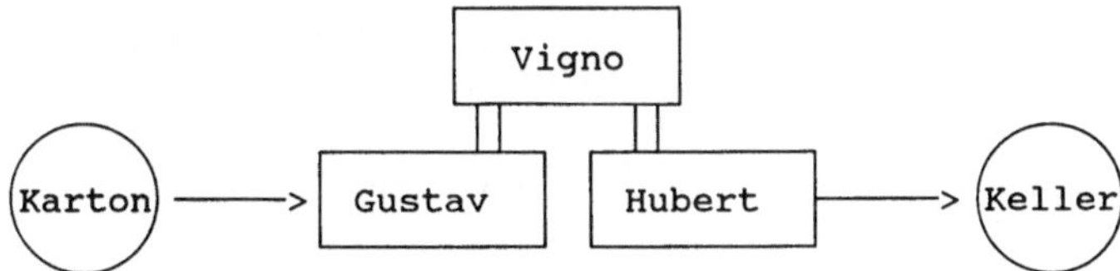

6. Später half Vigno nur noch als Steuer-Routine.

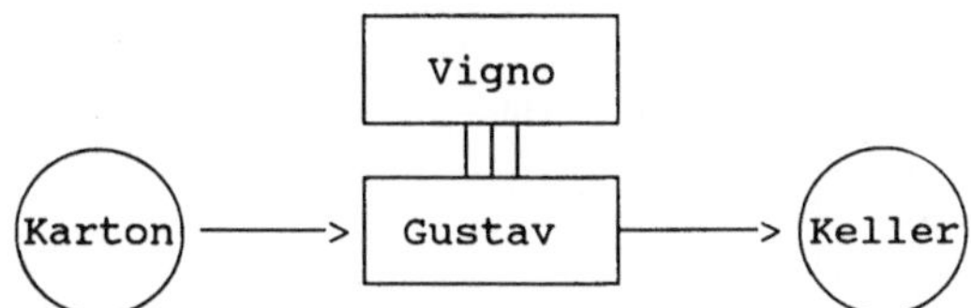

7. In der letzten Form ihrer Zusammenarbeit teilten sich Vigno und Gustav die Komponenten der Ein- und Ausgabe.

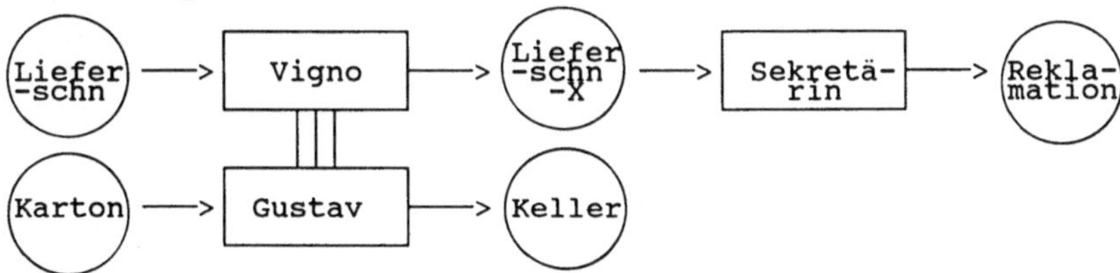

8. Bei Rebius ist Gustav der eigentliche Verarbeitungs-Modul. Rebius hilft nur noch als Steuer-Routine.

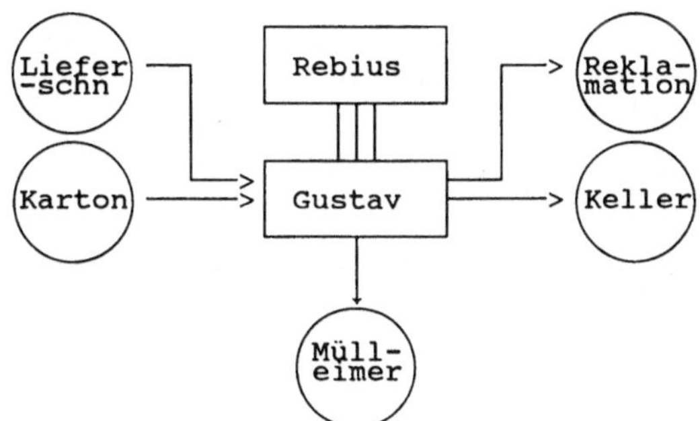

Lösungen / 8.3.5 Varianten der Implementierung

Lösung 8.3.5-1

4. P als Hauptprogramm HP, U-EIN invertiert bzgl. EIN.

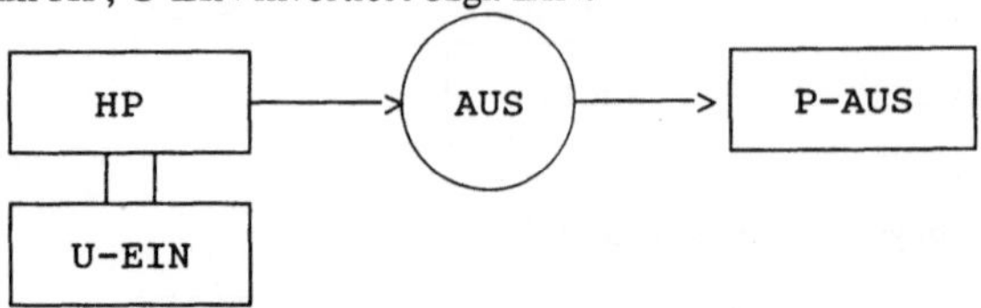


```
PROCEDURE DIVISION.
K-EIN-P-AUS-SEQ.
     OPEN OUTPUT AUS.
     CALL "U-EIN " USING SATZ.
     CALL "U-EIN " USING SATZ.
TECH-RUMPF-ITR.      IF (EIN-EOF) GO TO TECH-RUMPF-END.
K-SATZ-P-ZEILE-SEQ. MOVE SATZ TO ZEILE.
     WRITE ZEILE.
     CALL "U-EIN " USING SATZ.
K-SATZ-P-ZEILE-END. GO TO TECH-RUMPF-ITR.
TECH-RUMPF-END.
     CLOSE AUS.
     CALL "U-EIN " USING SATZ.
K-EIN-P-AUS-END.
     STOP RUN.
```

6. P invertiert zu HU bzgl. AUS, U-EIN invertiert bzgl. EIN.

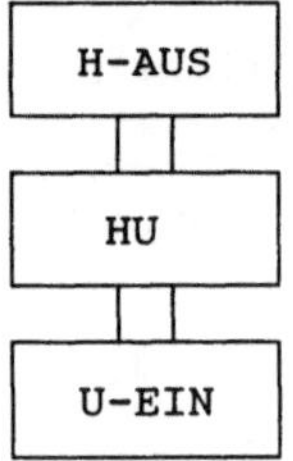


```
PROCEDURE DIVISION USING ZEILE.
Q.   GO TO Q1, Q2, Q3, Q4 DEPENDING ON QS.
Q1.
K-EIN-P-AUS-SEQ.
     MOVE SPACE TO EOF-KZ-AUS, MOVE 2 TO QS, GO TO QX.
Q2.
     CALL "U-EIN " USING SATZ.
     CALL "U-EIN " USING SATZ.
TECH-RUMPF-ITR.      IF (EIN-EOF) GO TO TECH-RUMPF-END.
K-SATZ-P-ZEILE-SEQ. MOVE SATZ TO ZEILE.
     MOVE 3 TO QS, GO TO QX.
Q3.
     CALL "U-EIN " USING SATZ.
K-SATZ-P-ZEILE-END. GO TO TECH-RUMPF-ITR.
TECH-RUMPF-END.
     MOVE "E" TO EOF-KZ-AUS, MOVE 4 TO QS, GO TO QX.
Q4. MOVE 1 TO QS.
     CALL "U-EIN " USING SATZ.
K-EIN-P-AUS-END.
QX. EXIT PROGRAM.
```

7. P invertiert zu Unterprogramm UP bzgl. EIN.

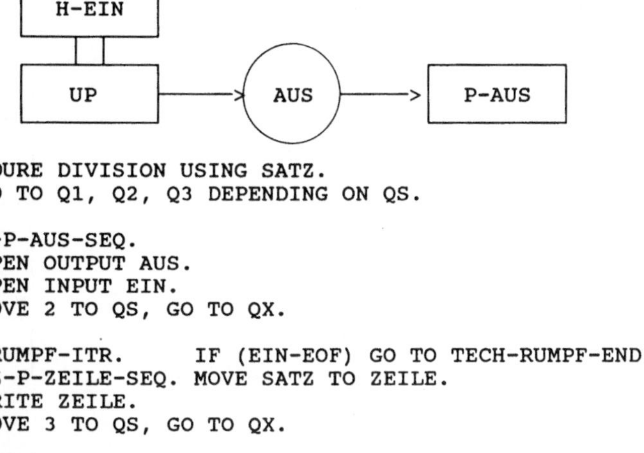

```
      PROCEDURE DIVISION USING SATZ.
      Q.   GO TO Q1, Q2, Q3 DEPENDING ON QS.
      Q1.
      K-EIN-P-AUS-SEQ.
           OPEN OUTPUT AUS.
*****OPEN INPUT EIN.
           MOVE 2 TO QS, GO TO QX.
      Q2.
      TECH-RUMPF-ITR.       IF (EIN-EOF) GO TO TECH-RUMPF-END.
      K-SATZ-P-ZEILE-SEQ. MOVE SATZ TO ZEILE.
           WRITE ZEILE.
           MOVE 3 TO QS, GO TO QX.
      Q3.
      K-SATZ-P-ZEILE-END. GO TO TECH-RUMPF-ITR.
      TECH-RUMPF-END.
           CLOSE AUS.
           MOVE 1 TO QS.
      K-EIN-P-AUS-END.
      QX. EXIT PROGRAM.
```

Lösungen / 8.4.3 Zerlegung von Online-Programmen

Lösung 8.4.3-1

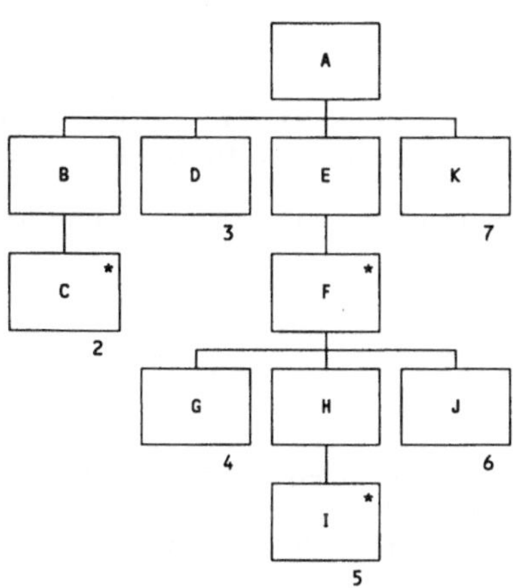

Folgende Komponenten sind für die einzelnen Inversionspunkte erreichbar:

```
1: C, D      3: G, K      4: I, J        7: -
2: C, D      6: G, K      5: I, J
```

Wir erhalten folgende Module:

```
M1: A, E, F, G, K      M2: B, C, D      M3: H, I, J
```

Lösung 8.4.3-2

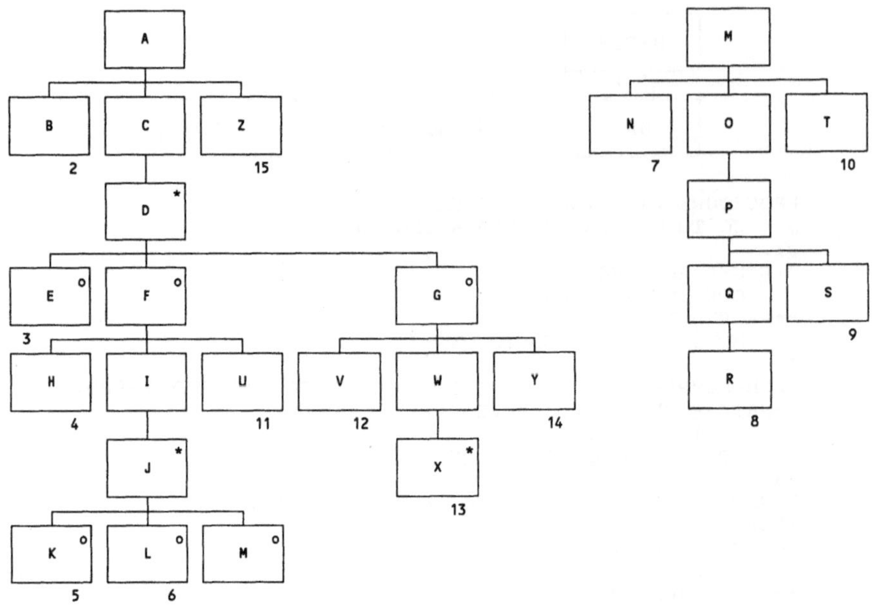

Folgende Komponenten sind für die einzelnen Inversionspunkte erreichbar:

```
 1: B        2: E, H, V, Z      4: K, L, N, U     7: R, S, T    12: X, Y
             3: E, H, V, Z      5: K, L, N, U     8: R, S       13: X, Y
            11: E, H, V, Z      6: K, L, N, U     9: R, S, T
15: -       14: E, H, V, Z     10: K, L, N, U
```

Wir erhalten folgende Module:

```
M1: A, C, D, E, F, H, G, V, Z    M3: I, J, K, L, M, N, U
M2: B        M5: W, X, Y         M4: O, P, Q, R, S, T
```

Sind in dem Modul M5 quits auf die Komponente C enthalten, so ist zusätzlich eine direkte Modul-Verknüpfung zwischen M1 und M5 erforderlich.

Lösungen / 8.5 Fallstudien

Lösung 8.5-1

Wahlweise können P1 als Haupt- und P2 als Unterprogramm oder umgekehrt implementiert werden. Beide Implementierungs-Varianten sind gleichwertig. Die Implementierung von P1 und P2 erfolgt in der vereinfachten Form der Standard-Programminversion.

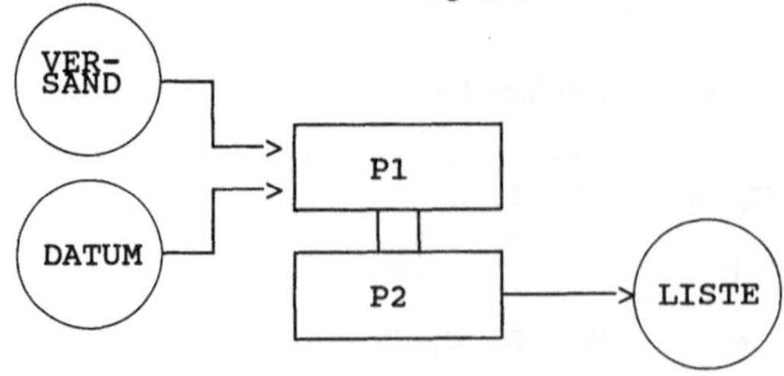

Implementierung von P1

Elementaranweisungen: vgl. Lösung 7.5-1

```
1. ZWIDAT-EOF := Leerzeichen
2. CALL P2 USING ZWIDAT-SATZ, KOMM
3. ZWIDAT-EOF := "E", CALL P2 USING ZWIDAT-SATZ, KOMM
```

Implementierung von P2

Elementaranweisungen: vgl. Lösung 7.5-1

```
21. entfällt
22.     QS := i, GO TO QX.
    Qi.
23. entfällt
```

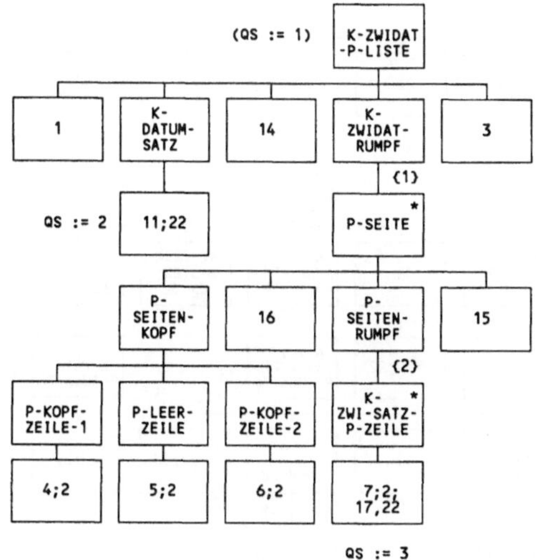

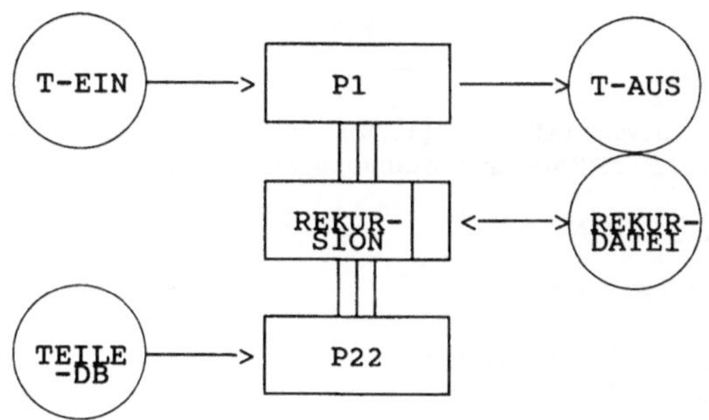

Lösung 8.5-2

Implementierung von P1

Elementaranweisungen: vgl. Lösung 7.5-2

```
11. TEILE-AUS-EOF := Leerzeichen
12. CALL REKURSION USING TEIL-AUS, TEILE-SATZ, KOMM.
13. TEILE-AUS-EOF := "E",
    CALL REKURSION USING TEIL-AUS, TEILE-SATZ, KOMM.

31. entfällt
32. CALL REKURSION USING TEIL-AUS, TEILE-SATZ, KOMM.
33. CALL REKURSION USING TEIL-AUS, TEILE-SATZ, KOMM.
```

Bedingungen: vgl. Lösung 7.5-2

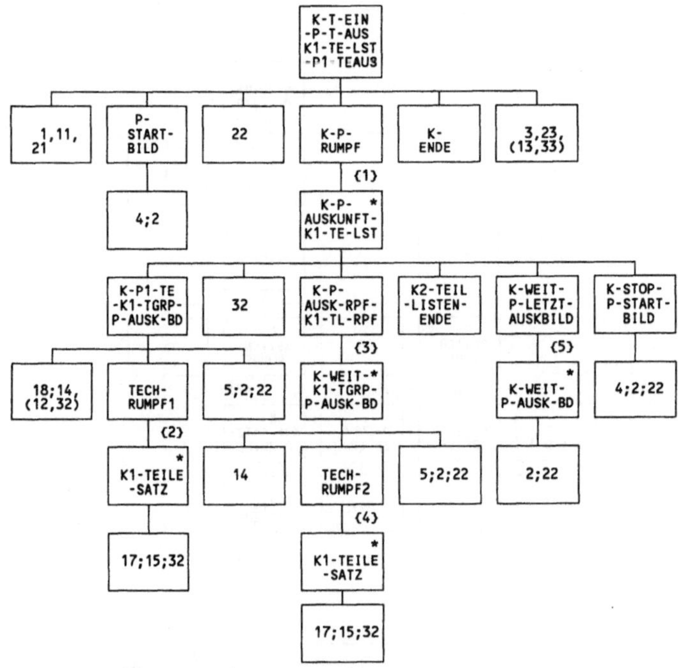

Die Klammern um die Anweisungspaare (12,32) und (13,33) sollen andeuten, daß diese Anweisungen zu einem WRITE-/READ-Paar zusammengefaßt wurden.

Implementierung von REKURSION

Elementaranweisungen: vgl. Lösung 7.5-2

```
1. TEILE-LISTE-EOF := Leerzeichen      31. entfällt
2.      QS := i, GO TO QX.             32.      QS := i, GO TO QX.
   Qi.                                    Qi.
3. TEILE-LISTE-EOF := "E",             33. entfällt
        QS := m, GO TO QX.
   Qm.
```

```
21. TEILE-DATEI-EOF := Leerzeichen
22. CALL P22 USING TEIL, UNTER-TEIL, KOMM.
23. TEILE-DATEI-EOF := "E",
    CALL P22 USING TEIL, UNTER-TEIL, KOMM.

51. entfällt
52. CALL P22 USING TEIL, UNTER-TEIL, KOMM.
53. CALL P22 USING TEIL, UNTER-TEIL, KOMM.
```

Bedingungen: vgl. Lösung 7.5-2

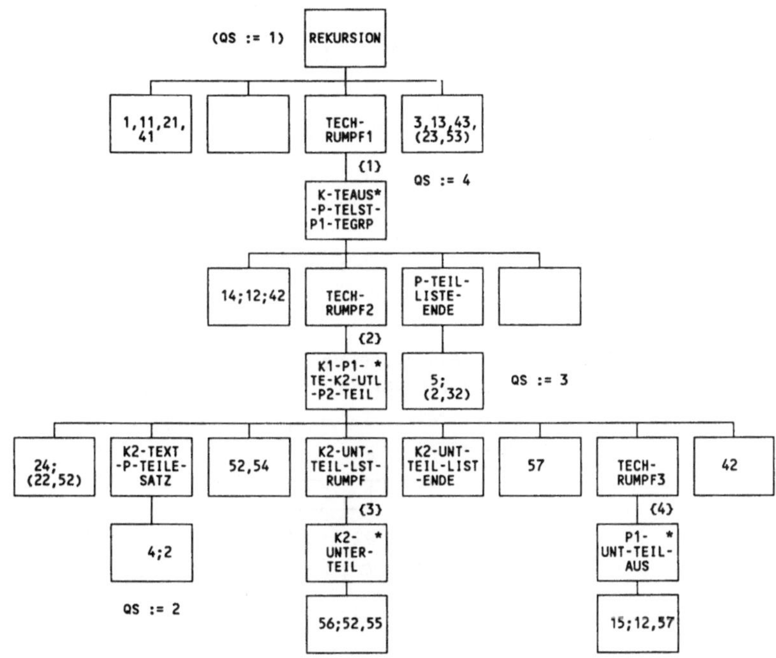

Implementierung von P22

Elementaranweisungen: vgl. Lösung 7.5-2

```
 1. UNTER-TEILE-LISTEN-EOF := Leerzeichen    21. entfällt
 2.      QS := i, GO TO QX.                  22.      QS := i, GO TO QX.
    Qi.                                          Qi.
 3. UNTER-TEILE-LISTEN-EOF := "E",           23. entfällt
        QS := m, GO TO QX.
    Qm.
```

Bedingungen: vgl. Lösung 7.5-2

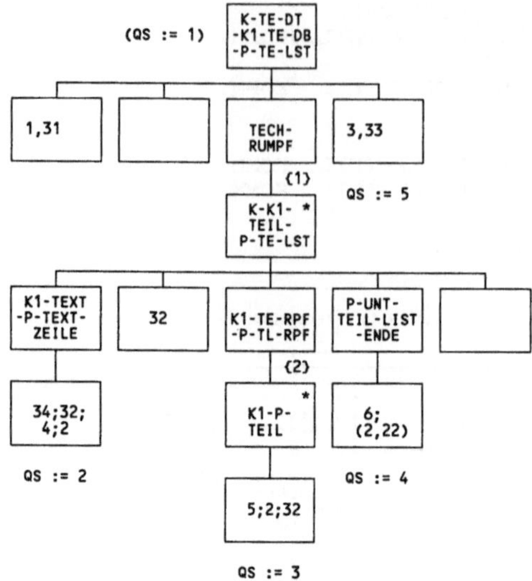

Lösung 8.5-3

Für die Implementierung stehen verschiedene Varianten zur Wahl. P1 wird als Haupt-, P2 als Unterprogramm implementiert. P2 ruft P3 auf. P3 wird als Unterprogramm implementiert.

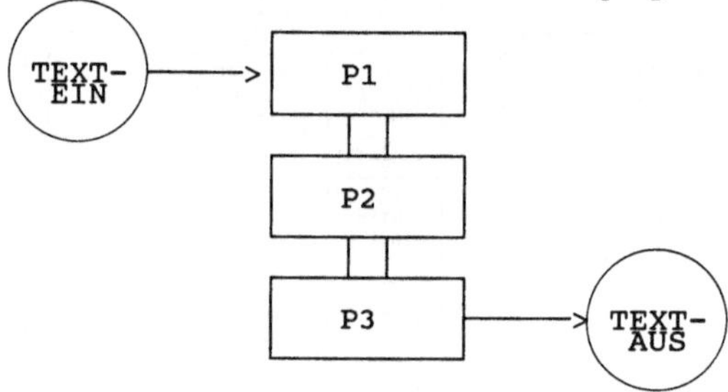

Implementierung von P1

Elementaranweisungen: vgl. Lösung 7.5-3

```
1. ZWD1-AUS-EOF := Leerzeichen
2. CALL P2 USING ZWD1-AUS-SATZ, KOMM.
3. ZWD1-AUS-EOF := "E", CALL P2 USING ZWD1-AUS-SATZ, KOMM.
```

Implementierung von P2

Elementaranweisungen: vgl. Lösung 7.5-3

```
1. ZWD2-AUS-EOF := Leerzeichen
2. CALL P3 USING ZWD2-AUS-SATZ, KOMM.
3. ZWD2-AUS-EOF := "E", CALL P3 USING ZWD2-AUS-SATZ, KOMM.
```

```
21. entfällt
22.     QS := i, GO TO QX.
    Qi.
23. entfällt
```

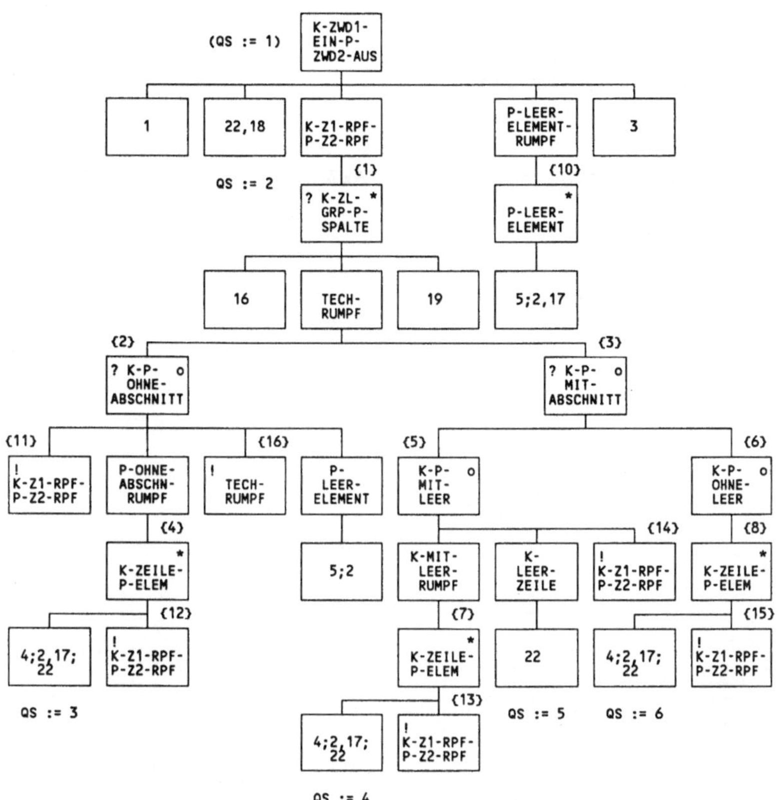

Da der Rücksprung an der Stelle eines `mread` erfolgt, muß das `mread`-Makro an diesen Stellen jeweils explizit eingesetzt werden und darf nicht als Prozedur verwendet werden. Die günstigen Nebenwirkungen sind aus Gründen der Übersichtlichkeit bereits weggelassen. P2 kennt keine Seiten und schreibt die Elemente der Spalten fortlaufend.

Implementierung von P3

Um eine große Tabelle für alle Spalten zu vermeiden, muß P3 alle Spalten einer Seite in eine "kleine" Tabelle TAB der Größe Zeilen-Max * Anzahl lesen, bevor der Druck zeilenweise erfolgen kann. Da eine Seitennumerierung nicht gefordert ist, kann der Seitenindex entfallen. Auch die Bedingungen müssen angepaßt werden. Ein letzte, nicht volle Seite beginnt, wenn das erste Element der letzten Spalte dieser Seite ein Leerelement ist. Die Seite ist ganz leer, wenn das erste Element der ersten Spalte ein Leerelement ist. Da jetzt die Tabelle genau die Breite einer Seite hat, kann eine Ausgabe-Zeile einfach durch Übertragen einer Tabellen-Zeile aufbereitet werden. TECH-RUMPF2 und TECH-RUMPF4 entfallen. Mit dem Setzen der Tabelle auf Grundwert könnte auch die Unterscheidung zwischen voller und nicht voller Seite entfallen, da beide Seitentypen gleich gefüllt werden können.

Elementaranweisungen: vgl. Lösung 7.5-3

```
 4. setzen TAB auf Grundwert
 5. aufbereiten ZEILE aus TAB-ZEILE (Zeile)

21. entfällt
22.     QS := i, GO TO QX.
    Qi. TAB (Zeile, Spalte) := ZWD2-EIN-SATZ
23. entfällt
```

Bedingungen

```
{1} (TAB (1, Anzahl) # BLANK)
{2} (Zeile <= Zeilen-Max)
{4} (TAB (1, 1) # BLANK)
{5} (ELSE)
{6} {2}
{8} (nicht ZWD2-EIN-EOF und Spalte <= Anzahl)
{9} {2}
```

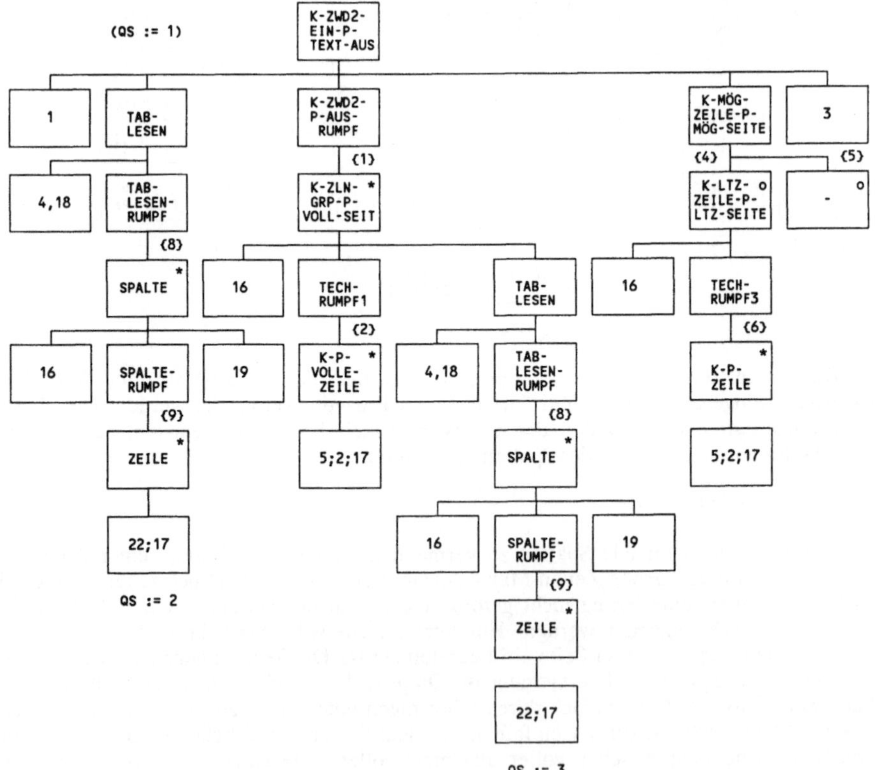

Glossar

Abgleichen (collate)

Beim Abgleichen werden mehrere Eingabe-Datenströme logisch abhängig verarbeitet. Die Datenstrukturen werden um die Paarig-/Unpaarig-Komponenten der Abgleichlogik erweitert. Auf der Ebene des Abgleichs bestehen keine 1:1-Entsprechungen. Das Programm-Strukturdiagramm wird mit Hilfe des Standard-PSD für diese Ebene abgeleitet.

Abgrenzungskonflikt (boundary clash)

Der Abgrenzungskonflikt ist eine Form von Strukturkonflikten. Bei einem Abgrenzungskonflikt entsprechen sich Komponenten sowohl auf einer höheren Ebene als auch Komponenten auf einer tieferen Ebene. Es gibt jedoch Komponenten einer Zwischenebene, die sich nicht entsprechen. Die Komponenten der Zwischenebene definieren Grenzen in den beiden Datenstrukturen, die nicht synchronisiert werden können. Die JSP-Standardlösung ist die Zerlegung in zwei Einzelprogramme, die durch einen Zwischen-Datenstrom verbunden sind.

Äquivalentes Hauptprogramm (equivalent main program)

Das zu einem Unterprogramm äquivalente Hauptprogramm ist dasjenige Hauptprogramm, das durch Inversion bzgl. eines seiner Datenströme zu dem gewünschten Unterprogramm wird. Wenn die Aufgabenstellung ein Unterprogramm verlangt, besteht die JSP-Vorgehensweise darin, zunächst das äquivalente Hauptprogramm zu entwerfen und dieses als invertiertes Unterprogramm zu implementieren.

Anweisungsliste (operations list)

Die Anweisungsliste ist die Liste aller Elementaranweisungen. Die Anweisungsliste wird im ersten Teil des Anweisungsschrittes aufgestellt.

Anweisungsschritt (operation step)

Der Anweisungsschritt ist der dritte Schritt der Methode JSP. Der Anweisungsschritt besteht aus zwei Teilen. Im ersten Teil werden die Elementaranweisungen ermittelt. Im zweiten Teil werden die Elementaranweisungen den zugehörigen Komponenten der Programmstruktur zugeordnet.

Atomare Komponente (elementary component)

Eine atomare Komponente ist eine Komponente einer Daten- oder Programmstruktur, die nicht weiter strukturiert wird. Die atomaren Komponenten sind die Blätter der jeweiligen Struktur.

Backtracking-Technik (backtracking technique)

Die Backtracking-Technik ist eine Technik zur Behandlung von Erkennungsproblemen. Wenn das Programm weder durch mehrfaches Vorauslesen noch durch Vorprogrammtechnik erkennen kann, welche Datenkomponente als nächste zu verarbeiten ist, wird die Wahl aufgrund einer Annahme getroffen. Erweist sich die Annahme als falsch, muß das Programm zum Ausgangspunkt seiner Entscheidung zurückkehren und eventuelle Nebenwirkungen wieder rückgängig machen.

Baumartiges Netzwerk (tree network)

Bei einem baumartigen Netzwerk existiert zwischen je zwei Programmen nur ein Weg (ungerichtete Folge von Kanten). Ein baumartiges Netzwerk kann mit Hilfe von Programminversion so implementiert werden, daß keine physischen Zwischendateien mehr existieren.

Bedingung (condition)

Bedingungen werden der Programmstruktur im ersten Teil des Textschrittes hinzugefügt. Eine Bedingung ist für jede Iteration und für jeden Teil einer Selektion erforderlich. Die Bedingungen legen fest, ob das Programm einen iterierten Teil nochmals ausführen soll, oder welcher Teil einer Selektion ausgewählt wird. Bei Backtracking erhalten auch die quit-Komponenten eine Bedingung.

Datenschritt (data step)

Der Datenschritt ist der erste Schritt der Methode JSP. Der Datenschritt besteht aus zwei Teilen. Im ersten Teil wird für jeden Datenstrom des Programmes ein Daten-Strukturdiagramm entworfen. Im zweiten Teil werden die Entsprechungen ermittelt.

Datenstrom (data stream)

Ein Datenstrom ist eine serielle Menge von Sätzen, die Eingabe oder Ausgabe eines Programms sind. Ein Datenstrom kann auf einem physisch sequentiellen Medium (z.B. Magnetband) implementiert werden. Er kann auch mit Hilfe eines Direktzugriffs-Mediums (z.B. Magnetplatte), von dem die Sätze gemäß eines Zugriffspfades gelesen werden, implementiert werden. Ein Datenstrom kann auch eine Menge von Sätzen oder Segmenten einer Datenbank, eine Menge von Elementen einer Tabelle oder eine Menge von Nachrichten, die an einem Online-Terminal eingegeben oder ausgegeben werden, sein.

Datenstruktur (data structure)

Eine Datenstruktur ist ein Baumdiagramm, das die logischen, anwendungsbezogenen Eigenschaften eines Datenstroms beschreibt.

Einzelprogramm (simple program)

Ein Einzelprogramm ist ein Programm, das durch Anwendung der vier grundlegenden JSP-Entwurfsschritte einschließlich der Backtracking-Technik entworfen werden kann. Ein Einzelprogramm ist dadurch gekennzeichnet, daß zwischen seinen Eingabe- und Ausgabe-Datenstrukturen genügend Entsprechungen vorliegen, um eine gemeinsame Programmstruktur ableiten zu können.

Elementaranweisung (operation)

Die Elementaranweisungen werden im ersten Teil des Anweisungsschrittes ermittelt, indem, ausgehend von den Ausgabe-Anweisungen, der Datenfluß durch das Programm zu den Eingabe-Anweisungen zurückverfolgt wird.

Entsprechung (correspondence)

Eine Komponente eines Eingabe-Datenstroms und eine Komponente eines Ausgabe-Datenstroms entsprechen sich 1:1, wenn zwischen diesen beiden Komponenten eine funktionale Abhängigkeit dergestalt besteht, daß diese Ausgabe-Komponente aus den Informationen dieser Eingabe-Komponente abgeleitet werden kann. Anzahl und Reihenfolge müssen übereinstimmen. 1:1-Entsprechungen werden nur auf der jeweils höchsten Ebene ihrer Gültigkeit eingetragen.

Erkennungsproblem (recognition difficulty)

Ein Erkennungsproblem tritt auf, wenn ein Eingabe-Datenstrom durch Vorauslesen des jeweils nächsten Satzes allein nicht korrekt interpretiert werden kann. Es ist dann erforderlich, mehr als einen Satz vorauszulesen, die Backtracking-Technik anzuwenden oder mit einem Vorprogramm zu arbeiten.

Hauptprogramm (main program)

Ein Hauptprogramm ist ein Programm, das so implementiert ist, daß bei einem einzigen Aufruf seine Eingabe- und Ausgabe-Datenströme vollständig konsumiert bzw. produziert werden.

Iterations-Komponente (iteration component)

Eine Iterations-Komponente ist eine Komponente einer Daten- oder Programmstruktur. Sie hat nur einen Teil, der nullmal, einmal oder mehrere Male vorkommt. In einer Struktur wird der iterierte Teil in der rechten oberen Ecke durch einen Stern (*) gekennzeichnet.

Komponente (component)

Eine Komponente ist ein Teil einer Daten- oder Programmstruktur. Sie wird in einer Struktur in einem Rechteck repräsentiert. Es gibt die atomare Komponente und die drei Komponententypen: Sequenz, Selektion, und Iteration.

Lineares Netzwerk (linear network)

Ein lineares Netzwerk ist ein Netzwerk, in dem jedes Programm nur einen Zwischen-Datenstrom als Eingabe oder Ausgabe hat.

Mischen (merge)

Beim Mischen werden mehrere Eingabe-Datenströme zu einem gemeinsamen Ausgabe-Datenstrom zusammengeführt.

Nebenwirkung (side effect)

Nebenwirkungen treten bei der Anwendung von Backtracking zur Lösung von Erkennungsproblemen auf. Nebenwirkungen werden durch Anweisungen bewirkt, die zwischen dem Punkt, an dem eine Annahme getroffen, und dem Punkt, wo diese Annahme verworfen wurde, ausgeführt wurden. Erkennen und Behandeln von Nebenwirkungen ist ein Teil der Backtracking-Technik.

Netzwerk mit Maschen (non-tree network)

Ein Netzwerk mit Maschen ist ein Netzwerk, in dem mindestens zwei Programme durch mehr als einen Weg miteinander verbunden sind. Im allg. ist es nicht möglich, alle physischen Zwischendateien zu eliminieren.

Programminversion (program inversion)

Programminversion ist eine Implementierungstechnik, zur Elimination von Zwischen-Datenströmen auf Kodierebene. Sind die (Haupt-) Programme P und Q durch den Zwischen-Datenstrom Z verbunden, so kann wahlweise P als Hauptprogramm und Q bzgl. der Eingabe Z zum Unterprogramm QZ oder Q als Hauptprogramm und P bzgl. der Ausgabe Z zum Unterprogramm PZ invertiert werden. Struktur und Entwurf von P und Q werden durch die Inversion nicht beeinflußt.

Programmschritt (program step)

Der Programmschritt ist der zweite Schritt der Methode JSP. Im Programmschritt wird aus den Datenstrukturen der Eingabe- und Ausgabe-Datenströme eine einzige Programmstruktur abgeleitet. Weiterhin wird geprüft, ob diese Programmstruktur bzgl. der ihr zugrundeliegenden Datenstrukturen korrekt ist.

Programmstruktur (program structure)

Eine Programmstruktur ist ein Baumdiagramm, das die logische Verarbeitung eines Programms modelliert. Sie wird durch Kombination der Ein-/Ausgabe-Datenstrukturen abgeleitet, indem Komponenten, die sich entsprechen, zu einer Komponente zusammengefaßt werden. Die übrigen Komponenten werden so in die Programmstruktur eingetragen, daß eine korrekte Verarbeitung gewährleistet ist.

Reihenfolgekonflikt (ordering clash)

Der Reihenfolgekonflikt ist eine Form von Strukturkonflikten. Bei einem Reihenfolgekonflikt bestehen zwischen funktional abhängigen Daten-Komponenten keine Entsprechungen, da sie in den Datenströmen in unterschiedlichen Reihenfolgen auftreten. Die JSP-Standardlösung ist das Sortieren in einem Vorprogramm oder das Zwischenspeichern auf einem Direktzugriffs-Speicher.

Selektions-Komponente (selection component)

Eine Selektions-Komponente ist eine Komponente einer Daten- oder Programmstruktur. Sie hat zwei oder mehrere Teile, von denen genau einer vorkommt. In einer Struktur werden die Teile einer Selektion durch einen kleinen Kreis (o) in der oberen rechten Ecke gekennzeichnet.

Serieller Datenstrom (serial data stream)

Bei einem seriellen Datenstrom werden Sätze in einer festgelegten Reihenfolge konsumiert oder produziert. Beispiele für serielle Datenströme sind:

- Lochkartendatei;
- Magnetbanddatei;
- Datenbank aus der Sicht eines bestimmten Programms;
- Folge von Nachrichten von einem Online-Terminal;
- Folge von Interrupts;
- Elemente einer Tabelle, auf die mit einem Index zugegriffen wird.

Sequenz-Komponente (sequential component)

Eine Sequenz-Komponente ist eine Komponente einer Daten- oder Programmstruktur. Sie hat zwei oder mehrere Teile, von denen jeder genau einmal in der Reihenfolge von links nach rechts vorkommt. In einer Struktur werden die Teile einer Sequenz nicht besonders gekennzeichnet.

Strukturkonflikt (structure clash)

Zwischen zwei Datenstrukturen liegt ein Strukturkonflikt vor, wenn es nicht möglich ist, von diesen eine Programmstruktur abzuleiten, die beide vollständig berücksichtigt. Es gibt drei Arten von Strukturkonflikten: Abgrenzungs-, Reihenfolge- und Verflechtungs-Konflikt.

Strukturtext (structure text oder schematic logic)

Strukturtext ist eine Linearisierung eines Baumdiagramms in Form von Pseudocode. Anfang und Ende jeder Komponente des Baumdiagramms wird durch den Komponentennamen, gefolgt von einem Schlüsselwort, gekennzeichnet.

System-Implementierungs-Diagramm (system implementation diagram)

Im System-Implementierungs-Diagramm (SID) wird dargestellt, wie die einzelnen Programm-Komponenten eines Systems bei der Implementierung miteinander kommunizieren.

System-Netzwerk-Diagramm (system network diagram)

Ein System-Netzwerk-Diagramm (SND) beschreibt die Abhängigkeit zwischen Programmen und Datenströmen. Jedes Programm wird durch ein Rechteck, jeder Datenstrom durch einen Kreis repräsentiert. Pfeile, die Kreise mit Rechtecken verbinden, kennzeichnen, welche Datenströme von einem Programm gelesen und welche geschrieben werden.

Textschritt (text step)

Der Textschritt ist der vierte und letzte Schritt der Methode JSP . Der Textschritt besteht aus zwei Teilen. Im ersten Teil werden der Programmstruktur Bedingungen für Iterationen und Selektionen zugeordnet. Im zweiten Teil wird diese Programmstruktur mit den ihr zugeordneten Elementaranweisungen und Bedingungen in Strukturtext überführt.

Verflechtungskonflikt (interleaving clash)

Der Verflechtungskonflikt ist eine Form von Strukturkonflikten. Bei einem Verflechtungskonflikt besteht ein Datenstrom aus mehreren miteinander verflochtenen Teil-Datenströmen, die jeweils Datensätze in korrekter Reihenfolge enthalten. Die JSP-Standardlösung ist der Entwurf eines Entflechtungsprogramms, das den gesamten Datenstrom in die einzelnen verflochtenen Teil-Datenströme aufteilt.

Vorauslesen, einfach (single read ahead)

Einfaches Vorauslesen ist eine Technik der Zuordnung von sread-Anweisungen zur Programmstruktur. Ein sread wird dem Anfang des Programms nach dem sopen zugeordnet, ein weiteres sread dem Ende jeder Programm-Komponente, in der ein Satz konsumiert wird.

Vorauslesen, mehrfach (multiple read ahead)

Mehrfaches Vorauslesen ist eine Technik zur Lösung von Erkennungsproblemen. Beim mehrfachen Vorauslesen von n Sätzen werden n mread-Anweisungen dem Anfang des Programmes nach dem mopen zugeordnet und ein mread dem Ende jeder Komponente, in der ein Satz konsumiert wird.

Vorauslesen, nullfach (zero read ahead)

Nullfaches Vorauslesen ist eine Technik der Zuordnung von sread-Anweisungen zur Programmstruktur. Dem Anfang einer jeden Programm-Komponente, die einen Satz konsumiert, wird ein sread zugeordnet.

Zerteilung (dismemberment)

Zerteilung ist eine Implementierungstechnik, die dazu dient, ein Programm, das zur Implementierung unter einem TP-Monitor invertiert wurde, in mehrere (Transaktions-) Module aufzuteilen. Zerteilung wird angewendet, wenn das invertierte Programm aufgrund seiner Größe oder seiner Ausführungsdauer ineffizient wäre.

Zuordnung von Elementaranweisungen (allocate operations)

Die Zuordnung der Elementaranweisungen ist der zweite Teil des Anweisungsschrittes. Jede Elementaranweisung der Anweisungsliste wird dabei einer oder mehreren Komponenten der Programmstruktur zugeordnet.

Zustandsvariables Unterprogramm (variable state subroutine)

Ein zustandsvariables Unterprogramm ist ein Unterprogramm, dessen Rückgabeparameter nicht nur von den beim Aufruf übergebenen Parametern, sondern auch von der Historie der vorhergehenden Aufrufe abhängt.

Zustandsvektor (state vektor)

Der Zustandsvektor eines Programmes enthält alle lokalen Variablen, die zur weiteren Ausführung des Programmes erforderlich sind. Bei einem invertierten Programm muß der aktuelle Zustandsvektor bei jedem Aufruf übergeben werden.

Zwangsdialog (conversational constraint)

Ein Zwangsdialog ("vollständiger Dialog") ist die spezielle Form eines Dialogs, bei dem auf jede Terminal-Eingabe genau eine Terminal-Ausgabe erfolgt.

Zwischen-Datenstrom (notional file)

Ein Zwischen-Datenstrom ist ein Datenstrom, der zwei Programme in einem Programmsystem verknüpft. Er wird nach Ende der Ausführung nicht mehr benötigt. Ein Zwischen-Datenstrom entsteht bei der Lösung von Strukturkonflikten und kann im allg. durch Programminversion eliminiert werden.

Strukturdiagramm

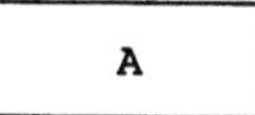

A ist eine atomare Komponente

(-) ist eine Nullkomponente (Leerkomponente)

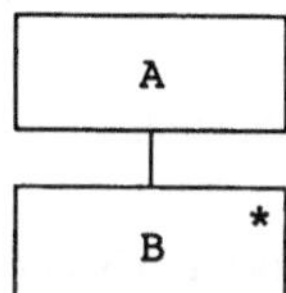

A ist eine Komponente vom Typ Iteration

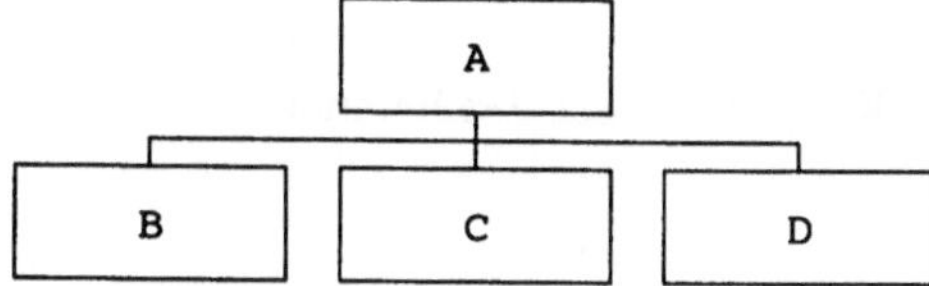

A ist eine Komponente vom Typ Sequenz

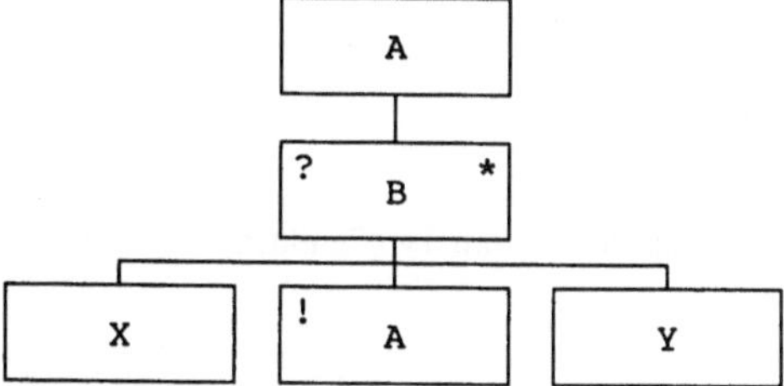

A ist eine Komponente vom Typ Iteration, die Backtracking enthält.

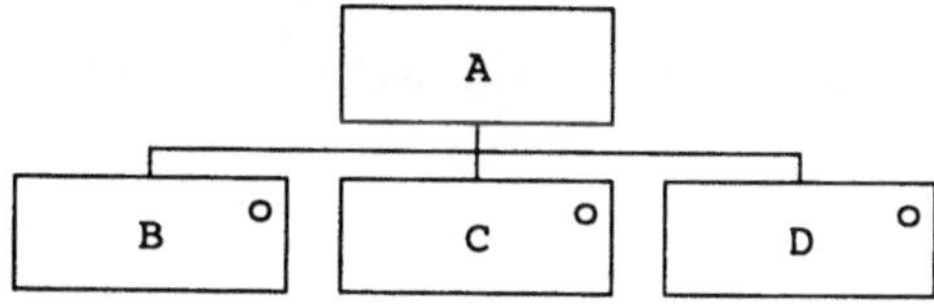

A ist eine Komponente vom Typ Selektion

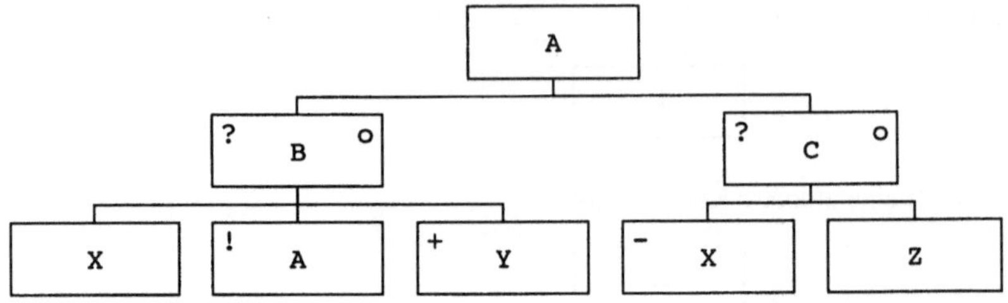

A ist eine Komponente vom Typ Selektion, die Backtracking enthält.

Strukturtext

```
        do A            A ist eine atomare Komponente.


A   seq                 A ist eine Komponente vom Typ Sequenz.
        do B
        do C
        do D
A   end


A   itr                 A ist eine Komponente vom Typ Iteration.
        do B
A   end


A   positer             A ist eine Komponente vom Typ Iteration, die Backtracking enthält.
  B   seq
          do X
A   quit
          do Y
  B   end
A   end


A   sel                 A ist eine Komponente vom Typ Selektion.
        do B
A   alt
        do C
A   alt
        do D
A   end


A   posit               A ist eine Komponente vom Typ Selektion, die Backtracking enthält.
  B   seq
          do X
A   quit
          do Y
  B   end
A   admit
  C   seq
          do Z
  C   end
A   end
```

System-Netzwerk-Diagramm (SND)

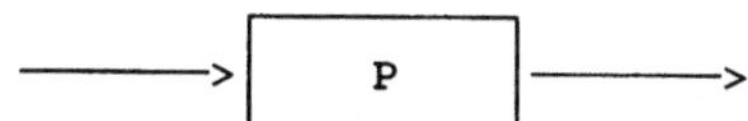

P ist ein Programm (oder Prozeß)

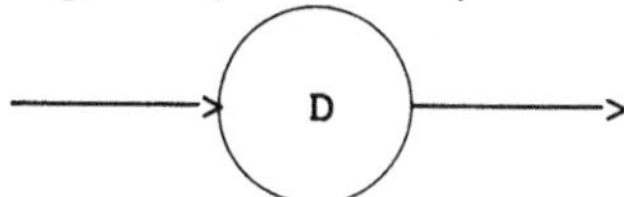

D ist eine Datenstrom-Verbindung

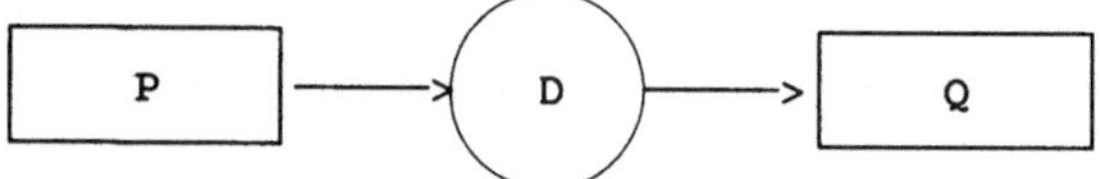

Ein Programm P mit einem Programm Q verbunden durch einen Datenstrom D, der von P geschrieben und von Q gelesen wird

System-Implementierungs-Diagramm (SID)

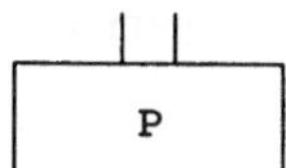

P ist ein Programm, das bzgl. eines Datenstroms invertiert ist.

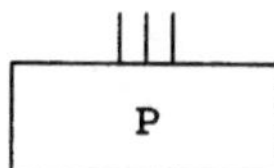

P ist ein Programm, das bzgl. zweier Datenströme invertiert ist.

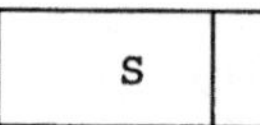

S ist ein spezielles Scheduling-Programm, das in der Systemspezifikation nicht auftritt, sondern für die Implementierung eingeführt wurde.

Literaturhinweise

[1]   Balzert H.
      Die Entwicklung von Software-Systemen
      Bibliographisches Institut, Mannheim 1982, Seite 400-411

[2]   Balzert H.
      Moderne Software-Entwicklungssysteme und -werkzeuge
      Bibliographisches Institut, Mannheim 1985

[3]   Böcking H.-W., Kilberth K. e.a.
      Seminarunterlagen: JSP I und JSP II
      mbp Software & Systems GmbH, Dortmund 1986

[4]   Burgess R.S.
      An Introduction to Program Design Using JSP
      Hutchinson, London 1984

[5]   Cameron J.
      Tutorial JSP & JSD: The Jackson Approach to Software Development
      IEEE Computer Science, Los Angeles 1983

[6]   DIPROPTOR (Version 2.0)
      Ein Werkzeug zur Erstellung von Diagrammen, Programmrahmen und lauffähigen
      COBOL-Programmen - Benutzeranleitung -
      GMD mbH, Bonn 1982

[7]   George W.
      Jackson trennt Entwurf und Implementierung
      cw NR. 16-21 (1981)

[8]   Hesse W., Keutgen H., Luft A.L., Rombach H.D.
      Ein Begriffssystem für die Softwaretechnik
      Informatik-Spektrum 7, 200-213 (1984)

[9]   Ingevaldson L.
      JSP: A Practical Method of Program Design
      Chartwell-Bratt, Old Orchard, Kent 1986, 2. Auflage

[10] Jackson M.A.
      Principles of Program Design
      Academic Press, London 1975

[11] Jackson M.A.
      Information Systems - Modelling, Sequencing and Transformations
      Proceedings of the 3rd International Conference on Software Engineering
      ACM/IEEE / 1978, Seite 72-81

[12] Jackson M.A.
      System Development
      Prentice-Hall, Englewood Cliffs 1983

[13] Jansen H.
      Strukturierung nach Jackson in einer Online-Umgebung
      ÖVD/Online 12, 965-967 (1981)

[14] Jansen H.
      JSP Jackson Struktureed Programmeeren
      Academic Service, Den Haag 1984

[15] JSP-COBOL Produktinformation
      JSP-TOOL Produktinformation
      ExperTeam GmbH, Köln 1987

[16] Nettesheim H.
      Programmentwurf und Programmdokumentation
      VDI-Verlag, Düsseldorf 1982

[17] Österle H.
      Entwurf betrieblicher Informationssysteme
      Hanser, München 1981, Seite 150-165

[18] PDF (Program Development Facility) Benutzerhandbuch
      mbp-Training, Köln 1987

[19] Schollenberg K., Truöl K., Viebeg U.
      Strukturierter Programmentwurf - Fallstudien zur datenorientierten Methode
      Oldenbourg, München 1985

[20] Schulz A.
      Methoden des Software-Entwurfs und Strukturierte Programmierung
      de Gruyter, Berlin 1982, 2. Auflage

[21] Schulz A.
      Effizienzverbesserung in der Software-Entwicklung
      cw-Publikationen, München 1984, Seite 7-40

[22] Schumann J., Gerisch M.
      Softwareentwurf
      R. Müller, Köln 1986, Seite 238-261

[23] Storer R.
      Practical Program Development Using JSP
      Blackwell, Oxford 1987

[24] Truöl K., Viebeg U.
      Strukturierter Programmentwurf - Die datenorientierte Methode
      Oldenbourg, München 1985

[25] Warner A.
      Softwareentwicklungswerkzeuge im Vergleich
      PSI GmbH, Berlin 1987, 5. Auflage

[26] Wedekind H.
      Datenorganisation
      de Gruyter, Berlin 1970

[27] Wirth N.
      Algorithmen und Datenstrukturen
      Teubner, Stuttgart 1983, 3. Auflage

Sachwortverzeichnis